Manfred Bruhn

Marketing

Manfred Bruhn

Marketing

Grundlagen für Studium und Praxis

6., überarbeitete Auflage

Die Deutsche Bibliothek – CIP-Einheitsaufnahme
Ein Titeldatensatz für diese Publikation ist bei
Der Deutschen Bibliothek erhältlich

Prof. Dr. Manfred Bruhn, Ordinarius für Betriebswirtschaftslehre, insbesondere Marketing und Unternehmensführung am Wirtschaftswissenschaftlichen Zentrum (WWZ) der Universität Basel.
Petersgraben 51, CH-4051 Basel
Tel.: +41 (0) 61 267 32 22   Email: manfred.bruhn@unibas.ch
Fax: +41 (0) 61 267 28 38   http://www.wwz.unibas.ch/marketing

Dozierende an Universitäten, Fachhochschulen, Akademien u.a. können die in diesem Buch enthaltenen Schaubilder als Folienset per Internet beziehen.
Ergänzend zum Lehrbuch ist das Buch *„Marketingübungen. Basiswissen, Aufgaben, Lösungen. Selbständiges Lerntraining für Studium und Beruf"* erarbeitet worden. Es bietet durch praxisnahe Marketing-Fragestellungen und ausführliche Musterlösungen eine ideale Unterstützung bei der Prüfungsvorbereitung und bei der Vertiefung des im Lehrbuch vermittelten Wissens.
Mit der CD-ROM *„Marketing Interaktiv"* liegt zusätzlich ein multimediales Begleitmedium zum Grundlagenbuch vor. Mit Hilfe eines interaktiven Lehrbuchs und einem Aufgabenmodul wird ein computergestütztes Selbststudium ermöglicht.

1. Auflage Mai 1990
.
.
5. Auflage Februar 2001
6. Auflage Oktober 2002

Alle Rechte vorbehalten
© Betriebswirtschaftlicher Verlag Dr. Th. Gabler GmbH, Wiesbaden 2002

Lektorat: Barbara Roscher / Jutta Hinrichsen

Der Gabler Verlag ist ein Unternehmen der Fachverlagsgruppe BertelsmannSpringer.
www.gabler.de

Das Werk einschließlich aller seiner Teile ist urheberrechtlich geschützt. Jede Verwertung außerhalb der engen Grenzen des Urheberrechtsgesetzes ist ohne Zustimmung des Verlages unzulässig und strafbar. Das gilt insbesondere für Vervielfältigungen, Übersetzungen, Mikroverfilmungen und die Einspeicherung und Verarbeitung in elektronischen Systemen.

Die Wiedergabe von Gebrauchsnamen, Handelsnamen, Warenbezeichnungen usw. in diesem Werk berechtigt auch ohne besondere Kennzeichnung nicht zu der Annahme, dass solche Namen im Sinne der Warenzeichen- und Markenschutz-Gesetzgebung als frei zu betrachten wären und daher von jedermann benutzt werden dürften.

Umschlaggestaltung: Ulrike Weigel, www.CorporateDesignGroup.de
Druck und buchbinderische Verarbeitung: Lengericher Handelsdruckerei, Lengerich/Westf.
Gedruckt auf säurefreiem und chlorfrei gebleichtem Papier
Printed in Germany

ISBN 3-409-63646-6

Vorwort

Marketing hat sich in letzter Zeit von einer betrieblichen Funktion zu einem Leitkonzept der Unternehmensführung entwickelt. Kunden- und Marktorientierung stellen die zentralen Maximen eines ganzheitlichen Marketingansatzes dar, die von Unternehmen gelebt und von Universitäten in der Marketingausbildung vermittelt werden sollten. Dabei ist es wichtig, sowohl die Leitidee und -philosophie des Marketing zu verstehen als auch die marktbezogenen Problemstellungen analytisch zu durchdringen. Insbesondere auf Grund der geringen Halbwertzeit des Marketingwissens, verursacht durch permanente Veränderungen der Markt- und Wettbewerbsbedingungen, ist es notwendig, marktorientierte Denkstrukturen zu entwickeln, statt „Rezeptwissen" auswendig zu lernen.

Das vorliegende Buch versucht, sowohl die Philosophie als auch das notwendige analytische und methodische Wissen in Form einer Einführung in die Grundkonzepte des Marketing zu vermitteln. Es richtet sich an Studierende der Betriebswirtschaftslehre sowie Praktiker gleichermaßen und eignet sich – im Vergleich zu den umfassenden Standardwerken im Bereich Marketing – für die Vermittlung eines kompakten Überblicks über die Ziele, Aufgaben, Instrumente sowie Methoden des Marketingmanagements. Die Denk- und Vorgehensweisen im Marketing werden aus wissenschaftlicher Sicht dargestellt und anhand zahlreicher Beispiele verdeutlicht. Die anwenderorientierte Struktur des Buches versetzt den Leser in die Lage, Marketingprobleme zu analysieren und eigenständig Problemlösungen zu erarbeiten.

Aufbau und Struktur des Buches haben sich bewährt und wurden daher auch in der 6. Auflage beibehalten. Das Buch gliedert sich weiterhin in zehn Kapitel, beginnend mit einer Einführung in das Grundverständnis des Marketing. Neben strategischen und operativen Aspekten der Marketingplanung werden die Marktforschung als Informationsgrundlage für Entscheidungen des Marketingmanagements sowie die unterschiedlichen Marketinginstrumente (4Ps) kompakt dargestellt. Fragestellungen der Marketingorganisation und -kontrolle schließen das Buch ab. In der vorliegenden sechsten Auflage wurde vor allem den neueren Entwicklungen im Marketing Rechnung getragen. Dazu zählt eine stärkere Akzentuierung der neuen Informations- und Kommunikationstechnologien im Bereich der Marketingforschung sowie im Einsatz der einzelnen Marketinginstrumente. Ebenso werden Anpassungen an den aktuellen Stand der Diskussion in den Fachdisziplinen vorgenommen.

Mein Dank für die Unterstützung bei der Überarbeitung des Buches gilt den beteiligten Mitarbeitern meines Lehrstuhls, insbesondere Herrn Dr. Florian Siems, der sich intensiv auch um diese Neuauflage gekümmert hat.

Basel, im Juli 2002   *Professor Dr. Manfred Bruhn*

Übungsbuch zum Lehrbuch: *Marketingübungen*

Als Ergänzung zum Lehrbuch ist ein **Übungsbuch** erschienen. Anhand repräsentativer und praxisnaher Marketing-Fragestellungen bietet es eine ideale Unterstützung bei der Prüfungsvorbereitung und bei der Vertiefung des Grundlagenwissens. Es richtet sich an Studenten der BWL und Führungskräfte, die eine Zusatzqualifikation im Marketing suchen.

Das Buch beinhaltet Aufgaben und Lösungen zu den Teilbereichen Marketingplanung, Marketingstrategie, Produkt-, Preis-, Kommunikations- und Vertriebspolitik, Marketingorganisation und -controlling. Es folgt damit in seiner Struktur dem bewährten Lehrbuch und kann ideal parallel zu diesem eingesetzt werden.

In den Aufgaben werden, Bezug nehmend auf die Themen des Lehrbuchs, konkrete **Fragestellungen** der Marketingpraxis aufgegriffen und der Anwendungsbezug des Lehrbuchwissens verdeutlicht. Jede Aufgabe wird mit einer ausführlichen **Musterlösung** beantwortet, so dass das eigene Wissen überprüfbar ist und leicht ergänzt werden kann.

Marketingübungen. Basiswissen, Aufgaben, Lösungen.
Selbstständiges Lerntraining für Studium und Beruf
Gabler Verlag, Wiesbaden 2001, ISBN 3-409-11640-0

CD-ROM *Marketing Interaktiv* zum Lehrbuch

Ergänzend zum Lehrbuch ist eine **CD-ROM** für das computergestützte Selbststudium der Marketinglehre erschienen. Ziel der CD-Rom ist es, durch die beispielhafte Ergänzung, Vertiefung und Kontrolle gelesener Inhalte eine Qualitätssteigerung in der Marketingausbildung zu erreichen.

Die CD-Rom beinhaltet zum einen ein **interaktives Lehrbuch**, das sich aus ca. 2.000 Bildschirmseiten, 300 Grafiken und Animationen sowie zahlreichen multimedialen Beispielen aus der Unternehmenspraxis zusammensetzt. Eine Verknüpfungsstruktur dieser „Informationseinheiten" ermöglicht es dem Nutzer, die Grundlagen des Marketing gemäß seinem Interesse individuell kennenzulernen und gezielt zu vertiefen. Zum anderen bietet die CD-Rom durch ein integriertes **Aufgabenmodul** anhand von ca. 600 Fragen und Lösungen die Möglichkeit zur Überprüfung der Lernfortschritte.

CD-ROM *Marketing Interaktiv*
Gabler Verlag, Wiesbaden 1999, ISBN 3-409-19841-5

Inhalt

1.	**Grundbegriffe und -konzepte des Marketing**	
1.1	Begriff und Merkmale des Marketing	13
1.2	Entwicklungsphasen des Marketing	15
1.3	Marktabgrenzung als Ausgangspunkt	18
1.4	Aufgaben des Marketingmanagements	21
1.5	Marketing als marktorientiertes Entscheidungsverhalten	23
1.5.1	Bestimmungsfaktoren der Marketingsituation	25
1.5.2	Festlegung von Marketingzielen	26
1.5.3	Einsatz der Marketinginstrumente	28
1.6	Paradigmenwechsel in der Marketingwissenschaft	31
1.7	Institutionelle Besonderheiten des Marketing	34
1.7.1	Besonderheiten des Konsumgütermarketing	34
1.7.2	Besonderheiten des Industriegütermarketing	35
1.7.3	Besonderheiten des Dienstleistungsmarketing	35
1.7.4	Besonderheiten des Non Profit Marketing	36
2.	**Festlegung des Marketingplans**	
2.1	Marketing als Managementfunktion	37
2.2	Phasen der Marketingplanung	41
2.2.1	Analyse der Marketingsituation	41
2.2.2	Festlegung der Marktsegmente und Marketingziele	45
2.2.3	Formulierung der Marketingstrategie	47
2.2.4	Festlegung der Marketingmaßnahmen	47
2.2.5	Bestimmung des Marketingbudgets	48
2.2.6	Umsetzung und Kontrolle der Marketingmaßnahmen	51
2.3	Ebenen der Marketingplanung	51
2.3.1	Funktions- oder bereichsbezogene Marketingplanung	51
2.3.2	Produktbezogene Marketingplanung	52
3.	**Entwicklung von Marketingstrategien**	
3.1	Bedeutung und Typen von Marketingstrategien	53
3.1.1	Begriff und Merkmale von Marketingstrategien	53
3.1.2	Typen von Marketingstrategien	55
3.2	Strategische Basisentscheidungen der Marktwahl	56
3.2.1	Bildung strategischer Geschäftseinheiten	56
3.2.2	Auswahl und Abgrenzung von Marktsegmenten	58
3.3	Einsatz strategischer Analyseinstrumente	62
3.3.1	Lebenszyklusanalysen	63
3.3.2	Positionierungsanalysen	67

3.3.3	Portfolioanalysen	69
3.4	Strategien der Marktbearbeitung	75
3.4.1	Abnehmergerichtete Strategien	75
3.4.2	Konkurrenzgerichtete Strategien	77
3.4.3	Absatzmittlergerichtete Strategien	80
3.4.4	Instrumentalstrategien	81
3.5	Implementierung von Marketingstrategien	82
3.5.1	Begriff und Prozess der Strategieimplementierung	82
3.5.2	Erfolgsvoraussetzungen der Strategieimplementierung	85

4.	**Methoden der Marketingforschung**	
4.1	Begriff und Aufgaben der Marketingforschung	87
4.2	Methoden der Marktforschung	90
4.2.1	Begriff und Formen der Marktforschung	90
4.2.2	Prozess der Marktforschung	92
4.2.3	Methoden der Stichprobenplanung	94
4.2.3.1	Verfahren der bewussten Auswahl	95
4.2.3.2	Verfahren der Zufallsauswahl	96
4.2.4	Methoden und Formen der Datengewinnung	99
4.2.4.1	Instrument der Befragung	100
4.2.4.2	Instrument der Beobachtung	104
4.2.4.3	Experimente	106
4.2.4.4	Panel als Spezialform der Datenerhebung	108
4.2.4.5	Quellen der Sekundärforschung	111
4.2.5	Methoden der Datenanalyse	112
4.2.5.1	Univariate und bivariate Verfahren	112
4.2.5.2	Multivariate Analysen	114
4.3	Methoden und Formen der Marktprognose	117
4.3.1	Begriff und Formen der Marktprognose	117
4.3.2	Prozess der Marktprognose	118
4.3.3	Quantitative Prognosemethoden	120
4.3.3.1	Entwicklungsprognosen	120
4.3.3.2	Wirkungsprognosen	122
4.3.4	Qualitative Prognoseverfahren	124

5.	**Entscheidungen der Produktpolitik**	
5.1	Ziele und Aufgaben der Produktpolitik	125
5.1.1	Festlegung des Leistungsprogramms	126
5.1.2	Aufgaben des Produktmanagements	128
5.2	Prozess des Produktmanagements	129
5.3	Entscheidungen der Neuproduktplanung	133
5.3.1	Suche nach Produktideen	134

5.3.2	Grobauswahl von Produktideen	137
5.3.3	Entwicklung und Prüfung von Produktkonzepten	139
5.3.4	Feinauswahl von Produktkonzepten	141
5.3.5	Einführung des Neuproduktes	145
5.4	Entscheidungen der Markenpolitik	147
5.4.1	Begriff der markierten Leistung und der Marke	147
5.4.2	Markenstrategien	149
5.5	Entscheidungen der Verpackungspolitik	150
5.5.1	Begriff und Funktionen der Verpackungspolitik	150
5.5.2	Anforderungen an die Verpackungspolitik	151
5.6	Entscheidungen der Servicepolitik	152
5.6.1	Begriff von Serviceleistungen	152
5.6.2	Garantieleistungspolitik	153
5.6.3	Lieferleistungspolitik	153
5.6.4	Kundendienstpolitik	154
5.6.4.1	Formen von Kundendienstleistungen	154
5.6.4.2	Ziele der Kundendienstpolitik	155
5.6.4.3	Instrumente und Träger der Kundendienstpolitik	156
5.6.5	Value added Services	157
5.6.6	Optimierung des Serviceniveaus	158
5.7	Entscheidungen der Sortimentspolitik	159
5.7.1	Gegenstand der Sortimentsplanung	159
5.7.2	Aufgabenbereiche der Sortimentsplanung	159
5.7.3	Methoden der Sortimentsplanung	163

6. Entscheidungen der Preispolitik

6.1	Ziele und Instrumente der Preispolitik	167
6.2	Prozess der Preisfestlegung	170
6.3	Preispolitische Strategien	173
6.4	Statisches Preismanagement	176
6.4.1	Kostenorientierte Preisbestimmung	176
6.4.1.1	Preisfestlegung nach der Vollkostenrechnung	177
6.4.1.2	Preisfestlegung nach der Teilkostenrechnung	178
6.4.2	Marktorientierte Preisbestimmung	179
6.4.2.1	Preisfestlegung nach der Break-even-Analyse	179
6.4.2.2	Preisfestlegung nach der Deckungsbeitragsrate	181
6.4.2.3	Preisfestlegung bei Entscheidungssituationen unter Risiko	182
6.4.3	Marginalanalytische Preisbestimmung	184
6.4.3.1	Grundlagen der Marginalanalyse	184
6.4.3.2	Preisfestlegung im Monopol	189
6.4.3.3	Preisfestlegung im Oligopol	193
6.4.3.4	Preisfestlegung im Polypol	194
6.5	Dynamisches Preismanagement	198

7. Entscheidungen der Kommunikationspolitik

7.1	Ziele und Bedeutung der Kommunikationspolitik	201
7.2	Prozess der Kommunikationsplanung	203
7.3	Einsatz der Mediawerbung	206
7.3.1	Erscheinungsformen der Mediawerbung	206
7.3.2	Festlegung der Werbeziele	207
7.3.3	Beschreibung der Zielgruppen der Werbung	209
7.3.4	Entwicklung der Werbestrategie	211
7.3.5	Festlegung des Werbebudgets	215
7.3.6	Verteilung des Werbebudgets (Streuplanung)	220
7.3.7	Gestaltung der Werbebotschaft	227
7.3.8	Kontrolle der Werbewirkungen	228
7.4	Einsatz der Verkaufsförderung	229
7.4.1	Begriff und Ziele der Verkaufsförderung	229
7.4.2	Erscheinungsformen der Verkaufsförderung	230
7.5	Einsatz des Direct Marketing	233
7.5.1	Begriff und Ziele des Direct Marketing	233
7.5.2	Erscheinungsformen des Direct Marketing	234
7.5.3	Zielgruppenauswahl des Direct Marketing	234
7.6	Einsatz der Public Relations	236
7.6.1	Ziele und Erscheinungsformen der Public Relations	236
7.6.2	Maßnahmen der Public Relations	237
7.7	Einsatz des Sponsoring	239
7.7.1	Begriff und Ziele des Sponsoring	239
7.7.2	Erscheinungsformen des Sponsoring	239
7.8	Einsatz der Multimediakommunikation	241
7.8.1	Begriff und Ziele der Multimediakommunikation	241
7.8.2	Maßnahmen der Multimediakommunikation	242
7.9	Einsatz weiterer Kommunikationsinstrumente	245
7.10	Integrierte Kommunikation	246
7.10.1	Begriff und Aufgaben der Integrierten Kommunikation	246
7.10.2	Formen der Integration in der Kommunikation	247

8. Entscheidungen der Vertriebspolitik

8.1	Ziele und Entscheidungstatbestände der Vertriebspolitik	249
8.2	Prozess der Vertriebsplanung	251
8.3	Gestaltung von Vertriebssystemen	253
8.3.1	Selektion der Vertriebssysteme	253
8.3.2	Akquisition und Stimulierung der Vertriebssysteme	261
8.3.3	Vertragliche Bindung der Vertriebssysteme	262
8.4	Einsatz von Verkaufsorganen	263
8.4.1	Auswahl der Verkaufsorgane	263
8.4.2	Steuerung der Verkaufsorgane	267

8.4.3	Anreizsysteme für Verkaufsorgane	268
8.5	Gestaltung von Logistiksystemen	269
8.5.1	Aufgaben und Ziele von Logistiksystemen	269
8.5.2	Gestaltung der Auftragsabwicklung	270
8.5.3	Entscheidungen der Lagerhaltung	272
8.5.4	Entscheidungen des Transports	273
8.6	Zusammenarbeit zwischen Industrie und Handel	274

9. Gestaltung der Marketingorganisation

9.1	Anforderungen an die Marketingorganisation	277
9.2	Grundformen der internen Marketingorganisation	280
9.3	System des Produktmanagements	284
9.3.1	Aufgaben des Produktmanagers	284
9.3.2	Organisatorische Verankerung des Produktmanagers	285
9.4	System des Kundengruppenmanagements	286
9.4.1	Aufgaben des Kundengruppenmanagers	286
9.4.2	Organisatorische Verankerung des Kundengruppenmanagers	287

10. Aufbau eines Marketingcontrolling

10.1	Begriff und Ziele des Marketingcontrolling	289
10.2	Aufgaben des Marketingcontrolling	290
10.3	Instrumente zur Koordination der Informationsversorgung	291
10.4	Instrumente zur Koordination der Planung	293
10.5	Instrumente zur Koordination der Kontrolle	295
10.5.1	Instrumente der klassischen Marketingkontrolle	295
10.5.2	Instrumente des Marketing-Auditing	302
10.6	Schnittstellenbeziehungen des Marketingcontrolling	305

| Literaturverzeichnis | 307 |
| Stichwortverzeichnis | 319 |

1. Grundbegriffe und -konzepte des Marketing

> **Lernziele**
>
> In diesem Kapitel machen Sie sich mit den zentralen Marketingbegriffen vertraut und vollziehen die historische Entwicklung des Marketing nach. Sie
>
> ➢ gewinnen Einblicke in die Denkweise und Aufgaben des Marketing,
>
> ➢ beschäftigen sich mit der Identifizierung und Abgrenzung von Märkten,
>
> ➢ setzen sich mit einem systematischen Entscheidungsverhalten auseinander,
>
> ➢ erkennen neue Entwicklungen im Marketing und
>
> ➢ lernen die institutionellen Besonderheiten des Marketing in verschiedenen Sektoren kennen.
>
> Besonderes Anliegen dieses Kapitels ist es, Marketing als marktorientiertes Entscheidungsverhalten von Unternehmen zu verstehen.

1.1 Begriff und Merkmale des Marketing

Der Grundgedanke des Marketing – die konsequente Ausrichtung des gesamten Unternehmens an den Bedürfnissen des Marktes – hat sich in den meisten Branchen und Unternehmen durchgesetzt. Angesichts der hohen Wettbewerbsintensität und Dynamik der Marktentwicklung, gesättigter und fragmentierter Märkte, eines sich schnell wandelnden, hybriden Konsumverhaltens sowie einer zunehmenden Internationalisierung wird es für Unternehmen zukünftig jedoch immer schwieriger, sich im Markt zu behaupten.

Das rechtzeitige Erkennen und Bewältigen von Marktveränderungen gehört zu jenen unternehmerischen Aufgaben, die dem **Marketing als Unternehmensfunktion** zugeordnet werden. Dabei ist es heute unumstritten, dass Marketing als „Denken vom Markte her" verstanden werden muss und die Bedürfnisse der Nachfrager im Zentrum der Unternehmensführung stehen (vgl. etwa *Meffert* 1994; *Nieschlag/Dichtl/Hörschgen* 1997; *Becker* 2001; *Kotler/Bliemel* 2001). In den letzten Jahren erweiterte sich diese dominant kundenorientierte Sicht mehr und mehr zugunsten einer breiten, auch die sonstigen Anspruchsgruppen (Mitarbeiter, Anteilseigner, Staat, Umwelt usw.) einbeziehenden Betrachtungsweise. Daher kann grundsätzlich eine enge und eine weite Definition des Marketingbegriffes unterschieden werden, wobei letztere die zufrieden stellende Gestaltung sämtlicher Austauschprozesse des

Begriff und Merkmale des Marketing

Unternehmens mit den bestehenden Bezugsgruppen fokussiert (vgl. zu unterschiedlichen Interpretationen des Marketing einen Überblick bei *Meffert* 2000, S. 8ff.). Zur Verdeutlichung der Denkweise im Marketing soll folgende **Definition des Marketing** zugrunde gelegt werden:

> **Marketing ist eine unternehmerische Denkhaltung. Sie konkretisiert sich in der Analyse, Planung, Umsetzung und Kontrolle sämtlicher interner und externer Unternehmensaktivitäten, die durch eine Ausrichtung der Unternehmensleistungen am Kundennutzen im Sinne einer konsequenten Kundenorientierung darauf abzielen, absatzmarktorientierte Unternehmensziele zu erreichen.**

Die Definition verdeutlicht, dass das Marketing einen dominanten Schwerpunkt der Unternehmensführung darstellt. Marketing ist hierbei nicht nur als eine gleichberechtigte Unternehmensfunktion (neben z.B. Produktion, Finanzierung oder Personalwirtschaft) zu verstehen, sondern als umfassendes Leitkonzept des Managements und somit als ganzheitliche Unternehmensphilosophie. In diesem Zusammenhang wird auch vom „**dualen Konzept der marktorientierten Unternehmensführung**" gesprochen (*Meffert* 1994). Das Marketing stellt somit gleichzeitig eine unternehmerische Funktion und Denkhaltung dar.

Für das genauere Verständnis des Marketing ist es hilfreich, aus der vorgenommenen Definition die wesentlichen **Merkmale des Marketing** herauszuarbeiten. Hier sollen vor allem fünf Merkmale hervorgehoben werden:

(1) Leitidee einer markt- und kundenorientierten Unternehmensführung

Marketing stellt die Philosophie einer marktorientierten Unternehmensführung dar. Im Mittelpunkt dieser Denkweise stehen die Erfordernisse des Marktes bzw. der Kunden und nicht der Verkauf vorhandener Produkte. Dazu müssen die Markt- sowie Kundenbedürfnisse detailliert analysiert werden, um sämtliche Unternehmensaktivitäten gezielt danach auszurichten.

(2) Ausrichtung der Unternehmensaktivitäten am Kundennutzen zur Erzielung von strategischen Wettbewerbsvorteilen

Wesentliche Intention des Marketing ist die Steigerung des Nutzens von Kunden durch die angebotenen Leistungen. Typisches Merkmal ist folglich die Suche nach zusätzlichen Nutzenpotenzialen im Leistungsprogramm, die über den Grundnutzen hinaus in der Lage sind, den Wert für den Kunden zu steigern, um damit strategische Wettbewerbsvorteile für das eigene Unternehmen zu realisieren.

(3) Systematische Planungs- und Entscheidungsprozesse

Marketing ist eine Managementfunktion und bedingt ein Entscheidungsverhalten, das sich an einer systematischen Planung ausrichtet („analytisches" Marketing). Deshalb ist es erforderlich, für unterschiedliche Entscheidungstatbestände im Marketing einen Planungsprozess zu entwickeln und der Entscheidungsfindung zugrunde zu legen.

(4) Suche nach kreativen und innovativen Problemlösungen

Markterfolge werden nicht ausschließlich durch analytische Vorgehensweisen erzielt, sondern darüber hinaus durch kreative und innovative Problemlösung erreicht („kreatives" Marketing). Marketing beinhaltet daher auch eine Suche nach „ungewöhnlichen" und „einzigartigen" Lösungen, um die angebotenen Leistungen im Markt erfolgreich durchzusetzen.

(5) Interne und externe Integration sämtlicher Marketingaktivitäten

Zahlreiche Unternehmensabteilungen, wie z.B. die Werbeabteilung, die Marktforschung, der Vertrieb oder das Beschwerdemanagement, agieren mit direktem oder indirektem Bezug zum Absatzmarkt. Notwendig für ein erfolgreiches Marketing ist die Koordination sämtlicher Funktionsbereiche, um ein integriertes Vorgehen im Unternehmen und vor allem am Markt sicherzustellen. Dies gilt auch für die Zusammenarbeit mit externen Stellen (z.B. Werbeagenturen, Absatzmittler). Durch ein **integriertes Marketing** können Synergieeffekte ausgeschöpft und die Wirkungen der Marketingmaßnahmen gegenüber dem Kunden erhöht werden.

Diese Merkmale kennzeichnen die zentrale **Philosophie des Marketing** und sind für alle Branchen und Unternehmenstypen gültig.

1.2   Entwicklungsphasen des Marketing

Die Denkhaltung des Marketing hat sich im Verlauf der letzten Jahre kontinuierlich weiterentwickelt und verändert. Versucht man die Entwicklung von den fünfziger Jahren bis heute zu strukturieren, so lassen sich folgende **Entwicklungsphasen des Marketing** abgrenzen (vgl. hierzu auch die Entwicklungsphasen bei *Becker* 2001; *Meffert* 2000).

Phase der Produktionsorientierung (50er Jahre)

Nach dem Zweiten Weltkrieg kam es in erster Linie darauf an, den enormen Nachfrageüberhang zu befriedigen. Da keine Engpässe am Absatzmarkt vorhanden waren, bestand die zentrale Aufgabe darin, die Produktion von Gütern sicherzustellen bzw. den Produktionsbereich aufzubauen. Es handelte sich somit um einen typischen **Verkäufermarkt**, in

Entwicklungsphasen des Marketing

dem jene Unternehmen erfolgreich waren, die eine Massenproduktion ihrer Produkte realisieren und somit die Grundbedürfnisse der Konsumenten befriedigen konnten.

Phase der Verkaufsorientierung (60er Jahre)

In den sechziger Jahren verlagerte sich der Engpass von der Produktion zum Vertrieb der Produkte. Angesichts einer zunehmenden nationalen Konkurrenz und einer stetigen Erweiterung des Produktangebotes lag der Aufgabenschwerpunkt des Marketing insbesondere darin, durch einen „schlagkräftigen" Vertrieb sicherzustellen, dass die Produkte über den Handel den Konsumenten erreichten. Der Markt wandelte sich langsam von einem Verkäufer- zu einem Käufermarkt.

Phase der Marktorientierung (70er Jahre)

Bei einem Überangebot an Waren in den Handelsregalen und allgemeinen Sättigungserscheinungen wurden schließlich die Konsumenten zum entscheidenden Engpassfaktor. Viele Unternehmen begannen in dieser Situation eines **Käufermarktes**, mittels einer differenzierten Marktbearbeitung (Prinzip der Marktsegmentierung) die spezifischen Bedürfnisse der Konsumenten zu befriedigen.

Phase der Wettbewerbsorientierung (80er Jahre)

Aufgrund zunehmend gleichgerichteter Marketingaktivitäten wurde es in den achtziger Jahren schwieriger, sich erfolgreich im Markt zu behaupten. Dem Marketing kam – und kommt auch heute noch – die Aufgabe zu, strategische Wettbewerbsvorteile gegenüber den Konkurrenten aufzubauen, diese am Markt durchzusetzen bzw. zu verteidigen.

Neben dem Begriff des Wettbewerbsvorteils werden auch andere Begriffe, wie z.B. USP (Unique Selling Proposition), KKV (Komparativer Konkurrenzvorteil) oder SEP (Strategische Erfolgsposition) verwendet (*Backhaus* 1999). Im Folgenden soll von einem Wettbewerbsvorteil immer dann gesprochen werden, wenn drei Kriterien zugleich erfüllt werden. Diese **Anforderungen an einen Wettbewerbsvorteil** sind:

- **Kundenwahrnehmung**: Die Leistungsvorteile müssen vom Kunden (!) als wesentliches Differenzierungsmerkmal erkannt werden.

- **Bedeutsamkeit**: Der Vorteil muss bei einer vom Kunden als besonders wichtig eingeschätzten Leistung des Anbieters erzielt werden und kaufrelevant sein.

- **Dauerhaftigkeit**: Der Wettbewerbsvorteil muss eine zeitliche Stabilität aufweisen und darf nicht kurzfristig zu imitieren sein.

Der Begriff **Erfolgsfaktor**, der von einigen Autoren auch synonym verwendet wird, unterscheidet sich insofern vom Begriff Wettbewerbsvorteil, als dass die genannten Anforderungen nicht zwingend gegeben sein müssen. Erfolgsfaktoren können auch Maßnahmen bzw. Leistungen des Unternehmens sein, die von Kunden nicht wahrgenommen werden, die aber trotzdem maßgeblich zum Erfolg des Unternehmens beitragen (z.B. ein umfassendes internes Informations- und Kommunikationssystem).

Wettbewerbsvorteile lassen sich in unterschiedlichen Bereichen realisieren. Zur Verdeutlichung folgen einige ausgewählte Beispiele:

- **Hohe Produktqualität**: BMW, Hasselblad, Leitz, Mercedes, Sony u.a.m.
- **Hohe Servicequalität**: American Express, Hilton, Singapore Airlines u.a.m.
- **Konsequente Markenpolitik**: Coca-Cola, Ferrero, Nivea, Pampers u.a.m.
- **Regelmäßige Innovationen**: Hewlett-Packard, Microsoft, Nokia, 3M u.a.m.
- **Exklusives Image**: Chanel, Rolex, Rolls Royce, McKinsey, MCM u.a.m.
- **Niedriger Preis**: Aldi, Fielmann, Lada, Media Markt, ratiopharm, Spee u.a.m.

Phase der Umfeldorientierung (90er Jahre)

Infolge der starken Bedeutungszunahme umfeldbezogener Faktoren ist in den neunziger Jahren eine weitere Herausforderung für das Marketing entstanden. Das Marketing muss verstärkt die sich immer schneller wandelnden ökologischen, politischen, technologischen und gesellschaftlichen Veränderungen innerhalb der relevanten Zielmärkte berücksichtigen und möglichst frühzeitig mit Marketingaktivitäten darauf reagieren. Der bislang dominante Kosten- und Qualitätswettbewerb wird somit um die Zeitkomponente ergänzt (vgl. Schaubild 1-1). Die besondere Schwierigkeit dieser Wettbewerbssituation liegt für Unternehmen darin, konfligierende Zielgrößen, wie etwa niedrige Kosten und gleichzeitig hohe Qualität, sicherzustellen. Das rechtzeitige Erkennen der Umfeldveränderungen sowie die Fähigkeit des Unternehmens, auf diese adäquat zu reagieren, stellen zentrale Erfolgsgrößen in dieser Phase dar.

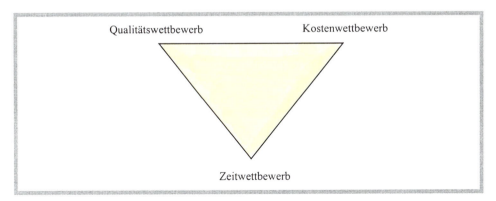

Schaubild 1-1: Die zentralen Wettbewerbsdimensionen der 90er Jahre

Marktabgrenzung als Ausgangspunkt

Phase der Netzwerkorientierung (ab 2000)

Die aktuelle Situation zeichnet sich insbesondere durch zwei Merkmale aus: Zum einen ist der Wettbewerb heute in vielen Branchen vielschichtiger, aggressiver, schneller und komplexer als bisher. Die Unternehmen stehen damit vor der Herausforderung, nicht mehr einige wenige Wettbewerbsvorteile (Qualität, Service und Image), sondern sehr viele Faktoren gleichzeitig (Qualität, Kosten, Zeit, Image, Innovation usw.) realisieren zu müssen. Zum anderen ist – u.a. durch Entwicklungen bei den Informations- und Kommunikationstechnologien – der Trend zu einem individuellen, multioptionalen und vernetzten (Beziehungs-)Marketing zu erkennen, das oft auch mit den Begriffen Database-Marketing, interaktives Marketing oder virtuelles Marketing verbunden wird. Es ist zu erwarten, dass in diesem Zusammenhang die Fähigkeit zum Agieren in Netzwerken an Bedeutung gewinnen wird.

Ähnlich wie sich die Entwicklung des Marketing vollzieht, können auch unterschiedliche **Entwicklungsphasen von Unternehmen** beobachtet werden. Je nach Branche, Unternehmensgröße, Marktbedingungen und Marktstellung befinden sich einzelne Unternehmen im Übergang von einer Phase der Know-how- zur Produktorientierung, von der Produkt- zur Marktorientierung oder von der Markt- zur Kundenorientierung.

Die Diskussion um das Marketing erfährt in jüngster Zeit eine weitere Perspektive. Marketing bezieht sich nicht mehr ausschließlich auf den Markt, das Umfeld oder die externen Kunden. Neuere Ansätze übertragen den Marketinggedanken auch auf die Zielgruppe der Mitarbeiter und internen Kunden (z.B. bei Leistungsaustausch zwischen Abteilungen). In diesem Zusammenhang wird auch vom „**Internen Marketing**" gesprochen (*Cahill* 1996; *Bruhn* 1999). Dem Internen Marketing kommt im Rahmen des Dienstleistungsmarketing aufgrund der besonderen Bedeutung des Personals für die Erbringung der Leistung ein besonders hoher Stellenwert zu.

1.3 Marktabgrenzung als Ausgangspunkt

Im Mittelpunkt des klassischen Marketingansatzes steht der **Absatzmarkt**. In der Volkswirtschaftslehre wird der Markt als das Zusammentreffen von Angebot und Nachfrage bezeichnet. Für eine betriebswirtschaftliche und marketingspezifische Analyse ist es jedoch notwendig, den **Marktbegriff** präziser zu fassen (vgl. z.B. *Steffenhagen* 2000). Im Marketing wird in diesem Kontext vom „relevanten Markt" gesprochen, den es zu identifizieren, abzugrenzen und näher zu beschreiben gilt. Für die Bestimmung des relevanten Marktes ist eine **Analyse des Marketingsystems** vorzunehmen, in dem das Unternehmen tätig ist bzw. tätig werden will. Dazu müssen sowohl Marktstrukturen als auch Marktprozesse näher untersucht werden.

(1) Analyse der Marktstrukturen

Bei der Analyse der Marktstrukturen geht es um die Identifikation der Marktteilnehmer. Zu unterscheiden sind hierbei die Anbieter- und die Nachfragerseite. Auf der **Anbieterseite** sind zwei Marktteilnehmer zu analysieren:

▦ Hersteller von Produkten bzw. Anbieter von Dienstleistungen sowie

▦ Absatzmittler (Groß- und Einzelhandel, Handelsvertreter usw.).

Auf der **Nachfragerseite** können folgende Marktteilnehmer differenziert werden:

▦ Private Konsumenten (Einzelpersonen oder Familien),

▦ Wiederverkäufer (Händler),

▦ Industrielle Abnehmer (Unternehmen),

▦ Öffentliche Abnehmer (staatliche Institutionen).

(2) Analyse der Marktprozesse

Die Analyse der Marktprozesse beinhaltet die Aufdeckung der Beziehungsstrukturen bzw. der marktbezogenen Transaktionen zwischen den einzelnen Marktteilnehmern. Hierzu gehört nicht nur die Analyse von Güter- und Informationsströmen, sondern auch die Betrachtung von Konkurrenz-, Macht- sowie Kooperationsbeziehungen.

Marktstrukturen und Marktprozesse determinieren das **Marketingsystem**, in dem das betrachtete Unternehmen und seine Wettbewerber tätig sind. Schaubild 1-2 zeigt ein vereinfachtes Beispiel für die Beschreibung eines derartigen Marketingsystems für den Markt der Industrielacke.

Nachdem das Unternehmen eine genaue Vorstellung über die Gegebenheiten des Marktes gewonnen hat, kann es sich der Frage widmen, wie der „**relevante Markt**" abgegrenzt werden soll. Der relevante Markt umfasst dabei alle für die Kauf- und Verkaufsentscheidungen bedeutsamen Austauschbeziehungen zwischen Produkten in sachlicher und räumlicher Hinsicht (*Backhaus* 1999):

▦ **Sachliche Abgrenzung**: Mit welchen Produkten oder Leistungen tritt das Unternehmen in einen Wettbewerb (z.B. Markt für PKW, LKW, Motorräder)?

▦ **Räumliche Abgrenzung**: Sollen die Produkte/Leistungen eines Anbieters auf einem lokalen, regionalen, nationalen, internationalen oder globalen Markt angeboten werden (z.B. europäischer Markt, asiatischer Markt)?

Marktabgrenzung als Ausgangspunkt

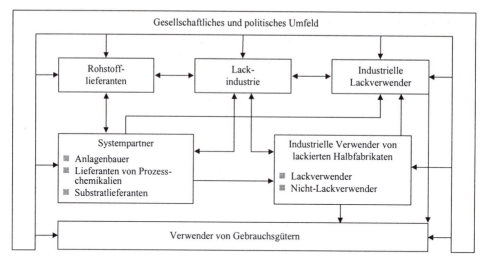

Schaubild 1-2: Beschreibung eines Marketingsystems am Beispiel des Marktes für Industrielacke

In der Literatur sind vielfältige Ansätze zur Abgrenzung des relevanten Marktes zu finden (vgl. für einen Überblick *Backhaus* 1999, S. 204ff.). Folgende Ansatzpunkte können unterschieden werden:

(1) Produkt- bzw. problemlösungsbezogene Marktabgrenzung

Im Rahmen einer produkt- bzw. problemlösungsbezogenen Marktabgrenzung wird der Markt durch die Güterart (Beispiel: Druckmaschinen), die Produkttechnologie (Beispiel: Laserdrucktechnik) oder allgemeiner das Problem (Beispiel: Dokumentation) definiert.

(2) Kundenbezogene Marktabgrenzung

Im Vordergrund der kundenbezogenen Marktabgrenzung stehen Merkmale der Nachfrager bzw. Kunden, wie z.B. Alter (Seniorenmarkt), Einkommen (Exklusivmarkt), Bedeutung des Kunden (Großkundenmarkt, Firmenkundenmarkt), Verwendungsverhalten (Intensivverwendermarkt). Diese Abgrenzungsmerkmale sind eher geeignet, die vielschichtigen Strukturen und Prozesse des Marktes zu erkennen.

Die Beantwortung der Frage nach dem relevanten Markt nimmt im Unternehmen eine Schlüsselposition ein, da auf ihrer Grundlage eine Vielzahl weiterer strategischer Marketingentscheidungen, wie z.B. die Marktsegmentierung oder die Festlegung von strategischen Geschäftseinheiten, getroffen werden (*Meffert* 2000). Das Problem der Unternehmenspraxis ist vielfach in einer zu starken Orientierung am eigenen Leistungsprogramm und folglich in einer zu engen Abgrenzung des relevanten Marktes zu sehen. So wäre die Definition des relevanten Marktes als „Markt für Zugverkehr" aus Sicht der Bahn deutlich zu eng, denn das zu erfüllende Kundenbedürfnis der Fortbewegung von A nach B kann auch durch PKW, Flugzeuge oder andere Fortbewegungsmittel erfüllt werden; der relevante Markt der Bahn ist demnach der Markt für Fortbewegung. Die aus Kundensicht denkbaren Substitutionen der Unternehmensleistung durch die Leistung anderer Anbieter sollten bei der Frage der Abgrenzung des relevanten Marktes berücksichtigt werden (*Backhaus* 1999).

Im engem Zusammenhang mit der Abgrenzung des relevanten Marktes steht die **Markt-segmentierung**. Sie versucht eine Aufteilung des Gesamtmarktes in verschiedene Teil-märkte nach bestimmten Segmentierungskriterien (vgl. Abschnitt 3.2.2), um diese differenziert bearbeiten zu können. Bei der Marktsegmentierung wird angestrebt, dass die einzelnen Teilmärkte untereinander heterogen, in sich aber möglichst homogen sind, so dass eine hohe Eigenständigkeit der Teilmärkte erreicht wird.

1.4 Aufgaben des Marketingmanagements

Das Marketingmanagement beschäftigt sich mit der systematischen Erarbeitung des Leis-tungsprogramms und dessen Durchsetzung im Markt. Der Marketingmanager wird dabei mit einer Vielzahl unterschiedlicher Aufgaben konfrontiert. Je nach Unternehmen und Branchenzugehörigkeit können die Aufgabenschwerpunkte variieren, jedoch sind grund-sätzlich sechs **Aufgabenbereiche** des Marketingmanagements zu unterscheiden:

(1) Produktbezogene Aufgaben

Betrachtet man die bestehenden Produkte, dann ist es eine permanente Aufgabe des Mar-keting, sich um die Anpassung des Leistungsprogramms an die Kundenwünsche zu be-mühen. Dazu zählen etwa **Produktverbesserungen**, z.B. hinsichtlich der Qualität, des Designs oder der Verpackung. Darüber hinaus sind auch **Produktdifferenzierungen** in die Überlegungen einzubeziehen, z.B. Einführung einer Light-Variante bei Lebensmit-teln. Schließlich besteht eine weitere Aufgabe in der Entwicklung von **Produktinnovati-onen**. Dies beinhaltet die Entwicklung und Vermarktung von neuen Produkten, die einen neuartigen oder zusätzlichen Kundennutzen aufweisen.

(2) Marktbezogene Aufgaben

Hier können in Anlehnung an die Produkt-Markt-Matrix von *Ansoff* vier Aufgabenberei-che unterschieden werden (vgl. Schaubild 1-3). Neben der Bearbeitung bestehender Märkte (**Marktdurchdringung**) ist es eine Aufgabe des Marketingmanagements, neue Teilmärkte zu bearbeiten (**Markterschließung**). Ferner können auf den vorhandenen Märkten neue Produkte eingeführt werden (**Sortimentserweiterung**). Eine risikoreiche Aufgabe ist es für ein Unternehmen, mit neuen Produkten auf neue Märkte zu gehen (**Diversifikation**).

Aufgaben des Marketingmanagements

Märkte / Produkte	Vorhanden	Neu
Vorhanden	Marktdurchdringung	Markterschließung
Neu	Sortimentserweiterung	Diversifikation

Schaubild 1-3: Produkt-Markt-Matrix zur Strukturierung von Marktaufgaben (Ansoff 1966)

(3) Kundenbezogene Aufgaben

Im Hinblick auf die Endabnehmer der Produkte und Dienstleistungen besteht die permanente Aufgabe des Marketing darin, durch eine **Verbesserung der Kundenbearbeitung** eine höhere Kundenzufriedenheit und letztlich eine stabile Kundenbindung zu erreichen. Ferner fällt in diesen Aufgabenbereich ein gezieltes **Management der Kundenstruktur**, d.h., die Erfolg versprechenden Kundengruppen müssen identifiziert und die Marketingmaßnahmen auf diese Segmente gezielt abgestimmt werden. Darüber hinaus ist zu prüfen, ob mit dem bestehenden Leistungsprogramm **neue Kundensegmente** angesprochen werden können.

(4) Absatzmittlerbezogene Aufgaben

Vor dem Hintergrund der weltweiten Handelskonzentration und der damit steigenden Handelsmacht ist die Orientierung am Handel eine zentrale Aufgabe des Marketing geworden. Eine wesentliche Herausforderung liegt darin, die **Beziehungen zum Handel** optimal zu gestalten. Hierzu können unterschiedliche Maßnahmen, wie z.B. die Durchführung handelsgerichteter Verkaufsförderungsaktionen, Handelswerbung, Regalpflege oder die Einführung eines Key Account Managements zum Einsatz gelangen. Eine weitere wichtige Aufgabe des handelsgerichteten Marketing ist die **Erschließung neuer Vertriebskanäle**; dies gilt insbesondere für Vertriebsschienen mit überdurchschnittlichen Zuwachsraten (z.B. Tankstellenshops, Internet). Diese Aufgabenbereiche gelten analog auch gegenüber Kunden, die selbst als Absatzmittler auftreten (**„mehrstufige Kundenbeziehung"**), jedoch nicht dem Handel zuzurechnen sind (z.B. Ärzte aus Sicht eines Pharma-Unternehmens).

(5) Konkurrenzbezogene Aufgaben

Mit zunehmender Intensität des Wettbewerbs wächst die Notwendigkeit, sich gegenüber den Wettbewerbern zu profilieren. Diese konkurrenzbezogene Aufgabe des Marketing-

Grundbegriffe und -konzepte des Marketing

managements umfasst die Suche nach dauerhaften **Wettbewerbsvorteilen** gegenüber den Hauptkonkurrenten, aber auch die **Absicherung der Marktstellung** gegenüber zukünftig neu in den Markt eintretenden Wettbewerbern (z.B. durch den Aufbau von Markteintrittsbarrieren). Die **Verhaltensweisen** des eigenen Unternehmens **gegenüber den Wettbewerbern** sind festzulegen (z.B. Kooperation vs. Konflikt) und geeignete Maßnahmen zur Realisierung dieser konkurrenzgerichteten Strategien zu entwickeln.

(6) Unternehmensbezogene Aufgaben

Die bisherigen Aufgabenbereiche bezogen sich auf die Marktbearbeitung. Um diese marktorientierten Unternehmensaufgaben zu erfüllen, ist es notwendig, die innerbetrieblichen Voraussetzungen für Markterfolge zu schaffen. Schwerpunkte bestehen dabei in der **Koordination und Integration** sämtlicher marktorientierter Aktivitäten sowie in der **Optimierung interner Prozesse** im Unternehmen. Gleichermaßen besteht die Notwendigkeit, durch interne Maßnahmen, z.B. Schulungen, Anreizsysteme, Seminare, die **Motivation der Mitarbeiter** zur Umsetzung der Aufgaben des Marketing kontinuierlich sicherzustellen.

1.5 Marketing als marktorientiertes Entscheidungsverhalten

Im Marketingmanagement empfiehlt es sich, zur Lösung der verschiedenen Aufgabenbereiche eine bestimmte marktorientierte Entscheidungssystematik anzuwenden. In der Literatur wird in diesem Zusammenhang der **entscheidungsorientierte Ansatz** diskutiert (vgl. auch *Nieschlag/Dichtl/Hörschgen* 1997; *Meffert* 2000). Der entscheidungsorientierte Ansatz versetzt den Marketingverantwortlichen in die Lage, das Entscheidungsproblem zu strukturieren und zu analysieren. Bei der Darstellung der Entscheidungsstruktur wird dabei zwischen drei **Marketingvariablen** unterschieden: der Marktsituation, den Marketingzielen sowie den Marketinginstrumenten. Diese Variablengruppen dürfen nicht isoliert betrachtet werden. Vielmehr sind bei der Ausarbeitung von Marketingkonzepten die Zusammenhänge und Beziehungsstrukturen zwischen den Variablengruppen zu berücksichtigen.

Die **Grundüberlegung des marktorientierten Entscheidungsverhaltens** verdeutlicht Schaubild 1-4. Die zentrale Forderung besteht darin, in einer gegebenen Marketingsituation die Konsequenzen des Einsatzes von Marketinginstrumenten im Hinblick auf die Erreichung der Marketingziele zu analysieren. Der Marketingmanager wird demnach in einer bestimmten Situation (z.B. stagnierender Markt) prüfen, ob die Marketingmaßnahme A (z.B. Preissenkung) oder die Marketingmaßnahme B (z.B. Produktverbesserung) besser geeignet ist, sein vorgegebenes Marketingziel (z.B. Marktanteilsgewinn) zu erreichen.

Marketing als marktorientiertes Entscheidungsverhalten

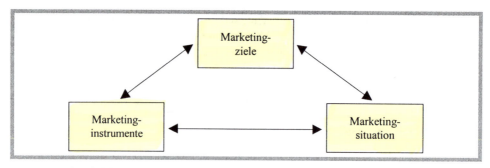

Schaubild 1-4: Marketing als marktorientiertes Entscheidungsverhalten

In formaler Hinsicht entsprechen diese Grundüberlegungen der Aufstellung einer **Marktreaktionsfunktion**. Im Vordergrund steht dabei die Frage, welche Reaktionen der Markt im Hinblick auf die Zielerreichung in einer bestimmten Situation durch den Einsatz ausgewählter Marketinginstrumente zeigt. Typische Marktreaktionsfunktionen sind Preis-Absatz- oder Werbereaktionsfunktionen. Der allgemeine Zusammenhang einer Marktreaktionsfunktion lässt sich formal wie folgt darstellen:

$$MZ_{i, s, z, t} = f(MI_{i, s, z, t}; MS_{i, s, z, t})$$

wobei:

MZ = Erreichung der Marketingziele (Laufindex z)
MI = Einsatz der Marketinginstrumente (Laufindex i)
MS = gegebene Marketingsituation (Laufindex s)
t = Laufindex für die Zeit

Relevante Kombinationen der Marktreaktionsvariablen lassen sich zu einem **Marktreaktionsgebirge** verbinden. Schaubild 1-5 zeigt ein solches Marktreaktionsgebirge, bei dem unterschiedliche Kombinationen von Preis und Budget bestimmten Absatzmengen entsprechen.

Bei der empirischen Ermittlung von Marktreaktionsfunktionen treten zahlreiche inhaltliche und methodische Probleme auf. Dennoch ist das „Denken in Marktreaktionsfunktionen" sinnvoll, da dabei die Struktur des Marketingentscheidungsproblems gedanklich durchdrungen wird. Vor allem sollte das Marketingmanagement in **alternativen Marktreaktionsfunktionen** denken, indem bei jedem Entscheidungsproblem die Zusammenhänge zwischen alternativen Marketingsituationen, unterschiedlichen Marketingzielen und den Marketinginstrumenten betrachtet werden.

Grundbegriffe und -konzepte des Marketing

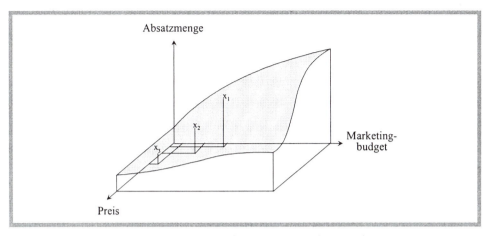

Schaubild 1-5: Beispiel für ein Marktreaktionsgebirge

Der entscheidungsorientierte Ansatz hat in der Marketingwissenschaft weite Verbreitung gefunden und dominiert bis zum heutigen Tage die Marketingarbeit in Wissenschaft und Praxis. Im Folgenden werden daher die einzelnen Elemente des entscheidungsorientierten Ansatzes detaillierter betrachtet.

1.5.1 Bestimmungsfaktoren der Marketingsituation

Die Marketingsituation ist gekennzeichnet durch den Status quo und die Entwicklungstendenzen des Marktes sowie all jene Faktoren, die einen Einfluss auf diese ausüben. Bei den Situationsvariablen muss dabei zwischen beeinflussbaren und nichtbeeinflussbaren Variablen unterschieden werden. **Beeinflussbare Variablen** sind interne Größen, die das Unternehmen selbst steuern kann. Zu denken ist an finanzielle Mittel oder den Einsatz von Marketinginstrumenten oder Mitarbeitern. Der Kategorie der **nicht beeinflussbaren Variablen** sind hingegen sämtliche externen Größen zu subsumieren, auf die das Unternehmen nicht direkt einwirken kann. Hierzu zählen vor allem Entwicklungen des konjunkturellen, rechtlichen, politischen und technologischen Unternehmensumfeldes.

Um bei der Vielzahl der zu berücksichtigen Einflussgrößen eine systematische Vorgehensweise sicherzustellen ist zwischen einer internen und externen Analyse zu unterscheiden, wobei die interne Analyse die **Stärken und Schwächen** des eigenen Unternehmens im Vergleich zum Hauptkonkurrenten beleuchtet. Im Rahmen der externen Analyse werden die **Chancen und Risiken** analysiert, die sich im Markt, auf Seiten der Handelspartner, Lieferanten, Kunden, bei den Konkurrenten und im Umfeld ergeben. In Schaubild 1-6 sind beispielhaft verschiedene Determinanten und Einflussgrößen für die genannten Situationsbereiche angegeben. Diese sind im Einzelfall zu vervollständigen.

1.5.2 Festlegung von Marketingzielen

Aus den Oberzielen des Unternehmens, wie z.B. Wachstum oder Rentabilität, sind Marketingziele abzuleiten und zu konkretisieren. Sie bestimmen in Verbindung mit den Marketingstrategien Ausmaß, Gebiet und die Richtung zukünftiger Entwicklungen. Zwei **Formen von Marketingzielen** sind zu unterscheiden (*Becker* 2001, S. 60ff.):

(1) Ökonomische Marketingziele

Ökonomische Marketingziele lassen sich in betriebswirtschaftlichen Kategorien erfassen und messen. Die wichtigsten ökonomischen Marketingziele sind:

- Absatz (Anzahl verkaufter Mengeneinheiten),

- Umsatz (zu Verkaufspreisen bewertete abgesetzte Mengeneinheiten),

- Marktanteil (Umsatz oder Absatz in Relation zu Umsatz oder Absatz des Marktes),

- Deckungsbeitrag (Umsatz abzüglich variable Kosten der Produktion),

- Gewinn (Umsatz abzüglich Kosten),

- Rendite (Gewinn in Relation zum eingesetzten Kapital oder Umsatz).

Dem **Marktanteil** kommt in der Unternehmenspraxis besondere Bedeutung zu. Der mengenmäßige (Basis: Absatzmenge) wie auch der wertmäßige Marktanteil (Basis: Umsatzwerte) sind vielfach Ausdruck der Marktstellung des Unternehmens und geben Hinweise auf Wettbewerbsvorteile gegenüber Konkurrenten.

(2) Psychologische Marketingziele

Psychologische Zielgrößen lassen sich nur schwer erfassen, da sie vielfach „theoretische Konstrukte" im mentalen System des Kunden darstellen, die nicht direkt beobachtbar sind. Als wichtige psychologische Marketingziele können genannt werden:

- Bekanntheitsgrad (Kenntnis von Produkten/Marken/Unternehmen/Einkaufsstätten),

- Image/Einstellung (Subjektive Meinungen über Produkte/Marken/Unternehmen/ Einkaufsstätten),

- Kundenzufriedenheit (Differenz zwischen erwarteter und tatsächlicher Leistung),

- Kaufpräferenzen (Bevorzugte Wahl an Marken/Produkte/Unternehmen/Einkaufsstätten),

- Kundenbindung (Absicht zur Wiederholung der Kaufentscheidung hinsichtlich Produkten/Marken/Herstellern/Einkaufsstätten).

Grundbegriffe und -konzepte des Marketing

Chancen-Risiken-Analyse	Markt-situation	▨ Marktaufteilung ▨ Polarisierung ▨ Technologischer Wandel ▨ Marktvolumen ▨ Sättigungsgrade
	Kunden-situation	▨ Kundendemographie/Kundenstruktur ▨ Einstellungen ▨ Qualitäts-/Serviceanforderungen ▨ Wiederkaufverhalten ▨ Kaufkraft
	Handels-situation	▨ Einkaufsentscheidungsverhalten ▨ Handelsbedürfnisse ▨ Technologische Ausstattung ▨ Machtausübung durch den Handel ▨ Handelskonzentration ▨ Kooperationsbereitschaft
	Lieferanten-situation	▨ Anzahl Lieferanten ▨ Abhängigkeit von Lieferanten ▨ Lieferzuverlässigkeit ▨ Kooperationsbereitschaft ▨ Technische Ausstattung
	Konkurrenz-situation	▨ Anzahl und Größe der Konkurrenten ▨ Wettbewerbsintensität ▨ Marktstellung der Konkurrenten ▨ Machtverhältnisse ▨ Kooperationsmöglichkeiten
	Umfeld-situation	▨ Politische Rahmenbedingungen ▨ Wettbewerbsrecht ▨ Umweltschutz-Gesetzgebung ▨ Gesellschaftliche Normen ▨ Gesamtwirtschaftliches Wachstum
Stärken-Schwächen-Analyse	Unternehmens-situation	▨ Marktstellung ▨ Leistungsprogramm ▨ Kapitalausstattung ▨ Vertriebsorganisation ▨ Innovationsstärke ▨ Mitarbeiterfluktuation ▨ Kostenstrukturen ▨ Unternehmensimage ▨ Zusammenarbeit mit externen Marketingstellen

Schaubild 1-6: Relevante Faktoren einer Analyse der Marketingsituation

Marketing als marktorientiertes Entscheidungsverhalten

Die Erreichung psychologischer Marketingziele wird durch Methoden der Marktforschung gemessen (vgl. Kapitel 4), insbesondere durch spezielle Kundenbefragungen.

Für eine **Operationalisierung von Marketingzielen** müssen diese nach unterschiedlichen Aspekten spezifiziert werden, damit sie neben ihrer Motivationsfunktion auch die Steuerungs- und Kontrollfunktion erfüllen können. Die Marketingziele sind nach fünf Dimensionen zu spezifizieren:

- Zielinhalt: Was soll erreicht werden?

- Zielausmaß: In welchem Umfang soll das Ziel erreicht werden?

- Zielsegment: In welchem Marktsegment soll das Ziel erreicht werden?

- Zielgebiet: In welchem Gebiet soll das Ziel erreicht werden?

- Zielperiode: Bis wann soll das Ziel erreicht werden?

Als **Beispiele** für eine operationale Formulierung von Zielen lassen sich nennen:

- Erhöhung des Umsatzes des Arzneimittels SCHMERZFREI mit Krankenhäusern innerhalb der nächsten zwölf Monate um 10 Prozent gegenüber dem Vorjahr im Vertriebsgebiet Nord.

- Steigerung des bundesweiten Bekanntheitsgrades für die neu einzuführende Zeitschrift FLASH innerhalb der nächsten vier Monate von 0 auf 40 Prozent im Segment der 18- bis 25-Jährigen.

- Steigerung der Kundenzufriedenheit in der Kundengruppe A der BANK 48 um einen Indexpunkt auf dem Gesamtmarkt Deutschland im Jahre 2000.

Fehlt die Angabe zu einer der genannten Dimensionen, sind die Ziele nicht operational definiert und somit nur unzureichend zu kontrollieren. Des Weiteren ist zu beachten, dass ökonomische und psychologische Marketingziele nicht unabhängig voneinander betrachtet werden können. Vielfach sind die einzelnen psychologischen Marketingziele Voraussetzung zur Erreichung der ökonomischen Ziele. In diesem Zusammenhang wird auch von einer „**Erfolgskette**" gesprochen (*Bruhn/Homburg* 1999). Diese unterstellt folgenden Verlauf: Qualität → Kundenzufriedenheit → Kundenbindung → Gewinn.

1.5.3 Einsatz der Marketinginstrumente

Marketinginstrumente sind „Werkzeuge", die Möglichkeiten eröffnen, auf Märkte gestaltend einzuwirken. Zur Systematisierung der Marketinginstrumente hat sich in Wissenschaft und Praxis die auf *McCarthy* zurückzuführende Einteilung in die sog. „Vier Ps" durchgesetzt, die auch im deutschsprachigen Raum weite Verbreitung gefunden hat (*Be-*

cker 2001; *Kotler/Bliemel* 2001; *Meffert* 2000). Die „Vier Ps" entsprechen folgenden Marketinginstrumenten:

- Product (Produkt),
- Price (Preis),
- Promotion (Kommunikation),
- Place (Vertrieb).

Das Entscheidungsproblem im Marketing besteht darin, die optimale Kombination der unterschiedlichen Marketinginstrumente festzulegen. In diesem Zusammenhang spricht man auch von der Planung des **Marketingmix**. Im Folgenden werden die 4Ps genauer dargestellt.

(1) Instrumente der Produktpolitik

Die Produktpolitik beschäftigt sich mit sämtlichen Entscheidungen des Unternehmens zur Gestaltung des Leistungsprogramms. Um die Entscheidungstatbestände, die der Produktpolitik eindeutig zuzuordnen sind, besser identifizieren zu können, ist zunächst eine inhaltliche Bestimmung des Begriffes Produkt sinnvoll. Zu unterscheiden ist der enge, erweiterte sowie weite Produktbegriff (vgl. auch *Meffert* 2000, S. 327ff.). Der **enge Produktbegriff** umfasst lediglich das physische Kaufobjekt, wie z.B. eine Waschmaschine, eine Zahnbürste oder ein Automobil. Beim **erweiterten Produktbegriff** werden dem physischen Kaufobjekt noch die direkt mit diesem Objekt in Zusammenhang stehenden Dienstleistungen zugerechnet, wie z.B. die Montage der Waschmaschine. Bei einem **weiten Begriffsverständnis** bezieht sich der Ausdruck Produkt sowohl auf materielle Sachleistungen als auch auf immaterielle Dienstleistungen, z.B. das gesamte Leistungsprogramm einer Bank. Im Folgenden wird der weite Produktbegriff zugrunde gelegt. Folgende Entscheidungsbereiche lassen sich der Produktpolitik zuordnen:

- Produktinnovation,
- Produktverbesserung/-variation,
- Produktdifferenzierung,
- Markierung,
- Namensgebung,
- Serviceleistungen,
- Sortimentsplanung,
- Verpackung.

(2) Instrumente der Preispolitik

Die Preispolitik legt die Konditionen fest, unter denen die Produkte den Kunden angeboten werden. Zum Entscheidungsspektrum der Preispolitik zählen:

- Preis,
- Rabatte,
- Boni und Skonti,
- Liefer- und Zahlungsbedingungen.

Marketing als marktorientiertes Entscheidungsverhalten

(3) Instrumente der Kommunikationspolitik

Zur Kommunikationspolitik werden sämtliche Maßnahmen zusammengefasst, die der Kommunikation zwischen Unternehmen und ihren aktuellen und potenziellen Kunden, Mitarbeitern und Bezugsgruppen dienen. Zu unterscheiden sind folgende Kommunikationsinstrumente (*Bruhn* 2002):

- Mediawerbung,
- Verkaufsförderung,
- Direct Marketing,
- Public Relations,
- Sponsoring,

- Persönliche Kommunikation,
- Messen und Ausstellungen,
- Event Marketing,
- Multimediakommunikation,
- Mitarbeiterkommunikation.

(4) Instrumente der Vertriebspolitik

Die Vertriebspolitik umfasst sämtliche Maßnahmen, die erforderlich sind, damit der Verkauf des Produktes an den Kunden tatsächlich zustandekommen kann. Hierzu zählt primär die Überbrückung der räumlichen und zeitlichen Distanz zwischen Herstellung und Kauf des Produktes (*Ahlert* 1996). Diese Funktion übernehmen i.d.R. der Handel bzw. die Absatzmittler. Zur Vertriebspolitik zählen drei Planungsbereiche:

- Vertriebssysteme,
- Verkaufsorgane,

- Logistiksysteme.

Bei der Zuordnung einzelner Marketinginstrumente in die oben genannten Bereiche kann es zu **Überschneidungen** kommen. Dies ist z.B. der Fall, wenn Marketinginstrumente gleichzeitig verschiedene Aufgaben übernehmen, so etwa die Verpackungspolitik, die Produktgestaltungs- und Kommunikationsfunktionen wahrnimmt oder die Verkaufsförderung, der sowohl Kommunikations- als auch Vertriebsfunktionen zugeordnet werden können. Schaubild 1-7 zeigt die Instrumente des Marketingmix (4Ps) im Überblick.

In jüngster Zeit wird hinsichtlich der 4Ps auch diskutiert, welche Besonderheiten sich für die einzelnen Instrumentebereiche im Rahmen des **Electronic Commerce** ergeben. Als wichtigste Unterschiede gegenüber klassischen Märkten sind insbesondere folgende Aspekte zu beachten (vgl. *Dholakia et al.* 1999, S. 66ff.):

- Im Rahmen der **Produktpolitik** ermöglicht der Electronic Commerce einen größeren Grad an Differenzierung und Kundenorientierung.

- Hinsichtlich der **Preispolitik** ist zu beachten, dass die Suchkosten der Konsumenten sowie die Aufwendungen für einen möglichen Anbieterwechsel eher gering sind, was den Preisspielraum gegenüber Konkurrenzpreisen reduzieren kann.

Grundbegriffe und -konzepte des Marketing

- Die **Kommunikationspolitik** kann relativ einfach interaktiv und individualisiert gestaltet werden.

- Im Rahmen der **Vertriebspolitik** ist zu beachten, dass keine körperliche Anwesenheit des Kunden beim Anbieter mehr notwendig ist.

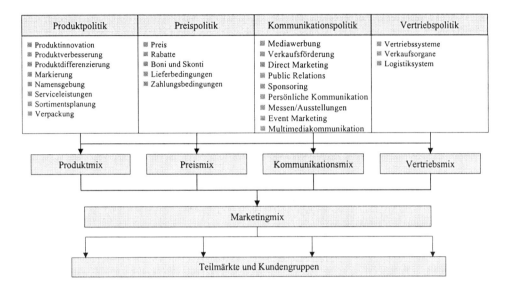

Schaubild 1-7: Die klassischen Marketinginstrumente (4Ps) im Marketingmix

1.6 Paradigmenwechsel in der Marketingwissenschaft

Ein marktorientiertes Entscheidungsverhalten muss durch den differenzierten Einsatz von vielfältigen Marketinginstrumenten den Entwicklungen im Marketing gerecht werden. So ist es auch zu verstehen, dass in den letzten Jahren zahlreiche „neue" Marketinginstrumente entstanden sind, die zur Wettbewerbsprofilierung eingesetzt werden.

Allerdings entspricht die Sichtweise des Einsatzes der 4Ps einem Paradigma, das als ein Denken im Sinne eines „**inside-out**" zu kennzeichnen ist – d.h., ein Unternehmen entwickelt ein Marketingmix, um damit den Markt bzw. die Teilmärkte zu bearbeiten und Geschäftsabschlüsse zu tätigen. Bei dieser transaktionsorientierten Sichtweise wird man jedoch vielfach den speziellen Kundenerwartungen nicht gerecht. Deshalb wird vorgeschlagen, eine veränderte Perspektive im Sinne eines „**outside-in**" einzunehmen – d.h.,

Paradigmenwechsel in der Marketingwissenschaft

die speziellen Beziehungen des Unternehmens zu seinen Kundensegmenten sind Ausgangspunkt für die Marktbearbeitung.

Damit verbunden ist die **Entwicklung vom Transaktions- zum Beziehungsmarketing**; letzteres wird auch als Relationship Marketing bezeichnet. Die Vertreter des Beziehungsmarketing (*Gummesson* 1997; *Gordon* 1998) gehen davon aus, dass die traditionelle Sicht des Marketing, die aufgrund ihrer Transaktionsorientierung den Einsatz der 4Ps fokussiert, der Kernaufgabe des Marketing – die Pflege und Gestaltung von Geschäftsbeziehungen – zu wenig Rechnung trägt. Gefordert wird eine aktive Analyse, Gestaltung und Kontrolle von dauerhaften Beziehungen zu sämtlichen Anspruchsgruppen des Unternehmens (*Gummesson* 1997), die auf Vertrauen und Zufriedenheit basieren.

Der Ausgangspunkt des Beziehungsmarketing liegt im Industriegüter- bzw. Business-to-Business- sowie im Dienstleistungsbereich, in denen seit jeher die Beziehungspflege ein wesentlicher Erfolgsfaktor ist. Schaubild 1-8 zeigt die Unterschiede zwischen dem klassischen Marketing und dem beziehungsorientierten Marketing im Überblick.

	Transaktionsmarketing	Beziehungsmarketing
Betrachtungsfristigkeit	Kurzfristigkeit	Langfristigkeit
Marketingobjekt	Leistung	Leistung und Kunde
Dominantes Marketingziel	Kundenakquisition	Kundenakquisition, Kundenbindung, Kundenrückgewinnung
Strategiefokus	Information	Dialog
Ökonomische Erfolgs- und Steuergrößen	Gewinn, Deckungsbeitrag, Umsatz, Kosten	zusätzlich: Kundendeckungsbeitrag, Kundenwert

Schaubild 1-8: Transaktions- versus Beziehungsmarketing

Der Instrumenteeinsatz wird im Rahmen des Beziehungsmarketing sehr viel stärker unter dem Aspekt der verschiedenen Phasen einer Geschäftsbeziehung gesehen. Die Marketinginstrumente können folglich auch danach systematisiert werden, ob das Unternehmen primär neue Kunden gewinnen (recruitment), zufriedene Kunden an sich binden (retention) oder unzufriedene Kunden halten bzw. zurückgewinnen will (recovery) (3R).

(1) **Recruitment**: Im Marketing werden verstärkt Instrumente eingesetzt, die den Dialog und die Interaktion zwischen Unternehmen und Kunde fördern sollen. Grundgedanke dieser Dialogorientierung ist die Annahme, dass durch eine Intensivierung des Dialoges die Kundenakquisition gefördert werden kann.

(2) **Retention**: Kundenbindungsstrategien bzw. Customer-Retention-Konzepte haben stark an Bedeutung gewonnen. Hierbei wird versucht, durch den Instrumenteeinsatz

die Kundenzufriedenheit maßgeblich zu steigern. Typische Kundenbindungsinstrumente sind Kundenclubs, Kundenkarten oder Kundenzeitschriften.

(3) **Recovery**: Schließlich werden verstärkt Überlegungen angestellt, welche Maßnahmen bei unzufriedenen oder gefährdeten Kunden ergriffen werden können, um eine Abwanderung zu verhindern. Falls der Kunde bereits abgewandert ist, können ebenfalls spezifische Marketinginstrumente zum Einsatz gelangen, wie z.B. Sonderkonditionen oder persönliche Gespräche, um den Kunden zurückzugewinnen.

Schaubild 1-9 verdeutlicht den Einfluss des Beziehungsmarketing auf den Einsatz der klassischen Marketinginstrumente, indem diese nach den verschiedenen Phasen einer Kundenbindung strukturiert werden (vgl. hierzu auch *Gordon* 1998, S. 12ff.).

3Rs / 4Ps	Recruitment Kundenakquisition mit Fokus Kundendialog	Retention Kundenbindung mit Fokus Kundenzufriedenheit	Recovery Kundenrückgewinnung mit Fokus Wechselbarrieren
Product	※ Produktinnovation ※ Produktzusatznutzen ※ Produktverbesserung	※ Produktzufriedenheit ※ Servicestandards ※ Garantien	※ Produktverbesserung ※ Value Added Services ※ Individuelle Leistungen
Price	※ Niedrigpreis ※ Sonderangebote ※ Aktionen	※ Optimales Preis- Leistungs-Verhältnis ※ Preisgarantien ※ Preisbündelung	※ Rabatte/Boni ※ Einmalige Zahlung bei Wiederaufnahme ※ Sonderkonditionen
Promotion	※ Aktives Direct Marketing ※ Massenkommunikation mit Dialogfunktion ※ Multimediakommunikation	※ Kundenzeitschriften ※ Direct-Mail ※ Kundenclubs	※ Telefonmarketing ※ Persönliches Gespräch ※ Einladung/Events
Place	※ Produktsampling ※ Aktionen am POS ※ Neue Vertriebsstellen	※ Online Shopping ※ Direktvertrieb ※ Lieferservice	※ Exklusivvertrieb ※ Außendiensteinsatz ※ Zusätzliche Vertriebswege

Schaubild 1-9: Systematisierung der Marketinginstrumente nach den
3Rs im Marketing

Es bleibt abzuwarten, ob sich diese Sichtweise durchsetzt und damit einem Paradigmenwechsel im Marketing zum Durchbruch verholfen wird. Bereits heute ist abzusehen, dass eine stärkere Fokussierung auf Fragestellungen des Beziehungsmarketing zu einer **Neustrukturierung der Marketinginstrumente** führt (*Gummesson* 1997).

1.7 Institutionelle Besonderheiten des Marketing

Je nach Branche und Art der Leistung ergeben sich spezifische Herausforderungen und Aufgabenschwerpunkte des Marketing. Diese institutionellen Besonderheiten müssen bei der Ausarbeitung eines Marketingkonzeptes stets berücksichtigt werden. Auf die wesentlichen Unterschiede soll im Folgenden eingegangen werden.

1.7.1 Besonderheiten des Konsumgütermarketing

Die Entwicklung des Marketinggedankens fand ihren Ursprung im Konsumgüterbereich. Dieser richtet sich an private Konsumenten bzw. Verwender der Produkte. Betrachtet man die Entwicklungen im Konsumgütermarketing, so waren es zunächst Produkte aus dem Lebensmittelbereich, die als **Markenprodukte** einem systematischen Marketing unterlagen. Noch heute sind viele dieser bereits über 100 Jahre „alten" Marken, wie z.B. Nivea, Persil, Knorr, Maggi oder Odol, sehr erfolgreich. Vom Verbrauchsgüterbereich ausgehend wurde dann der Marketinggedanke auch auf den Gebrauchsgüterbereich übertragen. Hierbei handelt es sich um Produkte mit längerer Lebensdauer, die in größeren Wiederkaufzyklen erworben werden (z.B. Fernseher oder PKW). Für das Marketing von Verbrauchs- und Gebrauchsgütern sind folgende **Besonderheiten** kennzeichnend:

- Ausrichtung der Marketingmaßnahmen primär auf Massenmärkte (**Massenmarketing**).

- **Intensive Werbeaufwendungen** im Rahmen einer **konsequenten Markenpolitik**.

- **Preiskämpfe**, ausgelöst durch zunehmenden Wettbewerb und kurze Produktlebenszyklen.

- Vergleichsweise **kurze Innovationszyklen**, die aus einem wachsenden Wettbewerbsdruck resultieren.

- Bedrohung durch „**Me-too"-Produkte**, mit deren Hilfe Imitatoren bei technologisch ausgereiften Produkten durch niedrigere Preise Marktanteile zu gewinnen versuchen.

- Einsatz von **Produktmanagern**, die sich ausschließlich um die von ihnen betreuten Produkte und Marken kümmern.

- **Mehrstufiger Vertrieb** unter Berücksichtigung unterschiedlicher Vertriebskanäle.

- **Handelsgerichtete Marketingkonzeptionen**, um der zunehmenden Nachfragemacht der Handelsunternehmen gerecht zu werden.

- Einsatz von **Key Account Managern**, die sich auf die Zusammenarbeit mit den wesentlichen Handelskonzernen (Key Accounts) konzentrieren.

Grundbegriffe und -konzepte des Marketing

1.7.2 Besonderheiten des Industriegütermarketing

Das Industriegütermarketing beschäftigt sich mit der Vermarktung von Produkten an Unternehmen, die diese zur eigenen Leistungserstellung benötigen. Das Spektrum der Industriegüter reicht von einfachen Grundstoffen bis hin zu hochkomplexen Anlagen und Systemen (*Backhaus* 1999). Die Kunden sind die Entscheidungsträger des jeweiligen Industriebetriebes, die ihre Einkaufsentscheidung i.d.R. kollektiv treffen. Vor diesem Hintergrund ergeben sich folgenden **Besonderheiten** des Industriegütermarketing:

▨ Treffen von Kaufentscheidung bei industriellen Abnehmern von mehreren Personen gemeinsam (**Buying Center**).

▨ Starke **Interaktions- und Beziehungsorientierung**, die auch im Einsatz der Marketinginstrumente deutlich wird.

▨ Besonders großer Stellenwert von **Vertrauen** und **persönlicher Kommunikation**.

▨ Geringere Anzahl von Kunden (**Individualmarketing**), die jeweils individuelle Problemlösungen wünschen und die Produktentwicklung aktiv mitgestalten.

▨ **Systemlösungen**, die nicht nur aus dem einzelnen Produkt, sondern aus einem Paket von Produkt- und Serviceleistungen wie Beratung, Schulung und Wartung bestehen.

▨ **Direktvertrieb** steht als Absatzweg im Vordergrund.

▨ Vergleichsweise hoher Anteil an **internationalen Geschäftsbeziehungen**.

1.7.3 Besonderheiten des Dienstleistungsmarketing

Im Dienstleistungssektor wird das Marketing maßgeblich durch die Vielfalt und die Heterogenität der Dienstleistungsarten geprägt. Beispielhaft sei auf die Leistungen von Restaurants, Banken oder Reisebüros verwiesen (zur Vertiefung vgl. *Meffert/Bruhn* 2000). Für das Dienstleistungsmarketing sollen als **Besonderheiten** hervorgehoben werden:

▨ Notwendigkeit der **Dokumentation der Leistungsfähigkeit** des Dienstleistungsanbieters (Know-how, körperliche Fähigkeiten usw.).

▨ **Integration des externen Faktors**, d.h., der Kunde bringt sich oder seine Besitzgegenstände direkt in den Leistungserstellungsprozess ein und beeinflusst somit auch aktiv das Ergebnis.

▨ Tendenziell **Immaterialität** und damit fehlende Lager- und Transportfähigkeit von Leistungen.

Institutionelle Besonderheiten des Marketing

- Häufig gleicher Zeitpunkt von Produktion und Konsumtion von Dienstleistungen (**Uno-actu-Prinzip**).

- Gewährleistung **konstanter Dienstleistungsqualität** als ein zentrales Marketingproblem.

- Maßgebliche Beeinflussung der Dienstleistungsqualität durch die Mitarbeiter, daher **Qualifikation, Schulung und Motivation von Mitarbeitern** besonders wichtig. Vielfach wird daher im Dienstleistungsmarketing von einem fünften P (= Personal) im Marketingmix gesprochen.

- Zentrale Rolle des Konzepts des **Internen Marketing** zum Aufbau von Mitarbeitermotivation und -zufriedenheit ein.

- **Persönliche Kommunikation** expliziter Bestandteil der Dienstleistungserstellung.

- Da Leistungsmerkmale für den Kunden oft nicht objektiv nachprüfbar, spielen für Kaufentscheidung **Imagemerkmale** des Unternehmens, wie z.B. Seriosität oder Vertrauenswürdigkeit sowie „Mund-zu-Mund"-Kommunikation, besondere Rolle.

1.7.4 Besonderheiten des Non Profit Marketing

Das Non Profit Marketing beschäftigt sich mit dem Angebot und der Nachfrage nicht kommerzieller Leistungen. Dazu zählen Theater, Museen, Universitäten, Parteien, Behörden, Sozialorganisationen u.a.m. (zur Vertiefung vgl. *Bruhn/Tilmes* 1994). Als **Besonderheiten** lassen sich für das Non Profit Marketing hervorheben:

- Schwierigkeiten bei der Abgrenzung des **relevanten Marktes**.

- Schwierigkeiten bei der **Charakterisierung** des Produktes/der Leistung.

- Im Vergleich zu anderen Bereichen oft keine Eindeutigkeit bei **Bestimmung der Nachfrager** und der Konsumenten bzw. der Empfänger oder Verwender.

- Gegenstand des Non Profit Marketing häufig **soziale Ideen** bzw. Ziele anstelle von Produkten oder Dienstleistungen.

- Oft **individualisierte Leistungen** mit einem geringen Standardisierungspotenzial.

- Bei „kostenlosen" bzw. kostenlos dem Empfänger zur Verfügung gestellten Leistungen **Interpretationsschwierigkeiten des Preises** bzw. der Gegenleistungspolitik.

- Besondere Bedeutung der **Mitarbeiter** für die Leistungserbringung.

- Teilweise **Hemmschwellen** auf Kunden- und Anbieterseite gegenüber „Vermarktung".

2. Festlegung des Marketingplans

Lernziele

In diesem Kapitel setzen Sie sich mit dem Marketing als einem entscheidungsorientierten Managementprozess auseinander. Sie

➢ machen sich mit den einzelnen Schritten und Phasen der Marketingplanung vertraut,

➢ erarbeiten sich die zentralen Bausteine eines Marketingplans (als Jahresplan),

➢ lernen die Methoden in den einzelnen Planungsschritten kennen und

➢ unterscheiden zwischen verschiedenen Ebenen der Marketingplanung.

Besonderes Anliegen dieses Kapitels ist es, die Inhalte eines umfassenden Marketingplans zu vermitteln.

2.1 Marketing als Managementfunktion

Marketing als Managementfunktion bedingt ein systematisches Entscheidungsverhalten, das sich durch einen Managementprozess realisieren lässt. Schaubild 2-1 zeigt einen idealtypischen Prozess des Marketingmanagements mit den klassischen Phasen der Analyse, Planung, Durchführung und Kontrolle. Dieser Managementprozess verdeutlicht, wie das Marketing als Unternehmensfunktion seiner Rolle als Initiator einer systematischen Unternehmensführung gerecht werden kann. Kern des Marketingmanagements ist die kontinuierliche Marketingplanung. Sie beschäftigt sich mit der Analyse- und Planungsphase des Managementprozesses und führt zu einem **Marketingplan**, der dem Marketingverantwortlichen zur Umsetzung des Managementprozesses in Teilschritten dient.

Im Rahmen des Marketingplans müssen folgende Fragen beantwortet werden:

▓ Welche Maßnahmen werden

▓ zu welchem Zeitpunkt für

▓ welche Produkte mit

▓ welchem Aufwand und mit

▓ welchem Ziel durchgeführt?

37

Marketing als Managementfunktion

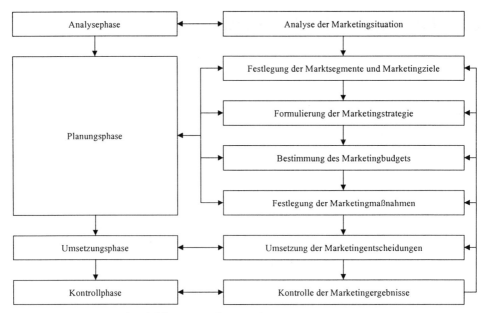

Schaubild 2-1: Marketing als Managementprozess

Um die Systematik der Entscheidungsprozesse zu unterstützen, ist es notwendig, dass die kontinuierliche Marketingplanung verschiedenen **Anforderungen** gerecht wird:

Zeitliche Anforderungen

Die Prozesse der Marketingplanung müssen zunächst eine dem Planungsobjekt angemessene **Frühzeitigkeit** im Sinne eines zeitlichen Vorlaufs aufweisen. In der Regel wird ein Marketingplan als Jahresplan erstellt. Darüber hinaus ist sicherzustellen, dass die Marketingplanung als **revolvierender Prozess** mit in Abhängigkeit von den Spezifika des Planungsobjektes fixierten Planungszyklen etabliert wird (z.B. längere Planungszyklen im Industriegüterbereich gegenüber kürzeren Zyklen in Lifestyle-Märkten).

Inhaltliche Anforderungen

Unter inhaltlichen Gesichtspunkten ist die **Vollständigkeit** der Marketingplanung sicherzustellen. Hierzu bietet es sich an, dass der zu erarbeitende Marketingplan in seinem Aufbau einer festgelegten Struktur folgt, die alle wesentlichen Aspekte erfasst.

Formale Anforderungen

Wichtigste formale Anforderung an die Marketingplanung ist die **schriftliche Fixierung** des Marketingplans. Auf diese Weise wird zum einen die **Verbindlichkeit** der Planungen dokumentiert, zum anderen ist der so dokumentierte Marketingplan auch ein Mittel der internen Kommunikation gegenüber den involvierten Personen, Abteilungen usw.

Konzeptionelle Anforderungen

Auch unter Berücksichtigung des notwendigen Maßes an Verbindlichkeit und Konkretisierung muss ein bestimmtes Maß an **Flexibilität** erhalten bleiben, um auf unerwartete Veränderungen der Rahmenbedingungen auch in späteren Phasen der Planung reagieren zu können. Somit sind auch Freiräume vorzusehen, die u.a. angemessene Reaktionen auf die Aktivitäten von Wettbewerbern erlauben.

Organisatorische Anforderungen

Notwendige Voraussetzung für eine erfolgreiche Marketingplanung ist darüber hinaus eine eindeutige und transparente Festlegung der **Verantwortlichkeiten** und **Aufgabenbereiche** im Rahmen des Planungsprozesses. Hierbei gilt es z.B. zu bestimmen, wer bis wann welche Aufgaben im Rahmen des Planungsprozesses zu erfüllen hat.

Der Marketingplan ist das Kernstück des Marketingmanagementprozesses und Ausdruck eines entscheidungsorientierten Vorgehens (im Gegensatz zum reaktiv ausgerichteten inkrementalen Planungsansatz; *Becker* 2001, S. 820ff.). Er enthält die wesentlichen Schritte der Analyse- und Planungsphase des Managementprozesses und dient dem Marketingmanager zur Umsetzung der Marketingstrategie. Darüber hinaus kommen dem Marketingplan weitere Funktionen zu (vgl. dazu z.B. *Nieschlag/Dichtl/Hörschgen* 1997):

- Identifikation von Chancen und Risiken,

- Förderung der Ziel- und Zukunftsorientierung,

- Koordination von Zielen, Strategien, Entscheidungen,

- Information und Motivation von Mitarbeitern,

- Unterstützung der Erfolgskontrolle.

Schaubild 2-2 zeigt exemplarisch die Grobstruktur eines Marketingplans sowie konkrete Fragestellungen (vgl. in ähnlicher Form *Cohen* 1995, S. 7ff.), die im Einzelnen behandelt werden müssen. Zu nennen sind hier im Wesentlichen acht Bausteine, die letztlich den systematischen Ablauf des Planungsprozesses im Marketing widerspiegeln.

(1) **Relevanter Markt/Leistungscharakterisierung**
   - Auf welches konkrete Produkt bzw. welche Dienstleistung bezieht sich der Marketing plan?
   - Was ist der „relevante Markt" für den Marketingplan?
   - Welche spezifischen Besonderheiten machen die Leistung einzigartig?

(2) **Marketingsituation**
   - Welche Umfeldfaktoren sind von Bedeutung?
   - Welche Chancen und Risiken kennzeichnen die (prognostizierte) Entwicklung dieser Umfeldfaktoren?
   - Welche Stärken und Schwächen des Unternehmens stehen diesen Entwicklungen ge genüber?
   - Was ist die Marketing-Problemstellung, die mit Hilfe der Marketingplanung gelöst werden soll?

(3) **Marktsegmente**
   - Welche Marktsegmente werden anvisiert?
   - Warum wurden diese Marktsegmente ausgewählt?
   - Wie groß sind diese Marktsegmente?
   - Mit welchen Kriterien lassen sich diese Marktsegmente beschreiben?

(4) **Marketingziele**
   - Welche konkreten Ziele werden verfolgt?
   - Welche Prioritäten haben die ökonomischen und psychologischen Ziele?
   - Welche Beziehungen bestehen zwischen diesen Zielen?

(5) **Marketingstrategie**
   - Welche alternativen Strategien kommen zur Zielerreichung in Betracht?
   - Welche Strategiealternative wird favorisiert und mit welcher Begründung?
   - Welche Ausprägungen hat die Marketingstrategie?

(6) **Marketingmaßnahmen**
   - Welche Ausgestaltung soll das Marketingmix haben?
   - Wo liegen Prioritäten im Marketingmix?
   - Wie sollen die Marketingmaßnahmen nach verschiedenen Kundengruppen differen ziert werden?
   - Welche konkreten Maßnahmen sollen ergriffen werden?

(7) **Marketingbudget**
   - Welche finanziellen Mittel werden eingesetzt, um die Marketingziele zu erreichen?
   - Wo liegen die Prioritäten im Einsatz der Budgetmittel?
   - Wie sollen diese Mittel aufgeteilt werden?

(8) **Implementierung und Kontrolle**
   - Wer ist für die Umsetzung und Durchsetzung von Strategien und Maßnahmen verant wortlich?
   - Welche organisatorischen Anpassungen sind zur Umsetzung der Strategie erforderlich?
   - Wie kann die Zielerreichung messbar gemacht werden?
   - Wer kontrolliert die Zielerreichung?

Schaubild 2-2: Grobstruktur und exemplarische Bausteine eines Marketingplans

2.2 Phasen der Marketingplanung

Idealtypisch besteht der Planungsprozess des Marketing aus zeitlich und inhaltlich aufeinander folgenden Phasen (Schaubild 2-1). Zwischen diesen Phasen existieren zahlreiche Interdependenzen, so dass ein sukzessives, voneinander unabhängiges Abarbeiten der Phasen nicht sinnvoll erscheint. Bezugspunkt der Planung und ihrer einzelnen Phasen ist stets der **relevante Markt**, auf dem das Unternehmen mit seinem Leistungsprogramm vertreten ist.

2.2.1 Analyse der Marketingsituation

Die **Situationsanalyse** ist Ausgangspunkt jedes Marketingplans. Sie erfasst die spezifische Situation, in der sich das Unternehmen befindet sowie die sich daraus ergebende marktorientierte Problemstellung. Ziel ist es, eine prägnante Analyse der Entwicklung und Prognose der **relevanten Einflussfaktoren** des Marketing zu erhalten. Als Ergebnis müssen die wichtigsten externen Chancen und Risiken sowie die korrespondierenden Stärken und Schwächen des Unternehmens im Sinne einer strategischen Frühaufklärung identifiziert sein. Im ersten Kapitel wurden zur Strukturierung der Marketingsituation verschiedene Ebenen unterschieden: die Markt-, Kunden-, Handels-, Lieferanten-, Konkurrenz-, Umfeld- und Unternehmenssituation (vgl. Schaubild 1-6).

Die Ausgestaltung von Situationsanalysen in Marketingplänen (Inhalt, Detaillierungsgrad und Form) wird in der Praxis sehr unterschiedlich gehandhabt. Generell empfiehlt sich bei der Darstellung der Marketingsituation ein **Vorgehen**, das die folgenden sechs Schritte umfasst:

(1) Erfassung der relevanten unternehmensexternen Einflussgrößen

Bezogen auf die sechs unternehmensexternen Situationsbereiche sind sowohl quantitative als auch qualitative Faktoren einzubeziehen, die das Unternehmen beeinflussen bzw. für die Marketingaktivitäten von Bedeutung sind, aber vom Unternehmen selbst nicht bzw. nur in geringem Maße beeinflusst werden können. Beispielhaft seien hier quantitative Faktoren, wie die Zahl der Konkurrenten oder die Entwicklung des Marktvolumens und qualitative Faktoren, z.B. die Technologiedynamik oder Ökologietendenzen, genannt.

Um eine möglichst vollständige Erfassung der relevanten Einflussgrößen zu gewährleisten, ist ein systematisches Vorgehen hilfreich, das zum einen die bekannten Einflussfaktoren einbezieht (gerichtete Überwachung der relevanten Faktoren), zum anderen aber auch geeignet ist, neue relevante Entwicklungen zu erfassen (ungerichtete Umfeldüberwachung). Als Instrumente können in diesem Zusammenhang z.B. Impact-Analysen (Betroffenheitsanalysen) oder die Szenario-Technik genutzt werden. Diese Instrumente geben Hinweise, ob und inwieweit beobachtbare Entwicklungen für das Unternehmen von Bedeutung sind bzw. welche Alternativen bei einer besonders (un-)günstigen Entwicklung unternehmensexterner Einflussgrößen bestehen (Extremszenarien).

Dabei ist zu berücksichtigen, dass zunächst die **Vergangenheitsentwicklung** dokumentiert wird, also der „historische Werdegang" der wichtigsten Marketingdaten. Ebenso sind **Prognosen** über die erwartete Entwicklung marketingrelevanter Größen einzubeziehen. In der Regel sind aus der Vergangenheitsentwicklung bereits Tendenzen ablesbar (z.B. Preisverfall, verstärkte Bedeutung bestimmter Absatzkanäle, hohe Wachstumsraten in Teilsegmenten usw.). In einer Situationsanalyse muss abgeschätzt werden, mit welcher Wahrscheinlichkeit sich diese **Markttendenzen** fortsetzen, verstärken oder abschwächen werden.

(2) Erstellen einer Chancen-Risiken-Analyse

Aus den im ersten Schritt identifizierten Entwicklungstendenzen sind zusammenfassend die einzelnen Einflussfaktoren dahingehend zu ordnen, ob sich daraus Chancen- oder Risikopotenziale ergeben:

▨ **Chancen**: z.B. Wachstumsmöglichkeiten, ungenutzte Vertriebsmöglichkeiten, Bedarf für neue Produkte usw.

▨ **Risiken**: z.B. die Bedrohungen des Marktes, die zu einer Stagnation oder Schrumpfung führen könnten, wie etwa Preisverfall, neue Konkurrenz aus dem Ausland, technologische oder ökologische Entwicklungen, Substitutionsprodukte, Preissteigerungen bei Rohstoffen, Produktimitationen usw.

Am **Beispiel des Kleinwagenmarktes** soll dies beispielhaft nachvollzogen werden:

Chancen:

▨ Trend zum Zweit- bzw. Drittfahrzeug in hoch entwickelten Ländern,

▨ grundsätzlich positive Einstellung der meisten Konsumenten gegenüber dem Individualverkehr.

Risiken:

▨ weltweite Verschärfungen der Umweltgesetzgebung,

▨ beschränkte Mobilität durch zunehmende Autodichte,

▨ zunehmende Kosten des Individualverkehrs (Steuern, Benzinpreise usw.).

(3) Erfassung der relevanten unternehmensinternen Einflussgrößen

Analog zu den unternehmensexternen Einflussgrößen sind in diesem Schritt alle relevanten unternehmensinternen Einflussgrößen zu erfassen. Dies betrifft insbesondere die

Festlegung des Marketingplans

zur Verfügung stehenden Ressourcen und die Wettbewerbsposition. Zu den Verfügung stehenden Ressourcen zählen z.B. die Mitarbeiter und ihre Qualifikation, zur Wettbewerbsposition das Leistungsprogramm, die Marktstellung, das Unternehmensimage, u.a.m.

(4) Stärken-Schwächen-Analyse

Aus den im vorherigen Schritt identifizierten Faktoren sind zusammenfassend die **Stärken**, d.h. jene Faktoren, die dem Unternehmen im Vergleich zum Wettbewerb eine gute Nutzung der Marktchancen bzw. eine Umgehung von Marktrisiken ermöglichen sowie die **Schwächen**, d.h. jene Faktoren, bei denen es sich genau umgekehrt verhält, herauszuarbeiten.

Am fiktiven Beispiel der VEHICLE AG, tätig als Unternehmen im Markt für Kleinwagen, soll eine Stärken-Schwächen-Analyse veranschaulicht werden:

Stärken:

▨ hoch qualifizierter Mitarbeiterstamm,

▨ günstige Kostenstruktur durch optimierte Fertigungstechnologien,

▨ internationale Marktpräsenz bei führender Position im Automobilbau weltweit,

▨ ausgezeichnetes Image bei den Kunden (Qualität, Sicherheit usw.).

Schwächen:

▨ starre Organisationsstruktur,

▨ fehlende Erfahrung im Kleinwagensegment,

▨ fehlende Kooperationen.

(5) Verknüpfung der unternehmensexternen Chancen/Risiken mit den unternehmensinternen Stärken/Schwächen

Bei dieser Form der Situationsanalyse – auch als **SWOT-Analyse** (**S**trength, **W**eaknesses, **O**pportunities, **T**hreats) bezeichnet – findet schließlich eine Zusammenführung der unternehmensinternen und -externen Faktoren in Form einer SWOT-Matrix statt. Schaubild 2-3 gibt ein Beispiel einer solchen SWOT-Matrix. Bei der Verbindung der externen Chancen und Risiken mit den Stärken und Schwächen des Unternehmens ist eine **Bewertung** im Hinblick auf deren Relevanz vorzunehmen.

43

Phases der Marketingplanung

(6) Herausarbeitung der zentralen Marketingproblemstellung aus der SWOT-Matrix

In einem letzten Schritt ist – basierend auf den Ergebnissen der vorgenommenen Verknüpfung und der Bewertung – die **Marketingproblemstellung des Unternehmens** abzuleiten. Marketingproblemstellungen lassen sich i.d.R. mit einigen wenigen Sätzen kennzeichnen.

	Chancen	Risiken
Stärken	Weltweit wachsende Automobilmärkte Internationale Unternehmenspräsenz	Weltweite Verschärfung der Sicherheitsstandards Führende Position im Insassenschutz
Schwächen	Besonderes Wachstum im Bereich kleiner Fahrzeuge Fehlende Erfahrung im Kleinwagensegment	Weltweite Verschärfung der Emissionsvorschriften Keine serienreifen alternativen Antriebskonzepte

Schaubild 2-3: Beispiel für die Verbindung einer Chancen-Risiken/ Stärken-Schwächen-Analyse (SWOT-Matrix)

Um die Spannweite möglicher Problemstellungen aufzuzeigen, werden im Folgenden vier Beispiele skizziert:

- Beispiel für eine **Marketingproblemstellung** aus dem **Verbrauchsgüterbereich**: Ein Großunternehmen befindet sich im Markt für Tabakwaren. Der Tabakkonsum stagniert. Der Hauptkonkurrent gewinnt Marktanteile durch massiven Werbeeinsatz. Durch einen Einstellungswandel erscheint den Kunden das Image der eigenen Marke nicht mehr attraktiv. Die Marketingproblemstellung konzentriert sich daher auf eine Verbesserung des Markenimages in Abgrenzung zur Konkurrenz.

- Beispiel für eine **Marketingproblemstellung** aus dem **Industriegüterbereich**: Ein europäisches Unternehmen befindet sich im stark expandierenden Markt für Bürokommunikation. Durch Deregulierung im internationalen Handel dringen verstärkt koreanische Großanbieter auf die europäischen Märkte. Die von den Kunden wahrgenommenen Qualitätsunterschiede stehen in keinem Verhältnis zu den Preisunterschieden. Zentrales Problem ist es daher, das Preis-Leistungs-Verhältnis der eigenen Produkte anzupassen bzw. in neue Produktfelder zu investieren.

Beispiel für eine **Marketingproblemstellung** aus dem **Dienstleistungsbereich**: Eine kleinere, alteingesessene Rechtsanwalts- und Notariatskanzlei in einem Ballungsgebiet verliert nicht nur Klienten an Niederlassungen US-amerikanischer Großkanzleien, sondern auch ihre fähigsten Mitarbeiter. Aufgabe muss es sein, zur Rückgewinnung der Kunden engagierte und kundenorientierte Mitarbeiter zu gewinnen.

Beispiel für eine **Marketingproblemstellung** aus dem **Non-Profit-Bereich**: Die öffentlichen Zuwendungen für einen Theaterbetrieb sind seit einigen Jahren rückläufig. Um den Spielbetrieb in der gewohnten Qualität aufrechterhalten zu können, müssen zusätzlich private Mittel akquiriert werden. Um diese Mittel konkurrieren allerdings zahlreiche weitere Institutionen und Organisationen aus dem kulturellen und sozialen Bereich. Zentrales Marketingproblem ist daher der Aufbau eines professionellen Sponsoring- und Spendenmanagements.

Eine Situationsanalyse kann im Einzelfall sehr umfangreich sein. Deshalb empfiehlt es sich, einer umfassenden Situationsanalyse eine Kurzfassung („Executive Summary") in Form der zentralen Marketingproblemstellung voranzustellen.

2.2.2 Festlegung der Marktsegmente und Marketingziele

Nach der Situationsanalyse werden in der folgenden Phase des Planungsprozesses die Marketingziele festgelegt. Hierzu ist es zunächst erforderlich zu bestimmen, welche Märkte bzw. welche Segmente in den einzelnen Märkten das Unternehmen bearbeiten möchte, um hierauf aufbauend konkrete Marketingziele festlegen zu können. Dementsprechend bietet sich ein Vorgehen bei der **Marktsegmentierung** in fünf Schritten an (vgl. auch *Kotler/Bliemel* 2001, S. 415ff.):

(1) Identifikation möglicher Segmentierungskriterien,

(2) Generierung entsprechender Marktsegmente,

(3) Beurteilung der Attraktivität der Marktsegmente,

(4) Auswahl der Zielsegmente,

(5) Bestimmung segmentspezifischer Marketingziele.

Zielformulierungen finden also vor allem für die unterschiedlichen **Teilsegmente** (Kundengruppen) statt, in denen das Unternehmen mit einem differenzierten Einsatz der Marketinginstrumente tätig ist (vgl. zur Bildung von Teilsegmenten auch Abschnitt 3.2.2).

Hinsichtlich der Formulierung sowie der Verwendung von **Marketingzielen** in Marketingplänen sind insbesondere vier **Anforderungen** zu stellen (vgl. u.a. *Becker* 2001):

(1) Kompatibilität

Eine zentrale Anforderung an die Bestimmung segmentspezifischer Marketingziele ist zunächst die Kompatibilität der hier zu bestimmenden Ziele mit den grundlegenden Unternehmenspositionen, wie z.B. Vision, Unternehmensleitbild, Unternehmensgrundsätze und strategische Unternehmensziele.

(2) Beachtung von Zielbeziehungen

Auf der Ebene der segmentspezifischen Marketingziele empfiehlt es sich darüber hinaus, deren (mögliche) **Zielbeziehungen** zu berücksichtigen. Grundsätzlich sind hier drei Typen von Zielbeziehungen denkbar (vgl. auch *Becker* 2001, S. 20f.):

- Komplementäre Ziele: Die Erreichung eines Ziels unterstützt die Erreichung eines anderen Ziels, z.B. Umsatz- und Gewinnziele.

- Indifferente Ziele: Die Erreichung eines Ziels hat keinen Einfluss auf die Erreichung eines anderen Ziels, z.B. Mitarbeiterzufriedenheit und Bekanntheitsgrad.

- Konfligierende Ziele: Die Erreichung eines Ziels beeinträchtigt die Erreichung eines anderen Ziels, z.B. Senkung der Vertriebskosten und Erhöhung des Absatzes.

Bei einer entsprechend langfristigen Betrachtung ist allerdings festzuhalten, dass vollkommen indifferente Zielbeziehungen eher die Ausnahme bilden. So kann z.B. auch die Mitarbeiterzufriedenheit über indirekte Beziehungen (Mitarbeiterzufriedenheit → Mitarbeiterverhalten → Kundenzufriedenheit → Mund-zu-Mund-Kommunikation) langfristig den Bekanntheitsgrad beeinflussen.

(3) Hierarchisierung

Hier stehen die (vermuteten) Zusammenhänge bei der Erreichung einzelner Marketingziele im Mittelpunkt. Zu nennen ist insbesondere die Unterscheidung von Ober- und Unterzielen im Sinne einer Mittel-Zweck-Relation. Eine entsprechende Hierarchie findet sich z.B. bei der Unterscheidung von ökonomischen und vorökonomischen (psychographischen) Zielen. Die Unterziele (vorökonomisch; z.B. Markenbekanntheit) tragen hier zur Erreichung der Oberziele (ökonomisch; z.B. Umsatz und Gewinn) bei.

(4) Operationalität

Die konkrete (überprüfbare) Formulierung von ökonomischen Marketingzielen (Absatz, Umsatz, Gewinn usw.) wird i.d.R. kein Problem darstellen, da die jeweiligen Erfolgsgrößen exakt quantifiziert werden können. Bei vorökonomischen Zielen gestaltet sich die operationale Zielformulierung (vor allem im Hinblick auf die Messbarkeit) hingegen schwieriger und ist daher mit besonderer Sorgfalt vorzunehmen (z.B. in welcher Form kann die Präferenz von Kunden valide erhoben werden?).

2.2.3 Formulierung der Marketingstrategie

Marketingstrategien geben die mittel- bis langfristigen Schwerpunkte in der **Marktbearbeitung** des Unternehmens wieder, insbesondere im Hinblick auf die Kundenbearbeitung, die Zusammenarbeit mit Absatzmittlern und die Abgrenzung gegenüber der Konkurrenz.

Mit Hilfe der Marketingstrategie beabsichtigt das Unternehmen, die Marketingproblemstellung zu lösen, um dadurch die Marketingziele zu erreichen (zur Entwicklung von Marketingstrategien vgl. Kapitel 3). In der Regel wird im Marketingplan eine eher kurze und knappe Skizzierung der Stoßrichtung der Marketingstrategie erfolgen. Dies soll anhand einiger **Beispiele für Marketingstrategien** verdeutlicht werden, die sich auf die unter Abschnitt 2.2.1 skizzierten Marketingproblemstellungen beziehen:

- **Konsumgüterbereich**: Eine mögliche Strategie für den Tabakhersteller besteht darin, dem Wettbewerber im Markt durch verstärkten Einsatz der Marketinginstrumente offensiv im Sinne einer „Kampfstrategie" gegenüberzutreten. Damit verbunden scheint eine Neupositionierung der Marke sinnvoll.

- **Industriegüterbereich**: Eine Strategie für das Unternehmen könnte in einer Kooperation mit anderen europäischen Unternehmen gleicher Größe bestehen, um sich gemeinsam wirkungsvoller dem Ansturm der Koreaner erwehren zu können. Neben dieser Kooperationsstrategie scheint es Erfolg versprechend zu sein, vorhandene Qualitätsunterschiede deutlicher zu machen.

- **Dienstleistungsbereich**: Denkbar wäre eine Rückzugsstrategie, also ein Ausstieg aus dem Anwaltstätigkeitsfeld und damit einhergehend eine Konzentration auf den Notariatsbereich.

- **Non-Profit-Bereich**: Für die Sponsoringstrategie erscheint hier eine mittel- bis langfristige Bindung von privaten bzw. institutionellen Förderern (bzw. Sponsoren) an das Theater notwendig, um die kontinuierliche finanzielle Unterstützung zu sichern.

Im Hinblick auf eine möglichst erfolgreiche Implementierung der Marketingstrategie ist es hilfreich, die Mitarbeiter des Unternehmens bereits möglichst frühzeitig in den Strategieentwicklungsprozess einzubeziehen. Dies gilt zum einen unter Akzeptanzgesichtspunkten (Vermeidung der sog. Not-invented-here-Problematik), zum anderen auch unter sachlichen Aspekten (Einbeziehung des Know-hows der Mitarbeiter).

2.2.4 Festlegung der Marketingmaßnahmen

Nach der Planung der Marketingstrategie werden konkrete Ausprägungen im Instrumenteeinsatz detailliert festgelegt. Als Ergebnis erhält man eine nach Zeiteinheiten differen-

Phasen der Marketingplanung

zierte Planung der Marketingmaßnahmen. **Inhalte des Einsatzes der Marketinginstrumente** können verschiedene Einzelmaßnahmen in den einzelnen Mixbereichen sein:

- Produktpolitik: Produktdifferenzierung, Änderung Verpackung, neues Design u.a.

- Preispolitik: Preiserhöhung, neues Rabattsystem, Preisbündelung u.a.

- Kommunikationspolitik: Neue Werbekampagne, Aufgeben des Sponsoringengagements, Beteiligung an Messen u.a.

- Vertriebspolitik: Intensivierung des Online-Vertriebs, Schaffung eines neuen Anreizsystems für den Außendienst u.a.

2.2.5 Bestimmung des Marketingbudgets

Parallel zur Planung der Marketingmaßnahmen sind die finanziellen Möglichkeiten zu prüfen, die für die Zielerreichung bzw. den Einsatz der Marketinginstrumente zur Verfügung stehen. Inwieweit eine Marketingstrategie auch durchgesetzt werden kann, hängt also in entscheidendem Maße von der Höhe des **Marketingbudgets** ab. Die zur Verfügung stehenden Mittel werden in einem weiteren Planungsschritt auf die verschiedenen Marketingabteilungen und einzelnen Planungsobjekte verteilt.

Zielsetzung der Budgetplanung ist es daher, in einem ersten Schritt die **Budgethöhe** festzulegen und in einem zweiten Schritt die **Budgetverteilung** (Verteilung auf die Marketinginstrumente, Produkte, Kundengruppen, Vertriebskanäle) vorzunehmen.

Die Bestimmung des Marketingbudgets erfolgt in der Praxis meist subjektiv statt nach objektiv nachvollziehbaren Kriterien. Grundsätzlich sollte die Höhe des Marketingbudgets an den Marketingzielen ausgerichtet werden, auch wenn dies Operationalisierungsprobleme aufwerfen kann. Grundsätzlich können die folgenden fünf **Methoden der Marketingbudgetierung** differenziert werden (zu weiteren Verfahren vgl. *Becker* 2001, S. 773ff.):

(1) Budgetberechnung als Prozentwert einer Bezugsgröße

Im Marketingplan sind die Werte einer Bezugsgröße (z.B. Umsatz, Gewinn, Deckungsbeitrag, Marktanteil) für die Planungsperiode festgelegt. Die Höhe des Marketingbudgets lässt sich bei diesem Verfahren durch einen Prozentwert dieser Bezugsgröße ermitteln, z.B. anhand eines branchenüblichen Prozentwertes oder eines Wertes, der sich an denen der Vorjahre orientiert.

Der Vorteil dieses Verfahrens für die Praxis liegt in seiner einfachen Handhabung. Dieses Vorgehen berücksichtigt allerdings nicht den Ursache-Wirkungs-Zusammenhang zwischen Marketingbudget und der realisierten Bezugsgröße, da das Marketing die jeweilige Bezugsgröße stimulieren soll und nicht etwa aus ihr resultiert.

(2) Budgetberechnung als Residualgröße der Gewinnplanung

Bei diesem Verfahren wird zunächst das Umsatzvolumens des Unternehmens für die betrachtete Planungsperiode nach folgendem Schema geschätzt:

	Geschätzte Absatzmengen für den Gesamtmarkt
x	geschätztem Marktanteil des Unternehmens
=	Geschätztes Absatzvolumen des Unternehmens
x	geschätztem Abgabepreis des Unternehmens
=	Geschätztes Umsatzvolumen des Unternehmens

In einem weiteren Schritt wird dann eine Schätzung des zu erwartenden Gewinns für die Planperiode in ähnlicher Weise durchgeführt:

	Geschätztes Umsatzvolumen des Unternehmens
./.	geschätzte variable Kosten
=	Geschätzter Gesamtdeckungsbeitrag des Unternehmens
./.	geschätzte fixe Kosten
=	Geschätzter Unternehmensgewinn
./.	Gewinnanteil, der nicht für Marketingzwecke Verwendung finden soll
=	In der Planperiode zur Verfügung stehendes Marketingbudget

Auch eine Ermittlung des Marketingbudgets nach diesem Verfahren wird dem Anspruch, den das Marketing im Zielsystem der Unternehmung beansprucht, nicht gerecht. Es kann nicht Sinn marktorientierter Unternehmensführung sein, die Mittel für das Marketing als Residualgröße zu betrachten und als solche zu ermitteln, denn Ursache-Wirkungs-Zusammenhänge bleiben damit unberücksichtigt. Ferner muss angemerkt werden, dass dieses Verfahren zwar relativ leicht zu handhaben, jedoch aufgrund der zahlreichen Schätzungen sehr subjektiv ist.

(3) Budgetberechnung durch Ausrichtung an der Konkurrenz

Neben Größen des eigenen Unternehmens kann sich ein Unternehmen bei der Budgetberechnung auch an der Konkurrenz orientieren. Im einfachsten Fall bedeutet dies, dass das eigene Budget in der Höhe des Budgets des oder der wichtigsten Konkurrenten angesetzt wird. In eine derartige Budgetberechnung kann auch eine Gewichtung (z.B. entsprechend des Verhältnisses von eigenem Marktanteil zum Marktanteil der Konkurrenz) einbezogen werden.

Der fehlende Zielbezug und die Nichtbeachtung des Ursache-Wirkungs-Zusammenhanges sind auch an diesem Verfahren zu kritisieren. Ein zusätzliches Problem stellt die Datenbeschaffung dar. Außerdem wird eine direkte Vergleichbarkeit mit der Konkurrenz unterstellt, was der Realität in den meisten Fällen nicht gerecht wird.

(4) Budgetberechnung als Ziel-Maßnahmen-Kalkulation

Bei diesem Verfahren werden zunächst die Marketingziele festgelegt, die durch das zu bestimmende Budget erreicht werden sollen. Anschließend wird überlegt, welche Maßnahmen zur Erreichung dieser Ziele notwendig sind. Die Summe der Kosten dieser Maßnahmen werden dann als Budget angesetzt.

Das Verfahren lässt sich relativ einfach anwenden. Besonders positiv zu bewerten ist der Zielbezug im Sinne eines Ursache-Wirkungs-Zusammenhangs. Von den bisher dargestellten Verfahren stellt die Ziel-Maßnahmen-Kalkulation die sinnvollste Variante dar.

(5) Budgetberechnung durch Optimierungsverfahren

Die bisher erwähnten Verfahren sind zwar in der Praxis weit verbreitet, aber für die Marketingbudgetplanung eher unbefriedigend. Sie vernachlässigen die Tatsache, dass der Umsatz bzw. Gewinn durch Marketingaktivitäten optimiert werden soll. Hierzu wäre es erforderlich, **Marktreaktionsfunktionen** in ihren spezifischen Ausprägungen zu ermitteln. Für eine formale Betrachtung sei hier beispielhaft eine Umsatzreaktionsfunktion vorgestellt, bei der vereinfachend von qualitativen Faktoren abgesehen wird:

$$U = f\,(P,\,W,\,VF,\,KD,\,V,\,...)$$

wobei:

U   =   Umsatz
P   =   Preis
W   =   Werbebudget
VF =   Verkaufsförderungsbudget
KD =   Kundendienstbudget
V   =   Vertriebsbudget

Durch Variation einzelner Marketinginstrumente ergeben sich verschiedene Umsatzreaktionen. Zielsetzung ist es, diejenigen Instrumenteausprägungen zu bestimmen, die zu optimalen Umsatzergebnissen führen. Diese Instrumenteausprägungen bzw. -kombinationen und ihre Kosten werden zum gesamten Marketingbudget zusammengefasst.

Für die einzelnen Marktreaktionsfunktionen erhält man unterschiedliche Umsatzverläufe. Im Marketing sind beispielsweise **konkave** (Umsatzverläufe mit abnehmenden Zuwachsraten) oder **s-förmige Funktionen** (Umsatzverläufe mit einer Sättigungsgrenze) typische Reaktionsmuster.

Das Hauptproblem besteht in der empirischen Ermittlung der Reaktionsfunktionen. Dabei sind statistische Auswertungen von Vergangenheitsdaten (z.B. der Zusammenhang zwischen Preishöhe und Umsatz) vorzunehmen. Durch die Schwierigkeiten der Isolierung der Wirkungen einzelner Marketinginstrumente (oder des Einflusses der Konkurrenzaktivitäten) sind der empirischen Ermittlung von Marktreaktionsfunktionen i.d.R. aber enge Grenzen gesetzt.

Die sachliche und zeitliche **Aufteilung des Marketingbudgets** wird in der Praxis für unterschiedliche Bereiche festgelegt, z.B. für Vertrieb, Klassische Werbung, Verkaufsförderung, Direct Marketing, Neue Medien, Kundendienst, Marktforschung.

2.2.6 Umsetzung und Kontrolle der Marketingmaßnahmen

Den Analyse- und Planungsphasen schließt sich die **Umsetzung** der getroffenen Marketingentscheidungen an, in deren Rahmen insbesondere Fragen der Marketingorganisation und des -personals zu klären sind. So werden Einzelmaßnahmen personell zugeordnet, um sicherzustellen, dass Mitarbeiter für die Durchführung der Marketingmaßnahmen verantwortlich sind. Auch die Einbeziehung von externen Stellen (z.B. Beauftragung von Werbeagenturen) werden im Marketingplan ausgeübt.

Am Ende des Planungsprozesses steht die **Marketingkontrolle**, die eine Überprüfung der Durchführung der Maßnahmen, der Erreichung der Ziele sowie der Effizienz der getroffenen Marketingentscheidungen gewährleisten soll. Dazu werden im Marketingplan entsprechende Kontrollgrößen gegeben.

2.3 Ebenen der Marketingplanung

Die Marketingplanung kann sich zunächst auf unterschiedliche Planungszeiträume beziehen. Während die **strategische Marketingplanung** i.d.R. einen Zeitraum von zwei bis fünf Jahren umfasst, sind bei der **operativen Marketingplanung** kurzfristige Planerstellungen notwendig (z.B. Jahres-, Quartals-, Monatspläne). Die zentrale Arbeitsgrundlage für die Marketingabteilungen sind die **Marketing-Jahrespläne**, in denen die relevanten Planelemente (vgl. Schaubild 2-2) festgehalten werden. Ausgehend von der Basisvoraussetzung, dass sich die Marketingplanung immer auf den „relevanten Markt" bezieht, können zwei Planungstypen unterschieden werden: funktions- sowie produktbezogene Marketingplanung.

2.3.1 Funktions- oder bereichsbezogene Marketingplanung

Funktionsbezogene Marketingpläne werden sowohl für das Gesamtunternehmen als auch für einzelne Bereiche erstellt. Dies ist vor allem in größeren Unternehmen sinnvoll, die eine Vielzahl von Abteilungen mit speziellen Aufgaben haben. Folgende Pläne sind in

Ebenen der Marketingplanung

der Praxis zu beobachten: Vertriebsplan, Werbeplan, Verkaufsförderungsplan, Marktforschungsplan u.a.

In diesem Zusammenhang ist die Hierarchie der Marketingplanung festzulegen. Erfolgt die Planung „**Top down**", so ist der Unternehmensplan maßgeblich für die Bereichspläne; erfolgt die Planung „**Bottom up**", so werden die einzelnen Bereichspläne zum Unternehmensplan aggregiert. Wird die Planung „**Down up**" durchgeführt, so wird ein Rahmenplan auf Unternehmensebene festgelegt, der auf Bereichsebene zu konkretisieren ist.

In Abhängigkeit von einzelnen Planungsbereichen gibt es verschiedene **Träger der Marketingplanung**. So wird etwa der Marketingleiter die Verantwortung für die Gesamtplanung haben, die Abteilungs- oder Bereichsleiter (z.B. Kundendienst) für ihre Abteilungs- bzw. Bereichspläne und die Produktmanager für ihre Markenplanung.

2.3.2 Produktbezogene Marketingplanung

Gegenstand der produktbezogenen Marketingplanung ist das Leistungsprogramm des Unternehmens. Je nach Umfang lassen sich unterscheiden:

- Die **Spartenplanung**, die sich auf verschiedene Produktklassen, die ein Kernbedürfnis der Kunden erfüllen, bezieht. Beispiel: Marketingplan für die Sparte „Kosmetik" eines Chemieunternehmens.

- Die **Produktgruppenplanung**, die den Plan für eine Gruppe von Produkten erstellt, die innerhalb der Sparte ausgewählte Bedürfnisbereiche befriedigen. Beispiel: Marketingplan für die Produktgruppe „Gesichtspflege".

- Die **Produktlinienplanung**, die sich auf eine Reihe von Produkten bezieht, die in einem Bedarfszusammenhang stehen. Beispiel: Marketingplan für die Produktlinie „Pflegeserie Herrenkosmetik".

- Die **Produktplanung**, die sich auf verschiedene Produkttypen der Produktlinie bezieht. Beispiel: Marketingplan für die Produkttypen „Rasiercreme", „After Shave".

- Die **Markenplanung**, die sich auf einzelne Markennamen der Produktlinie bzw. einzelne Produkte (Dachmarke oder Einzelmarke) bezieht. Beispiel: Marketingplan für die Dachmarke „MASKULIN" oder die Einzelmarke „LIPO FIT".

Auch hier kann die Planung „Top down", „Bottom up" oder „Down up" erfolgen. Insgesamt muss konstatiert werden, dass die Erstellung von Marketingplänen in der Praxis sehr unterschiedlich gehandhabt wird. Dies gilt für die Inhalte und den Umfang gleichermaßen. Insbesondere muss jedes Unternehmen festlegen, welcher **Formalisierungs-, Konkretisierungs-, Verbindlichkeits-, Geheimhaltungs- und Zentralisierungsgrad** für den Marketingplan gelten soll.

3. Entwicklung von Marketingstrategien

Lernziele

In diesem Kapitel beschäftigen Sie sich mit strategischen Aspekten des Marketing. Sie

➢ erhalten Einblicke in den Gegenstand und die Aufgaben des strategischen Marketing und erkennen die Bedeutung von Marketingstrategien,

➢ machen sich mit strategischen Analyseinstrumenten vertraut und

➢ vollziehen wesentliche Typen und Ausprägungen von Marketingstrategien nach.

Besonderes Anliegen dieses Kapitels ist es, dem Leser die Grundlagen zur Erarbeitung eigener strategischer Entscheidungen im Marketing zu vermitteln.

3.1 Bedeutung und Typen von Marketingstrategien

3.1.1 Begriff und Merkmale von Marketingstrategien

Das markt- und kundenorientierte Verhalten eines Unternehmens setzt sich aus einer Vielzahl einzelner Aktivitäten zusammen. Nachhaltige Erfolgspositionen lassen sich nur dann aufbauen, wenn dem unternehmerischen Handeln ein Steuerungsmechanismus in Form einer Marketingstrategie zugrunde liegt (*Becker* 2001, S. 140).

> **Marketingstrategien legen den Weg fest, wie die strategischen Marketingziele eines Unternehmens zu erreichen sind. Sie beinhalten Entscheidungen zur Marktwahl und -bearbeitung und werden in Form bedingter, mittel- bis langfristiger, globaler Verhaltenspläne für strategische Geschäftseinheiten (SGEs) des Unternehmens fixiert.**

Die **Bedingtheit** von Marketingstrategien zeigt, dass diese auf der Grundlage spezifischer Marktentwicklungen sowie der unternehmensinternen Situation festgelegt werden. Der **mittel- bis langfristige Zeithorizont** drückt die mehrere Planungsperioden (Jahre) umfassende **Verbindlichkeit** aus. Marketingstrategien sollten den Zeitraum umfassen, der hinsichtlich der Umfeldinformationen und zu erwartenden Strategiewirkungen überschaubar ist. Zu den Merkmalen einer Marketingstrategie zählt ferner die **Globalität**. Als Bindeglied zwischen den strategischen Marketingzielen und operativen Marketingmaßnahmen werden keine Einzelmaßnahmen beschrieben, sondern Schwerpunkte („Stoßrichtungen") der Marketingpolitik festgelegt.

Damit Marketingstrategien ihre Funktion eines globalen Verhaltensplans erfüllen können, sind bei deren Entwicklung sechs **Anforderungen** zu berücksichtigen. Marketingstrategien sollen

- Hinweise zur Realisation der festgelegten **strategischen Marketingziele** geben. Als strategische Ziele gelten beispielsweise der Ausbau von Marktanteilen, die Sicherung von Preis- oder Qualitätsführerschaften sowie eine Erhöhung der Kundenzufriedenheit;

- auf Basis der im Unternehmen vorhandenen Ressourcen sowie Umfeldentwicklungen **Prioritäten** in der Auswahl und Bearbeitung von Marktsegmenten festlegen. Damit ist auch eine bewusste Abgrenzung gegenüber nicht zu bearbeitenden Marktsegmenten verbunden;

- Hinweise zur Kanalisierung des Mitteleinsatzes geben sowie eine **zielführende Steuerung** des Instrumenteeinsatzes sicherstellen;

- die sich aus der festgelegten Strategie ergebenden **Konsequenzen** im Hinblick auf Mitteleinsatz, Organisation und Personal aufzeigen;

- für die einzelnen Entscheidungen im Marketingmix einen **verbindlichen Charakter** haben und schriftlich fixiert sein („Strategiepapier");

- hinsichtlich ihres Zielerreichungsgrades im zeitlichen Ablauf anhand geeigneter Indikatoren überprüfbar sein und einem **strategischen Controlling** unterliegen.

Die Entwicklung von Marketingstrategien ist eine teils planerische, teils kreative Aufgabe des Marketingmanagements. Die **planerische Aufgabe** besteht in der zielgerichteten Festlegung und Steuerung eines markt- und kundenorientierten Verhaltensplans unter Zuhilfenahme strategischer Analyseinstrumente (z.B. der SWOT-, Lebenszyklus- oder Portfolioanalyse). Die eher **kreative Aufgabe** der Entwicklung von Marketingstrategien ist es, innerhalb des vorgegebenen Aktivitätsrahmens Alternativen bzw. innovative Lösungsansätze zu erarbeiten. Marketingstrategien sind insofern sowohl das Ergebnis strukturierter Überlegungen als auch eines kreativen Bewusstseinsprozesses und der intuitiven Fähigkeiten des Marketingmanagements.

3.1.2 Typen von Marketingstrategien

Marketingstrategien werden auf unterschiedlichen Ebenen und in verschiedenen Konkretisierungsgraden formuliert. Hierbei erscheint es zweckmäßig, zwischen Marktwahl- und Marktbearbeitungsstrategien zu unterscheiden.

Die **Marktwahlstrategien** legen fest, in welchen Märkten das Unternehmen präsent sein will bzw. welche Märkte bzw. Teilmärkte nicht bearbeitet werden sollen. Im Rahmen der Marktwahlstrategien werden in Unternehmen strategische Geschäftsfelder ausgewählt und **strategische Geschäftseinheiten** gebildet. Mit diesen Entscheidungen im Rahmen der Marktwahl wird determiniert, in welchem Umfang und mit welchen Schwerpunkten Unternehmen den relevanten Markt abdecken wollen. Innerhalb der gebildeten strategischen Geschäftseinheiten erfolgt im Rahmen der **Marktsegmentierung** eine weitere Differenzierung nach unterschiedlichen Abnehmergruppen (*Meffert* 2000).

Im Anschluss an die Marktwahlentscheidung erfolgt auf der Ebene der strategischen Geschäftseinheiten die Festlegung der **Marktbearbeitungsstrategien**. Gegenstand ist die Festlegung des Verhaltens vor allem gegenüber den Abnehmern, Konkurrenten und Absatzmittlern (**Marktteilnehmerstrategien**) sowie die Definition von Schwerpunkten im Einsatz von Marketinginstrumenten (**Instrumentalstrategien**).

Mittels **abnehmergerichteter Strategien** legt das Unternehmen fest, welcher Kundennutzen bei den Abnehmern durch die Unternehmensleistung erfüllt werden soll. Gegenstand der **konkurrenzgerichteten Strategien** ist die Festlegung des Verhaltens gegenüber den Wettbewerbern. Je nachdem, inwieweit die Aktivitäten der Wettbewerber in die Unternehmensentscheidungen einbezogen werden, ist zwischen einem passiven oder aktiven Wettbewerbsverhalten zu differenzieren. In Abhängigkeit von der Ausgestaltung des konkurrenzgerichteten Verhaltens sowie dem Zeitpunkt der eingeleiteten Maßnahmen lassen sich weitere wettbewerbsgerichtete Strategien unterscheiden (*Meffert* 2000, S. 282f.). Im Rahmen der **absatzmittlergerichteten Strategien** wird die Form der Zusammenarbeit des Unternehmens mit dem Handel festgelegt. Es sind grundsätzliche Entscheidungen hinsichtlich der Gestaltung der Absatzwege sowie der Reaktion auf die Aktivitäten des Handels zu treffen.

Neben der Festlegung der Marktteilnehmerstrategien sind im Rahmen der Marktbearbeitung strategische Entscheidungen hinsichtlich der Gestaltung der Marketinginstrumente zu treffen. Diese **Instrumentalstrategien** verdeutlichen, wie durch den Einsatz der Marketinginstrumente der Kundennutzen gegenüber den Abnehmern konkretisiert werden soll (z.B. Service-, Marken- oder Vertriebsstrategie).

In den folgenden Abschnitten werden die einzelnen Strategieentscheidungen der Marktwahl und der Marktbearbeitung näher erläutert sowie methodisch vertieft.

3.2 Strategische Basisentscheidungen der Marktwahl

Gegenstand der Marktwahlstrategien ist die Frage, in welchen Märkten ein Unternehmen tätig werden soll. Entscheidungskriterien sind die Attraktivität der Teilmärkte und die eigene Wettbewerbsstärke (*Hinterhuber* 1997, S. 103ff.). Grundlage der Marktwahlentscheidungen ist die Abgrenzung des relevanten Marktes durch das Unternehmen (vgl. Abschnitt 1.3). Innerhalb der Marktwahlstrategien werden die Entscheidungsbereiche der Bildung strategischer Geschäftseinheiten sowie der Marktsegmentierung unterschieden.

3.2.1 Bildung strategischer Geschäftseinheiten

Die Bildung strategischer Geschäftseinheiten wird durch die Breite des Leistungsspektrums eines Unternehmens determiniert. Für Unternehmen, die ein relativ homogenes Produktprogramm in einer Marktnische anbieten und diese als ihren relevanten Markt ansehen, ist eine weiter gehende Abgrenzung strategischer Geschäftseinheiten nicht notwendig (*Benkenstein* 1997, S. 37). In Unternehmen mit einer großen Produktvielfalt, die auf unterschiedlichen (Teil-)Märkten tätig sind, empfiehlt es sich dagegen, eigenständige Analyse- und Planungseinheiten im Sinne strategischer Geschäftseinheiten zu schaffen.

> **Strategische Geschäftseinheiten sind gedankliche Konstrukte, die voneinander abgegrenzte heterogene Tätigkeitsfelder eines Unternehmens repräsentieren und eigenständige (Markt-) Aufgaben zu erfüllen haben.**

In der Literatur finden sich verschiedene Ansätze zur Bildung strategischer Geschäftseinheiten, die sich insbesondere hinsichtlich der herangezogenen Kriterien unterscheiden. Eine Möglichkeit ist die rein **produktbezogene Definition** strategischer Geschäftseinheiten. Dieser Ansatz entspricht jedoch nicht den Anforderungen einer marktorientierten Unternehmensstrategie, da die Bedürfnisse der Abnehmergruppen nicht ausreichend berücksichtigt werden. Einen **umfassenden Ansatz zur Bildung strategischer Geschäftseinheiten** bietet *Abell* (1980). Ausgangspunkt ist die Darstellung des betrachteten Betätigungsfeldes eines Unternehmens mit Hilfe eines dreidimensionalen Bezugsrahmens. Die Bildung strategischer Geschäftseinheiten erfolgt auf der Grundlage einer Analyse und Kombination der Ausprägungen folgender Dimensionen:

- **Funktionserfüllung**: Für welche grundlegenden Problemlösungen können Leistungen entwickelt werden?

- **Kundengruppen**: Welche Nachfragergruppen kommen grundsätzlich als Kunden in Frage?

- **Technologien**: Auf welcher Technologiebasis können Leistungen entwickelt werden?

Dabei werden sowohl die aktuellen als auch mögliche, zukünftig denkbare Funktionen, Kundengruppen und Technologien des Unternehmens aufgeführt. Durch die Verbindung sämtlicher Merkmalsausprägungen der drei Dimensionen erhält man verschiedene „Quader" als denkbare Kombinationsmöglichkeiten. Aus der Vielzahl der Kombinationsmöglichkeiten sind dann jene Einheiten zu bestimmen, die Gegenstand der strategischen Planung des Unternehmens sein sollen. Diese Einheiten stellen die strategischen Geschäftseinheiten dar. Dabei können ein einzelner Quader oder auch mehrere Quader gemeinsam eine strategische Geschäftseinheit bilden. Der Suchraum zur Bildung strategischer Geschäftseinheiten nach *Abell* ist in Schaubild 3-1 anhand eines Beispiels wiedergegeben.

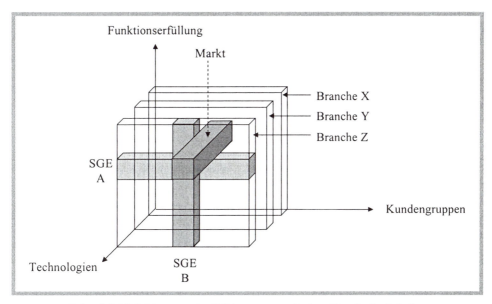

Schaubild 3-1: Konzept der Bildung strategischer Geschäftseinheiten
(Abell 1980, S. 197)

Bei der Auswahl der strategischen Geschäftseinheiten, die Gegenstand der strategischen Planung sein sollen, sind verschiedene **Anforderungen** zu erfüllen. Strategische Geschäftseinheiten sollten

- in ihrer Marktaufgabe eigenständig sein,
- sich am Markt von Wettbewerbsleistungen der Konkurrenz abheben können,

Strategische Basisentscheidungen der Marktwahl

- eine bedeutende Marktstellung erreichen (können) und dadurch einen eigenständigen Beitrag zur Steigerung des Erfolgspotenzials des Gesamtunternehmens leisten,

- in sich möglichst homogen und untereinander heterogen sein.

Das Konzept von *Abell* zur Bildung strategischer Geschäftseinheiten versucht sich in seiner Vorgehensweise bewusst von den bestehenden Produkt-Markt-Kombinationen des Unternehmens zu lösen. Durch eine Analyse des gesamten Marktes hinsichtlich der drei genannten Dimensionen soll erreicht werden, dass sich die Entscheidungsträger über die Bedeutung zukünftiger Märkte bewusst werden, diese frühzeitig als strategische Geschäftseinheiten begreifen und entsprechende Strategievorkehrungen treffen.

Für **strategische Geschäftseinheiten** erfolgt eine eigenständige strategische Planung, indem eigene Ziele und spezielle Marktbearbeitungsstrategien entwickelt werden. Darüber hinaus ist es notwendig, aus der Bildung der SGEs organisatorische und personelle Konsequenzen zu ziehen (z.B. neue Vertriebsorganisation, eigenständiges Management, zusätzliche Mitarbeiter).

3.2.2 Auswahl und Abgrenzung von Marktsegmenten

Ein weiterer Entscheidungsbereich innerhalb der Marktwahlstrategien umfasst die Marktsegmentierung. Eine differenzierte Marktbearbeitung erfordert eine weitere Zerlegung des relevanten Marktes in feinere Teileinheiten mit dem Ziel, die spätere Marktbearbeitung zu optimieren. Im Mittelpunkt steht die Frage, welche Teilmärkte wie bearbeitet werden sollen (Marktpräsenz) und bei welchen auf eine Marktbearbeitung verzichtet werden sollte (Marktabgrenzung).

Der Entscheidungsbereich der Untergliederung des zu bearbeitenden Marktes in verschiedene Segmente hat durch die zunehmende Differenzierung von Konsumentenbedürfnissen und steigende Zahl der Produktangebote in der Vergangenheit an Bedeutung gewonnen. Die Prinzipien der Marktsegmentierung werden mittlerweile in sämtlichen Märkten angewandt. Sie wurden in den letzten Jahren inhaltlich und methodisch stark verfeinert.

> **Als Marktsegmentierung wird eine Aufspaltung des „relevanten Marktes" in homogene Segmente bzw. Teilmärkte bezeichnet. Sie stellt die Grundlage einer differenzierten Marktbearbeitung dar.**

Die Bildung homogener Teilmärkte bzw. -segmente erfordert, dass die Segmente in sich möglichst ähnlich (**intern homogen**), im Vergleich zu anderen Teilsegmenten aber möglichst unähnlich sein sollten (**extern heterogen**), wobei dies auf der Basis unterschiedlicher Kriterien erfolgen kann. Eine Aufspaltung des relevanten Marktes kann sowohl anhand von Produkt-/Leistungsmerkmalen, Bedürfnis-/Funktionsmerkmalen als auch durch Kundenmerkmale erfolgen (*Steffenhagen* 2000, S. 59):

- **Marktabgrenzung nach Produkt-/Leistungsmerkmalen:** Aufteilung des Stahlmarktes in Güteklassen (15mm, 20mm, 30mm Stahl), Unterteilung des Automobilmarktes in Kleinwagen, Mittel- und Luxusklassewagen, Unterscheidung im Markt für alkoholfreie Getränke in Limonaden, Säfte, Wässer usw.

- **Marktabgrenzung nach Bedürfnismerkmalen bzw. Funktionen:** Unterteilung des Kosmetikmarktes in Reinigen und Pflegen, des Automobilmarktes in die Segmente schnelle Raumüberbrückung (Sportwagen), Platz für Transport (Vans, Transporter) oder der Möglichkeit, auch in unwegsamen Gelände zu fahren (Geländewagen) usw.

- **Marktabgrenzung nach Kundenmerkmalen:** Hierbei handelt es sich um die gebräuchlichste Form der Marktsegmentierung, in dem die Marktsegmente nach bestimmten nachfragerbezogenen Merkmalen gebildet werden. Zum Beispiel nach dem Alter in Senioren- und Jugendmarkt oder nach dem Kundenverhalten in die „Sportlichen", die „Trendigen", die „Häuslichen" usw.

Welches Merkmal in der Praxis im Zentrum der Marktsegmentierung steht, ist abhängig von der grundsätzlichen Entwicklungsstufe des jeweiligen Unternehmens (vgl. hierzu auch Kapitel 1). Unternehmen, die sich noch in der Phase der Produktorientierung befinden, segmentieren ihre Märkte häufig nach diesen Merkmalen, wohingegen markt- bzw. kundenorientierte Unternehmen auch bei der Marktsegmentierung den Kunden in das Zentrum der Planungen stellen. Vor den Hintergrund stark ausdifferenzierter Märkte nimmt die Marktabgrenzung nach Kundenmerkmalen eine dominante Bedeutung in der Praxis ein.

Um eine zielführende Marktsegmentierung sicherzustellen, sind folgende **Anforderungen an Marktsegmentierungskriterien** zu stellen (*Freter* 1992, S. 739; *Meffert* 2000, S. 186ff.):

- **Verhaltensrelevanz:** Die Marktsegmentierungskriterien sollten einen unmittelbaren Bezug zum Kaufverhalten der Nachfrager haben.

- **Messbarkeit:** Die Marktsegmente müssen durch die vorhandenen Methoden der Marketingforschung erfassbar sein.

- **Zeitliche Stabilität:** Die Marktsegmente sollten für einen längeren Zeitraum stabil bleiben.

- **Bezug zur Marktbearbeitung:** Die Marktsegmente müssen differenziert bearbeitet werden können, d.h., unterschiedliche Segmente müssen auf den Einsatz der Marketinginstrumente differenziert reagieren.

Strategische Basisentscheidungen der Marktwahl

- **Ausreichende Segmentgröße**: Die Marktsegmente müssen ein hinreichendes Potenzial aufweisen, um eine eigenständige Bearbeitung ökonomisch rechtfertigen zu können.

- **Ansprechbarkeit und Zugänglichkeit**: Die Marktsegmente müssen mit den Marketinginstrumenten ansprechbar sein. Es muss beispielsweise möglich sein, die Teilsegmente über Medien zu erreichen.

Durch die fortschreitende allgemeine Bedarfsdeckung und zunehmende Individualisierung der Nachfragerbedürfnisse stehen heute die Kriterien zur Identifizierung von **Nachfragersegmenten** im Vordergrund. Es lassen sich eine Reihe von Kriterien unterscheiden, die in der Lage sind, (Teil-)Märkte sinnvoll voneinander abzugrenzen und einer differenzierten Marktbearbeitung zugänglich zu machen. Ausgewählte Segmentierungskriterien aus einer Vielzahl unterschiedlicher Systematisierungsansätze für Konsum- und Industriegütermärkte zeigt folgender Überblick (vgl. auch *Freter* 1983, S. 49ff.; *Steffenhagen* 2000, S. 47ff.; *Becker* 2001, S. 237ff.).

Bezogen auf die **Segmentierung in Konsumgütermärkten** lassen sich folgende Kriterien heranziehen:

- **Demographische Kriterien**: Geschlecht, Alter, Familienstand, Haushaltsgröße, Wohnort u.a.

- **Sozioökonomische Kriterien**: Einkommen, Beruf, Ausbildung, soziale Schicht, Besitz- und Ausstattungsmerkmale u.a.

- **Psychologische Kriterien**: allgemeine Persönlichkeitsmerkmale, Einstellungen, Präferenzen, Motive, Nutzenerwartungen, Lebensstile u.a.

- **Verhaltenskriterien**: Markenwahl, Einkaufsstättenwahl, Kaufintensitäten, Preisverhalten, Verwendungsverhalten, Serviceverhalten, Mediennutzung u.a.

Auch die **Segmentierungskriterien für Industriegütermärkte** wurden in den letzten Jahren stark verfeinert. Diese Entwicklung ergab sich vor allem vor dem Hintergrund einer stärkeren Orientierung an Einkaufsgremien („Buying Center") im Industriegüterbereich (zu den verschiedenen Ansätzen der Marktsegmentierung im Industriegüterbereich vgl. *Backhaus* 1999, S. 210ff.). Über die bereits aufgezählten Kriterien hinaus können zusätzlich noch folgende Kriterien betrachtet werden:

- **Branchenbezogene Kriterien**: Art der Branche, Konkurrenzintensität, Branchenkonjunktur u.a.

- **Unternehmensbezogene Kriterien**: Umsatzgrößenklasse, Mitarbeiterzahl, Rechtsform, Kauf- und Produktverwendungsverhalten, Form der Aufbau- und Ablauforganisation u.a.

Entwicklung von Marketingstrategien

- **Gruppenbezogene Kriterien**: Größe und Zusammensetzung des Einkaufsgremiums, Rollenverteilung, Arbeitsaufteilung u.a.

- **Personenbezogene Kriterien**: demographische, sozioökonomische und psychologische Merkmale sowie Verhaltensmerkmale der am Einkauf beteiligten Personen, z.B. Alter, Geschlecht, Einstellungen, Motive, Informations-, Preis- und Mediennutzungsverhalten u.a.

Zur **Segmentierung von Dienstleistungsmärkten** können, abhängig von der Art der Dienstleistung (z.B. konsumtive oder investive Dienstleistungen), analog die jeweiligen Segmentierungskriterien herangezogen werden (vgl. hierzu *Meffert/Bruhn* 2000).

Die jeweiligen Marktsegmentierungskriterien werden nicht isoliert eingesetzt, sondern meistens werden Teilmärkte stufenweise abgegrenzt. Eine **stufenweise Segmentierung** vollzieht sich auf unterschiedlichen Aggregationsniveaus. So kann beispielsweise im Industriegüterbereich zunächst eine Marktaufteilung nach Branchen vorgenommen werden („Makrosegmentierung"), während dann in weiteren Schritten zusätzliche Einteilungen nach Merkmalen des Einkaufsgremiums und der Entscheidungsbeteiligung erfolgen („Mikrosegmentierung").

In vielen Fällen findet eine **mehrdimensionale Segmentierung** statt. Im Konsumgüterbereich werden Konsumenten beispielsweise nach ihrem Preisverhalten in obere, mittlere und untere Preissegmente eingeteilt und diese simultan nach Alter, Geschlecht, Einkommen, Kaufmotiven und anderen Merkmalen beschrieben. Die psychologischen Kriterien und die Kriterien des beobachtbaren Kaufverhaltens dienen hier meist zur Segmentbildung, während sozioökonomische und demographische Kriterien eher dazu dienen, die gefundenen Segmente zu beschreiben.

Als Ergebnis der Marktsegmentierung erhält man eine Reihe von Marktsegmenten, die sich mit verschiedenen Marketinginstrumenten differenziert bearbeiten lassen. Schaubild 3-2 verdeutlicht, dass fünf **Grundformen von Marktbearbeitungsstrategien** unterschieden werden können:

(1) Die **Strategie der Nischenspezialisierung** konzentriert sich auf ein bestimmtes Marktsegment. Die Gründe für diese Strategie können in der Unternehmensgröße, der Fähigkeit zur Schaffung spezifischer Wettbewerbsvorteile für die ausgewählte Kundengruppe, der Vernachlässigung dieser Nische durch die Konkurrenz oder der außerordentlichen Attraktivität dieses Segments liegen (z.B. Ferrari).

(2) Die **Strategie der Produktspezialisierung** legt den Schwerpunkt auf einen Leistungsbereich (z.B. Software zur Unternehmenssteuerung). Die Produkte des Unternehmens werden sämtlichen Kundengruppen angeboten. Durch Spezialisierung können Wettbewerbsvorteile erreicht werden (z.B. SAP R/3).

Einsatz strategischer Analyseinstrumente

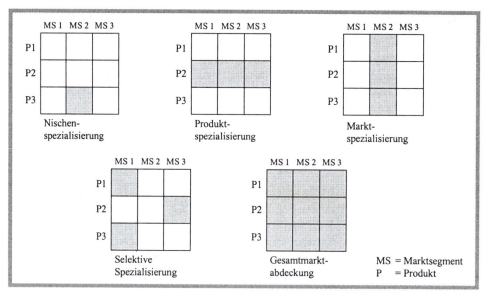

Schaubild 3-2: Formen von Marktbearbeitungsstrategien (in Anlehnung an Abell 1980)

(3) Die **Strategie der Marktspezialisierung** impliziert, dass sich ein Unternehmen mit vielfältigen Produkten auf ein Segment konzentriert. Durch genaue Kenntnis eines Bedürfnissegments (z.B. Jäger) ist das Unternehmen in der Lage, sehr unterschiedliche Produkte für diesen Zielmarkt zu entwickeln bzw. anzubieten (z.B. Frankonia).

(4) Die **Strategie der selektiven Spezialisierung** sieht eine Bearbeitung ausgewählter Marktsegmente mit ausgewählten Produkten vor. Das Unternehmen sucht sich mehrere lukrative Nischen heraus, die es bearbeitet (z.B. 3M mit Post-it, Videokassetten usw.).

(5) Die **Strategie der Gesamtmarktabdeckung** sieht eine Marktbearbeitung mit einer Vielzahl von Produkten für sämtliche Marktsegmente vor. In diesem Fall ist das Unternehmen ein „Vollsortimenter", da für jedes Bedürfnissegment Produkte geschaffen bzw. angeboten werden (z.B. Warenhäuser).

3.3 Einsatz strategischer Analyseinstrumente

Im Rahmen der Entwicklung von Marketingstrategien sind Entscheidungen über die konkrete Form der Marktbearbeitung der als relevant erachteten Teilsegmente zu treffen. Zur Fundierung strategischer Entscheidungen werden Analyseinstrumente eingesetzt, die dem Entscheidungsträger Hinweise auf die erforderlichen Schwerpunkte in der Marktbearbeitung geben sollen. An dieser Stelle soll sich die Darstellung auf die Analyseinstrumente Lebenszyklus-, Positionierungs- und Portfolioanalysen beschränken.

3.3.1 Lebenszyklusanalysen

Das Konzept des Lebenszyklus ist ein Verfahren, das auf der Grundlage zeitlicher Entwicklungsprozesse strategische Grundsatzentscheidungen zu fundieren sowie Schlussfolgerungen für den Einsatz von Marketinginstrumenten zu ziehen versucht.

Lebenszyklusanalysen besagen in ihrer allgemeinen Form, dass Produkte, Marken, Branchen oder Märkte – ähnlich natürlichen Organismen – eine begrenzte Lebensdauer aufweisen. Die Lebenszyklusanalyse versucht, Gesetzmäßigkeiten im Verlauf des Untersuchungsgegenstandes zu identifizieren, um daraus Schlussfolgerungen für die Marktbearbeitung zu ziehen.

In diesem Sinne existieren heute verschiedene Lebenszykluskonzepte. Im Folgenden werden die Produkt- und die Marktlebenszyklusanalysen als typische Vertreter dargestellt.

Produktlebenszyklusanalyse

Der Produktlebenszyklus zeigt die zeitliche Entwicklung einer Produktklasse oder eines einzelnen Produktes am Markt. Grundlage des Konzeptes ist die Annahme, dass der Verlauf eines Produktlebenszyklus einer gesetzmäßigen Entwicklung folgt und jedes Produkt ganz bestimmte Phasen durchläuft, unabhängig davon, ob die absolute Lebensdauer des Produktes Jahrzehnte oder nur einige Monate beträgt. Gründe für die begrenzte Lebensdauer von Produkten können beispielsweise Änderungen der Nachfrage, eine Ausschöpfung des Nachfragepotenzials oder technologische Entwicklungen sein. Schaubild 3-3 zeigt, dass idealtypisch fünf **Phasen im Produktlebenszyklus** unterschieden werden:

- In der **Einführungsphase** eines Produktes in den Markt stehen hohen Anfangsinvestitionen nur geringe Umsätze und häufig auch negative Deckungsbeiträge gegenüber. Der Verlauf der Kurve erklärt sich vor allem durch die Erfolge der Einführungsaktivitäten des Marketing sowie Neugier-Käufe.

- In der **Wachstumsphase** erhöht sich durch die Wirkungen des Marketing der Bekanntheitsgrad und es werden überdurchschnittliche Zuwachsraten erzielt. Häufig erreichen Unternehmen in dieser Phase die Gewinnzone.

Einsatz strategischer Analyseinstrumente

- In der **Reifephase** erfolgt eine weitere absolute Marktausdehnung, die Wachstumsraten des Produktumsatzes nehmen jedoch ab. Die Umsatzrentabilität sinkt und die Wirkung der Marketinginstrumente lässt nach.

- In der **Sättigungsphase** ist die Umsatzentwicklung erstmals rückläufig. Das Marktpotenzial ist ausgeschöpft, der Markt ist gesättigt, die relative Bedeutung von Ersatzkäufen steigt.

- Schließlich zeigt sich in der **Verfallsphase** ein stark rückläufiger Umsatz. Durch das Vordringen verbesserter (Substitutions-)Produkte besteht kaum noch Bedarf am ursprünglichen Produkt.

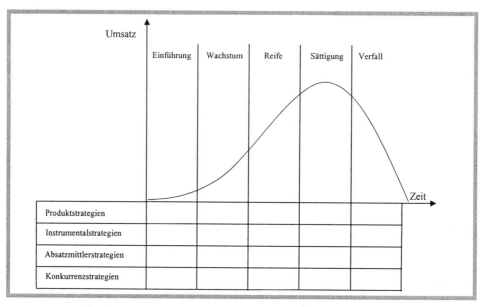

Schaubild 3-3: Idealtypische Phasen eines Produktlebenszyklus

Die eigenen Produkte bzw. Marken und die der Hauptkonkurrenten werden einer bestimmten Phase des Lebenszyklus zugeordnet. Zur Ableitung strategischer Entscheidungen über den Einsatzes der Marketinginstrumente werden Plausibilitätsüberlegungen angestellt. Folgende Beispiele sollen dies verdeutlichen:

Produktstrategien: In der Reifephase können Produktverbesserungen oder -differenzierungen („Relaunches") den Sättigungserscheinungen am Markt entgegenwirken.

Instrumentalstrategien: In der Einführungsphase sollte der Bekanntheitsgrad durch einen hohen Werbeeinsatz möglichst rasch gesteigert werden.

Absatzmittlerstrategien: In der Wachstumsphase empfiehlt es sich, z.B. durch attraktive Konditionen, weitere Absatzmittler zu gewinnen.

Konkurrenzstrategien: In der Sättigungsphase kann dem Hauptkonkurrenten durch Preissenkungen begegnet werden, um die eigene Marktstellung zu verbessern.

Beurteilt man den **Aussagewert der Produktlebenszyklusanalyse** zur Ableitung von Entscheidungen, sind die folgenden Gesichtspunkte einschränkend zu betrachten. Sicherlich folgt die Entwicklung eines jeden Produktes dem Verlauf eines individuellen Lebenszyklus, es ist jedoch zu bezweifeln, dass dieser Zyklus stets diesem idealtypischen Verlauf folgt. Die Prognose- und Entscheidungsqualität des Konzeptes hängt entscheidend davon ab, inwieweit und mit welcher Sicherheit von dieser unterstellten Gesetzmäßigkeit ausgegangen werden kann. Auch bleiben die den einzelnen Zyklusphasen angemessenen Normstrategien wenig hilfreich, wenn nicht mit Sicherheit gesagt werden kann, in welcher der Phasen sich das betreffende Produkt befindet, besonders bei Produkten, deren Lebensspanne sich nicht über Jahre, sondern Jahrzehnte entwickelt (z.B. Odol, Maggi oder Persil). Die Lebenszyklusanalyse ist zur Fundierung strategischer Entscheidungen daher nur bedingt geeignet.

Obwohl das Produktlebenszykluskonzept dazu verleitet, ältere gegenüber neuen Produkten zu vernachlässigen, und seine Validität sowie sein normativer Charakter als gering einzuschätzen sind, darf dessen diagnostischer und deskriptiver Wert nicht unterschätzt werden. Das Modell kann grundsätzlich dazu anregen, sich im Hinblick auf ein Gleichgewicht zwischen „wachsenden" und „schrumpfenden" Produkten Gedanken über die optimale Altersstruktur einer Produktpalette zu machen.

Marktlebenszyklusanalyse

Der Marktlebenszyklus stellt den zeitlichen Verlauf eines gesamten Marktes in den Vordergrund. Der Lebenszyklus eines Marktes ergibt sich dabei aus einer Aggregation der spezifischen Produktlebenszyklen. Durch den erhöhten Aggregationsgrad steigt die Aussagekraft der Lebenszyklusanalyse, da nicht nur die Entwicklung eines Produktes, sondern mehrere Einflussfaktoren berücksichtigt werden. Schaubild 3-4 zeigt, dem Produktlebenszyklus ähnlich, die fünf verschiedenen **Phasen des Marktlebenszyklus**:

- In der **Entstehungsphase** werden Märkte durch ein oder wenige Unternehmen aufgebaut. Die Durchsetzung einer Innovation im Markt steht im Vordergrund.

- In der **Wachstumsphase** setzt sich die Innovation durch. Die Unternehmen profitieren von starken Wachstumsimpulsen des Marktes. Dieses Wachstum zieht Konkurrenten an.

- In der **Reifephase** dehnt sich der Markt durch den Eintritt weiterer Unternehmen aus, es zeigen sich jedoch weniger starke Wachstumsraten.

Einsatz strategischer Analyseinstrumente

- In der **Sättigungsphase** sinkt der Gesamtumsatz des Marktes und eine zunehmende qualitative Homogenität der Produkte führt vielfach dazu, dass sich der Preis zum wichtigsten Wettbewerbsparameter entwickelt.

- Schließlich nimmt in der **Schrumpfungsphase** die Gesamtnachfrage stark ab. Es ist lediglich eine Frage des Zeitpunktes, wann die ersten Unternehmen aus dem Markt austreten und das ursprüngliche Produkt durch eine Produktinnovation substituiert wird.

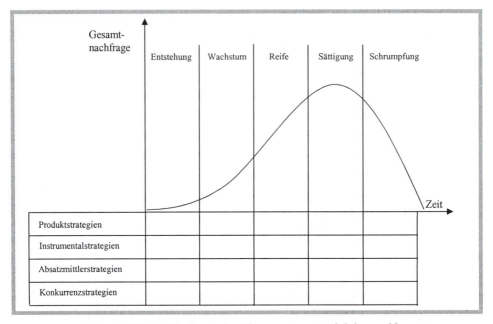

Schaubild 3-4: Idealtypische Phasen eines Marktlebenszyklus

Ähnlich wie beim Produktlebenszyklus wird man seine eigene Position zunächst den unterschiedlichen Phasen im Marktlebenszyklus zuordnen und aus der Positionsbestimmung Schlussfolgerungen für das weitere strategische Marketingverhalten des Unternehmens ziehen. Auch hier seien zur Verdeutlichung einige Beispiele genannt:

Produktstrategien: In der Entstehungsphase auf einem Markt für technische Produkte sollten technologische Standards gesetzt werden.

Instrumentalstrategien: In der Wachstumsphase muss durch Einsatz der Kommunikationsinstrumente erreicht werden, dass das Potenzial des Marktes möglichst umfassend ausgeschöpft wird.

Entwicklung von Marketingstrategien

Absatzmittlerstrategien: In der Reifephase sollte das Unternehmen nach neuen Absatzmittlern suchen, um sich weitere Wachstumsmöglichkeiten zu erschließen (z.B. durch Export).

Konkurrenzstrategien: In der Sättigungsphase sind starke Rationalisierungen in Produktion und Marketing (z.B. Vertrieb, Logistik) vorzunehmen, um für Preiskämpfe gerüstet zu sein. Für die Unternehmen wird es darauf ankommen, jetzt deutlicher nach spezifischen Wettbewerbsvorteilen zu suchen, um sich im Markt zu behaupten.

Die Analyse der strategischen Verhaltensweisen von Unternehmen im Verlauf des Marktlebenszyklus verdeutlicht, dass sich die **Erfolgsfaktoren im Marketing** im Zeitablauf ändern. Es ist also Aufgabe jedes Unternehmens, die in den einzelnen Marktphasen relevanten Erfolgsfaktoren zu erkennen und sich rechtzeitig darauf einzustellen.

3.3.2 Positionierungsanalysen

Eine Analysetechnik, die zur weiteren Segmentierung von Märkten eingesetzt wird sowie markenstrategische Überlegungen unterstützt, ist die Positionierungsanalyse. Sie orientiert sich an den von den Konsumenten subjektiv **wahrgenommenen Leistungsmerkmalen**. Die Bedeutung von Positionierungsanalysen ist darauf zurückzuführen, dass es bei einer zunehmenden objektiven Ähnlichkeit der Marktleistungen immer wichtiger wird, das eigene Leistungsangebot hinsichtlich der von Kunden subjektiv wahrgenommenen Produkteigenschaften von den Wettbewerbsangeboten abzugrenzen.

> **Die Positionierung ist ein „psychologisches Marktmodell" und stellt in einer mehrdimensionalen Darstellung die unterschiedlichen Leistungen bzw. Marken eines relevanten Marktes in der Wahrnehmung der Kunden dar.**

Im Rahmen der Marketingforschung werden zur Produktpositionierung dabei zunächst Daten über die Wahrnehmung realer und idealer Produkteigenschaften verschiedener Marken bei Konsumenten erhoben. Mit Hilfe von Verfahren der multivariaten Datenanalyse (Multidimensionale Skalierung, Faktoren- oder Clusteranalysen) werden diese Daten im mehrdimensionalen Wahrnehmungsraum so weit verdichtet, dass ein psychologisches Marktmodell entsteht. Aus Vereinfachungsgründen werden häufig nur zwei Dimensionen betrachtet.

Das klassische Positionierungsmodell beinhaltet vier **Kernelemente** (*Freter* 1983, S. 34f.; *Haedrich/Tomczak* 1996, S. 139):

- den vom Kunden wahrgenommenen Eigenschaftsraum,

- die Platzierung der eigenen Produkte bzw. Leistungen sowie der Konkurrenzmarken,

67

Einsatz strategischer Analyseinstrumente

- die Idealposition aus Kundensicht,
- die Distanzen zwischen den Idealvorstellungen der Kunden und den Realpositionen der einzelnen Marken.

Diese Kenntnisse können für marketingstrategische Überlegungen genutzt werden, z.B. zur Einführung von neuen Produkten in eine Positionierungslücke sowie zur Repositionierung bestehender Marken in Richtung der Idealvorstellungen von Konsumenten. Schaubild 3-5 zeigt ein einstellungsbezogenes Positionierungsmodell, das auf Basis von Fahrerprofil-Eigeneinschätzungen ermittelt wurde. Im Gegensatz zu den traditionellen zweidimensionalen Modellen basiert dieses Beispiel auf einem mehrdimensionalen Ansatz.

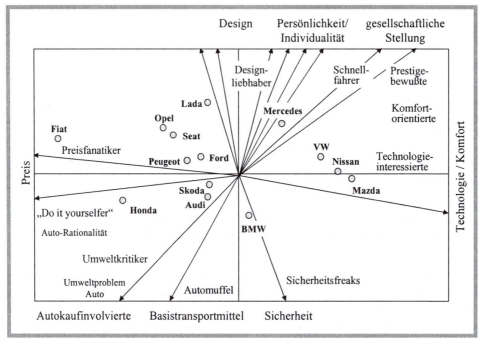

Schaubild 3-5: Beispiel für eine Markenpositionierung (Volkswagen Marketing 1996)

Als Nachteil von Produktpositionierungsverfahren wird häufig eine mangelnde Stabilität der Positionierungskriterien genannt. Durch Präferenzverschiebungen und rasche Veränderungen der wahrgenommenen Produkteigenschaften kann es schwierig sein, Marken über einen längeren Zeitraum in einer bestimmten (relativen) Position zu halten.

Die Methoden der Produktpositionierung werden sowohl in Ver- und Gebrauchsgüter-
märkten eingesetzt, z.B. bei Waschmitteln, Kosmetika oder Automobilen, als auch im
Industriegüter- und Dienstleistungsbereich, z.B. in den Bereichen Banken, Versicherungen, Handel u.a.m. In jüngster Zeit wird dabei die klassische Positionierungsanalyse z.T.
auch dahingehend erweitert, dass der Kundenperspektive (Fremdbild) die Unternehmens-
perspektive, d.h. die Selbsteinschätzung des Unternehmens (Eigenbild) gegenübergestellt
wird.

3.3.3 Portfolioanalysen

Portfolioanalysen zählen in der Marketingpraxis zu den am häufigsten eingesetzten strategischen Analyseinstrumenten. Den Ursprung des Portfoliogedankens bilden Diversifi-
kationsüberlegungen im Finanzanlagebereich. Dort wird angestrebt, Vermögenswerte
eines Wertpapier-Portefeuilles so zu kombinieren, dass sich das Gesamtrisiko der Wert-
anlage minimiert und Risiko- und Renditegesichtspunkte in einem optimalen Verhältnis
zueinander stehen. Dieser Grundgedanke der Risikostreuung wurde in den 70er Jahren
auf Entscheidungstatbestände des Marketing übertragen.

> **Portfolioanalysen geben in einer zweidimensionalen Darstellung einen Überblick
> über die Marktsituation von strategischen Geschäftseinheiten, Produkten, Kun-
> den, Wettbewerbern oder anderen Analyseobjekten, um daraus Schlussfolgerun-
> gen für eine strategische Neuorientierung dieser Analyseobjekte zu ziehen.**

Ein Portfolio stellt eine zweidimensionale Abbildung dar, bei der eine Achse (Abszisse)
eine interne, beeinflussbare Variable und die andere Achse (Ordinate) eine externe Variable repräsentiert. Mit folgenden fünf **Ablaufschritten** wird eine Portfolioanalyse erstellt:

Schritt 1: Festlegung der Analyseobjekte, auf die sich die Portfolioanalyse beziehen soll
(SGEs, Produkte usw.) sowie der grundsätzlichen Methode der Portfolioanalyse (Marktanteils-Marktwachstums-Portfolio, Technologieportfolio o.a).

Schritt 2: Generierung der relevanten Informationen, damit die zu analysierenden Objekte im Portfolio positioniert werden können. Üblicherweise werden die Analyseobjekte
in Form eines Kreises dargestellt, wobei die Größe des Kreises das Umsatz- bzw. Ab-
satzvolumen oder den Deckungsbeitrag des Objektes repräsentiert. Auf diese Weise erhält man das Ist-Portfolio des Unternehmens.

Schritt 3: Je nach Ausgewogenheit des Ist-Portfolios und der Stellung der Analyseobjekte im Merkmalsraum werden unterschiedliche Normstrategien empfohlen. Unter Be-

rücksichtigung von Ressourcen, der Konkurrenz etc. wird eine strategische Stoßrichtung abgeleitet, durch die die Ausgewogenheit des Portfolios verbessert werden soll.

Schritt 4: Erstellung von Soll-Positionen für den betrachteten Planungshorizont. Auf diesem Wege erhält man das Soll-Portfolio, das die zukünftig angestrebte Lage der Analyseobjekte wiedergibt.

Schritt 5: Konkretisierung der Normstrategien und des Soll-Portfolios durch detaillierte Marketingstrategien. Ferner gilt es, die personellen und organisatorischen Konsequenzen der neuen strategischen Ausrichtung zu analysieren und notwendige Anpassungen im Unternehmen vorzunehmen.

Portfolioüberlegungen bilden als Instrument der Standortbestimmung den Ausgangspunkt für eine intensive Auseinandersetzung mit der Unternehmenszukunft (*Dunst* 1983; *Kreikebaum* 1997; *Becker* 2001). Strategieentscheidungen für einzelne Geschäftsbereiche dürfen nicht isoliert voneinander betrachtet werden, sondern sind stets unter Berücksichtigung des Gesamtportfolios zu treffen. Die Ausgewogenheit des Portfolios steht dabei aus unternehmensstrategischer Sicht im Vordergrund.

Die beiden bekanntesten Portfolioansätze sind das Marktanteils-Marktwachstums-Portfolio sowie das Wettbewerbsvorteils-Marktattraktivitäts-Portfolio. Diese beiden Portfolioansätze werden im Folgenden detailliert beschrieben.

(1) Marktanteils-Marktwachstums-Portfolio

Die Überlegungen dieses Portfolioansatzes gehen auf die Unternehmensberatung Boston Consulting Group (BCG) zurück – aus diesem Grund wird auch häufig die Bezeichnung Boston-Portfolio verwendet. Wie bereits aus der Bezeichnung ersichtlich, sind bei diesem Ansatz folgende Dimensionen bzw. Achsen zu unterscheiden:

Relativer Marktanteil: Umsatz bzw. Absatz des Analyseobjektes (im Folgenden wird von SGEs ausgegangen) dividiert durch den Umsatz bzw. Absatz des größten Wettbewerbers. Teilweise wird auch durch den gemeinsamen Umsatz bzw. Absatz der drei Hauptwettbewerber dividiert. Die Trennlinie zwischen einem hohen und niedrigen relativen Marktanteil wird üblicherweise bei 1,0 gezogen.

Marktwachstum: Wachstumsrate des Gesamtmarktes bzw. des betrachteten Teilmarktes im Zeitpunkt der Analyse. Die Trennlinie zwischen hohem und niedrigem Wachstum wird im Portfolio häufig beim durchschnittlichen Marktwachstum, betrachtet über die letzten vier bis fünf Jahre, gezogen.

Das Marktanteils-Marktwachstums-Portfolio basiert hinsichtlich der Achse Marktwachstum auf der **Lebenszyklusanalyse**, wobei unterstellt wird, dass das Wachstum eines Marktes ein Indikator für eine bestimmte Phase im Lebenszyklus ist. Der Achse relativer Marktanteil liegen die Grundgedanken der **Erfahrungskurve** zugrunde. Sie sagt aus, dass mit steigendem Marktanteil auch die kumulierte Fertigungsmenge steigt und somit gemäß dem Erfahrungskurveneffekt Kostendegressionseffekte generiert werden können (*Henderson* 1986).

Nachdem die Achsen des Portfolios gekennzeichnet sind, wird der Merkmalsraum in vier Felder unterteilt. Schaubild 3-6 verdeutlicht den Aufbau eines Marktwachstums-Marktanteils-Portfolio im Überblick und die abzuleitenden Normstrategien.

Stars sind strategische Geschäftseinheiten, die in wachsenden Märkten über eine gute Marktposition und somit einen hohen relativen Marktanteil verfügen. Durch die Realisierung von Mengeneffekten in der Produktion können Kostendegressionseffekte genutzt werden. Als Normstrategie wird empfohlen, die strategische Geschäftseinheit zu halten bzw. auszubauen (**Investitionsstrategie**). Die hierfür erforderlichen Investitionen sind zu tätigen und das Investitionsrisiko muss akzeptiert werden.

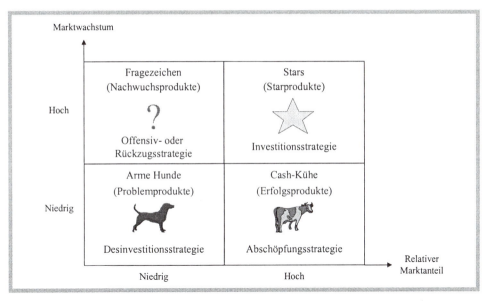

Schaubild 3-6: Normstrategien des Marktanteils-Marktwachstums-Portfolios

Cash-Kühe sind strategische Geschäftseinheiten, die zwar über eine etablierte Marktposition verfügen, allerdings in Märkten mit geringen Wachstumsraten. Hier sind Kostensenkungspotenziale zu nutzen und nur noch so viele Investitionen zu tätigen, wie zur Erhaltung der Marktstellung erforderlich sind. Es bietet sich eine **Abschöpfungsstrategie** an, bei der der bestehende relative Marktanteil gehalten werden sollte, alle zusätzlichen finanziellen Mittel jedoch in die Star- oder Fragezeichen-Segmente zu reinvestieren sind.

Arme Hunde sind strategische Geschäftseinheiten, die bei geringer Marktwachstumsrate über eine schwache Marktposition bzw. einen geringen relativen Marktanteil verfügen. Arme Hunde sind meist nicht mehr rentabel und müssen, falls sie nicht aufgegeben werden, durch zusätzliche Mittel finanziert werden. Es empfiehlt sich daher eine **Desinvestitionsstrategie**, bei der versucht wird, die SGE zu verkaufen oder schrittweise aus dem Markt auszutreten.

Fragezeichen sind strategische Geschäftseinheiten, die aufgrund ihres noch geringen Marktanteils einen geringen Cash Flow erwirtschaften, aber einen hohen Mittelbedarf aufweisen, wenn die noch unbedeutende Marktstellung wesentlich verbessert werden soll. In diesem Fall ist nach weiteren Analysen der Erfolgschancen im Markt abzuwägen, ob eine offensive Markterschließungs- oder eine Rückzugsstrategie verfolgt werden soll.

Die **Vorteile** des Marktanteils-Marktwachstums-Portfolios sind darin zu sehen, dass es leicht zu erstellen und sein Informationsbedarf problemlos zu bewältigen ist. Die relevanten Informationen über das Marktwachstum und die Marktanteile der Produkte oder strategischen Geschäftseinheiten werden z.B. in Branchenzeitschriften veröffentlicht und liegen Unternehmen i.d.R. aktuell vor. Das Portfolio ist sehr anschaulich, kommunikativ und erhöht die Aufgeschlossenheit gegenüber strategischen Fragen im Unternehmen.

Als **Nachteil** muss jedoch genannt werden, dass die Analyse lediglich auf zwei – wenn auch bedeutenden – Faktoren basiert. Darüber hinaus sind die Trennlinien des Portfolios nicht exakt definiert, die Normstrategien haben keine Allgemeingültigkeit und konkurrenzbezogene Aspekte werden nur dann berücksichtigt, wenn die Wettbewerber explizit in der Analyse enthalten sind. Da viele Unternehmen sich heute in schrumpfenden bzw. stark rückläufigen Märkten bewegen, wurde die traditionelle Aufteilung des Marktanteils-Marktwachstums-Portfolios um zwei Felder in der Marktschrumpfungsphase erweitert (*Meffert* 1994, S. 50).

(2) Wettbewerbsvorteils-Marktattraktivitäts-Portfolio

Das Wettbewerbsvorteils-Marktattraktivitäts-Portfolio wurde von der Unternehmensberatung McKinsey & Co. entwickelt. Bei diesem Portfolioansatz werden ebenfalls zwei Dimensionen, die relativen Wettbewerbsvorteile und die Marktattraktivität, unterschieden. Die Erhebung der beiden Dimensionen erfolgt jedoch durch eine Vielzahl von Einzelindikatoren. Beispielhaft seien genannt:

Relative Wettbewerbsvorteile:

- relative Marktposition (z.B. Marktanteil, Umsatz, Unternehmensgröße, Wachstumsrate, Rentabilität),

- relatives Produktionspotenzial (z.B. Know-how, Lizenzbeziehungen, Standortvorteile, Kostenvorteile in der Produktion),

Entwicklung von Marketingstrategien

- relatives F&E-Potenzial (z.B. Grundlagen- und Anwendungsforschung, Innovations-potenzial der Forscher, Innovationsfähigkeit der Organisation, Innovationszyklen),

- relative Qualifikation der Führungskräfte und Mitarbeiter (z.B. Qualität der Füh-rungssysteme, Professionalität und Motivation der Führungskräfte) u.a.

Sämtliche Einzelindikatoren werden im Vergleich zum stärksten Konkurrenzunterneh-men beurteilt. Der zweiten Dimension „Marktattraktivität" liegen u.a. folgende Indikato-ren zugrunde:

Marktattraktivität:

- Marktwachstum und Marktgröße,

- Marktqualität (z.B. Branchenrentabilität, Phase im Marktlebenszyklus, Wettbe-werbsintensität, Anzahl und Struktur potenzieller Abnehmer, Eintrittsbarrieren für neue Anbieter, Substitutionsmöglichkeiten),

- Energie- und Rohstoffversorgung (z.B. Störanfälligkeit der Versorgung, Existenz alternativer Zulieferer),

- Umfeldsituation (z.B. Abhängigkeiten von Konjunktur, Gesetzgebung, öffentlicher Meinung und Umweltbelastungen) u.a.

Aus diesen exemplarischen Einzelindikatoren müssen die für die spezielle Unterneh-mens- und Marktsituation relevanten Faktoren identifiziert werden. Die Verknüpfung der Einzelindikatoren wird zweckmäßigerweise mit einem Punktbewertungsmodell vorge-nommen, um der relativen Bedeutung einzelner Indikatoren gerecht zu werden (vgl. zum Vorgehen Abschnitt 5.3.2). Aus dem Wettbewerbsvorteils-Marktattraktivitäts-Portfolio lassen sich ebenfalls Normstrategien ableiten. Schaubild 3-7 zeigt die sich bei einer Dreiteilung der beiden Achsen ergebenden neun Normstrategien.

Marktführerschafts-, Investitions- oder **Wachstumsstrategien** sind dann zu empfeh-len, wenn hohe relative Wettbewerbsvorteile gegenüber den Konkurrenten bestehen und der Markt besonders attraktiv ist. Bestehen nur geringe relative Wettbewerbsvorteile für das Unternehmen und ist der Markt weniger attraktiv, empfiehlt sich eine **Ab-schöpfungs-** und stufenweise **Desinvestitionsstrategie** bis hin zum sofortigen **Ausstieg** aus dem Markt. Für die übrigen Marktsituationen bieten sich **Selektionsstrategien** an, d.h., es ist im Einzelfall zu prüfen, ob aufgrund der vorhandenen Unternehmensressour-cen eine Investitions-, Rückzugs-, Übergangs- oder Abschöpfungsstrategie sinnvoll ist.

Das Wettbewerbsvorteils-Marktattraktivitäts-Portfolio weist als wesentlichen **Vorteil** die umfassende Informationsaufnahme über die jetzige Situation des Unternehmens auf. Durch die Vielzahl der Einzelindikatoren werden die Entscheidungsträger im Unterneh-men gezwungen, sich systematisch mit der eigenen Marktstellung und den relevanten Marktfaktoren auseinander zu setzen. Darüber hinaus ist positiv hervorzuheben, dass die

Einsatz strategischer Analyseinstrumente

Konkurrenz auf mehreren Ebenen durch die Beurteilung des relativen Wettbewerbsvorteils einbezogen wird. Das McKinsey-Portfolio zwingt das Marketingmanagement, sich systematisch mit den Stärken und Schwächen sowie Chancen und Risiken einzelner Geschäftsbereiche oder Produkte auseinander zu setzen.

Als **Nachteile** gelten eine kosten- und zeitaufwendige Erhebung der Informationen sowie Schwierigkeiten, objektive Informationen zu den Kriterien zu erhalten. Bei der Verwendung des Punktbewertungsverfahrens besteht zudem die Gefahr, die Auswahl und Gewichtung der Indikatoren nicht vollständig und subjektiv vorzunehmen. Die zentrale Frage bei der Verwendung des Wettbewerbsvorteils-Marktattraktivitäts-Portfolios wird deshalb sein, ob es dem Unternehmen gelingt, die relevanten (Markt-) Erfolgsfaktoren in angemessener Gewichtung für die Positionsbestimmungen im Portfolio heranzuziehen.

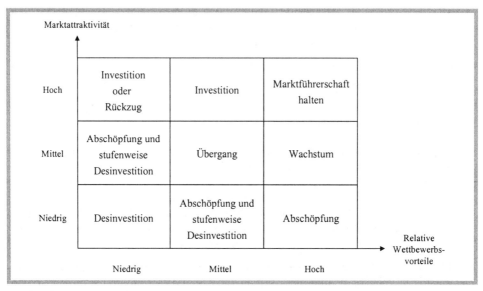

Schaubild 3-7: Normstrategien des Wettbewerbsvorteils-Marktattraktivitäts-Portfolios

Portfolioanalysen sind lediglich ein Analyseinstrument der strategischen Planung und vermitteln kein vollständiges Bild über die Situation der strategischen Geschäftseinheiten oder anderer Analyseobjekte. Generell verfügen sämtliche Portfolioansätze über eine geringe theoretische Fundierung. Als problematisch lässt sich zudem die Tatsache bezeichnen, dass sich die Normstrategien lediglich auf bereits vorhandene Geschäftseinheiten oder Produkte beziehen. Damit ist die Portfoliomethodik vergangenheitsorientiert, da sie potenzielle strategische Geschäftseinheiten und Neuprodukte – solche, die nicht positioniert sind, weil sie (noch) keine Tätigkeitsbereiche des Unternehmens darstellen – ignoriert. Durch die Erstellung eines Soll-Portfolios kann dieser Nachteil aufgehoben werden.

3.4 Strategien der Marktbearbeitung

Im Rahmen der Marktbearbeitungsstrategien stehen die Marktteilnehmerstrategien gegenüber den Konsumenten, Konkurrenten sowie den Absatzmittlern im Vordergrund. Die Instrumentalstrategien legen die Schwerpunkte im Einsatz der Marketinginstrumente fest. Zu entscheiden ist, wie sich das Unternehmen gegenüber den Marktteilnehmern verhalten soll, um die definierten Ziele bestmöglich zu erreichen.

3.4.1 Abnehmergerichtete Strategien

Ausgangspunkt der abnehmergerichteten Strategien ist die Frage, durch welche Verhaltensweisen und Maßnahmen des Unternehmens das strategische Ziel bestmöglich erreicht werden kann. Generell können den Abnehmern zwei mögliche Vorteile seitens eines Unternehmens angeboten werden: Präferenz- oder Preisvorteile. Bei der Festlegung einer abnehmergerichteten Strategie muss daher die Frage beantwortet werden, welchen Vorteil der Anbieter den Abnehmern im Vergleich zur Konkurrenz bieten will. Vor diesem Hintergrund wird der **Begriff abnehmergerichtete Strategie** wie folgt definiert:

Eine abnehmergerichtete Strategie ist ein langfristiger Verhaltensplan, der die Realisierung eines oder mehrerer Wettbewerbsvorteile im relevanten Markt zum Inhalt hat.

Zur Festlegung abnehmergerichteter Strategien können die Grundkonzeptionen von Wettbewerbsstrategien nach *Porter* wichtige Hinweise liefern (*Porter* 1995). Gemäß *Porter* muss ein Unternehmen entscheiden, ob der zentrale Vorteil gegenüber dem Wettbewerb auf Qualitäts- (Qualitätsführerschaft) oder auf Kostenvorteilen (Kostenführerschaft) beruht. Insofern geht es um die Festlegung bzw. die Suche nach vom Kunden wahrnehmbaren Wettbewerbsvorteilen eines Unternehmens. *Porter* unterscheidet ferner, ob das Unternehmen auf dem Gesamtmarkt oder lediglich auf einem Teilmarkt agiert. Schaubild 3-8 zeigt die Grundkonzeption von *Porter* im Überblick. Auf Basis der beiden Grunddimensionen werden von Porter vier Strategierichtungen empfohlen:

(1) Die **Strategie der Qualitätsführerschaft** zielt darauf ab, Leistungs- bzw. Qualitätsvorteile (hohe Produktqualität, Serviceleistungen) auf dem Gesamtmarkt zu realisieren (Beispiele aus der Automobilwirtschaft: Mercedes, BMW).

(2) Die **Strategie der Kostenführerschaft** ist darauf ausgerichtet, auf dem Gesamtmarkt durch z.B. Standardisierung, Verfahrensinnovationen oder neue Technologien Kostendegressionseffekte zu nutzen, um diese in Form von vergleichsweise niedrigen Preisen an die Konsumenten weiterzugeben (Beispiele: Nissan, KIA).

(3) Die **Strategie der selektiven Qualitätsführerschaft** legt den Schwerpunkt auf einen bestimmten Teilmarkt (Nische), auf dem Leistungsvorteile realisiert werden. Von besonderer Bedeutung ist eine Konzentration auf lukrative Nischen, die von größeren Unternehmen vernachlässigt werden. Hier kann das Unternehmen durch besondere Leistungen (z.B. Spitzenprodukte, hohes Kundendienst- und Serviceniveau, individuelle Beratung) Wettbewerbsvorteile erringen und dadurch höhere Preise rechtfertigen (Beispiel: Bang & Olufson).

(4) Die **Strategie der selektiven Kostenführerschaft** focussiert ebenfalls einen bestimmten Teilmarkt, auf dem die Unternehmensleistung besonders preisgünstig angeboten wird. Da es sich häufig um Produktimitationen in technologisch ausgereiften Märkten handelt, ist mit dieser Strategie auch das Risiko verbunden, dass andere Anbieter mit noch günstigerer Kostenstruktur die Preise unterbieten und die eigene Gewinnsituation dadurch verschlechtert wird (Beispiel: Daewoo Nexia).

Die bewusste Entscheidung für eine der vier Strategien ist eine zentrale Voraussetzung für den Markterfolg. Gemäß *Porter* reicht es nicht aus, „einige" Kostenvorteile oder „einige" Leistungsvorteile (Gefahr des „**stuck in the middle**") zu haben. Vielmehr ist es notwendig, dass das Unternehmen eine der vier Grundkonzeptionen konsequent im Markt durchsetzt. Dabei gilt es zu berücksichtigen, dass die Aussagen von *Porter* nicht für wachsende, sondern nur für gesättigte Märkte Gültigkeit besitzen.

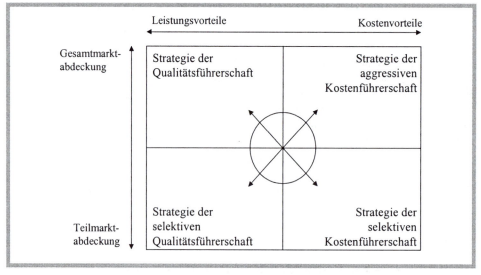

Schaubild 3-8: Grundkonzeptionen für Wettbewerbsstrategien nach Porter

Die grundlegenden Wettbewerbskonzeptionen von *Porter* sind erweitert worden, z.B. durch so genannte **Outpacing-Strategien**, bei denen ein Unternehmen rechtzeitig zwischen beiden strategischen Grundkonzeptionen wechselt bzw. diese kombiniert (vgl. dazu *Gilbert/Strebel* 1987). In der heutigen Wettbewerbssituation müssen Unternehmen immer häufiger sowohl Qualitäts- als auch Kostenvorteile parallel realisieren bzw. auch auf unterschiedlichen Märkten tätig sein, um die Bedürfnisse der Kunden auch tatsächlich zu befriedigen. Neben den Qualitäts- und Kostenaspekten können ferner auch Innovations-, Service-, Sortiments- oder Markierungsvorteile die Basis eines Wettbewerbsvorteils bilden (*Meffert* 2000).

3.4.2 Konkurrenzgerichtete Strategien

Abnehmergerichtete Strategien zielen darauf ab, dass sich die Unternehmung Wettbewerbsvorteile beim Kunden aufbaut bzw. bereits vorhandene absichert. Da sie auf ihren Märkten jedoch nicht alleine agiert und es nicht allen Wettbewerbern gleichzeitig gelingen kann, sich zu etablieren und zu behaupten, darf sich strategisches Marketing nicht ausschließlich in einer Kundenorientierung erschöpfen, sondern vom Unternehmen sind explizit **konkurrenzorientierte Strategien** zu entwickeln.

> **Konkurrenzorientierte Strategien zielen darauf ab, sich in der Realisierung des Kundennutzens deutlich gegenüber den Wettbewerbern abzugrenzen** sowie das künftige Verhalten des Unternehmens gegenüber den Wettbewerbern und damit die Stellung im Wettbewerbsumfeld festzulegen.

Der Fokus liegt in der **Schaffung von Wettbewerbsvorteilen** gegenüber der Konkurrenz, um im Bewusstsein des Kunden eine gewisse **Alleinstellung im Markt** zu erreichen. Diese Denkhaltung, die bei der Entwicklung konkurrenzgerichteter Strategien im Vordergrund stehen muss, ist in Schaubild 3-9 aufgezeigt. In diesem Kontext wird auch vom Denken im „**Strategisches Dreieck**" gesprochen. Unternehmen dürfen sich in ihren Aktivitäten nicht ausschließlich auf die Schaffung von Kundennutzen konzentrieren, sondern müssen gleichzeitig Wettbewerbsvorteile gegenüber der Konkurrenz realisieren.

Ausgangspunkt der konkurrenzgerichteten Strategieentscheidung ist eine umfassende Konkurrenzanalyse. Sind die Stärken und Schwächen der Wettbewerber eruiert und die Wettbewerbssituation allgemein bekannt, stehen grundsätzlich vier **konkurrenzgerichtete Strategien** zur Auswahl:

Strategien der Marktbearbeitung

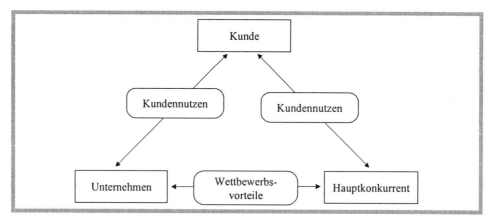

Schaubild 3-9: Das „Strategische Dreieck" zur Realisierung von Wettbewerbsvorteilen

(1) **Kooperationsstrategie**: Die Zusammenarbeit mit einem oder mehreren Wettbewerbern wird von Unternehmen bevorzugt, die nicht über die erforderlichen Ressourcen verfügen, um eine Alleinstellung im Markt einzunehmen. Die Unternehmen schließen z.B. Joint Ventures, strategische Allianzen oder vereinbaren die Zusammenarbeit auf bestimmten Teilgebieten per Vertrag, um konfliktären Wettbewerbssituationen zu entgehen. Aber auch potenzielle Synergieeffekte können dazu führen, dass Wettbewerber eine Kooperation vereinbaren (z.B. gemeinsame Forschungsleistungen für den VW Sharan und Ford Galaxy).

(2) **Konfliktstrategie**: Die Konfliktstrategie ist mit einem aggressiven Verhalten gegenüber den Wettbewerbern verbunden, z.B. durch direkte Vergleiche in der klassischen Werbung oder durch das Angebot von Niedrigpreisen, um Marktanteile zu gewinnen und in der Folge die Marktführerschaft zu übernehmen.

(3) **Ausweichstrategie**: Dem Wettbewerbsdruck wird versucht auszuweichen, indem besonders innovative, von den Wettbewerbern nur langsam zu imitierende Leistungen angeboten werden. Dies führt zeitweise zu isolierten Marktsegmenten, in denen versucht wird, Markteintrittsbarrieren aufzubauen und diese möglichst lange zu verteidigen.

(4) **Anpassungsstrategie**: Das eigene Verhalten wird auf die Aktion der Wettbewerber abgestimmt. Es handelt sich um eine defensive Verhaltensweise, die von vielen Unternehmen nur dann vertreten wird, wenn es sich um einen vergleichsweise wirtschaftsfriedlichen Markt handelt.

Über die dargestellten konkurrenzgerichteten Verhaltensweisen hinaus sollte ein Unternehmen ferner eine Entscheidung über die anzustrebende **Marktstellung** treffen. Folgende Positionen der Marktstellung kommen dabei grundsätzlich in Frage:

Strategie des Marktführers: Marktführer werden versuchen, ihre dominante Position im Markt zu behaupten und auszubauen. Dies gilt für Qualitäts- und Kostenführer gleichermaßen, die aufgrund ihrer Marktstellung am ehesten in der Lage sind, dieses Ziel z.B. durch eine Vergrößerung des Gesamtmarktes bzw. Marktanteils zu erreichen. Eine Ausweitung des Marktanteils kann z.B. durch Produktinnovationen, Einbeziehung zusätzlicher Absatzkanäle, Ansprache weiterer Kundensegmente, verstärkte werbliche oder verkaufsfördernde Aktivitäten oder durch Preisanpassungen erfolgen.

Strategie des Marktfolgers: In einer strategisch weniger riskanten Position befinden sich Marktfolger, da sie die vom Marktführer vorgegebene Richtung imitieren und von seinen Fehlern lernen können. Sie können Reaktionen der Marktteilnehmer etwa auf Richtungsänderungen des Marktführers abwarten, bevor sie sich diesen anschließen. Eine derartige Risikominimierung geht allerdings auch mit geringeren Marktchancen einher. Eine andere Situation ergibt sich, wenn ein Marktfolger zum Marktherausforderer avanciert und die Stellung des Marktführers angreift, um selbst dessen Position einzunehmen. Auf oligopolistisch strukturierten Märkten sind Kämpfe um die Marktführerschaft häufig zu beobachten (z.B. im Zigaretten-, Benzin- oder Automobilmarkt).

Strategien des Marktnischenanbieters: Vor allem für solche Unternehmen, die aufgrund ihrer Größe den Gesamtmarkt nicht abdecken, aber auf Marktveränderungen besonders schnell und flexibel reagieren können, empfiehlt es sich, Nischen zu bearbeiten. Von besonderer Bedeutung ist eine Konzentration auf lukrative Nischen, die von größeren Unternehmen vernachlässigt werden. Hier kann die Unternehmung durch besondere Leistungen (z.B. Spitzenprodukte, hohes Kundendienst- und Serviceniveau, intensive Beratung und Schulung) Wettbewerbsvorteile erringen und dadurch höhere Preise rechtfertigen. In diesem Zusammenhang kann es auch kleineren Unternehmen gelingen, durch kontinuierliche Innovation und Markenpolitik eine selektive Qualitätsführerschaft mittel- bis langfristig abzusichern.

In den letzten Jahren gewann im Zusammenhang mit konkurrenzgerichteten Strategien die **Konkurrenzforschung** zunehmend an Bedeutung. Als mögliche Informationsquellen sind neben der durch das Internet relativ problemlos und kostengünstig möglichen Sekundärforschung auch Paneldaten, Produktanalysen, Expertenbefragungen, Kundenbefragungen und Benchmarking zu nennen (vgl. Kapitel 4). Die Konkurrenzforschung leistet mit diesen der Marktforschung zuzurechnenden Instrumenten einen wichtigen Beitrag, die relevanten Konkurrenten zu identifizieren und zu analysieren sowie die bisherigen eigenen Unternehmensstrategien kritisch zu überprüfen (*Wolfrum/Riedl* 2000, S. 691).

Strategien der Marktbearbeitung

3.4.3 Absatzmittlergerichtete Strategien

Angesichts der starken Bedeutungszunahme des Handels, bedingt durch Konzentrationsprozesse, neue Informationssysteme und ein zunehmend eigenständiges Handelsmarketing, müssen Herstellerunternehmen neben den abnehmer- und konkurrenzgerichteten Strategien zudem auch **absatzmittlergerichtete Strategien** erarbeiten.

> **Absatzmittlergerichtete Strategien sind auf den Handel ausgerichtete Konzepte und Verhaltensweisen,** die darauf abzielen, die eigene Position bei den Absatzmittlern zu stärken.

Eine klassische Systematisierung der absatzmittlergerichteten Strategien ist die Differenzierung zwischen einer Push- und Pull-Strategie. Spricht man von einer **Push-Strategie**, so ist das aktive Einwirken von Herstellerunternehmen auf den Handel gemeint (z.B. durch die Schaltung von Handelsanzeigen), damit die Produkte gelistet und optimal unterstützt werden. In diesem Zusammenhang wird auch von einem „Hineindrücken" der Produkte in den Markt gesprochen.

Bei der **Pull-Strategie** setzt der Hersteller auf konsumentengerichtete Maßnahmen, wie z.B. ein Produktsampling oder die Schaltung endabnehmergerichteter Anzeigen, die dazu führen sollen, dass der Endkonsument das entsprechende Produkt im Handel nachfragt. Es wird somit ein „Nachfragesog" erzeugt, der den Handel dazu veranlasst, dem Produkt eine höhere Aufmerksamkeit zu schenken. Bei diesem Ansatz wird allerdings eine Machtdominanz der Hersteller unterstellt, die heute meist nicht mehr gegeben ist. In der Praxis ist daher heute mehrheitlich eine Kombination von Push- und Pull-Strategie zu beobachten.

Im Folgenden werden vier weitere **absatzmittlergerichtete Strategien** unterschieden, die jeweils verschiedene Machtkonstellationen unterstellen (*Meffert* 2000, S. 288ff.):

(1) **Kooperationsstrategie**: Intensive Zusammenarbeit zwischen Hersteller und Handel mit dem Ziel, dass durch diese Verhaltensweise beide Partner die besten Gewinne erzielen. Diese Strategie führte in den 90er Jahren zu neuen Kooperationskonzepten, wie z.B. Category Management oder Efficient Consumer Response (vgl. Kapitel 9).

(2) **Umgehungsstrategie**: Bewusster Verzicht auf eine Zusammenarbeit mit dem Handel und Versuch, die Aufgaben des Handels selbst zu organisieren. Mögliche Ausprägungen der Umgehungsstrategie sind der stationäre Vertrieb (z.B. Show Room, Fabrikverkauf), der mobile Vertrieb (z.B. Messe, fahrbare Verkaufsstellen) oder der Direktvertrieb (z.B. Internet Shopping, Telefonverkauf).

(3) **Konfliktstrategie**: Das Machtpotenzial sowie die Forderungen des Handels werden nicht beachtet bzw. anerkannt. Der Hersteller strebt eine dominante Machtposition

80

an, bei der der Handel zu einer Anpassung an die Forderungen des Herstellers veranlasst werden soll. Diese Strategie ist nur dann Erfolg versprechend, wenn der Hersteller bekannte und erfolgreiche Produkte bzw. Marken anbietet, so dass eine Auslistung aufgrund der dann zu erwartenden Verluste für den Handel eher unwahrscheinlich ist (z.B. Ferrero).

(4) **Anpassungsstrategie**: Akzeptanz der Machtposition des Handels. Der Hersteller geht auf die Forderungen des Handels, wie z.B. Listungsgelder oder Funktionsverlagerungen, ein. Damit soll die Gefahr einer vollständigen Auslistung der Produkte reduziert werden.

Über die Definition der absatzmittlergerichteten Strategie hinaus muss die Umsetzung der Strategie konkretisiert werden. Hierbei spielen zahlreiche Entscheidungstatbestände eine Rolle. Die Kernfragen beziehen sich auf die **Selektion** der „richtigen" Absatzmittler, die **Stimulierung** und **Motivation** der Händler durch Anreizsysteme sowie die vertraglichen Vereinbarungen (**Kontrakte**) zwischen Hersteller und Absatzmittler (vgl. Kapitel 8).

3.4.4 Instrumentalstrategien

Nachdem die langfristigen strategischen Stoßrichtungen bestimmt und die spezifischen Strategien gegenüber den einzelnen Marktteilnehmern festgelegt wurden, ist zu entscheiden, welche grundsätzlichen Strategien hinsichtlich des Einsatzes des Marketingmixes verfolgt werden sollen.

> **Instrumentalstrategien beinhalten grundsätzliche Entscheidungen darüber, wie sich das Unternehmen hinsichtlich der Ausgestaltung der Marketinginstrumente (Produkt, Preis, Kommunikation und Vertrieb) verhalten wird.**

Die Instrumentalstrategie bildet den Übergang zwischen der strategischen und operativen Marketingplanung. Im Vordergrund des klassischen Instrumentemix stehen vier Ausprägungen von Instrumentalstrategien.

Produktstrategie: Sie legt fest, welches Qualitätsniveau der Produkte angeboten werden soll, um die Bedürfnisse der Kunden bestmöglich zu befriedigen. Eine Strategie der Qualitätsführerschaft ist mit einer grundsätzlich hochwertigen Ausgestaltung der Produkte und Leistungen verbunden. Hingegen wird sich die Produktstrategie eines Kostenführers eher auf die Realisation der „Standard"-Qualität ohne zusätzliche Serviceleistungen beschränken.

Preisstrategie: Die Festlegung der Preisstrategie hängt wesentlich davon ab, wie sich das Unternehmen im Grundkonzept von Porter positioniert bzw. welcher Wettbewerbsvorteil

Implementierung von Marketingstrategien

realisiert werden kann. Wird eine Qualitätsführerschaft angestrebt, so wird sich das Unternehmen für ein eher hohes Preisniveau (Hochpreisstrategie), bei der Kostenführerschaft für ein vergleichsweise niedriges Preisniveau (Niedrigpreisstrategie) entscheiden. Bei der Bearbeitung unterschiedlicher Kundengruppen oder Märkte steht hingegen eher die Preisdifferenzierungsstrategie im Vordergrund.

Kommunikationsstrategie: Die strategische Ausrichtung der Kommunikationspolitik richtet sich ebenfalls an der grundsätzlichen abnehmergerichteten Strategie aus. Je nachdem, ob der Wettbewerbsvorteil im Bereich der Produktqualität, des Services, der Kosten oder der Innovationsfähigkeit liegt, ist die Kommunikationsstrategie dementsprechend zu gestalten. Bei einer Strategie der Kostenführerschaft wird ein Unternehmen auf einen aufwendigen Kommunikationsauftritt verzichten (z.B. Aldi).

Vertriebsstrategie: Ähnliche Überlegungen gelten für die Vertriebspolitik. Wird eine Qualitätsführerschaft angestrebt, so ist grundsätzlich zu entscheiden, welche Vertriebswege und -partner geeignet sind, das hochwertige Image des Unternehmens zu transportieren. Sinnvoll wäre für diesen Fall, die Produkte im Exklusivvertrieb oder ausschließlich in Fachgeschäften zu vertreiben. Bei einer Kostenführerschaft richtet sich die Instrumentalstrategie eher auf die Frage, mit welchen Vertriebswegen und -partnern die angestrebten Kostenvorteile zu realisieren sind (z.B. Vertrieb in Discountern oder Fachmärkten).

3.5 Implementierung von Marketingstrategien

Trotz sorgfältiger Marktanalyse und Strategieentwicklung scheitern viele Marketingstrategien an der konkreten Umsetzung in der betrieblichen Praxis. Der Grund für dieses Umsetzungsdefizit besteht häufig nicht in einer prinzipiell mangelnden Eignung der Strategie in Bezug auf die Unternehmensprobleme, sondern darin, dass ein geschlossenes Konzept zur Implementierung der entwickelten Strategie fehlt. Daher ist es erforderlich, sich detailliert mit dem Implementierungsprozess von Marketingstrategien sowie dessen Erfolgsbedingungen auseinander zu setzen.

3.5.1 Begriff und Prozess der Strategieimplementierung

Unter Implementierung wird ein Prozess verstanden, dessen Aufgabe es ist, die Um- und Durchsetzung der Strategie sicherzustellen. Hierzu ist es erforderlich, dass die Unternehmensführung kulturelle, strukturelle und systemorientierte Rahmenbedingungen schafft. Ein Implementierungsprozess umfasst verschiedene Prozessphasen, die im Schaubild 3-10 dargestellt sind und im Folgenden näher erläutert werden.

Festlegung der Implementierungsziele: In einer ersten Prozessphase sind die Ziele der Implementierung festzulegen. Das Oberziel der Implementierung ist die erfolgreiche Umsetzung der entwickelten Strategie. Dieses Oberziel kann in die Subziele der Durchsetzung und Umsetzung der Strategie unterteilt werden. Die **Durchsetzungsziele** stellen auf die Schaffung von Akzeptanz für die Strategie bei den betroffenen Unternehmensmitgliedern ab, während die **Umsetzungsziele** die situative Spezifizierung der global formulierten Strategievorgaben sowie die Anpassung von Unternehmensstrukturen, -systemen und -kultur beinhalten (*Kolks* 1990). Schaubild 3-11 zeigt die Ziele der Strategieimplementierung im Überblick.

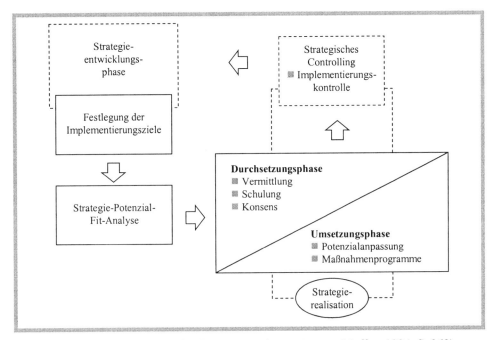

Schaubild 3-10: Prozess der Strategieimplementierung (Meffert 1994, S. 363)

Bei der Festlegung von Implementierungszielen spielen zudem Kosten- und Zeitaspekte eine Rolle. Es geht somit nicht ausschließlich um eine effektive, sondern häufig auch um eine effiziente Implementierung von Strategien. Offene Fragen, z.B. hinsichtlich der Integration externer Berater in den Implementierungsprozess oder der vollständigen Umstrukturierung bestehender Informationssysteme, müssen auch unter Wirtschaftlichkeitsaspekten beantwortet werden. Vor diesem Hintergrund ist im Einzelfall zu klären, ob eine Anpassung der bestehenden Unternehmenspotenziale erforderlich ist.

Implementierung von Marketingstrategien

Strategie-Potenzial-Fit-Analyse: In einem nächsten Schritt ist zu prüfen, ob die vorhandenen Unternehmensstrukturen, -systeme oder auch kulturellen Gegebenheiten geeignet sind, die Strategie direkt umzusetzen. Ist dies der Fall, so kann von einem hohen „Strategie-Fit" gesprochen werden. In der Regel werden jedoch Anpassungen im Unternehmen – oftmals parallel zur Strategieimplementierung – erforderlich. Zu unterscheiden sind Anpassungen der Strukturen, der Systeme und der Kultur von Unternehmen.

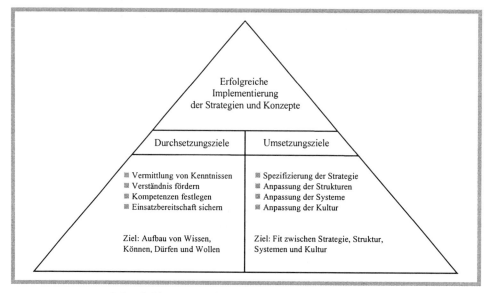

Schaubild 3-11: Ziele der Strategieimplementierung

Im Rahmen der **Strukturanpassung** muss der reale Organisationsaufbau mit den in der Strategieformulierung festgelegten Spezialisierungen der Organisationseinheiten, Koordinationsmechanismen sowie Entscheidungskompetenzen abgestimmt werden. Anschließend erfolgt eine **Anpassung der Unternehmenssysteme** – z.B. der Informations- und Kommunikationstechnologie – an die Strategie und die Organisationsstruktur. Weiterhin muss eine **Anpassung der Unternehmenskultur** als Grundgesamtheit aller Werte- und Normenvorstellungen sowie Denk- und Verhaltensmuster (*Heinen/Fank* 1997) an die zu implementierende Strategie erfolgen. Fehlt die Übereinstimmung von strategischer und kultureller Ausrichtung, scheitert eine Strategie an der fehlenden Akzeptanz der Mitarbeiter.

Um-/Durchsetzungsphase: Im Anschluss an die Strategie-Potenzial-Fit-Analyse erfolgt die Strategierealisation, die den Kern der Implementierung darstellt. Die **Durchsetzung** einer Strategie beinhaltet die Lösung zahlreicher vertikaler und horizontaler Implementierungskonflikte zwischen den Strategieentscheidern und den betroffenen Bereichen

Entwicklung von Marketingstrategien

(*Meffert* 1994, S. 365). Typische Konfliktpotenziale liegen in den folgenden Bereichen (*Kolks* 1990):

▨ Zielkonflikte,

▨ Erwartungsdivergenzen zwischen den Führungskräften,

▨ Durchsetzungskonflikte sowie

▨ Kulturkonflikte.

Als Lösungsalternativen bieten sich verschiedene Formen der Konflikthandhabung an, wie z.B. die Problemlösung durch Überzeugung einzelner Konfliktträger, Kompromisse zwischen den Beteiligten, Vermittlung und Schlichtung durch Vorgesetzte oder Unternehmensberater (*Kolks* 1990, S. 126f.). Bei der **Umsetzung** der Marketingstrategie geht es um die Zuweisung von Verantwortung, beispielsweise durch die Bildung von Implementierungsteams sowie um die Realisation der erforderlichen Maßnahmenprogramme (z.B. Kick-off-Veranstaltungen, Workshops, Rundschreiben an sämtliche Mitarbeiter).

Implementierungskontrolle: In einer letzten Prozessphase gilt es zu prüfen, ob die Strategie auch tatsächlich erfolgreich umgesetzt wurde. An diesem Punkt befindet sich das Marketing an der Schnittstelle zum strategischen Controlling, mit dem eine enge Zusammenarbeit anzustreben ist (*Köhler* 1993).

3.5.2 Erfolgsvoraussetzungen der Strategieimplementierung

Angesichts der zahlreichen Probleme einer erfolgreichen Implementierung von Marketingstrategien muss die Unternehmensführung die Aufgabe übernehmen, die notwendigen Voraussetzungen im Unternehmen zu schaffen, damit die bestehenden Barrieren abgebaut und die Maßnahmen ihre volle Wirkung entfalten können. Eine zentrale **Erfolgsvoraussetzung** der Strategieumsetzung ist, dass die Führungskräfte die Notwendigkeit der Anpassungen im Unternehmen erkennen und diese auch tatsächlich realisieren.

Im Hinblick auf eine effektive Durchführung der Strategieimplementierung hat es sich als sinnvoll erwiesen, die Implementierung als eigenständiges Projekt innerhalb des Unternehmens zu definieren. Als **Erfolgsfaktoren** derartiger Implementierungsprojekte können drei Aspekte herausgestellt werden (*Meffert* 1994, S. 374ff.; *Oelsnitz* 1999):

▨ Identifikation relevanter **Implementierungsträger**, d.h. der Fach- und Führungskräfte, die zur Erfüllung der zahlreichen Durchsetzungs- und Umsetzungsaufgaben maßgeblich beitragen sollen.

- Anwendung **adäquater Führungsstile**, z.B. partizipativer Führungsstil, Kenntnis über den Einsatz von Top-down- bzw. Bottom-up-Planungsprozessen.

- Einsatz einer effizienten **Implementierungsorganisation**, d.h. Etablierung fachlich heterogener und geschäftsbereichsübergreifender Projektteams in Form von Gremien, Arbeitskreisen oder Umsetzungskommissionen.

Die Marketingwissenschaft hat sich den letzten Jahrzehnten intensiv mit der Entwicklung, Konzeption und Neuausrichtung von marktgerichteten Marketingstrategien auseinander gesetzt. Das auf die Absatzmärkte ausgerichtete externe Marketing stand dabei eindeutig im Vordergrund der Aktivitäten in Wissenschaft und Praxis. Das Verständnis für die Notwendigkeit einer auch auf die internen Austauschprozesse gerichteten Marketingorientierung hat in der Marketingwissenschaft und -praxis noch keine allzu lange Tradition. Im Zielsystem der Unternehmen steht die Zufriedenheit der Mitarbeiter weit hinter der Zufriedenheit der externen Kunden. Die kausalen Zusammenhänge zwischen der Erreichung der unternehmensinternen und -externen Zielsetzungen werden vielfach nicht erkannt.

Inzwischen zeigt sich in der Marketingpraxis jedoch zunehmend, dass weniger die Erarbeitung einer absatzmarktorientierten Marketingstrategie, sondern die **unternehmensinterne Strategieimplementierung**, d.h. die Schaffung der internen Voraussetzungen für die Durchführung der Konzepte im Markt, eine der zentralen Problemstellungen von Unternehmen darstellt. Vor diesem Hintergrund nimmt das so genannte **Interne Marketing** seit einiger Zeit eine wichtige Rolle ein (*Grönroos* 1981; *Stauss/Schulze* 1990; *Bruhn* 1999; *Stauss* 1999).

> **Das Interne Marketing beinhaltet die systematische Optimierung unternehmensinterner Prozesse mit Instrumenten des Marketing- und Personalmanagements, um durch eine konsequente und gleichzeitige Kunden- und Mitarbeiterorientierung das Marketing als interne Denkhaltung durchzusetzen, damit die marktgerichteten Unternehmensziele effizient erreicht werden.**

Dieses Begriffsverständnis des Internen Marketing verdeutlicht, dass eine **gleichzeitige Kunden- und Mitarbeiterorientierung** zu erfolgen hat.

In Wissenschaft und Praxis existieren noch zahlreiche offene Problemfelder, die zur Überwindung der bestehenden Implementierungslücke beseitigt werden müssen. In der Konsequenz ist eine verstärkte Auseinandersetzung mit Implementierungsaspekten zu fordern, damit Marketingstrategien inhaltlich, personell und organisatorisch erfolgreich umgesetzt werden können.

4. Methoden der Marketingforschung

Lernziele

In diesem Kapitel werden Ihnen typische Fragestellungen sowie die Aufgaben und verschiedenen Formen der Marketingforschung vorgestellt. Sie

➢ lernen die Methoden der Datengewinnung (Befragung, Beobachtung, Sekundärforschung) kennen und ihren Einsatz in der Marktforschung zu beurteilen,

➢ werden die Verfahren der Stichprobenplanung nachvollziehen,

➢ setzen sich mit statistischen Methoden der Datenauswertung auseinander,

➢ lernen, die klassischen Verfahren der quantitativen und qualitativen Marktprognose anzuwenden.

Besonderes Anliegen dieses Kapitels ist es zu erkennen, dass Methodik und Vorgehensweise bei der Informationsgewinnung und -verarbeitung wesentlichen Einfluss auf die weitere Planung des Marketingeinsatzes haben.

4.1 Begriff und Aufgaben der Marketingforschung

Bei der Festlegung des Marketingplans, der Entwicklung von Marketingstrategien und auch bei taktischen Marketingentscheidungen benötigt der Marketingleiter eine Vielzahl von Informationen. Die Fundierung dieser Marketingentscheidungen ist Aufgabe der **Marketingforschung**.

Marketingforschung umfasst die Gewinnung, Auswertung und Interpretation von Informationen über jetzige und zukünftige Marketingsituationen und -entscheidungen einer Unternehmung.

Die Definition verdeutlicht, dass sämtliche Informationen von Bedeutung sind, die die derzeitige Stellung des Unternehmens im Absatzmarkt sowie seine zukünftige Entwicklung betreffen.

Das Aufgabenspektrum der Marketingforschung lässt sich durch die verschiedenen **Funktionen der Marketingforschung** dokumentieren. Folgende Funktionen stehen im Mittelpunkt:

Begriff und Aufgaben der Marketingforschung

- **Anregungsfunktion**: Generierung von Impulsen für die Initiierung neuer Marketingentscheidungen, beispielsweise die Bearbeitung neuer Märkte, die Entwicklung neuer Produkte oder Produktverbesserungen, Preisanpassungen, die Nutzung neuer Formen der Vertriebssteuerung usw.

- **Prognosefunktion**: Schätzung der Veränderungen der marketingrelevanten Faktoren in den Bereichen Markt, Kunden, Lieferanten, Handel, Konkurrenz und Umfeld sowie deren Auswirkungen auf das eigene Geschäft.

- **Bewertungsfunktion**: Unterstützung bei der Bewertung und Auswahl von Entscheidungsalternativen, z.B. bei Neuprodukten, Preisanpassungen, der Bearbeitung von Vertriebskanälen u.a.

- **Kontrollfunktion**: Systematische Sammlung und Suche marketingrelevanter Informationen über die Marktstellung des eigenen Unternehmens sowie die Wirksamkeit einzelner Marketinginstrumente.

- **Bestätigungsfunktion**: Erforschung von Ursachen der Erfolge bzw. Misserfolge von Marketingentscheidungen.

In größeren Unternehmen ist die Marketingforschung meist eine organisatorisch selbständige Einheit, die über eigene Budgetmittel verfügt und dem Marketingleiter unterstellt ist. In der Unternehmenspraxis wird allerdings häufig weniger von der **Marketing**forschung, als vielmehr von der **Markt**forschung gesprochen. Die traditionsbedingte Wortwahl „Marktforschung" ist allerdings als Oberbegriff irreführend, da es im Rahmen des Marketing nicht ausschließlich um die Erforschung von Märkten geht (Beschaffungs-, Arbeits-, Finanz- und Absatzmärkte), sondern generell um die Erfassung und Bearbeitung absatzmarktbezogener Tatbestände und interner Informationen. Grundsätzlich können vier Schwerpunkte in den **Untersuchungsbereichen der Marketingforschung** unterschieden werden:

(1) Entwicklung des Marktes

Von besonderem Interesse zur Einschätzung der Marktchancen und der relativen Marktbedeutung ist die Entwicklung des Marktpotenzials und des Marktvolumens. Darüber hinaus gilt es, den Einfluss von Umfeldtendenzen (z.B. Bevölkerungsentwicklung, Technologie, Ökologie) auf die Potenziale und Volumina des Gesamtmarktes und des Unternehmens zu bewerten.

(2) Verhalten der Marktteilnehmer

Die Beobachtung des derzeitigen sowie Abschätzung des zukünftigen Verhaltens der Marktteilnehmer beeinflusst Marketingentscheidungen in hohem Maße. Deshalb kommt der Konsumentenforschung (z.B. hinsichtlich Veränderungen im Bedarf, in den Verbrauchsgewohnheiten, der Produktanforderungen, des Preis- und dem Markenwahlverhaltens), der Handelsforschung (z.B. hinsichtlich der Entwicklung der Distributionsgrade und Marktanteile in den einzelnen Vertriebskanälen, der spezifischen Probleme des Handels, des Preisverhaltens der Betriebsformen) sowie der Konkurrenzforschung (z.B. hinsichtlich Stärken und Schwächen der Konkurrenz, Erfolge einzelner Konkurrenzmaßnahmen, absehbare zukünftige Maßnahmen der Konkurrenz) im Rahmen der Marketingforschung ein hoher Stellenwert zu.

(3) Wirkungen der Marketinginstrumente

Der Einsatz von Marketinginstrumenten zielt auf eine Veränderung von Marktreaktionen ab. Da eine effiziente Verwendung des Marketingbudgets angestrebt wird, soll die Wirkung des Instrumenteeinsatzes im Voraus abgeschätzt werden. Dementsprechend kann z.B. die Akzeptanz neuer Produkte oder Produktveränderungen sowie die Beurteilung neuer Serviceleistungen im produktpolitischen Bereich untersucht werden. Im Bereich der Preispolitik sind z.B. die Beurteilung der Preiswürdigkeit eigener Marken oder die Reaktionen der Konsumenten und Konkurrenten auf Preisveränderungen Gegenstand der Marketingforschung, während im Bereich der Kommunikationspolitik der Erfolg von Mediaplänen, die Akzeptanz neuer Werbemittel oder die Reaktionen auf Verkaufsförderungsmaßnahmen erforscht werden. Die Akzeptanz von Vertriebskooperationen, die Wirkungen von Maßnahmen zur Steuerung des Außendienstes und die Kontrolle der Logistikmaßnahmen sind Beispiele für Aufgaben der Marketingforschung im Vertriebsbereich.

(4) Beobachtung unternehmensspezifischer Marketingfaktoren

Die hohe Dynamik in den Marktveränderungen erfordert, dass marktrelevante Faktoren permanent beobachtet werden und eine Ursachenanalyse bei Abweichungen vorgenommen wird. Deshalb zählen die Beobachtung des Absatzvolumens, des Marktanteils, der Deckungsbeiträge, das Erstellen von Umsatz- und Vertriebsstatistiken usw. zu weiteren Aufgaben der Marketingforschung.

Die Marketingforschung wird seit den 60er/70er Jahren von allen Unternehmen systematisch betrieben. Standen in der Vergangenheit noch die klassische Marktforschung und die Marktprognose im Vordergrund, so gewinnen zunehmend die Wettbewerbs- und Umfeldforschung an Bedeutung. Dies gilt insbesondere für Märkte, die sich sehr dynamisch entwickeln (z.B. Telekommunikation, Medien, Mode u.a.).

4.2 Methoden der Marktforschung

4.2.1 Begriff und Formen der Marktforschung

Der Begriff der Marktforschung kann wie folgt definiert werden (vgl. z.B. *Meffert* 1992; *Böhler* 1992):

> **Die Marktforschung beschäftigt sich mit Tatbeständen der Gegenwart, d.h. der Suche nach marktrelevanten Informationen im Rahmen der Marketingsituationsanalyse.**

Schaubild 4-1 gibt einen Überblick über die verschiedenen Formen der Marktforschung, die – je nach Untersuchungsgegenstand und Problemstellung – eingesetzt werden können. Einige Beispiele sollen die Erscheinungsformen verdeutlichen.

Formen der Marktforschung	
Bezugszeitraum	Einmalige Erhebung Permanente Erhebung
Art des Untersuchungsobjektes	Ökoskopische Marktforschung Demoskopische Marktforschung
Form der Informationsgewinnung	Primärforschung Sekundärforschung
Erhebungsmethode	Befragung Beobachtung Experiment
Untersuchte Marketinginstrumente	Produktforschung Preisforschung Kommunikationsforschung Vertriebsforschung
Untersuchte Marktteilnehmer	Konsumentenforschung Konkurrenzforschung Absatzmittlerforschung
Art der Messung	Quantitative Marktforschung Qualitative Marktforschung
Träger der Marktforschung	Instituts-Marktforschung Betriebliche Marktforschung
Ort der Messung	Laboruntersuchung Felduntersuchung

Schaubild 4-1: Formen der Marktforschung

Bezugszeitraum: **Einmalige Erhebungen** sind Sondererhebungen, beispielsweise zur Abschätzung von Marktchancen in ausländischen Märkten. **Permanente Erhebungen**

versuchen, marktrelevante Faktoren, wie z.B. Umsatz-, Absatzmengen- oder Marktanteilsdaten, fortlaufend zu erfassen.

Art des Untersuchungsobjektes: Die **ökoskopische Marktforschung** beschäftigt sich mit objektiv beobachtbaren Sachverhalten von Märkten, z.B. Lagerbeständen, Umsatzdaten an der Kasse, Fehlmengen, Regalplatzierungen oder Distributionsgraden. Demgegenüber ist die **demoskopische Marktforschung** auf die Erfassung von subjektiven Sachverhalten des Marktes ausgerichtet, beispielsweise auf die Meinung von Abnehmern und Händlern über das Leistungsprogramm eines Unternehmens, die psychologische Wahrnehmung von Marken oder die Zufriedenheit mit dem Service.

Form der Informationsgewinnung: Im Rahmen der **Sekundärforschung** werden bereits verfügbare und in einem anderen Zusammenhang erhobene Informationen genutzt, um eigene Fragestellungen beantworten zu können (Prognose von Marktpotenzialen auf Basis der Untersuchung von Verbänden, Hinweise auf neue Erfindungen in Fachzeitschriften). In der **Primärforschung** werden dagegen eigenständig Daten erhoben, um bestimmte Fragestellungen gezielt beantworten zu können (z.B. Akzeptanz einer neuen Marke, Einstellungen der Konsumenten).

Erhebungsmethode: Das klassische Instrument der Marktforschung ist die **Befragung**, bei der durch die Auskunft des Befragten Informationen gewonnen werden (z.B. Imageerhebungen durch mündliche, schriftliche, telefonische oder Online-Befragungen). Bei der **Beobachtung** sollen die gewünschten Informationen ohne Wissen der Teilnehmer erhoben werden (z.B. die Beobachtung des Produktgebrauchs mit Videokameras oder des Kundenlaufverhaltens in Supermärkten). In einem **Experiment** wird eine künstlich geschaffene Versuchsanordnung zugrunde gelegt, um die Wirkung einer Marketingmaßnahme isoliert von Störfaktoren messen zu können (z.B. Sonderangebotsaktionen im Handel, Produktpräferenzen beim Konsumenten).

Untersuchte Marketinginstrumente: Die **Produktforschung** analysiert die Stellung des derzeitigen Leistungsprogramms sowie die Erfolgsaussichten von Produktveränderungen. Die Analysen von Preiswahrnehmungen und Reaktionen von Kunden auf Preisveränderungen stehen im Mittelpunkt der **Preisforschung**. Die **Kommunikationsforschung** untersucht die Möglichkeiten der Beeinflussung der Zielgruppen durch verschiedene Kommunikationsinstrumente und Werbemittel. Die **Vertriebsforschung** schließlich ist darauf ausgerichtet, die Effizienz vorhandener Vertriebskanäle sowie die Erfolgschancen neuer Vertriebsmöglichkeiten zu analysieren.

Untersuchte Marktteilnehmer: Die **Konsumentenforschung** beschäftigt sich mit verschiedenen Verhaltensweisen im Kaufentscheidungsprozess (z.B. Informationsverhalten, Einkaufsstättenwahl, Markentreue, Preisbewusstsein oder Beschwerdeverhalten von Konsumenten). Zunehmende Bedeutung in der Marktforschung kommt der **Konkurrenzforschung** zu, d.h. einer Analyse der Stellung der Hauptkonkurrenten im Vergleich zum eigenen Unternehmen sowie eine Abschätzung von Konkurrenzstrategien. Die **Absatz-**

mittlerforschung untersucht Verhaltensweisen und Anforderungen der Absatzmittler (z.B. Akzeptanz neuer Verpackungsformen im Handel).

Art der Messung: Die **quantitative Marktforschung** basiert auf zahlenmäßig erfassbaren Tatbeständen und setzt mathematisch-statistische Verfahren zur Datenanalyse ein (z.B. Differenzierung der Ergebnisse von Imagebefragungen nach demographischen Merkmalen der Befragten, Messung der Präferenzen für neue Verpackungen, Prognose des Umsatzvolumens der nächsten drei Jahre). Demgegenüber basiert die **qualitative Marktforschung** auf qualitativen Erhebungen, deren Ergebnisse sich nur schwer quantifizieren lassen (z.B. Expertenbefragungen, Handels- oder Kundengespräche).

Träger der Marktforschung: Die **betriebliche Marktforschung** ist verantwortlich für die innerbetriebliche Planung, Durchführung und Kontrolle der Marktforschungsaktivitäten des Unternehmens. Werden dagegen externe Stellen genutzt, spricht man von **Instituts-Marktforschung** (z.B. durch die Gesellschaft für Konsumforschung (GfK) oder A.C. Nielsen Marketing Research).

Ort der Messung: Bei **Laboruntersuchungen** herrschen keine realistischen Marktbedingungen und die Testperson ist sich der Untersuchung bewusst, während im Rahmen einer **Felduntersuchung** Marktforschungsstudien unter realen Bedingungen durchgeführt werden, ohne dass die untersuchten Personen davon in Kenntnis gesetzt werden.

4.2.2 Prozess der Marktforschung

Vor der Durchführung von Marktforschungsuntersuchungen stehen planerische Überlegungen, die den Ablauf der Gewinnung relevanter Informationen im Einzelnen festlegen. Schaubild 4-2 zeigt den idealtypischen Verlauf eines **Planungsprozesses der Marktforschung** und die einzelnen Phasen im Ablaufplan.

In der **Phase der Problemformulierung** werden die Fragestellungen aufgelistet, an denen die Entscheidungsträger interessiert sind. Soll beispielsweise eine Kundenstudie über die Akzeptanz des derzeitigen Leistungsprogramms der Unternehmung durchgeführt werden, dann wird man alle Fragen sammeln, die bei Kundengesprächen aufgeworfen werden und von denen man nicht weiß, ob sie Einzelmeinungen darstellen oder die Meinung der Mehrzahl der Kunden wiedergeben (z.B. Serviceprobleme, Imageverschlechterungen). Nach der Auflistung der einzelnen Fragestellungen erfolgt eine Themenstrukturierung, d.h. es wird versucht, Fragestellungen zu gruppieren und in gleichartige Sachgebiete zu unterteilen. Am Ende der Themenstrukturierung steht die Festlegung von Untersuchungziel und -gegenstand der beabsichtigten Marktforschungsuntersuchung.

Nach der Problemformulierung wird in der **Phase der Auswahl der Marktforschungsmethode** zuerst entschieden, ob das Untersuchungsziel allein durch Sekundärforschung erreicht werden kann, oder ob zusätzlich der Einsatz von Primärforschung notwendig ist. Bei einer Entscheidung für den Einsatz von Primärforschung müssen Größe und Zusammensetzung der Stichprobe sowie die zur Datengewinnung einzusetzenden Methoden, z.B. Befragung oder Beobachtung der Kunden, geplant werden.

Die Planung der **Durchführung der Marktforschungsstudie** beinhaltet die Gestaltung des Erhebungsrahmens, z.B. die Entwicklung eines Fragebogens oder den Entwurf eines experimentellen Designs. Bei der Konzeption der Erhebung sollten die verschiedenen Verfahren der Datenanalyse berücksichtigt werden, da bereits die Skalierung der zu erfassenden Variablen die möglichen statistischen Analyseverfahren determiniert. Weiterhin muss das Unternehmen entscheiden, ob die geplante Untersuchung durch interne Abteilungen oder ein Marktforschungsinstitut durchgeführt werden soll.

Schaubild 4-2: Prozess der Marktforschung

Am Ende des Planungsprozesses steht die **Phase der Dokumentation der Marktforschungsergebnisse.** Sie geht über die reine Datenanalyse hinaus und versucht zunächst eine Dateninterpretation, in der unter anderem die Gründe für Abhängigkeiten im Datenmaterial untersucht und verschiedene Einzelergebnisse zu Hauptergebnissen verdichtet werden. Die Marktforschungsstudie wird i.d.R. mit der Datenpräsentation abgeschlossen, indem die Marktforscher ihre Ergebnisse vorstellen und mit den Entscheidungsträgern diskutieren.

In der Phase der Diskussion der Marktforschungsergebnisse zeigen sich bereits erste Ansatzpunkte für die Umsetzung der Erkenntnisse. Es kommt vor allem darauf an, die Marktforschung nicht als Selbstzweck oder zur Absicherung bereits getroffener Entscheidungen zu nutzen, sondern zur **Fundierung von Marketingentscheidungen** einzusetzen.

Das Unternehmen muss in jeder Phase des Planungsprozesses eine Beurteilung der einzusetzenden Formen und Verfahren unter **Kosten-Nutzen-Aspekten** vornehmen. Es gilt eine Abwägung zwischen dem zeitlichen, finanziellen sowie personellen Ressourceneinsatz und den (Mindest-)**Anforderungen an die Marktforschungsinformationen** hinsichtlich Vollständigkeit, Relevanz, Objektivität, Zuverlässigkeit (Reliabilität), Gültigkeit (Validität) und Aktualität vorzunehmen (vgl. *Berekoven/Eckert/Ellenrieder* 2001).

Bei der Beurteilung von Informationsquellen unter Kosten-Nutzen-Aspekten steht der Entscheidungsträger häufig vor einem „**Informationsdilemma**": So kann er den **Nutzen** einer Marktforschungsinformation – etwa hinsichtlich der Verbesserung einer Marketingentscheidung – meist erst dann beurteilen, wenn er sich die Information beschafft hat. Dann sind allerdings die **Kosten** bereits angefallen. Ein weiteres Dilemma der Marktforschung besteht in dem Konflikt zwischen der Schnelligkeit und der Genauigkeit von Informationen.

4.2.3 Methoden der Stichprobenplanung

Für die Erhebung von Daten im Rahmen der Primärforschung kommen grundsätzlich zwei Vorgehensweisen in Betracht: die Erhebung der Daten bei allen Einheiten der Grundgesamtheit (Vollerhebung) oder die Durchführung von Teilerhebungen. Die Grundgesamtheit bezeichnet die Gesamtzahl der Elemente, für die die im Untersuchungsziel spezifizierten Fragen beantwortet werden sollen, z.B. alle Kaffeetrinker der Schweiz oder alle Tankstellen in Deutschland. Vollerhebungen sind aber nur praktikabel, wenn die interessierende Gesamtheit relativ klein und relativ einfach und eindeutig zu identifizieren ist (z.B. bei einer Befragung potenzieller Käufer einer Fertigungsstraße für Autos). Meist muss sich die Datenerhebung aus zeitlichen, finanziellen und organisatorischen Erwägungen heraus auf eine bestimmte Auswahl aus der Gesamtheit beschränken.

Methoden der Marketingforschung

Um eine Teilerhebung durchzuführen, ist es notwendig, eine Stichprobe aus der Grundgesamtheit zu ziehen. Die Auswahl der Stichprobe muss so erfolgen, dass aus dem Ergebnis möglichst exakt und sicher auf die Verhältnisse in der Grundgesamtheit geschlossen werden kann, d.h., die Stichprobe muss repräsentativ für die Grundgesamtheit sein.

Eine Stichprobe ist repräsentativ, wenn die Verteilung aller interessierenden Merkmale der Untersuchungselemente der Verteilung in der Grundgesamtheit entspricht.

Zur Auswahl einer Stichprobe aus der Grundgesamtheit stehen eine Reihe von Verfahren zur Verfügung. Grundsätzlich können zwei Gruppen von Auswahlverfahren unterschieden werden: Verfahren der bewussten Auswahl und Verfahren der Zufallsauswahl.

4.2.3.1 Verfahren der bewussten Auswahl

Die Auswahl der Erhebungseinheiten erfolgt nach logischen Erwägungen auf Basis sachrelevanter Merkmale, ohne dass ein Zufallsmechanismus zum Zuge kommt. Dabei können vier Ansätze unterschieden werden (*Böhler* 1992):

(1) Willkürliche Auswahl

Es werden jene Erhebungseinheiten ausgewählt, die besonders leicht zu erreichen sind („convenience sample"). Ein Beispiel stellt die Befragung von Studenten in einer Vorlesung zur Beurteilung von Do-it-yourself-Märkten dar. Die willkürliche Auswahl von Stichproben wird i.d.R. nicht zu repräsentativen Stichproben führen und sollte deshalb primär in der explorativen Phase von Forschungsvorhaben eingesetzt werden.

(2) Konzentrationsverfahren

Es werden jene Teile der Grundgesamtheit **nicht** berücksichtigt, die keine zusätzlichen Erkenntnisse, aber wesentlich höhere Kosten verursachen würden. Ein Beispiel wäre die Befragung von Käufern in einem Supermarkt in Bezug auf die Zufriedenheit mit Waschmitteln. Weitere Verwender, z.B. Familienmitglieder, bleiben unberücksichtigt.

(3) Typische Auswahl

Es werden jene Erhebungseinheiten ausgewählt, die am ehesten repräsentativ für die Grundgesamtheit erscheinen, z.B. die Befragung von Diskothekenbesucher über die neuesten Musiktrends.

95

Methoden der Marktforschung

(4) Quotenauswahl

Die Erhebungseinheiten werden analog der Verteilung einiger Merkmale in der Grundgesamtheit über Quotenanweisungen ausgewählt, z.B. Alter, Geschlecht, Beruf usw. Für jede Merkmalsklasse wird eine Anzahl von Erhebungseinheiten festgelegt (z.B. bei einer Quotierung nach dem Alter: von 0 bis 18 Jahren: 20 Personen, von 19 bis 29 Jahren: 50 Personen, von 30 bis 39 Jahren: 50 Personen usw.). Die Festlegung der Quoten sollte dabei die Verteilung der Grundgesamtheit widerspiegeln, um die Repräsentativität der Stichprobe zu gewährleisten. Die für die Quotierung verwendeten Merkmale können sowohl getrennt als auch kombiniert verwendet werden. In der Praxis wird man sich für einige wenige entscheiden, die für den spezifischen Untersuchungsgegenstand eine besondere Rolle spielen.

Nicht auf dem Zufallsprinzip beruhende Auswahlverfahren sind i.d.R. relativ leicht und schnell durchzuführen. Da die Wahrscheinlichkeit, mit der ein Element der Grundgesamtheit in die Auswahl gelangt, nicht berechenbar ist, sind allerdings keine repräsentativen Rückschlüsse von denen in der Stichprobe geschätzten Parameter auf die Grundgesamtheit möglich.

4.2.3.2 Verfahren der Zufallsauswahl

Die Auswahl der Erhebungseinheiten erfolgt durch einen Zufallsmechanismus. Jede Erhebungseinheit hat eine berechenbare Wahrscheinlichkeit, in die Stichprobe zu gelangen. Damit lässt sich ein möglicher Stichprobenfehler – die Zusammmensetzung der Stichprobe entspricht nicht der Grundgesamtheit – mathematisch berechnen. Mit zunehmender Zahl der zufällig ausgewählten Erhebungseinheiten steigt die Wahrscheinlichkeit, dass die Stichprobe in ihrer Zusammensetzung der Grundgesamtheit entspricht bzw. die Genauigkeit der Teilerhebung der einer Vollerhebung entspricht. Auch hier können verschiedene Verfahren unterschieden werden:

(1) Einfache Zufallsauswahl

Aus einer zu beschreibenden Grundgesamtheit mit N Einheiten wird eine Stichprobe vom Umfang n gezogen. Ziel ist die **bestmögliche Schätzung** von Erwartungswert μ und Varianz σ^2 der Grundgesamtheit für ein Auswahlmerkmal (z.B. Alter) durch die Parameter der Stichprobe (Stichprobenmittel $\bar{x}$; Stichprobenvarianz s^2). Zum Beispiel sollen bei einer Befragung von 100 Studenten der Universität Basel Altersdurchschnitt und Altersverteilung in dieser Stichprobe mit Altersdurchschnitt und -verteilung aller Studenten der Universität Basel übereinstimmen.

Bei einem intervallskalierten Merkmal wie z.B. Altersklassen mit den Ausprägungen $x_1, ..., x_n$ errechnen sich die Parameter der Grundgesamtheit wie folgt:

$$\mu = \frac{1}{N} \sum_{i=1}^{N} x_i \text{ und } \sigma^2 = \frac{1}{N} \sum_{i=1}^{N} (x_i - \mu)^2$$

Für die Parameter der Stichprobe gilt:

$$\bar{x} = \frac{1}{n} \sum_{i=1}^{n} x_i \text{ und } s^2 = \frac{1}{n-1} \sum_{i=1}^{n} (x_i - \bar{x})^2$$

Nach dem zentralen Grenzwertsatz gilt, dass sich die Verteilung von $\bar{x}$ mit wachsendem n einer Normalverteilung mit dem Erwartungswert E $(\bar{x}) = \mu$ und der Varianz Var $(\bar{x}) = \sigma^2/n$ annähert. Dabei kann ein Konfidenzintervall berechnet werden, in dem mit einer Sicherheitswahrscheinlichkeit von $(1-\alpha)$ der Mittelwert der Stichprobe $\bar{x}$ nicht von dem Mittelwert der Grundgesamtheit μ abweicht. Die Breite des Konfidenzintervalls wird durch das Produkt der Standardverteilung $\sigma_{\bar{x}}$ („Standardfehler") mit dem Sicherheitswert z berechnet. Schaubild 4-3 gibt die z-Werte für bestimmte Sicherheitswahrscheinlichkeiten wieder.

Sicherheitswahrscheinlichkeit $(1-\alpha)$	z-Wert der Normalverteilung
0,950	1,96
0,955	2,00
0,997	3,00

Schaubild 4-3: Wahrscheinlichkeitswerte zur Stichprobenberechnung

Das Konfidenzintervall für den Mittelwert der Stichprobe berechnet sich wie folgt:

$$\bar{x} - z\sigma_{\bar{x}} \leq \mu \leq \bar{x} + z\sigma_{\bar{x}}$$

$$\text{mit } \sigma_{\bar{x}} = \frac{\sigma}{\sqrt{n}}$$

Da der Standardfehler $\sigma_{\bar{x}}$ i.d.R. unbekannt sein wird, ist als Schätzwert der Stichprobenwert $S_{\bar{x}} = S/(\text{Wurzel aus } n)$ zu verwenden. Bei großen Stichproben $(n/N > 0,05)$ muss in die Berechnung von $\sigma_{\bar{x}}$ bzw. $S_{\bar{x}}$ noch ein Korrekturfaktor einbezogen werden (*Böhler* 1992). Außerdem gilt, dass bei Stichproben unter 30 die Normalverteilung durch die

Methoden der Marktforschung

Studentverteilung approximiert wird, d.h. die z-Werte durch t-Werte ersetzt werden sollten.

Aus der Formel für den Standardfehler $\sigma_{\bar{x}}$ wird deutlich, dass der Fehler durch eine Erhöhung des Stichprobenumfanges verringert werden kann. Für die Berechnung des minimal notwendigen Stichprobenumfanges bei einem gegebenen Sicherheitsgrad $(1-\alpha)$ muss das maximal zulässige Konfidenzintervall nach n aufgelöst werden:

$$\mu = \bar{x} \pm z\sigma_{\bar{x}} \text{ bzw. } \mu = \bar{x} \pm z\frac{\sigma}{\sqrt{n}}$$

Daraus folgt

$$\left|\mu - \bar{x}\right| = z\frac{\sigma}{\sqrt{n}} = \text{absolute Fehlerspanne e}$$

Bei Vorgabe der Fehlerspanne e und dem über die Sicherheitswahrscheinlichkeit ermittelten z-Wert sowie bei bekannter Standardabweichung in der Grundgesamtheit berechnet sich der notwendige Stichprobenumfang n wie folgt:

$$n = \frac{z^2 \cdot \sigma^2}{e^2}$$

Da σ zumeist unbekannt sein dürfte, müssen entsprechende Näherungswerte aus früheren Untersuchungen ähnlicher Art oder mittels einer kleineren Voruntersuchung gewonnen werden.

Beispiel: Bei einer Befragung von Studenten soll mit einer Sicherheitswahrscheinlichkeit von $1-\alpha = 95,5$ Prozent und einer absoluten Fehlerspanne e = 0,5 Jahre sichergestellt werden, dass die Altersverteilung der Stichprobe der aller Studenten in der Grundgesamtheit entspricht. Die Standardabweichung beträgt 5. Der notwendige Stichprobenumfang beträgt somit

$$n = \frac{2^2 \cdot 5^2}{0,5^2} = 400$$

(2) Geschichtete Zufallsauswahl

Viele Auswahlmerkmale weisen eine hohe Varianz in der Grundgesamtheit auf. Damit ist auch der Standardfehler $\sigma_{\bar{x}}$ relativ hoch. Sichere Aussagen sind demnach nur bei hohen Stichprobenumfängen möglich. Ziel der geschichteten Zufallsauswahl ist die Verringerung des Standardfehlers $\sigma_{\bar{x}}$, ohne den Stichprobenumfang zu erhöhen. Deshalb wird die Grundgesamtheit in mehrere, sich gegenseitig ausschließende („disjunkte") Untergruppen aufgeteilt, in denen jeweils eine eigene Stichprobe gezogen wird. Dabei sollten die Untergruppen im Hinblick auf die Auswahlmerkmale in sich möglichst homogen und untereinander heterogen sein. Je stärker sich die Mittelwerte der Untergruppen unterscheiden, desto geringer wird die Standardabweichung $S_{\bar{x}}$ und damit der notwendige Stichprobenumfang. Die Schichtung der Stichprobe kann sowohl proportional nach dem jeweiligen Anteil der Schichten an der Grundgesamtheit als auch disproportional nach der Bedeutung der Schichten für das Untersuchungsziel und die Entscheidungsfundierung erfolgen.

(3) Klumpenauswahl

Bei der Klumpenauswahl wird die Grundgesamtheit in disjunkte Untergruppen aufgeteilt und dann per Zufallsauswahl eine Anzahl von Klumpen gezogen. Die Klumpen ergeben sich dabei aus zumeist natürlichen Konglomeraten von Untersuchungseinheiten, z.B. Stadtteile oder Berufsgruppen. Im einfachsten (einstufigen) Fall werden alle Erhebungseinheiten eines Klumpens in die Stichprobe aufgenommen. Bei einer mehrstufigen Klumpenauswahl können aus den gezogenen Klumpen per Zufallsauswahl einzelne Erhebungseinheiten gezogen werden.

4.2.4 Methoden und Formen der Datengewinnung

Im Rahmen der Datengewinnung steht ein Unternehmen zunächst vor der Frage, ob lediglich **Sekundärforschung** mit bereits verfügbaren Informationen betrieben werden kann, oder ob durch **Primärforschung** eigenständige Daten zur gezielten Beantwortung der formulierten Fragestellungen erhoben werden müssen.

Die beiden grundsätzlichen Erhebungsmethoden der Primärforschung stellen die **Befragung** und die **Beobachtung** dar. In der Regel wird in der Marktforschung eine eindeutige Trennung zwischen Befragung und Beobachtung nicht immer möglich sein. Befragungen werden oft durch Beobachtungen (z.B. spontaner Reaktionen) ergänzt. Ebenso werden Beobachtungen mit Befragungen verknüpft (z.B. Ermittlung der Richtung einer „Aktivierung" durch Konfrontation mit Werbeanzeigen und mit Hilfe einer zusätzlichen Befragung).

Zu den Sonderformen der Datenerhebung zählen Exprimente mit auf Befragungen oder Beobachtungen basierenden Versuchsanordnungen. Weiterhin zählen dazu Panel, mit

Methoden der Marktforschung

denen Befragungen oder Beobachtungen zum identischen Untersuchungsgegenstand und im identischen Personenkreis über einen längeren Zeitraum hinweg durchgeführt werden.

4.2.4.1 Instrument der Befragung

Befragungen nehmen im Rahmen der Primärforschung den größten Stellenwert ein. Hierbei werden zur Beantwortung von marktbezogenen Fragestellungen zielgerichtete Erhebungen durchgeführt, um von den Befragten die gewünschten Informationen zu erhalten. Befragungen können sich sowohl auf nur einen Themenkomplex beziehen als auch im Rahmen von Mehrthemen-Befragungen (sog. „Omnibus-Befragungen") unterschiedliche Befragungsgegenstände beinhalten. Omnibus-Befragungen werden regelmäßig von Marktforschungsinstituten durchgeführt. Unternehmen können sich zu einem bestimmten Preis mit eigenen Fragen an dem Omnibus (jeweils aus Fragen unterschiedlicher Auftraggeber zusammengestellter Fragenkatalog) beteiligen. Omnibus-Befragungen sind ein relativ kostengünstiges Instrument, wenn unkomplizierte Fragen repräsentativ erhoben werden sollen. Grundsätzlich können vier **Typen einer Befragung** unterschieden werden: schriftliche, persönliche, telefonische Befragung sowie die Online-Befragung.

(1) Schriftliche Befragung

Die Durchführung von schriftlichen Befragungen erfordert die Erarbeitung eines Fragebogens, der den zu befragenden Personen zugesandt wird mit dem Ziel, dass diese ihn ausgefüllt an den Absender zurückschicken. Schriftliche Befragungen sind besonders dann geeignet, wenn der Inhalt der Befragung in hohem Umfang standardisierbar ist, d.h. die Fragen eher einfach strukturiert sind, die Befragten persönlich nur schwer zu erreichen sind und nur geringe Budgetmittel zur Verfügung stehen.

Der **Vorteil** schriftlicher Befragungen besteht darin, dass keine umfangreiche Feldorganisation erforderlich ist und sie relativ kostengünstig durchgeführt werden können. Durch die räumliche und zeitliche Ungebundenheit der Befragungssituation können auch schwer zu erreichende Berufsgruppen (z.B. Ärzte, Vertreter) befragt werden. Die Anonymität der Befragungssituation führt häufig auch zu größerer Offenheit und damit realitätsnäheren Antworten.

Als **Nachteil** stellt sich die mangelnde Kontrolle der Befragungssituation und die damit verbundene Gefahr der Missinterpretation von Fragen dar. Zudem kann nicht sichergestellt werden, dass die ausgewählte Auskunftsperson tatsächlich selbst den Fragebogen beantwortet und ihn nicht an eine andere Person weitergibt. Weiterhin muss durch die zeitliche Verteilung der Rücksendung der ausgefüllten Fragebögen ein längerer Durchführungszeitraum einkalkuliert werden. Vor allem aber weisen schriftliche Befragungen eine i.d.R. nur relativ geringe Rücklaufquote auf.

(2) Persönliche Befragung

Bei persönlichen Befragungen wird ein Fragebogen erarbeitet, der in einem Gespräch zwischen Interviewer und Befragtem durchgearbeitet und ausgefüllt wird. Persönliche Befragungen werden vor allem dann eingesetzt, wenn dem Befragten Unterlagen gezeigt werden müssen und wenn die Möglichkeit von Rückfragen für das Befragungsziel von Bedeutung ist.

Als **Vorteil** der persönlichen Befragung lässt sich zunächst die relativ hohe Erfolgsquote erwähnen. Es ist durch das persönliche Gespräch auch eher möglich, einen größeren Fragebogenumfang mit dem Befragten durchzugehen. Die Fragethematik ist im Grundsatz unbeschränkt, da das befragungstaktische Instrumentarium (z.B. Vorlage von Proben, Listen) beliebig anwendbar ist. Dies gilt insbesondere für die Möglichkeit, sich speziell auf die Antworten des Befragten einzustellen und Zusatzfragen zu stellen. Es handelt sich darüber hinaus um eine kontrollierte Befragungssituation, da der Interviewer ergänzende Beobachtungen während der Befragung vornehmen kann.

Zu den **Nachteilen** der persönlichen Befragung zählen vor allem die hohen Kosten der Durchführung von Befragungen (insbesondere Personalkosten), die Notwendigkeit des Aufbaus eines Interviewerstabes sowie der Einfluss des Interviewers auf die Antworten des Befragten („Interviewer-Bias"), z.B. bei tabuisierten Themen.

(3) Telefonische Befragung

Für telefonische Befragungen wird ebenfalls ein Fragebogen erarbeitet, der mit den Befragten am Telefon durchgegangen und beantwortet wird. Dabei wird heute primär die Methode des Computer Aided Telephon Interviewing (CATI) eingesetzt. Der Computer übernimmt die Auswahl und telefonische Anwahl der Auskunftspersonen. Im eigentlichen Interview werden dem Interviewer die Fragen am Bildschirm vorgegeben und die Antworten direkt in das System eingegeben. In Abhängigkeit von der gegebenen Antwort wählt das Programm dann die nächste Frage aus. Telefonische Befragungen eignen sich vor allem für Situationen, in denen die Ergebnisse schnell verfügbar sein müssen, wenige Mittel für die Durchführung vorhanden sind und es ausreicht, grobe Tendenzen für bestimmte Fragestellungen zu erhalten.

Als **Vorteile** sind vor allem der geringe Erhebungsaufwand und die rasche Durchführung von Telefonbefragungen zu erwähnen. Die durch das Telefon geschaffene Distanz reduziert den Interviewereinfluss. Es handelt sich aufgrund der geringen erforderlichen Ausstattung (Büro und Telefon) um ein kostengünstiges Befragungsinstrument.

Als **Nachteil** kann der aufgrund der Befragungssituation beschränkte Fragebogenumfang angeführt werden. Auch die Fragethematik ist eingeschränkt, da der Befragte eher Zurückhaltung und Argwohn gegenüber dem Fragenden verspüren wird. Aufgrund dieser Probleme ist auch die Repräsentativität der Befragung zum Teil schwer zu gewährleisten.

(4) Online-Befragung

Neue Befragungsformen bzw. Verbesserungsmöglichkeiten bei den bestehenden Befragungsformen ergeben sich durch den Einsatz der Multimedia-Technik (*Zou* 1999): Im Gegensatz zur klassischen Befragung übernimmt bei der Online-Befragung das Multimedia-System die Rolle des Interviewers. Dabei kann gezielt eine Kombination von Text, Ton, (möglicherweise animierten) Bildern und Film genutzt werden, um Probleme der klassischen Befragungsformen, wie insbesondere fehlende Darstellungs- und Steuerungsmöglichkeiten, zu beheben.

Der Einsatz dieses Befragungsinstrumentes kann z.B. in Form eines Fragebogens im Internet oder als per Email versendete Umfrage erfolgen. Neben einmalig durchgeführten Studien werden insbesondere von Marktforschungsinstituten auch sog. Online-Panels und Online-Omnibus-Befragungen eingesetzt, bei denen in regelmäßigen Abständen ein mittel- langfristig gleichbleibender Kreis von Auskunftspersonen via Internet zu ausgewählten Sachverhalten befragt wird. Des Weiteren wird die Multimedia-Technik zur Erhebung von Daten auch auf Messen und an anderen Verkaufsorten verwendet.

Als wichtigste **Vorteile** sind neben der Präsentationsvielfalt noch die guten Möglichkeiten der Datenerfassung, das Interesse großer Teile der Bevölkerung an neuen Medien und eine entsprechend hohe Antwortbereitschaft sowie die – bei vorhandener Infrastruktur und einer relativ großen Anzahl an Auskunftspersonen – relativ geringen Kosten zu nennen. Weitere Vorteile sind darin zu sehen, dass keine Interviewereinflüsse vorliegen und Zwischenauswertungen leicht möglich sind.

Beim Fehlen dieser Infrastruktur und der entsprechenden Hard- und Software stellt die Höhe der Kosten einen **Nachteil** gegenüber den klassischen Erhebungsinstrumenten dar. Weitere Probleme können sich insbesondere bei dieser Befragungsform durch die mangelnden Kontrollmöglichkeiten der Repräsentativität der Auskunftspersonen ergeben. Befragungen per Email sind beispielsweise gut geeignet, wenn sich eine Befragung ausschließlich an alle Mitglieder einer Organisation (z.B. Studenten einer Universität, Mitarbeiter eines Unternehmens) richtet und entsprechende Adresslisten vorliegen.

Anzumerken ist noch, dass der Einsatz von Multimedia mittlerweile auch in anderen Bereichen der Marktforschung erfolgt, z.B. in Form von Sekundärforschung via Internet oder virtuellen Testmärkten. Die Einbindung des Computers in klassische Befragungsformen wie die telefonische Befragung ist, wie vorher aufgezeigt, zudem heute ebenfalls üblich.

Nach Angaben des Arbeitskreises Deutscher Markt- und Sozialforschungsinstitute (ADM) waren in Deutschland im Jahr 2001 folgende Verteilungen der unterschiedlichen Befragungsformen in der **Praxis** festzustellen (vgl. *ADM* 2002):

- Schriftlich Befragung: 28 Prozent
- Persönliche Befragung: 39 Prozent

- Telefonische Befragung: 29 Prozent

- Online-Befragung: 4 Prozent

Hinsichtlich der im Rahmen von Befragungen zu erhebenden Daten ist neben der Interaktionsform zwischen quantitativen und qualitativen Studien zu unterscheiden. **Quantitative Studien** zielen darauf ab, exakte, repräsentative Zahlen zu ermitteln bzw. zu prognostizieren (z.B. Ermittlung des Bekanntheitsgrades einer Marke in Prozent, Berechnung eines Kundenzufriedenheitsindizes, Bestimmung eines Wirkungskoeffizienten einer preispolitischen Maßnahme). Sie zeichnen sich durch relativ große Stichprobenumfänge und stark standardisierte Fragebögen aus, d.h. die Fragenanzahl, die Fragenreihenfolge und ein Großteil der Antwortkategorien sind vorgegeben. Dagegen werden **qualitative Studien** eingesetzt, wenn eine Standardisierung der Befragung nicht möglich oder nicht sinnvoll ist. Dies ist z.B. der Fall, wenn komplexe psychologische Abläufe bei den Befragten ermittelt werden sollen (z.B. der Abwanderungsprozess von Kunden). Dabei steht bei qualitativen Studien weniger der Aspekt der (repräsentativen) Messung, sondern eher der Aspekt der Entdeckung von neuen Aspekten oder tiefergehenden Strukturen im Vordergrund. Der Stichprobenumfang ist i.d.R. wesentlich geringer als bei quantitativen Befragungen.

Qualitative Studien werden oft im Rahmen persönlicher Befragungen vorgenommen. Dabei können zwei Ansätze unterschieden werden:

- **Einzelexplorationen** beinhalten Interviews einzelner Personen, bei denen im Dialog tiefe Einblicke in bestimmte Sachverhalte, z.B. Verhaltensweisen, Meinungen, Einstellungen o.ä., gewonnen werden sollen.

- **Gruppeninterviews** beinhalten die Diskussion ausgewählter Fragestellungen (z.B. Kaufbarrieren, Beurteilung von Neuprodukten) mit einer Befragtengruppe (z.B. Kunden, Experten). Die Durchführung einer solchen Befragung erfordert vom Interviewleiter die Fähigkeit, die Gruppe führen und lenken zu können, ohne jedoch die Inhalte und die Aussagen der Gruppendiskussion zu beeinflussen. Vielfach werden Gruppeninterviews auch mit technischen Hilfsmitteln (z.B. Tonband, Video) durchgeführt. Gruppeninterviews werden vor allem eingesetzt, um in kurzer Zeit ein breites Spektrum von Meinungen, Ansichten oder Ideen zu bestimmten Themenbereichen einzuholen.

Anzumerken ist, dass qualitative Studien zum einen eigenständige Forschungsansätze darstellen und unabhängig von quantitativen Studien Anwendung finden können. Zum anderen sind sie jedoch oft auch quantitativen Studien vorgeschaltet und können sowohl zur Konzeption der quantitativen Studie als auch zur Interpretation der quantitativen Ergebnisse herangezogen werden. Beispielsweise erlauben qualitative Befragungen eine Sammlung aus Kundensicht relevanter Beurteilungskriterien, deren Ausprägungen anschließend im Rahmen einer quantitativen Befragung gemessen werden können.

4.2.4.2 Instrument der Beobachtung

Bei der Datengewinnung über Beobachtungen werden nicht die Antworten von Auskunftspersonen zugrunde gelegt, sondern aus der Analyse des sinnlich wahrnehmbaren Verhaltens und der Reaktion von Personen auf Stimuli werden Rückschlüsse auf marketingrelevante Sachverhalte gezogen. Beobachtungen können auf zwei Ebenen klassifiziert werden:

- Feld- versus Laboratoriumsbeobachtungen,

- persönliche Beobachtungen versus Einsatz apparativer Verfahren zur Beobachtung.

Bei **Feldbeobachtungen** werden unter realen Marktbedingungen z.B. die Verhaltensweisen in Einkaufsstätten, die Betrachtung von Werbeanzeigen oder die Produktverwendung im Haushalt beobachtet. Bei **Laboratoriumsbeobachtungen** werden künstliche Bedingungen geschaffen (i.d.R. ein speziell eingerichteter Versuchsraum), in dem die Testpersonen mit Untersuchungsgegenständen (z.B. Produkten, Verpackungen, Anzeigen) konfrontiert und ihr Verhalten bzw. ihre Reaktionen beobachtet werden.

Bei **persönlichen Beobachtungen** werden das Verhalten und die Reaktionen von Versuchspersonen ausschließlich durch den Untersuchungsleiter beobachtet und interpretiert. Dies ist beispielsweise bei Verkaufsgesprächen und Kundenreaktionen gegeben. Dabei können auch technische Hilfsmittel wie Einwegspiegel benutzt werden. Beim **Einsatz apparativer Beobachtungsverfahren** werden technische Hilfsmittel genutzt, um die Verhaltensweisen und Reaktionen der Versuchspersonen besser messen zu können. Schaubild 4-4 zeigt einige Beispiele für die verschiedenen Beobachtungsformen auf. Bei einer Cross-Klassifikation der beiden Strukturierungsansätze können vier **Grundtypen der Beobachtung** unterschieden werden:

	Persönliche Beobachtungen	Apparative Beobachtungsverfahren
Feld-beobachtungen	▪ Kundenreaktionen ▪ Testkäufe ▪ Beobachtung von Verkaufsgesprächen	▪ Kundenlaufstudien ▪ Kundenkontaktstudien ▪ Verdeckte Beobachtungen
Laboratoriums-beobachtungen	▪ Produkt- und Verpackungstests ▪ Tachistoskopische Tests	▪ Messung psychogalvanischer Reaktionen ▪ Blickaufzeichnungen ▪ Stimmfrequenzanalysen

Schaubild 4-4: Beispiele für verschiedene Formen der Beobachtung

(1) Persönliche Beobachtungen im Feld

Unter realen Bedingungen wird das beobachtbare Verhalten von Personen analysiert. Die Personen selbst sind nicht darüber informiert, dass sie beobachtet werden. Mögliche Formen sind:

Kundenreaktionsstudien: Beobachtung der Reaktionen von Kunden auf bestimmte Marketingmaßnahmen, z.B. Sonderangebote oder Sonderplatzierungen im Handel. Finden die Beobachtungen im Laboratorium statt, dann werden zum Verdecken des Beobachters auch spezielle Hilfsmittel eingesetzt (z.B. Einwegspiegel).

Testkäufe: Durch Testkäufer im Handel sollen Beratungsqualität und Verhalten des Verkaufspersonals beobachtet werden.

Beobachtung von Verkaufsgesprächen: Die Beobachtung des nonverbalen Verhaltens von Kunden und Verkäufern soll Rückschlüsse für die Verbesserung von Verkaufsgesprächen ermöglichen.

(2) Persönliche Beobachtungen im Labor

Hier werden den Versuchspersonen Gegenstände vorgelegt und Reaktionen darauf untersucht. Die Personen sind darüber informiert, dass ihre Reaktionen Gegenstand der Untersuchung sind. Mögliche Formen sind:

Produkttest: Test von bestimmten Produkteigenschaften (z.B. Handhabung, Geschmack) oder des gesamten Produktes.

Tachistoskop: Beim Betrachten von Medien wird der Versuchsperson für eine kurze Darbietungszeit Werbung eingeblendet (z.B. Dias, Filme) und die Erinnerungsfähigkeit an diese geprüft.

(3) Feldbeobachtungen mit apparativen Verfahren

Unter realen Bedingungen wird das beobachtbare Verhalten von Personen analysiert. Die Personen selbst sind nicht darüber informiert, dass sie beobachtet werden. Mögliche Formen sind:

Kundenkontakte: Durch den Einbau von Lichtschranken wird z.B. die Anzahl der Besucher eines Handelsgeschäftes gezählt.

Kundenlaufstudien: Beobachtung des Laufverhaltens von Kunden in Einkaufsstätten durch Videokameras.

(4) Laborbeobachtungen mit apparativen Verfahren

Laborbeobachtungen mit apparativen Verfahren beinhalten primär die Messung physiologischer Reaktionen. Physiologische Reaktionen sind unbewusste Reaktionen des

Methoden der Marktforschung

Körpers aufgrund von Stimuli (z.B. die Konfrontation mit Werbeanzeigen oder das Betrachten von Produkten). Es werden physiologische Reaktionen von Versuchspersonen, die über das Ziel der Beobachtung informiert sind, mit Hilfe von apparativen Verfahren gemessen. Dazu zählt die Messung der Lidschlagfrequenz, des Hautwiderstandes, der Hirnströme, der Pupillenweite, der Stimmfrequenz u.a. Dabei wird davon ausgegangen, dass sich durch apparative Verfahren der **Grad der Aktivierung** von Versuchspersonen messen lässt.

Bei **Blickaufzeichnungen** betrachtet die Versuchsperson Werbeanzeigen und erhält dafür eine spezielle Brille, mit deren Hilfe Blickbewegungen der Pupille beim Betrachten von Anzeigen und anderen Werbemitteln durch eine Kamera aufgezeichnet werden.

Die wesentlichen **Vorteile** der Datengewinnung durch Beobachtung liegen in der Erhebung des Kundenverhaltens während des eigentlichen Verhaltensaktes und der simultanen Erfassung der Umwelteinflüsse. Dadurch können auch Sachverhalte erfasst werden, die den Probanden selbst nicht bewusst sind, weil es sich um selbstverständliches, habitualisiertes Verhalten handelt. Zudem erfolgt die Datengewinnung im Vergleich zur Befragung unabhängig von der Auskunftsbereitschaft der Probanden und dem Einfluss des Interviewers (*Meffert* 1992; *Böhler* 1992).

Die **Nachteile** sind insbesondere darin zu sehen, dass bestimmte psychologische Sachverhalte, wie z.B. Einstellungen, Meinungen oder Präferenzen, nicht beobachtet werden können. Weiterhin sind Beobachtungen nur schwer realisierbar, wenn Vorgänge über einen längeren Zeitraum oder in größeren Zeitabständen erhoben werden sollen (*Meffert* 1992; *Böhler* 1992).

4.2.4.3 Experimente

Ein Experiment ist nicht als eine weitere Methode der Datengewinnung neben der Beobachtung und der Befragung zu verstehen, sondern ein Experiment legt ein bestimmtes Untersuchungsdesign bei der Datengewinnung fest. Zunächst werden unabhängige und abhängige Variablen bestimmt. In der Regel sind die einzelnen Marketingmaßnahmen die **unabhängigen Variablen**. Nur sie können im Experiment variiert werden. Nach einer Variation wird deren Wirkung auf die abhängigen Variablen gemessen. Als **abhängige Variablen** gelten die Marketingziele. Ziel ist es, die isolierte Wirkung („Faktorwirkung") des Einsatzes von Marketinginstrumenten zu messen.

Zur Erstellung von **experimentellen Designs** werden Gruppen gebildet. Davon wird nur eine mit der Marketingmaßnahme konfrontiert. Eine Messung der Wirkung des Instrumenteeinsatzes erfolgt dann vor und/oder nach der Durchführung der Marketingmaßnahme. In Anlehnung an diese Unterscheidung werden für experimentelle Testverfahren die folgenden Notationen verwendet:

E = Versuchsgruppe („Experimental group") (x)

C = Kontrollgruppe („Control group") (y)

B = Messung **vor** dem Experiment („Before") (t_0)

A = Messung **nach** dem Experiment („After") (t_1)

Entsprechend ergeben sich für die Messung der Wirkungsgrößen in Abhängigkeit vom Zeitpunkt der Messung bei beiden Gruppen die folgenden Anordnungen mit den entsprechenden Werten: EBx_0, CBy_0, EAx_1 und CAy_1.

Auf der Grundlage dieser Möglichkeiten können vier **Grundtypen von experimentellen Designs** unterschieden werden (*Böhler* 1992; *Berekoven/Eckert/Ellenrieder* 2001):

(1) EBA-Typ

Es wird eine Experimentiergruppe gebildet, die mit der Marketingmaßnahme konfrontiert wird. Die Messung der Faktorwirkung erfolgt durch einen Vergleich der Wirkungsgrößen vor Beginn und nach Beendigung des Tests.

Berechnung der Faktorwirkung: $x_1 - x_0$

(2) EBA-CBA-Typ

Bei diesem „klassischen" Experiment wird eine Experimentiergruppe (die mit der Marketingmaßnahme konfrontiert wird) und eine Kontrollgruppe (auf die die Marketingmaßnahme nicht einwirkt) gebildet. Bei beiden Gruppen wird eine Messung der Wirkungsgrößen vorher und nachher vorgenommen. Die Faktorwirkung wird durch die Differenz der Wirkungen beider Gruppen errechnet. Durch Bildung einer Kontrollgruppe sollen jene Einflüsse kontrolliert werden, die auf beide Gruppen gleichermaßen einwirken, nicht aber durch die Marketingmaßnahme verursacht wurden.

Berechnung der Faktorwirkung: $(x_1 - x_0) - (y_1 - y_0)$

(3) EA-CA-Typ

Auch hierbei wird eine Experimentier- und eine Kontrollgruppe gebildet, jedoch bei beiden Gruppen nur nach der Durchführung des Experimentes die Wirkung gemessen. Ein Verzicht auf die Messung vor Beginn des Experimentes erfolgt aus Kostengründen. Jedoch muss sichergestellt sein, dass beide Gruppen gleiche Anfangsbedingungen aufweisen.

Berechnung der Faktorwirkung: $x_1 - y_1$

(4) E_1A-E_2BA-CBA-Typ

Bei diesem Experiment werden zwei Versuchsgruppen (E_1 und E_2) und eine Kontrollgruppe gebildet. Bei der zweiten Versuchsgruppe und der Kontrollgruppe wird eine

Methoden der Marktforschung

Messung der Wirkungsgrößen vorher und nachher vorgenommen. Durch Einschaltung einer weiteren Versuchsgruppe soll sichergestellt werden, dass mögliche Lerneffekte – resultierend aus der Messung vor Beginn der Maßnahme – ausgeschaltet werden.

Berechnung der Faktorwirkung: $(E_2:x_1 - E_2:x_0) - (E_1:x_1 - E_2:x_1) - (y_1 - y_0)$

Bei allen vier Grundtypen des Experimentes wird die Messung der Wirkung durch eine **Differenzenbildung** vorgenommen. Als Ergebnis resultiert eine Faktorwirkung, die man dem Einsatz der Marketingmaßnahme zuschreiben kann. Allerdings kann auch bei Vorlage positiver Differenzen noch keine Aussage über deren Signifikanz gemacht werden. Zur Beantwortung dieser Frage müssen Signifikanzprüfungen durchgeführt werden.

Experimentelle Versuchsanordnungen sollen die Faktorwirkung durch Bildung verschiedener Gruppen isolieren. Jedoch sollte dabei u.a. sichergestellt werden, dass Experimentier- und Kontrollgruppen (Personen, Geschäfte) ähnliche Strukturmerkmale aufweisen. Darüber hinaus ist eine sorgfältige Beobachtung anderer Einflussfaktoren, die das Ergebnis des Experimentes beeinflussen können, notwendig. Dazu zählen beispielsweise bei Laboratoriumsexperimenten situative Faktoren und bei Feldexperimenten Maßnahmen der Konkurrenz.

Experimentelle Testverfahren werden vor allem im Bereich der Konsumenten- und Handelsforschung in unterschiedlich „marktnahen" Situationen eingesetzt. Typische **Fragestellungen** bei der Durchführung von Experimenten sind:

- Welche Wirkungen haben Sonderpreisaktionen auf den Abverkauf der Produkte in bestimmten Einkaufsstätten des Handels?

- Wie wirken werbliche Maßnahmen in einem Testgebiet auf Probier- und Wiederholungskäufe von Kunden?

- Welchen Einfluss hat die Platzierung von Produkten im Handel auf den Abverkauf?

- Welche Auswirkungen haben bestimmte Verkaufsargumente in Verkaufsgesprächen auf den Verkaufsabschluss?

- Wie sind die Wirkungen unterschiedlich gestalteter Werbeanzeigen auf das wahrgenommene Produktimage?

Typische Anwendungsfelder experimenteller Designs sind in Markt-, Store-, und Produkttests zu sehen (vgl. dazu Abschnitt 5.3.4).

4.2.4.4 Panel als Spezialform der Datenerhebung

Mit dem Begriff des Panels verbindet sich die kontinuierliche Erhebung konsumrelevanter Verhaltensweisen ausgewählter Gruppen von Personen oder Organisationen durch eine spezifische Ausprägung und Anordnung von Befragungen oder Beobachtungen.

Die besonderen **Merkmale des Panels** lassen sich wie folgt kennzeichnen:

- Der Kreis der Auskunftspersonen bleibt konstant. Bei größeren Paneluntersuchungen wird die Auswahl einer repräsentativen Stichprobe angestrebt; bei kleineren Panelstudien ist dies nicht notwendig.

- Die Erhebungen werden über einen längeren Zeitraum und in regelmäßigen Abständen durchgeführt.

- Der Gegenstand der Erhebung bleibt im Zeitablauf gleich.

Im Rahmen der Panelforschung werden zwei **Erscheinungsformen des Panels** unterschieden:

(1) Handelspanel

Handelspanel werden sowohl im Verbrauchsgüter- als auch im Gebrauchsgütermarkt erhoben. Weiterhin kann zwischen Groß- und Einzelhandelspanel differenziert werden. Die erhobenen Daten umfassen i.d.R. die Verkäufe, Lagerbestände und Einkäufe nach Warengruppen bzw. den einzelnen Artikeln in den ausgewählten Einzelhandelsgeschäften. Daneben werden die Verkaufspreise, die Platzierung und bei Sonderanalysen die Verkaufsförderungsmaßnahmen im Geschäft erfasst. Aus **Standardauswertungen** werden Informationen über Umsätze, Bestände, Durchschnittspreise, Distributionsgrade usw. für verschiedene Produkte gewonnen und nach Merkmalen wie Geschäftstypen, Gebieten, Geschäftsgrößen usw. aufgegliedert. Im Rahmen von **Sonderanalysen** können Preisklassen und -elastizitäten, Distributionsüberschneidungen und -wanderungen, Konzentrationen, Kontaktstrecken, Bevorratungen und die Wirkung von Verkaufsförderungsmaßnahmen analysiert werden (*Güldenberg/Milde* 1994, S. 328).

Die Erfassung der Verkäufe erfolgt zunehmend über **Scannerkassen**, die die klassische Erfassung durch eine monatliche Inventur erübrigen. Absatz, Warenbestand und Verkaufspreise der Artikel sind jederzeit abrufbar. Der Einsatz von Scannerkassen verkürzt den früher üblichen Berichtszeitraum von einem Monat auf eine Woche. Zudem erlaubt die Erfassung an computergestützten Kassen eine Trennung des Absatzes in Basisabsatz und Zusatzabsatz, der durch Verkaufsförderungsmaßnahmen am Point of Purchase generiert wurde.

In Deutschland werden von den großen Marktforschungsinstituten verschiedene **Handelspanel** angeboten, die sich in Bezug auf die betrachteten Warengruppen oder Handelskanäle unterscheiden. Zu nennen sind u.a. die Handels-, Regional-, Gastronomie-, Duft- und Impulspanel der Gesellschaft für Konsumforschung (GfK) oder die Lebensmittel-Einzelhandels-, Gesundheits- und Körperpflegemittel-, Elektrogeräte-, Do-it-yourself- sowie Gartenfachgeschäfte-Indizes von A.C. Nielsen Marketing Research.

Methoden der Marktforschung

(2) Konsumentenpanel

Konsumentenpanel beziehen sich auf die Gewinnung von Daten über das Einkaufsverhalten der Endverbraucher. Dabei kann zwischen **Haushaltspanel**, die sich auf Einkäufe für den gesamten Haushalt beziehen (z.B. Nahrungsmittel, Putzmittel usw.), und **Individualpanel**, die die Einkäufe von persönlichen, innerhalb der Haushalte unterschiedlich präferierten Güter (z.B. Tabakwaren, Kosmetika usw.) betrachten, unterschieden werden. Zu den bekanntesten Konsumentenpanel in Deutschland zählen beispielsweise das G&I-Haushaltspanel mit 14.000 teilnehmenden Haushalten und das G&I-Individualpanel mit 10.000 Einzelpersonen. Die Datenerhebung erfolgt entweder über Berichtsbögen, in denen die teilnehmenden Haushalte ihre Einkäufe eintragen und wöchentlich bzw. monatlich dem Marktforschungsinstitut zusenden, oder über Handscanner, mit denen die Einkäufe anhand des EAN-Codes und bestimmten Codierungsanweisungen erfasst und täglich über ein Modem an das Marktforschungsinstitut übermittelt werden.

Die Einkaufsberichte enthalten Informationen zu Einkaufsdatum, Produktart, Markenname, Preis, Menge und Einkaufsstätte. Diese Daten werden aggregiert und nach Warengruppen und Artikeln strukturiert. Die **Standardauswertungen** eines Konsumentenpanel beinhalten im Wesentlichen Absatzmengen, Umsätze, Marktanteile, die Anzahl der Einkäufe in einer Periode, die Menge pro Einkauf usw., die nach den einzelnen Artikeln, aber auch nach Absatzgebieten, Handelsformen, Käufermerkmalen usw. untergliedert werden können. Darüber hinaus sind **Sonderanalysen** möglich, die sich beispielsweise auf Einkaufsintensität, Markentreue, Wiederkaufverhalten, Käuferwanderungen, Preisklassenakzeptanz von Testprodukten u.a. beziehen (*Güldenberg/Milde* 1994; *Böhler* 1992; *Berekoven/Eckert/Ellenrieder* 2001).

Moderne Konsumentenpanel basieren auf dem **Single-Source-Ansatz**. Dabei werden die Einkäufe der Haushalte mit Sondererhebungen verknüpft, die z.B. das Media-, Umwelt- oder Ernährungsverhalten betreffen. Einen Schwerpunkt bildet die Einbeziehung von Daten über Verkaufsförderungsmaßnahmen in den von Haushaltsmitgliedern besuchten Einkaufsstätten sowie Daten des Kontaktes mit Fernsehwerbung, die durch spezielle Hilfsmittel in den Panelhaushalten gemessen werden. Diese Verknüpfung von Maßnahmen- und Wirkungsdaten auf der Basis **identischer Erhebungseinheiten** (Single Source) führt zu einem höheren Informationsgehalt der Panel (*Güldenberg/Milde* 1994; *Berekoven/ Eckert/Ellenrieder* 2001).

Handels- und Konsumentenpanel weisen eine hohe Bedeutung als **Entscheidungsgrundlage** für den Einsatz des Marketinginstrumentariums auf. Die verschiedenen Analysen erlauben einen genauen Einblick in die Stellung der Unternehmensprodukte sowie der Konkurrenzmarken im Handel bzw. bei den verschiedenen Endabnehmergruppen. Dadurch bilden die Panel die Grundlage für eine gezielte Steuerung sowohl der handelsorientierten als auch der verbrauchergerichteten Marketingmaßnahmen.

Die Relevanz und damit auch die Güte der Panelergebnisse für Entscheidungen wird in wesentlichem Maße durch die Repräsentativität, d.h. durch die Übertragbarkeit der Stichprobenergebnisse auf die Grundgesamtheit und die interne Validität determiniert.

Zu den Faktoren, die die **Repräsentativität** von Panelergebnissen beeinträchtigen können, zählen (*Böhler* 1992):

- **Marktabdeckung (Coverage)**: Panelergebnisse können i.d.R. nicht alle Handelsbetriebe bzw. Konsumenten repräsentieren. So entfallen in den Handelspanel z.B. Kleinbetriebe aus Wirtschaftlichkeitsgründen oder Warenhausabteilungen aus Geheimhaltungsinteressen der Großbetriebe, während in Konsumentenpanel z.B. Ausländerhaushalte oder Anstaltshaushalte nicht berücksichtigt werden.

- **Verweigerung der Mitarbeit**: Viele Panelteilnehmer verweigern bereits in der Anwerbungsphase für ein Panel die weitere Mitarbeit.

- **Panelsterblichkeit**: Darunter wird der Ausfall von Panelteilnehmern aus dem laufenden Panel verstanden, z.B. durch Tod oder Umzug.

Beeinträchtigungen der **internen Validität** eines Panels werden – primär bei den Konsumentenpanel – durch so genannte **Paneleffekte** hervorgerufen. Diese entstehen, wenn die Panelmitglieder ihre Verhaltensweisen aufgrund der Mitgliedschaft verändern, indem sie z.B. ein bewussteres oder prestigeorientierteres Konsumverhalten zeigen. Zu den Paneleffekten zählen weiterhin Verhaltensweisen, die sich aus der **Panelroutine** von Mitgliedern ergeben und die insbesondere zu Nachlässigkeiten beim Ausfüllen der Berichtshefte bzw. dem Scannen der Einkäufe führen (*Böhler* 1992).

4.2.4.5 Quellen der Sekundärforschung

Die **Sekundärforschung** zeichnet sich dadurch aus, dass sie sich mit der Sammlung, Aufbereitung und Interpretation von Daten beschäftigt, die bereits vorliegen bzw. leicht zu beschaffen sind. Dies gilt sowohl für Informationen innerhalb des Unternehmens (interne Informationsquellen) als auch für Informationen, die auf dem Markt verfügbar sind (externe Informationsquellen).

Zu den **internen Informationsquellen** zählen alle Daten, die früher erhoben oder Informationen, die in einem anderen Zusammenhang ermittelt wurden (z.B. im Rahmen der Betriebsstatistik, der Kosten- und Leistungsrechnung, der Außendienstberichte, der Marketingplanung, des Marketingcontrolling u.a.). Durch interne Informationsquellen wird man in erster Linie Gründe für Sachverhalte der Vergangenheit (z.B. Erfolg oder Misserfolg von Marketingstrategien) in Erfahrung bringen können. Sie sind kaum geeignet, zukunftsorientierte Fragestellungen des Marketing zu beantworten.

Sekundärinformationen aus **externen Quellen** sind meistens allgemein gehalten und beziehen sich auf den Gesamtmarkt (z.B. amtliche Statistiken, Verbandsstudien, Schätzungen des Marktpotenzials, Verlagsstudien u.a.). Sie geben allenfalls grobe Hinweise auf Marktveränderungen und -verschiebungen.

Sekundärinformationen haben den **Vorteil**, dass sie schnell verfügbar sind und relativ kostengünstig beschafft werden können. Dem steht jedoch als **Nachteil** gegenüber, dass die Daten teilweise veraltet und meist nicht geeignet sind, um spezifische Marketingfragestellungen des Unternehmens zu beantworten. Dennoch wird jedes Unternehmen ein System entwickeln, um die verfügbaren internen und externen Sekundärinformationen systematisch zu sammeln, auszuwerten, zu speichern und zu verarbeiten.

4.2.5 Methoden der Datenanalyse

An die Phase der Informationsgewinnung schließt die **Phase der Datenanalyse** an, in der eine Auswertung und Interpretation der erhobenen Daten erfolgt. Ausgangspunkt der Datenanalyse ist die Aufbereitung der erhobenen Daten in einer Datenmatrix, in der die einzelnen Befragungsfälle (z.B. Befragte) und die Befragungsvariablen (z.B. Merkmalsausprägungen der Antworten) einander gegenübergestellt werden.

Auf der Basis dieser Datenmatrix muss der Marktforscher eine Entscheidung über die einzusetzenden Methoden der Datenanalyse treffen. Vielfach wirken dabei die verwendeten **Skalenniveaus** bei den Variablen präjudizierend für die Verwendung der statistischen Methoden. Als nominalskaliert werden Variablen eingestuft, die sich auf eine reine Klassifikation der Untersuchungsgegenstände beschränken (z.B. Farbe). Das nächsthöhere Skalenniveau ist die Ordinalskalierung, bei der die Variablenausprägungen zusätzlich in eine eindeutige Reihenfolge gebracht werden können (z.B. Angabe einer Präferenzrangfolge). Weisen die Skalenabschnitte zudem gleich große Abstände auf, handelt es sich um eine Intervallskalierung (z.B. Celsius-Skala). Das höchste Meßniveau stellt die Ratioskala dar, bei der neben gleichen Abständen auch ein sog. natürlicher Nullpunkt existiert, der als Ausprägung i.S. von „nicht vorhanden" interpetiert werden kann (z.B. Einkommen). Die Intervallskala und die Ratioskala werden zusammenfassend oft auch als metrische Skala bezeichnet.

Die Ansätze zur **Klassifikation der statistischen Verfahren** sind vielfältig. In Abhängigkeit von der Anzahl der in die Analyse einbezogenen Variablen werden im Folgenden drei Gruppen unterschieden: univariate, bivariate und multivariate Verfahren.

4.2.5.1 Univariate und bivariate Verfahren

Univariate Verfahren untersuchen eine einzige Variable und deren Verteilung über sämtliche Elemente der Stichprobe. Ein gängiges univariates Verfahren stellen **Häufigkeitsauszählungen** dar, in denen die Variablenausprägungen über alle Befragungsfälle absolut, relativ (prozentual) oder kumulativ aggregiert werden. Häufigkeitsauszählungen werden meist grafisch dargestellt, z.B. durch Balken- oder Tortendiagramme. Zu den

Methoden der Marketingforschung

univariaten Verfahren zählen weiterhin die **Ermittlung von Lage-** (Mittelwert, Median, Modus) **und Streuparametern** (Varianz, Spannbreite, Schiefe u.a.) einer Variablen.

Bivariate Verfahren untersuchen gleichzeitig zwei Variablen der Datenmatrix mit dem Ziel, Zusammenhänge zwischen diesen herauszufinden. Zu den gängigen Methoden der bivariaten Datenanalyse zählen Kreuztabellierungen, Korrelationsanalysen und einfache Regressionsanalysen.

(1) Kreuztabellierungen

Das einfachste Verfahren zur Darstellung und Analyse von Zusammenhängen zwischen zwei Variablen besteht in der Aufstellung von Kreuztabellen. Dabei werden in einer Matrix Ausprägungen einer Variable denen einer anderen Variable gegenübergestellt. Dieses bietet sich insbesondere bei nominal skalierten Daten an, z.B. die Aufsplittung der Antwortkategorien einer Frage nach Geschlecht, Berufs-, Einkommensgruppen usw. Datenanalysen mit Kreuztabellen sind gut geeignet, um einen Zusammenhang zwischen zwei Variablen aufzuzeigen. Zur Beurteilung der Stärke bzw. der Signifikanz eines Zusammenhanges müssen Kreuztabellierungen jedoch um Signifikanzanalysen, z.B. Chi-Quadrat-Tests oder Kontingenzanalysen, ergänzt werden.

(2) Korrelationsanalysen

Liegen intervallskalierte Daten vor, können durch einfache **Korrelationsanalysen** Zusammenhänge zwischen zwei Variablen analysiert werden. Die Korrelationsanalyse beruht auf der Messung des Zusammenhanges zwischen verschiedenen Zahlenreihen. Als Ergebnis erhält man einen Korrelationskoeffizienten, der die Richtung und das Ausmaß des Zusammenhanges angibt. Er liegt zwischen +1 (stark positiver Zusammenhang) und –1 (stark negativer Zusammenhang). Bei einem Korrelationskoeffizienten von Null besteht kein Zusammenhang zwischen den Zahlenreihen. Die Formel zur **Berechnung des Korrelationskoeffizienten r** (nach Bravais-Pearson) lautet:

$$r = \frac{n \sum x_i y_i - \sum x_i \sum y_i}{\sqrt{n \sum x_i^2 - (\sum x_i)^2} \cdot \sqrt{n \sum y_i^2 - (\sum y_i)^2}}$$

Die Verwendung von einfachen Korrelationsanalysen empfiehlt sich in der Marktforschung beispielsweise bei der Darstellung des Zusammenhanges von vergangenheitsbezogenen Zeitreihen (z.B. Umsatz und Preisniveau) oder um den Zusammenhang zwischen intervallskalierten Antworten bei Befragungen (z.B. zwischen der Kundenzufriedenheit und dem Alter der Befragten) darzustellen. Abschließend sei noch darauf hingewiesen, dass mit Hilfe des **Spearman'schen Rangkorrelationskoeffizienten** auch ein Zusammenhang zwischen ordinalskalierten Rangreihen gemessen werden kann.

Methoden der Marktforschung

(3) Einfache Regressionsanalysen

Die einfache Regressionsanalyse untersucht bei Vorlage zweier metrisch skalierter Datenreihen den Zusammenhang zwischen einer abhängigen, erklärten Variablen (y) und einer unabhängigen, erklärenden Variablen (x). Die Regressionsverfahren unterstellen eine mathematische Funktion, die den Verlauf der Zahlenreihe (z.B. einen linearen Zusammenhang) wiedergibt und schätzen die Parameter der Funktion durch statistische Verfahren.

Bei linearen Zusammenhängen ($y = a + b \cdot x$) kann dies nach der **Methode der kleinsten Quadrate** erfolgen. Die Formeln zur Berechnung der Parameterwerte a und b durch die Methode der kleinsten Quadrate lauten:

$$a = \frac{\sum x_i^2 \sum y_i - \sum x_i \sum x_i y_i}{n \sum x_i^2 - (\sum x_i)^2}$$

$$b = \frac{n \sum x_i y_i - \sum x_i \sum y_i}{n \sum x_i^2 - (\sum x_i)^2}$$

Die Güte der geschätzten Parameter kann mit Hilfe des Bestimmtheitsmaßes r^2 (quadrierter Korrelationskoeffizient) überprüft werden.

4.2.5.2 Multivariate Analysen

Multivariate statistische Verfahren analysieren die Beziehungen zwischen mindestens drei Variablen. Sie finden vor allem bei umfangreichen Datensätzen ihre Anwendung. Es können zwei grundsätzliche Formen der multivariaten Datenanalyse unterschieden werden: Interdependenz- und Dependenzanalysen.

(1) Interdependenzanalysen

Interdependenzanalysen untersuchen Zusammenhänge zwischen verschiedenen Variablen mit dem Ziel der **Aufdeckung von Strukturen**. Dazu können beispielsweise Faktoren- und Clusteranalysen eingesetzt werden.

Die **Faktorenanalyse** untersucht Zusammenhänge zwischen verschiedenen Variablen und versucht, sie auf einige wenige Hauptfaktoren zu reduzieren. Für den Einsatz des Verfahrens werden metrisch skalierte Daten vorausgesetzt. Die Faktorenanalyse sucht nach Beziehungen zwischen einer Vielzahl von Variablen.

Ein typisches **Anwendungsgebiet der Faktorenanalyse** ist die Auswertung von Konsumentenbefragungen über die psychologische Wahrnehmung von Produkten oder

Marken. Wurden durch die Marktforschung eine Vielzahl von Wahrnehmungseigenschaften erhoben (z.B. beim Auto: Sicherheit, Sportlichkeit, Anschaffungspreis, Reparaturkosten, Wiederverkaufswert usw.), dann erfolgt durch die Faktorenanalyse eine Verdichtung dieser Wahrnehmungsmerkmale auf einige wenige, zentrale Wahrnehmungsdimensionen. Es obliegt dem Marktforscher nach Kenntnis der Verteilung der Faktorladungen auf einzelne Hauptfaktoren zu entscheiden, wie diese Hauptfaktoren inhaltlich interpretiert werden können (z.B. Zusammenfassung der Merkmale Anschaffungspreis, Reparaturkosten, Wiederverkaufswert usw. zu einem Hauptfaktor „Wirtschaftlichkeit").

Bei der **Clusteranalyse** werden nicht die Interdependenzen zwischen Variablen, sondern zwischen den Fällen in der Datenmatrix untersucht. Ziel der Clusteranalyse ist es, Gruppen von Elementen („Cluster") zusammenzufassen, die hinsichtlich bestimmter Merkmale sehr ähnlich sind (intern homogen) und sich durch diese Merkmale von anderen Clustern unterscheiden (extern heterogen). Gegenstand der Clusteranalyse können sowohl Objekte als auch Personen sein.

Ein typisches **Anwendungsbeispiel für die Clusteranalyse** im Bereich der Marktforschung sind Konsumententypologien, die Verlage häufig erstellen. Dabei werden durch Konsumentenbefragungen produktspezifische Verwendungsgewohnheiten erfasst. Aufgabe der Clusteranalyse ist es, verschiedene Käufertypen (Cluster) zu finden, die sich in ihren Konsumgewohnheiten unterscheiden. Der Marktforscher muss dann eine Bezeichnung für die unterschiedlichen Typen finden, z.B. Intensivverwender, preisbewusste Käufer, markenbewusste Käufer, Nichtkäufer usw. Diese Konsumententypen werden dann nach weiteren Merkmalen wie demographischen Merkmalen, Besitz- und Konsummerkmalen, Medianutzungsverhalten usw. beschrieben.

(2) Dependenzanalysen

Dependenzanalysen untersuchen den Einfluss einer (bivariat) oder mehrerer (multivariat) unabhängiger Variablen auf eine abhängige Variable mit dem Ziel der **Prüfung von Strukturen**. Schaubild 4-5 beinhaltet die vier grundlegenden Verfahren der Dependenzanalyse, die sich in Abhängigkeit von der Skalierung der Daten ergeben (*Backhaus et al.* 2000).

Die **multiple Regressionsanalyse** untersucht den relativen Einfluss unabhängiger Variablen auf eine abhängige Variable. Abhängige und unabhängige Variablen sollten metrisch skaliert sein. Die multiple Regressionsanalyse berechnet den relativen Beitrag zur erklärten Varianz der einzelnen Einflussgrößen. Ein typisches Beispiel für eine Regressionsanalyse stellt die Messung des Einflusses von Preis und Werbeausgaben auf den Absatz dar. Regressionsanalysen werden sowohl zur Erklärung von Zusammenhängen als auch zur Durchführung von Prognosen (vgl. Abschnitt 4.3.3) verwendet.

Methoden der Marktforschung

Werden die unabhängigen Variablen auf nominalem und die abhängigen Variablen auf metrischem Skalenniveau gemessen, findet die **Varianzanalyse** Anwendung. So kann z.B. die Wirkung der Farbe auf den Absatz eines Produktes analysiert werden. Dieses Verfahren besitzt besondere Bedeutung für die Analyse von Experimenten, wobei die nominalen unabhängigen Variablen die experimentellen Einwirkungen repräsentieren.

Die **Diskriminanzanalyse** ist ein Verfahren zur Untersuchung von Gruppenunterschieden. Die abhängige Variable muss nominal skaliert sein. Die Unterschiede zwischen den die Gruppen kennzeichnenden diskriminierenden (unabhängigen) Variablen sollten metrisch skaliert sein. Durch die Diskriminanzanalyse werden jene Variablen gefunden, die in der Lage sind, die Unterschiede zwischen den Gruppen besonders gut zu beschreiben.

Ein typisches **Anwendungsbeispiel** ist die Analyse von Unterschieden zwischen Kunden und Nichtkunden eines Unternehmens. Wurden im Rahmen von Befragungen verschiedene Merkmale von Personen erfasst und liegen Informationen darüber vor, ob die Befragten Kunden oder Nichtkunden des Unternehmens sind, kann über eine Diskriminanzanalyse ermittelt werden, durch welche verschiedenen Variablen sich beide Gruppen unterscheiden (z.B. durch Merkmale wie Alter, Einkommen, wahrgenommenes Markenimage o.ä.).

Die **Kontingenzanalyse** stellt eine Methode zur Analyse der Beziehungen von ausschließlich nominalen Variablen dar. Die Kreuztabellierung (vgl. Abschnitt 4.2.5.1) stellt eines der wichtigsten Verfahren der Kontingenzanalyse dar und lässt sich auch für mehr als zwei Variablen anwenden. Ein Beispiel ist die Analyse des Einflusses der Produktform (Pulver, Perls, Flüssig) auf die Waschmittelwahl (Persil, Ariel, Sunil usw.).

| | | Unabhängige Variable | |
		Metrisches Skalenniveau	Nominales Skalenniveau
Abhängige Variable	Metrisches Skalenniveau	Regressions-analyse	Varianz-analyse
	Nominales Skalenniveau	Diskriminanz-analyse	Kontingenz-analyse

Schaubild 4-5: Verfahren der Dependenzanalyse

Die bisher betrachteten Analysemethoden gehen davon aus, dass alle Variablen in der Realität beobachtbar und messbar sind („manifeste Variablen"). Bei vielen theoriegestützten Fragestellungen hat man es aber auch mit nichtbeobachtbaren Variablen zu tun, so genannten hypothetischen Konstrukten, die durch **latente Variablen** gemessen werden können. Die Messung der Beziehungen zwischen latenten Konstrukten erfolgt auf zwei Modellebenen:

- Dem **Messmodell**, das die Erklärung der latenten Variablen über eine Reihe von Indikatoren vornimmt (vgl. das Konzept der Faktorenanalyse).

- Dem **Strukturmodell**, das die eigentliche Überprüfung der Zusammenhänge zwischen den latenten Variablen vornimmt.

Für die simultane Schätzung der beiden Modelle sind inzwischen eine Reihe von computerbasierten Verfahren entwickelt worden, z.B. der LISREL-Ansatz (**L**inear **S**tructural **Rel**ationships).

4.3 Methoden und Formen der Marktprognose

4.3.1 Begriff und Formen der Marktprognose

Durch die Methoden der **Marktprognose** soll – auf Basis der Ergebnisse der Marktforschung – eine Voraussage der marktrelevanten Ereignisse der Zukunft erfolgen. Der Marketingplaner kann sich zur Erstellung von Prognosen einer Vielzahl von Methoden bedienen, je nachdem, mit welchem konkreten Prognoseproblem er sich beschäftigt. Einen Überblick über verschiedene **Typen von Marktprognosen** vermittelt Schaubild 4-6.

Die folgenden Unterscheidungsbereiche stehen dabei im Vordergrund:

- **Ebene der Prognose**: Die Prognose kann sich auf den Gesamtmarkt bzw. auf Teilmärkte oder aber auf zu prognostizierende Größen des Unternehmens beziehen.

- **Art der abhängigen Variablen**: Gegenstand von Prognosen sind i.d.R. Absatzmengen (markt- und unternehmensbezogen), Umsätze oder Marktanteile.

- **Art der unabhängigen Variablen**: Werden Daten aus der Vergangenheit für die Prognose verwendet, dann handelt es sich um Entwicklungsprognosen. Demgegenüber legen Wirkungsprognosen den zukünftigen Einsatz von Marketinginstrumenten zugrunde und versuchen, deren Wirkung vorauszusagen.

- **Bezugszeitraum der Prognose**: Je nach Prognosezeitraum handelt es sich um kurz-, mittel- oder langfristige Prognosen.

- **Einflussgrößen**: Die Entwicklung von marktrelevanten Größen wird unter anderem von externen Faktoren bestimmt, die das Prognoseergebnis beeinflussen. Dementsprechend kann zwischen Saison-, Konjunktur- und Wachstumsprognosen unterschieden werden.

Methoden und Formen der Marktprognose

■ **Bezugsobjekt**: Marktprognosen können sich z.B. auf das zukünftige Verhalten der unterschiedlichen Marktteilnehmer beziehen. Eine Differenzierung nach Konsumenten-, Konkurrenten-, Absatzmittler- sowie auch Umfeldprognosen ist möglich.

■ **Form der Messung**: Bei quantitativen Prognosen wird zur Prognoseerstellung ein mathematisch-statistisches Verfahren verwendet, während qualitative Prognosen nicht über formale Lösungsalgorithmen bei der Ermittlung des Prognoseergebnisses verfügen.

Formen der Marktprognose	
Ebene der Prognose	■ Gesamtmarktbezogene Prognosen ■ Teilnehmerbezogene Prognosen ■ Unternehmensbezogene Prognosen
Art der abhängigen Variablen	■ Absatzprognosen ■ Umsatzprognosen ■ Marktanteilsprognosen
Art der unabhängigen Variablen	■ Entwicklungsprognosen ■ Wirkungsprognosen
Bezugszeitraum der Prognose	■ Kurzfristige Prognosen ■ Mittelfristige Prognosen ■ Langfristige Prognosen
Art der Einflussgrößen	■ Saisonprognosen ■ Konjunkturprognosen ■ Wachstumsprognosen
Bezugsobjekt	■ Konsumentenprognosen ■ Konkurrenzprognosen ■ Absatzmittlerprognosen ■ Umfeldprognosen
Form der Messung	■ Quantitative Prognosen ■ Qualitative Prognosen

Schaubild 4–6: Formen der Marktprognose

4.3.2 Prozess der Marktprognose

Bei der Erstellung von Marktprognosen sind planerische Schritte erforderlich, unabhängig davon, welche Prognoseform erstellt wird. Die einzelnen Planungsschritte sind in Schaubild 4-7 dargestellt.

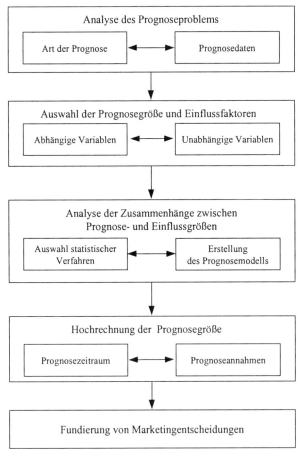

Schaubild 4–7: Prozess der Marktprognose

Am Anfang der Prognoseplanung steht eine **Analyse des Prognoseproblems**, die die Prognoseform determiniert (z.B. mittelfristige Prognose) und klärt, welche Daten bereits zur Verfügung stehen oder zur Lösung des Prognoseproblems beschafft werden müssen. Besteht Einigkeit über das Prognoseproblem, müssen **Prognosegröße und Einflussfaktoren** identifiziert werden. In diesem Zusammenhang werden die zu prognostizierende Größe (abhängige Variable) und die Art der Einflussgrößen (unabhängige Variablen) gekennzeichnet. In einem nächsten Schritt gilt es dann, die **Zusammenhänge zwischen Prognose- und Einflussgrößen** zu analysieren. Hier bedient man sich im Falle quantitativer Prognosen mathematisch-statistischer Verfahren, um das empirische Prognosemodell zu erstellen. Liegt das Prognosemodell vor, dann kann bei Zugrundelegung des relevanten Prognosezeitraums eine **Hochrechnung der Prognosegröße** vorgenommen

Methoden und Formen der Marktprognose

werden. Dient das Prognoseergebnis der **Fundierung von Marketingentscheidungen**, sollte sich der Marketingplaner über sämtliche Prognoseannahmen im Klaren sein. Bei der Erstellung von Marktprognosen kommt der **Auswahl der Prognosegröße** entscheidende Bedeutung zu. Übliche Prognosegrößen sind Absatzmengen, Umsatzwerte oder Marktanteile, die sich auf den Gesamtmarkt oder das Unternehmen beziehen können. Grundsätzlich kann zwischen **Potenzialschätzungen**, d.h. einer Prognose der maximalen Aufnahmefähigkeit des Marktes im Zeitablauf, und **Volumenschätzungen**, d.h. einer Prognose der tatsächlich realisierten Absatzmengen des Marktes im Zeitablauf, unterschieden werden. Die Schätzungen können rein mengenmäßig (absatzbezogen) oder wertmäßig (umsatzbezogen), d.h. unter Einbeziehung der voraussichtlichen Preisentwicklung, erfolgen.

Im Folgenden sollen einige ausgewählte Grundformen der Marktprognose dargestellt werden. Dabei wird zwischen quantitativen und qualitativen Prognoseverfahren unterschieden (vgl. zu weiteren Prognoseverfahren *Hüttner* 1986 oder *Mertens* 1994).

4.3.3 Quantitative Prognosemethoden

Quantitative Prognosen beinhalten die Hochrechnung der Prognosegröße auf Basis mathematischer Funktionsverläufe. Es können **Entwicklungs-** und **Wirkungsprognosen** unterschieden werden.

4.3.3.1 Entwicklungsprognosen

Entwicklungsprognosen gehen davon aus, dass die in der Vergangenheit beobachteten Werte der Prognosegröße als Grundlage für die Vorhersage herangezogen werden können. Die Erstellung einer Trendprognose läuft in ihrer Grundform in folgenden fünf Schritten ab:

Schritt 1: Die Vergangenheitswerte der Prognosegröße werden aufgelistet und eventuell grafisch dargestellt. Soll eine Prognose des Umsatzvolumens vorgenommen werden, sind die verfügbaren Werte aus der Vergangenheit entsprechend heranzuziehen.

Schritt 2: Auf der Grundlage der beobachteten Werte muss ein Funktionstyp gefunden werden, der die empirische Entwicklung und die darin liegende Gesetzmäßigkeit am besten wiedergibt. Hier bieten sich unterschiedliche mathematische Trendfunktionen an (vgl. zur Ableitung der Formeln z.B. *Scharnbacher* 1999; vgl. auch Schaubild 4-8).

Einen linearen Trend wird man heranziehen, wenn sich der Markt stabil entwickelt; den exponentiellen Trend für Märkte mit starken Wachstumsimpulsen und den logistischen Trend, wenn bereits erste Sättigungserscheinungen und abnehmende Wachstumsraten zu verzeichnen sind.

Methoden der Marketingforschung

Linearer Trend: $y = a + b \cdot t$

Exponentieller Trend: $y = a \cdot b^t$

Logistischer Trend: $y = \dfrac{S}{1 + e^{a - b \cdot t}}$

wobei:
y = Prognosegröße
t = Zeit (Laufindex)
a, b = Parameter der Funktion
S = Sättigungsniveau des Marktes
e = natürlicher Logarithmus

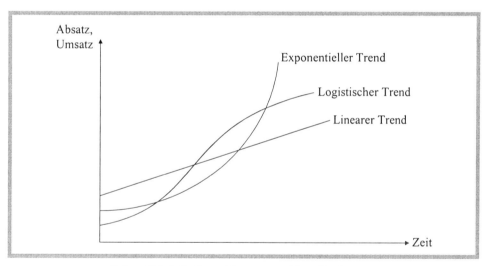

Schaubild 4–8: Grundformen von Trendfunktionen

Schritt 3: Liegt der Funktionstyp fest, werden die Parameterwerte der Funktion (a, b) berechnet. Bei linearen Trendfunktionen kann dies beispielsweise auf Basis der einfachen Regressionsanalyse (vgl. Abschnitt 4.2.5.1) erfolgen. Dabei stellt der Laufindex t die unabhängige Variable x dar. Bei nicht-linearen Funktionstypen muss eine Linearisierung der Funktion vorgenommen werden, beispielsweise durch Logarithmierung der Werte.

Schritt 4: Wurde die Regressions- bzw. Trendfunktion berechnet, ist ein Maß zur Beurteilung der Eignung der errechneten Funktion zur Prognoseerstellung heranzuziehen. Ein Maßstab ist beispielsweise der **Korrelationskoeffizient** (vgl. Abschnitt 4.2.5.1),

Methoden und Formen der Marktprognose

der die Stärke eines Zusammenhanges zweier Variablen wiedergibt. Einen Schritt weiter geht man mit der Berechnung und Interpretation des **Bestimmtheitsmaßes**, das als quadrierter Korrelationskoeffizient (r^2) den Anteil der erklärten Streuung an der gesamten Streuung angibt.

Schritt 5: Wird die Prognosefunktion als geeignet angesehen, ist eine Hochrechnung der Prognosegröße vorzunehmen. Dazu werden die den Prognosejahren entsprechenden Laufindizes in die Prognosefunktion eingesetzt und die Prognosewerte berechnet.

Der **Vorteil** von Trendprognosen besteht darin, dass sie relativ leicht zu berechnen sind. Länger zurückliegende Daten können mit Gewichtungsfaktoren versehen werden. Es muss jedoch als **Nachteil** gelten, dass es sich bei Trendprognosen um eine reine Fortführung von Vergangenheitsdaten in die Zukunft handelt und es fraglich ist, ob die in der Vergangenheit beobachteten Gesetzmäßigkeiten auch zukünftig gelten. Trendprognosen sind nicht in der Lage, grundlegende Veränderungen des Marktes zu antizipieren (z.B. Strukturbrüche, neue Wachstumsschübe). Hier wären andere Formen der Prognose, z.B. exponentielle Glättungen, erforderlich.

Eine weitere Form von Entwicklungsprognosen stellen **Indikatorprognosen** dar, bei denen die Prognose nicht anhand der Vergangenheitsentwicklung der Prognosegröße, sondern der Entwicklung eines Indikators erfolgt. Der Indikator muss eine enge Beziehung zu der Prognosegröße aufweisen, die zukünftigen Marktveränderungen gut wiedergeben und selbst leicht zu prognostizieren sein. So kann z.B. für die Prognose des Reifenabsatzes die Zahl zugelassener Automobile, für die Prognose der Verkaufszahlen von Einbauküchen die Zahl der Baugenehmigungen als Indikator herangezogen werden.

Die Erstellung einer Indikatorprognose erfolgt in gleicher Weise wie die einer Trendprognose. Auch hier müssen Funktionstypen zugrunde gelegt und Parameterwerte geschätzt werden. Entsprechend können die Funktionstypen und Formeln wie bei einer Trendprognose Verwendung finden. Anstelle des Zeitindex t muss lediglich der Wert für den Indikator (x) eingesetzt werden. Indikatorprognosen sind gut geeignet, um Marktveränderungen zu antizipieren. Jedoch hängt ihre Qualität von der Qualität des zugrundeliegenden Indikators ab. Als **Nachteil** gilt, dass Vergangenheitswerte herangezogen werden und Indikatorprognosen mit einem „zweifachen" Prognoseproblem behaftet sind: der Hochrechnung des Indikators und darauf aufbauend der Voraussage der Prüfgröße.

4.3.3.2 Wirkungsprognosen

Wirkungsprognosen nehmen eine Hochrechnung der Prognosegröße auf Basis der eingesetzten Marketinginstrumente vor. Eine Wirkungsprognose wird mit folgenden Schritten erstellt:

Schritt 1: Aufstellung verschiedener Ausprägungen der Marketinginstrumente im Rahmen geplanter, unterschiedlicher Marketingstrategien.

Schritt 2: Wahl eines Funktionstyps, der die Beziehungen zwischen den Marketinginstrumenten und deren Wirkung auf die zu prognostizierende Größe (Marktreaktion) mathematisch wiedergibt. Additive Verknüpfungen von Instrumenten weisen auf eine unabhängige Wirkung der Instrumente hin. Multiplikative Verknüpfungen unterstellen Interdependenzen zwischen Marketinginstrumenten. Es sind folgende **Grundformen von Wirkungsmodellen** zu unterscheiden:

Additives Modell: $\qquad\qquad y = z + a \cdot p + b \cdot W + c \cdot V$

Multiplikative Modelle:

$\qquad$ Linear: $\qquad\qquad y = z \cdot a \cdot p^{-1} \cdot b \cdot W \cdot c \cdot V$

$\qquad$ Nicht-linear: $\qquad\quad y = z + p^a \cdot W^b \cdot V^c$

Gemischt-verknüpfte Modelle: $\quad y = z + a \cdot p^{-1} \cdot b \cdot W + c \cdot V$

wobei:

z $\quad$ = $\quad$ absoluter Wert der Funktion
p $\quad$ = $\quad$ Preis
W $\quad$ = $\quad$ Werbebudget
V $\quad$ = $\quad$ Vertriebsbudget
a,b,c = $\quad$ Parameter der Funktion

Die Anzahl der in den Grundformen der Wirkungsmodelle dargestellten Marketinginstrumente und die konkrete Form ihrer Verknüpfung ist hier beispielhaft zu verstehen.

Schritt 3: Hat sich der Marketingplaner auf die Form eines Wirkungsmodells festgelegt, sind die Parameterwerte der Funktion zu schätzen. Hier bieten sich zwei Möglichkeiten an. Die Parameter können durch mathematisch-statistische Verfahren aus Erfahrungswerten der Vergangenheit errechnet werden (z.B. multiple Regressionsanalysen) oder sie werden durch Expertenschätzungen bestimmt, in deren Rahmen z.B. Produktmanager ihre individuellen Erfahrungen einbringen. Häufig wird eine Kombination beider Möglichkeiten gewählt.

Schritt 4: Bei Vorlage des Wirkungsmodells kann die Prognosegröße auf der Grundlage des geplanten Einsatzes der Marketinginstrumente berechnet werden.

Wirkungsprognosen weisen gegenüber Entwicklungsprognosen den entscheidenden Vorteil auf, dass sie mit Zukunftswerten arbeiten und auf Aktivitäten des Marktes konzentriert sind. Damit handelt es sich bei der Wirkungsprognose um eine spezielle Form der **Marktreaktionsfunktionsermittlung**. Die Wirkungsmodelle können sehr gezielt für einzelne Märkte entwickelt werden. Es sind jedoch erhebliche Probleme mit der Schätzung der Parameterwerte verbunden. Nur wenn umfangreiche Erfahrungen auf dem Markt vorhanden sind, wird der Marketingplaner in der Lage sein, die Parameterwerte zu berechnen bzw. zu schätzen.

Methoden und Formen der Marktprognose

Die **quantitativen Prognoseverfahren** gehen i.d.R. von beobachteten Marktdaten aus und versuchen, auf der Grundlage eines mathematisch-statistischen Verfahrens durch einen Lösungsalgorithmus möglichst exakte Prognosewerte zu erhalten. Diese Vorgehensweise empfiehlt sich nur für kurz- und mittelfristige Prognosen. Bei langfristigen Prognosen wird man nicht davon ausgehen können, dass die berechneten Gesetzmäßigkeiten über einen längeren Zeitraum stabil sind. Deshalb werden für Langfristprognosen eher qualitative Verfahren eingesetzt.

4.3.4 Qualitative Prognoseverfahren

Qualitative Prognoseverfahren verfügen nicht über einen mathematisch-statistischen Lösungsalgorithmus zur Berechnung eines Prognoseergebnisses. Hier sollen vor allem drei qualitative Verfahren vorgestellt werden.

Für Langfristprognosen finden häufig **Expertenbefragungen** Anwendung. Als Experten können Außendienstmitarbeiter, Einkäufer im Handel, Unternehmensberater usw. dienen. Von ihrer Kompetenz und Nähe zum Markt erhofft man sich konkrete Aussagen über die voraussichtliche Entwicklung von Marktgrößen.

Expertenbefragungen können auch in Form der so genannten **Delphi-Technik** durchgeführt werden. Hierbei wird ein Kreis von Experten zusammengeführt, der in regelmäßigen Abständen mündlich oder schriftlich eine Prognose über bestimmte Marktentwicklungen abgibt. Das Besondere an der Delphi-Technik liegt darin, dass die Experten in den einzelnen Prognoseschritten die Prognoseergebnisse der gesamten Expertenrunde erhalten und auf diese Weise ihre eigenen Prognosen überdenken können.

In letzter Zeit hat die Bedeutung der **Szenario-Technik** zugenommen. Die Grundüberlegung besteht darin, Einflussgrößen für die Prognosegröße zu identifizieren, das Zusammenspiel zwischen unterschiedlichen Bestimmungsfaktoren zu untersuchen und Auswirkungen der einzelnen Faktoren im Hinblick auf die zu prognostizierende Größe zu analysieren. Für die Prognoseerstellung wird ein optimistisches Szenario entworfen, in dem von einer positiven Entwicklung der Einflussgrößen ausgegangen wird. Dem wird ein pessimistisches Szenario gegenübergestellt, in dem eine gegenläufige Entwicklung angenommen wird. Das Erstellen dieser beiden Extrema soll die Spannweite möglicher Entwicklungen aufzeigen und Adressaten der Szenarien hinsichtlich potenzieller Richtungsänderungen zukünftiger Entwicklungen sensibilisieren.

Qualitative Prognoseverfahren werden für strategische Überlegungen an Bedeutung gewinnen. Dies vor allem angesichts der hohen Dynamik von Marktveränderungen und den damit verbundenen Schwierigkeiten, Gesetzmäßigkeiten des Marktes durch quantitative Verfahren in mathematisch-statistische Formeln zu fassen.

5. Entscheidungen der Produktpolitik

Lernziele

Sie werden in die Lage versetzt, grundlegende Entscheidungen der Produktpolitik zu treffen. Sie

➢ lernen die Ziele und Instrumente der Produktpolitik kennen,

➢ machen sich mit den Methoden der Entscheidungsfindung im Produktmanagement vertraut,

➢ setzen sich mit den Entscheidungstatbeständen im Rahmen des Neuproduktplanungsprozesses auseinander und

➢ lernen, die produktpolitischen Anforderungen bei der Marken-, Verpackungs-, Service- und Sortimentspolitik umzusetzen.

Besonderes Anliegen dieses Kapitels ist es, die Notwendigkeit einer Zusammenführung der Vielzahl produktpolitischer Entscheidungen zu einem ganzheitlichen Leistungsprogramm des Unternehmens aufzuzeigen.

5.1 Ziele und Aufgaben der Produktpolitik

Zu einem zentralen Instrumentebereich im Rahmen des Marketingmix zählen die produktpolitischen Entscheidungen.

Die Produktpolitik beschäftigt sich mit sämtlichen Entscheidungen, die in Zusammenhang mit der Gestaltung des Leistungsprogramms einer Unternehmung stehen (Sach- und Dienstleistungen) und das Leistungsangebot eines Unternehmens repräsentieren.

In der Literatur hat sich der Begriff „Produktpolitik" eingebürgert, sowohl für materielle (Sachgüter) als auch für immaterielle Leistungen (Dienstleistungen). In einer erweiterten Form könnte man von der „**Leistungspolitik**" sprechen, weil ein Leistungsprogramm in der Regel aus einem „Leistungsbündel" besteht (*Engelhardt/Kleinaltenkamp/Reckenfelderbäumer* 1993). Im Folgenden soll jedoch weiterhin der Begriff Produktpolitik Verwendung finden.

Ziele und Aufgaben der Produktpolitik

Im Rahmen der Produktpolitik ist zentrales Anliegen der **Kundennutzen**, auf den die Gestaltung des Leistungsprogramms abgestimmt werden muss. Das Leistungsprogramm beinhaltet neben der eigentlichen Leistung (z.B. im Konsumgüterbereich dem Produkt) auch Serviceleistungen, die es dem Kunden ermöglichen, das gesamte Problemlösungspotenzial des Produktes bzw. der Dienstleistung in Anspruch zu nehmen. Serviceleistungen haben in den letzten Jahren einen sehr starken Bedeutungszuwachs erfahren. Die Gründe sind in der zunehmenden Angleichung der Produkte hinsichtlich Qualität, Leistung und Preis sowie den gestiegenen Bedürfnissen der Kunden nach kompletten Problemlösungen zu sehen.

5.1.1 Festlegung des Leistungsprogramms

Unter der **Zusammenstellung des Leistungsprogramms** ist – ausgehend von einem festgelegten Produktkern – ein Prozess zu verstehen, in dem schrittweise weitere Leistungsmerkmale zum physischen Produkt hinzukommen und zu einem ganzheitlichen Leistungsprogramm – dem **Produkt- bzw. Leistungsmix** – zusammengefügt werden (vgl. etwa *Wind* 1982; *Lehmann/Winer* 1996; *Kotler/Bliemel* 2001). Dieser Prozess besteht aus drei aufeinander folgenden Schritten:

(1) Definition der Einzigartigkeit des Produktes

Ausgangspunkt eines Leistungsprogramms ist die Frage, welche Produktmerkmale ein Produkt beim Kunden „einzigartig" bzw. „unverwechselbar" machen. Grundlage ist also der einzigartige **Kundennutzen**, der durch das Produkt geschaffen werden soll und von konkurrierenden Produkten nicht vermittelt werden kann. In diesem Zusammenhang geht es um die Definition der **Unique Selling Proposition (USP)** von Produkten, d.h. um jene Eigenschaft, die das Produkt von Konkurrenzprodukten in besonderem Maße unterscheidet und die daher im Mittelpunkt der Verkaufsargumentation stehen sollte. Mögliche USPs können beispielsweise die besondere Hautverträglichkeit eines Spülmittels, die Aussicht aus den Zimmern eines Hotels oder besondere Serviceleistungen eines Produzenten von Abfüllanlagen sein. Bei der Definition ist darauf zu achten, dass der USP mittelfristig gilt, von der Konkurrenz nur schwer zu imitieren ist und das Kriterium der Einzigartigkeit auch ein kaufverhaltensrelevantes Kriterium aus Sicht des Kunden darstellt (vgl. Abschnitt 1.2).

(2) Gestaltung des Produktes

Erst wenn die Einzigartigkeit bzw. der USP definiert ist, kann sich das Produktmanagement mit der Produktgestaltung befassen. Dabei geht es darum, den spezifischen Kundennutzen des eigentlichen Produkts durch Maßnahmen hinsichtlich der Produktbeschaffenheit, der Markenbezeichnung usw. sicherzustellen. Bei physischen Produkten zählen hierzu auch das Design und die Verpackung.

126

(3) Festlegung von Serviceleistungen

Über das physische Produkt hinausgehend zielen die Maßnahmen zur Festlegung produktbegleitender Serviceleistungen darauf ab, den Kundennutzen durch weitere Leistungsmerkmale zu unterstreichen und das gesamte Leistungsprogramm zu erstellen. Zu den Serviceleistungen zählen Maßnahmen der Garantieleistung, die Lieferleistungspolitik, die Kundendienstpolitik und vor allem der Value added Service, d.h. Serviceleistungen, die dem Kunden einen zusätzlichen Nutzen schaffen.

Das Vorgehen bei der Zusammenstellung des Leistungsprogramms lässt sich exemplarisch anhand eines fiktiven **Beispiels aus dem Automobilbereich** verdeutlichen:

In Zeiten erwarteter Benzinpreiserhöhungen und gesteigerten Umweltbewusstseins steht ein Automobilhersteller vor der Entwicklung eines neuen Modells, dessen Kundennutzen darin bestehen soll, dass der Käufer über ein sparsames und kostengünstiges Fortbewegungsmittel verfügt, ohne aber auf einen gewissen Standard verzichten zu müssen. Dies soll mit einem Kleinwagen verwirklicht werden. Der USP dieses Wagens soll im extrem niedrigen Treibstoffverbrauch und geringen Unterhaltungskosten (Klassenbester) liegen.

Diese Eigenschaften sollen durch eine selbsttragende Kunststoffkarosserie, einhergehend mit einem günstigen c_w-Wert, und einen verbrauchsoptimierten Motor gewährleistet werden. Der Wagen wird wahlweise mit Diesel- oder Ottomotor ausgestattet. Um die außergewöhnliche Sparsamkeit auch nach außen zu dokumentieren, wird das Fahrzeug ausschließlich mit nichtglänzender, matter Lackierung unter der Modellbezeichnung „Economico" angeboten.

Der Kauf des Wagens ist mit einer Garantieleistung von zehn Jahren gegen Korrosionsschäden und fünf Jahren gegen Motorschäden verbunden. Der technische Kundendienst wird durch 8.000 Vertragshändler bundesweit sichergestellt, die im Rahmen eines besonderen Kundenservices alle 15.000 km für einen kostenlosen Ölwechsel von „Economico"-Besitzern in Anspruch genommen werden können. Außerdem erhalten die Käufer eine Mobilitätsgarantie, d.h., im Falle einer Panne garantiert der Hersteller die Reparatur innerhalb von sechs Stunden oder die Bereitstellung eines Ersatzwagens. Das Leistungsprogramm wird komplettiert durch das allradgetriebene Sondermodell „Eco Quatro" und den zu Transportzwecken umfunktionierbaren Kleinwagen „Eco Vario".

Ausgangspunkt produktpolitischer Entscheidungen sind die **Ziele der Produktpolitik**, die aufgrund der spezifischen Marketingsituation vom Marketingmanagement formuliert werden. Hier lassen sich vor allem folgende Zielsetzungen nennen:

▦ Verbesserung der Wettbewerbsposition gegenüber Hauptkonkurrenten,

▦ Erreichen der Marketingziele, wie Absatzerhöhung, Umsatzsteigerung, Marktanteilsverbesserung usw.,

▦ Sicherstellung der Markt-, Preis- oder Qualitätsführerschaft des Unternehmens,

Ziele und Aufgaben der Produktpolitik

- Erschließung neuer Kundensegmente,
- Risikostreuung durch ein breiteres Sortiment.

5.1.2 Aufgaben des Produktmanagements

Träger der produktpolitischen Entscheidungen im Unternehmen sind Personen, die im **Produktmanagement** in erster Linie für die Entwicklung und Verbesserung von Produkten sowie die Führung von Produkten am Markt verantwortlich sind. Dabei kann es sich auch um Unternehmens- oder Marketingleiter handeln, die sich ein Team aus Mitarbeitern verschiedener Abteilungen (z.B. F&E, Produktentwicklung, Marktforschung) zusammenstellen. Der Verantwortungsbereich des Produktmanagements umfasst die folgenden **Aufgaben**, die nach drei Ebenen untergliedert werden (*Meffert* 2000, S. 335).

Auf höchsten Ebene sind **Programmentscheidungen** über Veränderungen des Absatzprogramms, d.h. sämtlicher Produktlinien und Produkte, zu treffen (*Haedrich/Tomczak* 1996). Diese strategischen Entscheidungen erfordern die Einbindung des oberen Managements. Zur Optimierung des Absatzprogramms sind vom Produktmanagement Wachstums- und Wettbewerbsanalysen sowie Umsatz- und Ertragsprognosen durchzuführen.

Im Rahmen der **Produktlinienentscheidungen** auf der zweiten Ebene ist über Veränderungen in der Produktlinie zu befinden. Die Produktlinie kann um zusätzliche Produkte erweitert werden (line extension), es können jedoch auch Produkte aus der Linie eliminiert werden. Hierzu sind eine Reihe qualitativer (z.B. Imageauswirkungen) und quantitativer Kriterien (z.B. Deckungsbeitrag, Umsatzanteil) zu berücksichtigen.

Auf der untersten Ebene der **Produktentscheidungen** sind vom Produktmanagement Entscheidungen über das einzelne Produkt zu treffen. Diese beziehen sich auf die Innovation, d.h. die Konzeptionierung und Markteinführung von Neuprodukten, die Verbesserung bestehender Produkte infolge der Veränderung der Kundenbedürfnisse sowie die Eliminationsentscheidung über Produkte, die beispielsweise einen negativen Deckungsbeitrag aufweisen. Hierzu sind vom Produktmanagement kontinuierlich Informationen über Produkterfolge, Einstellungen von Kunden und Händlern sowie über neue Probleme, Chancen und Risiken des Marktes zu sammeln und zu bewerten.

Um dieser Aufgabenfülle gerecht werden zu können, sollte ein **Planungsprozess** zur Strukturierung der Teilaktivitäten im Produktmanagement zugrunde gelegt werden.

5.2 Prozess des Produktmanagements

Ähnlich wie für die gesamte Marketingplanung lässt sich auch für den Bereich der Produktpolitik ein Planungsprozess aufstellen, der die Vorgehensweise produktpolitischer Entscheidungsfindung im zeitlichen Ablauf regelt. Schaubild 5-1 zeigt beispielhaft im Überblick einen **Prozess der Produktpolitik**, der vom Produktmanagement idealtypisch in sechs Phasen durchzuführen ist.

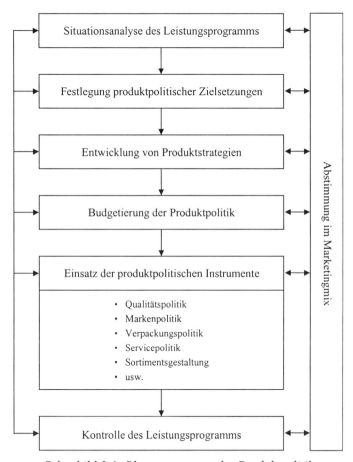

Schaubild 5-1: Planungsprozess der Produktpolitik

In den einzelnen Planungsphasen sind vielfältige **Planungsaktivitäten** notwendig.

(1) Situationsanalyse des Leistungsprogramms

Eine permanente Aufgabe des Produktmanagements ist die kontinuierliche **Analyse des Leistungsprogramms**. Hierzu können zunächst die bereits erläuterten Verfahren der Lebenszyklusanalyse, Portfolioanalyse, Produktpositionierung, Kundenbefragungen, Handelsbefragungen und Konkurrenzbeobachtungen herangezogen werden. Des Weiteren werden auch Informationen aus Deckungsbeitragsanalysen, Kennzahlensystemen, Kundenzufriedenheits- und Beschwerdeanalysen verwendet, um detaillierte Hinweise auf die Stellung des eigenen Leistungsprogramms aus Sicht des Unternehmens, der Kunden und der Händler zu erhalten. Darüber hinaus werden **Strukturanalysen** erstellt, die Auskunft über die Struktur des Leistungsprogramms (Produkte bzw. Leistungen) oder der Leistungsempfänger (Kunden) hinsichtlich der jeweiligen Kosten, Umsätze oder Deckungsbeiträge geben sollen. Schaubild 5-2 zeigt die verschiedenen Formen der Strukturanalyse im Überblick.

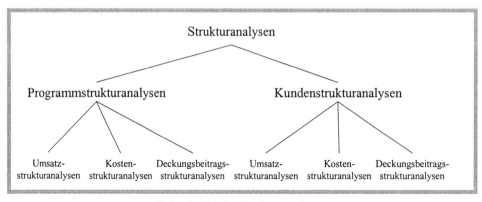

Schaubild 5-2: Strukturanalysen

In der Regel sind die Ergebnisse der Strukturanalysen in sog. **Konzentrationskurven** dargestellt: In einer zweidimensionalen Matrix werden die jeweiligen Werte der Achsendimensionen kumuliert und als Rangfolge in einer relativen Verteilung wiedergegeben. Hieraus lässt sich dann die Bedeutung einzelner Kunden bzw. Produkte für die jeweils betrachtete Größe (Umsatz, Kosten oder Deckungsbeiträge) ablesen. Schaubild 5-3 zeigt exemplarisch eine Programm- und eine Kundenstrukturanalyse, die jeweils den Umsatz als Maßstab verwendet.

Sämtliche Strukturanalysen geben Hinweise auf eine Dominanz bzw. Konzentration einiger Produkte bzw. Kunden. Eine spezielle Form dieser Analyse wird auch als **ABC-**

Analyse bezeichnet. Danach werden diejenigen Produkte bzw. Kunden mit dem höchsten Umsatzanteil als A-Produkte bzw. A-Kunden und die restlichen Produkte/ Kunden als B- bzw. C-Produkte/-Kunden bezeichnet. Diese Klassen werden unternehmensspezifisch definiert und dann auch differenziert bearbeitet. In diesem Zusammenhang spricht man von der oftmals zu beobachtenden 20:80-Regel, d.h. mit 20 Prozent der Produkte bzw. Kunden werden 80 Prozent des Umsatzes erzielt. ABC-Analysen in der Produktpolitik zeigen, ob starke Konzentrationen und damit Abhängigkeiten innerhalb des Leistungsprogramms bestehen und gegebenenfalls Maßnahmen für eine breitere Verteilung entwickelt werden müssen. Die Gefahr bei der Anwendung von ABC-Analysen besteht darin, sich voreilig auf A-Produkte bzw. -Kunden zu konzentrieren und dabei allzu leichtfertig Produkte und Kunden der Kategorien B und C zu vernachlässigen.

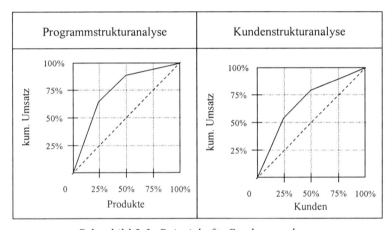

Schaubild 5-3: Beispiele für Strukturanalysen

(2) Festlegung produktpolitischer Zielsetzungen

Eine Bestandsaufnahme des Leistungsprogramms – unternehmensintern und -extern – ist die Grundlage für die Ableitung von Zielen, die durch bestehende und neue Produkte zu realisieren sind, wobei Marketingplan und -prognose berücksichtigt werden müssen.

Dies geschieht z.B. im Rahmen einer im Schaubild 5-4 dargestellten **Lückenanalyse** (*Becker* 2001, S. 412ff.), die als Hilfsmittel zur Zielbestimmung eingesetzt werden kann. Dabei wird der für die einzelnen Planperioden durch bestehende Produkte erwartete Umsatz dem jeweils geplanten Umsatz gegenübergestellt. Eine sich ergebende **Umsatzlücke** kann u.a. durch Leistungsverbesserungen der bestehenden Produkte oder durch neue Produkte geschlossen werden. Eine ähnliche Vorgehensweise kann auch zur Identifizierung einer **Gewinnlücke** herangezogen werden.

Prozess des Produktmanagements

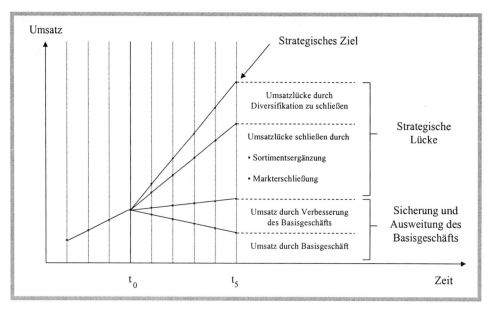

Schaubild 5-4: Lückenanalyse

Neben den sich aus der Lückenanalyse ergebenden Vorgaben sind die sich aufgrund der spezifischen Marketingplanung ergebenden **Produktziele** zu berücksichtigen. Sie sind einzelnen Marktteilnehmern gegenüber zu präzisieren. Dies sei am Beispiel der Zielinhalte eines Joghurt-Herstellers verdeutlicht:

Konsumentengerichtet: Erschließung von Segmenten jüngerer Konsumenten, Erhöhung der Kauffrequenz von Diät-Joghurts bei Singles, Erhöhung der durchschnittlichen Menge pro Kauf bei Familien.

Handelsgerichtet: Erhöhung des Distributionsgrades von Körner-Joghurts bei Supermärkten, Sortimentskomplettierung.

Konkurrenzgerichtet: Verbesserung der Imagedimension Qualität gegenüber dem Hauptkonkurrenzprodukt, Steigerung des relativen Marktanteils bei Frucht-Joghurts.

(3) Strategieentwicklung für die Produktpolitik

Liegen die produktpolitischen Ziele fest, ist die mittel- bis langfristige Stoßrichtung als Rahmen für die Produktpolitik zu determinieren. In der Produktpolitik sind dabei folgende Leistungsdimensionen im Sinne von Strategien festzulegen:

Qualitätsstrategie: Festlegung des Qualitätsniveaus zwischen qualitativ hochwertigen Produkten (Premiumprodukten) und Produkten mit Standardqualität.

Preisstrategie: Festlegung des Preisniveaus zwischen einem hohen und niedrigen Preisniveau sowie Bestimmung der Preisabfolge.

Markenstrategie: Entscheidung zwischen einer Dachmarken-, Familienmarken-, Mehrmarken- oder Einzelmarkenstrategie (vgl. Abschnitt 5.4.2).

(4) Budgetierung der Produktpolitik

Die produktpolitischen Maßnahmen und hier insbesondere die Produktentwicklung binden im Unternehmen Zeit und Geld. Je nach Branche und Produktkomplexität ist mit erheblichen Entwicklungszeiten und -kosten für neue Produkte zu rechnen (so z.B. im Automobil- oder Pharmabereich mehrere Jahre). Das Budget für das Produktmanagement muss sämtliche Maßnahmen für die Spezifizierung und Umsetzung der Anforderungen aus der Sicht des Marketing (Kundenperspektive) und der Technik (Technologieperspektive) umfassen. Dies beinhaltet im Einzelnen Kosten für die Marktforschung, F&E, Einsatz von externen Spezialisten und Beratern, Erstellung von Prototypen, Testverfahren u.a.m. Dieses Budget muss dann auf die einzelnen Planungsperioden verteilt werden.

(5) Einsatz der produktpolitischen Instrumente

Ist der Rahmen der Produktpolitik durch das Budget abgesteckt, erfolgt eine Feinabstimmung hinsichtlich des Einsatzes der produktpolitischen Instrumente. Hier muss jetzt im Einzelnen festgelegt werden, wie die Produktstrategie durch Einzelmaßnahmen der Qualitätspolitik (z.B. Haltbarkeit), Markenpolitik (z.B. Namensgebung), Verpackungspolitik (z.B. Wahl des Packstoffs), Servicepolitik (z.B. Garantieleistungen) und Sortimentsgestaltung (z.B. Anzahl der Produktvarianten) umgesetzt werden soll.

(6) Kontrolle des Leistungsprogramms

Am Ende des Planungsprozesses steht die Kontrolle des Leistungsprogramms. Es wird geprüft, ob die geplanten Ergebnisse eingetreten und Anpassungsmaßnahmen erforderlich sind. Mögliche Anpassungen können sich u.a. auf eine modifizierte produktpolitische Zielsetzung, die Initiierung von Produktentwicklungen oder Änderungen einzelner produktpolitischer Instrumente beziehen. Die Kontrolle des Leistungsprogramms ist inhaltlich und organisatorisch eine Aufgabe des Marketingcontrolling (vgl. Kapitel 10).

5.3 Entscheidungen der Neuproduktplanung

Die Weiterentwicklung von Produkten ist eine permanente Aufgabe des Produktmanagements. Dabei sind drei Ansätze der (Neu-)Produktpolitik zu unterscheiden:

▓ **Produktinnovation**: Entwicklung von Produkten, die für den Markt und/oder das Unternehmen vollkommen neuartig sind.

Entscheidungen der Neuproduktplanung

■ **Produktverbesserung**: Verbesserung bestimmter Eigenschaften oder sonstiger Leistungsmerkmale von Produkten (z.B. Qualitätsverbesserung, verlängerte Garantiezeit, Verpackungsänderungen). Dabei wird das Ursprungsprodukt durch die verbesserte Variante ersetzt.

■ **Produktdifferenzierung**: Entwicklung zusätzlicher Produktvarianten, durch die bisherige Produkte im Markt ergänzt werden, z.B. kleinere/größere Verpackungseinheiten, exklusivere/einfachere Produktausstattungen, Zweitmarken für bestimmte Vertriebsschienen o.ä.

Träger des Neuproduktplanungsprozesses ist nicht nur das Produktmanagement, sondern in den einzelnen Planungsschritten sind gleichermaßen Personen aus den Bereichen Marktforschung, F&E, Produktion, aber auch Kunden und Produktverwender (Lead User) einzubinden. Um die Entscheidungen über die Produktinnovationen systematischer zu treffen, wird ein fünfstufiger **Neuproduktplanungsprozess** vorgeschlagen (zu ähnlichen Planungsprozessen vgl. *Bruhn* 1994; *Kotler/Bliemel* 2001; *Meffert* 2000):

(1) Suche nach Produktideen,

(2) Grobauswahl von Produktideen,

(3) Entwicklung und Prüfung von Produktkonzepten,

(4) Feinauswahl von Produktkonzepten,

(5) Einführung des Neuproduktes.

Der Planungsprozess für Produktverbesserungen und Produktdifferenzierungen wird nach ähnlichen Stufen ablaufen, allerdings in verkürzter Form und im Vergleich zur Innovationsplanung weniger ausführlich, da das Risiko hier geringer ist.

5.3.1 Suche nach Produktideen

Anregungen zur Entwicklung von Ideen kommen vom Markt, wenn Produkte des Unternehmens nicht mehr konkurrenzfähig sind oder sich Bedürfnisse der Kunden verändert haben. Dabei beginnt die Ideensuche i.d.R. zunächst damit, unternehmensinterne und -externe Quellen zu nutzen. Für eine **Ideensammlung** sind folgende Quellen von besonderer Bedeutung (*Herrmann* 1998):

■ **Unternehmensinterne Quellen**: Kundendienstberichte, Kundenanfragen, Kundenbeschwerden, Betriebliches Vorschlagswesen, Ergebnisse aus F&E, Befragung der Außendienstmitarbeiter u.a.

■ **Unternehmensexterne Quellen**: Kunden-, Experten-, Absatzmittlerbefragungen, Konkurrenzbeobachtung (In- und Ausland, z.B. Messebesuche), Veröffentlichungen in Fachzeitschriften, Verbandsmitteilungen und Publikationen anderer Institutionen, Erfinder, Lizenzgeber, Patentämter und -anwälte, Forschungsinstitute und Technologieberater, Marketing- und Innovationsberater.

Diesen unternehmensinternen und -externen Quellen lassen sich erste Anregungen für Neuproduktentwicklungen entnehmen. Erfahrungsgemäß reichen sie jedoch nicht aus, individuelle Problemlösungen zu finden. Dazu werden häufig **kreative Verfahren** mit dem Ziel eingesetzt, auch ungewöhnliche Vorschläge für neue Produkte oder Produktveränderungen zu generieren. Zur **Ideenproduktion** werden sowohl intuitive als auch diskursive Verfahren eingesetzt, die in Schaubild 5-5 aufgezeigt sind.

(1) Intuitive (spontan-kreative) Verfahren

Brainstorming: Etwa drei bis acht Personen aus möglichst unterschiedlichen Abteilungen bilden eine Gruppe und entwickeln spontane Ideen zu einer vorgegebenen Problemstellung. Von besonderer Wichtigkeit ist dabei, dass Vorschläge zwar verbessert und mit anderen Ideen kombiniert werden können, jedoch keine Bewertung oder gar Kritik an einzelnen Ideen erfolgen darf. Im Vordergrund von Brainstormingsitzungen steht die Quantität der Ideenvorschläge. Die Vorschläge werden protokolliert und dann später durch das Produktmanagement bewertet und weiterverfolgt.

Ideenauslösendes Element / Arbeitsweise	Assoziation bzw. Abwandlung	Konfrontation
Verstärkung der Intuition	**Intuitive Assoziation** ▨ Brainstorming ▨ Brainwriting	**Intuitive Konfrontation** ▨ Synektik ▨ Reizwortanalyse
Systematisch-analytisches Vorgehen	**Systematische Abwandlung** ▨ Fragenkataloge/Checklisten ▨ Funktionsanalysen ▨ Morphologische Analyse	**Systematische Konfrontation** ▨ Systematische Reizobjektermittlung

Schaubild 5-5: Systematisierung von Kreativitätstechniken
(in Anlehnung an Geschka 1982, S. 188)

Brainwriting: In ähnlicher Weise, aber ohne Gefahr der direkten Kritik, verläuft das Brainwriting, indem Produktideen durch die Gruppenteilnehmer schriftlich festgehalten werden. Ein bekanntes Verfahren ist die **Methode 6-3-5**, d.h. **sechs** Personen notieren

Entscheidungen der Neuproduktplanung

jeweils **drei** Produktideen auf einem Formular. Diese Ideen werden in der Runde **fünf-mal** an das nächste Gruppenmitglied weitergegeben, das die drei ihm vorliegenden Ideen jeweils weiterentwickelt.

Synektik: Bei diesem Gruppenverfahren sitzen unternehmensinterne Mitarbeiter und externe Personen aus möglichst unterschiedlichen Bereichen zusammen und werden von einem Diskussionsleiter mit der zu lösenden Problemstellung in groben Umrissen vertraut gemacht. In einem nächsten Schritt werden die Gruppenteilnehmer aufgefordert, die Problemstellung zu verfremden und auf andere Bereiche zu übertragen, in denen ähnliche Probleme vorliegen (z.B. Natur, Technik, Alltag). Mit dem Mechanismus der Verfremdung in andere Lebensbereiche sollen durch Analogien Produktideen gefunden werden, die ungewöhnlich sind. Die Durchführung der Synektik bedarf eines professionellen Synektikleiters.

Reizwortanalyse: Bei der Reizwortanalyse setzt man sich in einer Gruppe zusammen und sucht aus einem Referenzbereich aktuelle Reizwörter (z.B. aus dem Lebensmittelbereich: Light-, Bio-, Naturprodukte), deren Eignung dann für den Suchbereich (z.B. Tierfutter) geprüft wird.

(2) Diskursive (systematisch-analytische) Verfahren

Fragenkataloge/Checklisten: Spezielle Fragelisten sollen Anregungen für Produktveränderungen geben. Beispiele für Fragen: Lässt sich das Produkt vergrößern oder verkleinern? Gibt es andere Verwendungsmöglichkeiten? Kann es mit anderen Produkten kombiniert werden? Lässt sich die Technologie anpassen? Wo liegt das größte Optimierungspotenzial?

Funktionsanalysen: Es werden diejenigen Funktionen beschrieben, die die Produkte bereits erfüllen. Durch eine Kombination verschiedener Funktionen sollen Anregungen für neue Produkte entstehen. Beispiel: Ein Hersteller von Milcherzeugnissen stellt Milch, Butter, Joghurt mit Früchten und Körnern usw. her. Durch eine Kombination der Funktionen – wie Durstlöschen, Gesund ernähren, Süßes genießen – entstehen neue Produktideen, wie z.B. Frucht-Buttermilch, Kakaobutter, Trinkjoghurt.

Morphologische Analyse: Hier wird die Bedarfserfüllung von Produkten in bestimmte Grunddimensionen zerlegt, um durch Kombination der Merkmalsausprägungen der einzelnen Dimensionen Hinweise auf neue Produkte zu erhalten. Ein Tierfutterhersteller kann beispielsweise sein Hundefutter nach drei Grunddimensionen mit folgenden Merkmalsausprägungen aufteilen: (1) Produktinhalt (Rind-, Schweinefleisch, Leber, Herz, Pansen, Getreide); (2) Produktbeschaffenheit (roh, gekocht, flüssig, Flocken, Brocken); (3) Verpackung (Dose, Tube, Karton, Flasche). Durch systematisches Kombinieren sämtlicher Merkmalsausprägungen lassen sich oftmals vielfältige, neuartige Produktideen erhalten (z.B. getrocknete Leberbrocken im Karton).

Entscheidungen der Produktpolitik

Systematische Reizobjektermittlung: Hierbei werden systematisch Reizobjekte bzw. Reizworte ermittelt, die in ihren Eigenschaften den Anforderungen an die Problemlösung gerecht werden. Dazu erfolgt nach der Formulierung der Problemstellung (neues Hundefutter) sowie der Ermittlung der zentralen Einflussfaktoren auf das Problem (neue Produktsubstanz, Verpackung) die Definition jener Anforderungen, die jede noch zu findende Lösung erfüllen muss (Frische, Vitamine). Danach erfolgt die Auswahl relevanter Analogiebereiche (Lebensmittel für Menschen) und die Ableitung von Reizobjekten bzw. -worten aus diesem Analogiebereich (Pillen, Bio, Fertigmenü). Schließlich werden zu jedem Reizobjekt neue Lösungsmöglichkeiten für das Problem erarbeitet.

Kreative Verfahren führen zu einer Vielzahl von Vorschlägen, die Hinweise auf Produktinnovationen und Produktverbesserungen geben. Die genannten diskursiven Verfahren und die Methoden des Brainstorming und Brainwriting sind in den Unternehmen relativ leicht zu handhaben und werden daher auch regelmäßig eingesetzt.

5.3.2 Grobauswahl von Produktideen

Eine Prüfung von Neuproduktideen wird zunächst als **Grobauswahl** erfolgen, in der einzelne Produktideen nach vorgegebenen Beurteilungskriterien bewertet werden. Hierzu dient vor allem das **Punktbewertungsverfahren**, das in der Lage ist, eine transparente Entscheidung unter Einbeziehung zahlreicher sowohl quantitativer als auch qualitativer Kriterien herbeizuführen. Das **Grundmodell** des Punktbewertungsverfahrens durchläuft dabei folgende Ablaufschritte:

(1) **Festlegung der Beurteilungskriterien**, die das Unternehmen zur Entscheidungsfindung im Einzelnen heranzieht. Es ist darauf zu achten, dass diese Kriterien möglichst überschneidungsfrei sind.

(2) **Festlegung von Gewichtungsfaktoren**, die sich daraus ergeben, dass die verschiedenen Kriterien meist unterschiedliche Bedeutungen im Entscheidungsprozess zukommen. Die Gewichtungsfaktoren werden in einer Gruppensitzung mit den beteiligten Abteilungen bzw. Personen für die einzelnen Beurteilungskriterien festgelegt.

(3) **Vergabe von Punktwerten** für die einzelnen Produktideen. Diese wird meist individuell vorgenommen, um anschließend unterschiedliche Meinungen und Einschätzungen über die Produktideen darzulegen und in der Gruppe zu erörtern.

(4) Für die einzelnen Produktideen erfolgt dann eine Multiplikation der Punktwerte pro Kriterium mit den jeweiligem Gewichtungsfaktor und eine **Addition** der daraus resultierenden **gewichteten Punktwerte**.

(5) Die Summe der gewichteten Punktwerte ist **Maßstab für die Entscheidung** über eine weitere Verfolgung oder Vernachlässigung der betreffenden Produktidee. Diese Entscheidung kann beispielsweise durch die vorherige Festlegung eines Mindest-

137

Entscheidungen der Neuproduktplanung

punktwertes (für die Summe der gewichteten Punktwerte, aber auch für das Erreichen von Mindestpunkten ausgewählter Beurteilungskriterien, z.B. des notwendigen Investitionsvolumens), der von den einzelnen Produktideen erreicht werden muss, erfolgen. Ebenso kann entschieden werden, nur eine bestimmte Anzahl von Produkten weiterzuverfolgen. In diesem Falle werden die Produktideen mit den höchsten Punktwerten weiterverfolgt.

In Schaubild 5-6 ist ein Schema für ein Punktbewertungsverfahren zur Beurteilung von Produktideen wiedergegeben.

Produktidee/Produktkonzept Nr. _____			
Beurteilungskriterien	Gewichtung (Σ 100%)	Punkte 1 bis 10	Gewichtete Punktwerte
1. Unternehmensbezogene Kriterien • Technisch realisierbar • Investitionsvolumen • ...			
2. Kundenbezogene Kriterien • Kundennutzen sichtbar • Erschließung neuer Käuferschichten • Verbesserung der Qualitätswahrnehmung • ...			
3. Handelsbezogene Kriterien • Zusätzliche Handelsprofilierung • Kooperationsbereitschaft des Handels • ...			
4. Konkurrenzbezogene Kriterien • Erlangung von Wettbewerbsvorteilen • Nachahmungsgefahr der Konkurrenz • Gegenaktionen der Konkurrenz • ...			
5. Umfeldbezogene Kriterien • Rechtliche Beschränkungen • Umweltverträglichkeit • Konjunkturelle Einflüsse • ...			
Summe der gewichteten Punktwerte			

Schaubild 5-6: Schema für ein Punktbewertungsverfahren
zur Beurteilung von Produktideen

Eine Grobauswahl von Produktideen auf der Grundlage des Punktbewertungsverfahrens hat den **Vorteil**, dass der unternehmensspezifischen Situation Rechnung getragen wird, da das Unternehmen selbst die relevanten Beurteilungskriterien bestimmen kann. Weiterhin ist das Verfahren in der Lage, eine Vielzahl quantitativer und qualitativer Kriterien einzubeziehen und die Entscheidung für oder gegen bestimmte Produktideen für alle Beteiligten transparent und nachvollziehbar zu machen. Dem steht jedoch als **Nachteil** gegenüber, dass das Verfahren mit subjektiven Einschätzungen arbeitet (bei der Angabe von Beurteilungskriterien, den Gewichtungsfaktoren, bei der Punktevergabe sowie der Entscheidungsregel über die Höhe der gewichteten Punktwerte) und der Aufwand für die Handhabung relativ groß ist. Insgesamt aber zwingt das Verfahren alle beteiligten Entscheidungsträger dazu, ihre Beurteilungskriterien offen zu legen und mit der Einschätzung anderer Beteiligter zu konfrontieren.

Das klassische Punktbewertungsverfahren – auch **Scoringmodell** genannt – wurde in der Zwischenzeit durch zahlreiche Anpassungen modifiziert und den spezifischen Bedingungen in Unternehmen angepasst. Darüber hinaus kann das Verfahren auch durch weitere Entscheidungstechniken, insbesondere Nutzwert- und Wahrscheinlichkeitsanalysen, Risiko-Nutzen-Kalküle, Sensitivitätsanalysen u.a. ergänzt und verfeinert werden.

5.3.3 Entwicklung und Prüfung von Produktkonzepten

Nach Abschluss der Grobauswahl wird eine kleinere Anzahl von Produktideen übrigbleiben, die das Produktmanagement weiterverfolgt. Es ist erforderlich, auf Basis einzelner Produktideen detaillierte Produktkonzepte auszuarbeiten. Ein **Produktkonzept** besteht aus einer genaueren Beschreibung des Produktes, insbesondere der angestrebten Positionierung, der Kennzeichnung der Vorteile gegenüber anderen Produkten, der Identifizierung anzusprechender Kundensegmente und der Verwendungssituation.

Ausgangspunkt für die Erarbeitung des Produktkonzeptes ist wiederum der **Kundennutzen**. Hierzu ist es für die angestrebte **Produkt- bzw. Markenpositionierung** erforderlich, Produktunterschiede im Wahrnehmungsraum der Kunden zu identifizieren und eine Platzierung des neuen Produktes im „Produktraum" vorzunehmen (zur Positionierung vgl. auch Abschnitt 3.3.2).

Zur systematischen Entwicklung von Produktkonzepten und Sicherstellung einer hohen Produktqualität wird seitens des Produktmanagements ein **Lastenheft** erstellt, in dem spezifiziert wird, welche (z.B. technischen) Anforderungen das zu entwickelnde Produkt erfüllen muss (z.B. sparsamer Motor). Aufgabe der Entwicklungsabteilung ist es nun, im **Pflichtenheft** festzulegen, wie und womit die im Lastenheft festgeschriebenen Anforderungen realisiert werden sollen (z.B. Dieselmotor mit Direkteinspritzung). In dieser frühen Phase der Produktentwicklung wird bereits angestrebt, ein möglichst hohes Qualitätsniveau des Produktes sicherzustellen. Dies kann durch den Einsatz des Qualitätsma-

Entscheidungen der Neuproduktplanung

nagements realisiert werden, indem die **Kundenanforderungen** (Lastenheft) systematisch durch den Einsatz der Methode des **Quality Function Deployment** (QFD) in konkrete Produktmerkmale (Pflichtenheft) überführt werden (*Griffin/Hauser* 1993; *Herrmann* 1998). Durch die Methodik des QFD wird dabei sichergestellt, dass sich die Produktentwicklung auf jene Produktmerkmale konzentriert, die aus Sicht der Kunden besonders wichtig sind (z.B. Sparsamkeit, Beschleunigung, Sicherheitsausstattung eines PKW).

Im **Industriegüterbereich** ist es darüber hinaus spätestens in dieser Phase von Vorteil, die (potenziellen) Kunden direkt in den Produktentwicklungsprozess als Partner einzubinden. Innovative Produktkonzepte können so den tatsächlichen, oft sehr speziellen Kundenanforderungen frühzeitig angepasst werden. Zudem können derartige „Pilotkunden" wertvolle Überzeugungsarbeit bei der tatsächlichen Einführung der Produktinnovation leisten (*Backhaus* 1999, S. 330f.).

Gleiches gilt wegen der Integration des Kunden bei der Dienstleistungserstellung auch für den **Dienstleistungsbereich**. Dort ist für eine systematische Entwicklung eines Leistungskonzeptes zudem eine Auflistung der einzelnen Ablaufschritte bzw. eine Zerlegung der Dienstleistung in Phasen vorzunehmen („Blueprinting", vgl. hierzu weiterführend *Meffert/Bruhn* 2001, S. 306).

Auf Basis des Produktkonzeptes werden dann Zeichnungen, Modelle, Prototypen oder schriftliche Beschreibungen des Produktes erstellt. Mit folgendem Beispiel eines leichten Schokoladenriegels mit erhöhtem Milchanteil und Joghurt- bzw. Kefirfüllung soll eine Produktbeschreibung veranschaulicht werden:

▓ **Verwendungszweck**: multifunktional als Zwischenmahlzeit, Partysnack oder kleine Aufmerksamkeit,

▓ **Produktvorteile**: kalorienarm durch extrem niedrigen Zuckergehalt, ungekühlt haltbar durch neuartige Verpackung,

▓ **Kundensegmente**: junge und junggebliebene sportliche Schokoladenfreunde sowie ernährungsbewusste „Naschkatzen",

▓ **Produktpositionierung**: gesund, wohlschmeckend, sportlich.

Für Investitionsgüter gilt dasselbe analog, während bei Dienstleistungen z.B. Prototypen o.ä. nicht möglich sind.

Anschließend erfolgt die **Prüfung des Produktkonzeptes** durch ausgewählte Testpersonen. Durch verschiedene Fragen sollen dessen Eignung, Innovationsgehalt und Marktchancen getestet werden. Beispiel für Fragestellungen in dieser Phase sind:

▓ Wird der Kundennutzen verstanden?

▓ Welches sind die wichtigsten Konkurrenzprodukte?

Entscheidungen der Produktpolitik

- Sind die Produktvorteile gegenüber Konkurrenzprodukten ausreichend?

- Wie wird das Preis-Leistungs-Verhältnis beurteilt?

- Bestehen Präferenzen und Kaufabsichten bezüglich des neuen Produktes?

- Welche Produkte/Marken werden durch das neue Produkt bzw. die neue Marke substituiert?

- Welche Kaufbarrieren werden wahrgenommen?

- Bestehen Vorschläge für Produktverbesserungen?

Die Schwierigkeit der Prüfung von Produktkonzepten besteht darin, dass es sich in der Testsituation nicht um reale Kaufsituationen handelt und deshalb Antworten über Kaufwahrscheinlichkeiten mit Vorbehalten zu interpretieren sind. Hier ist insbesondere das befragungstaktische Instrumentarium der Marktforschung einzusetzen (z.B. bei der Erfassung von Kaufabsichten). Eine Prüfung von Produktkonzepten kann nicht nur mit Endabnehmern vorgenommen werden. Vielmehr empfiehlt es sich, auch mit Händlern oder anderen Absatzmittlern das neue Produktkonzept rechtzeitig durchzusprechen. Aufgrund der besonderen Marktnähe zu den Kunden können Händler dem Hersteller eine realistische Einschätzung der Marktchancen und -risiken neuer Produktkonzepte geben.

Nach Prüfung der Produktkonzepte werden dann – falls das einzelne Produktkonzept nicht verworfen wird – **Produktverbesserungen** vorgenommen. Dies gilt insbesondere bezüglich einer klareren und konsequenteren Positionierung des Produktes bzw. der Marke gegenüber Konkurrenzprodukten und einer Feinabstimmung des Preises.

Die Prüfung von Produktkonzepten wird von vielen Unternehmen vernachlässigt. Es besteht die Gefahr, dass die Mitarbeiter des Produktmanagements von der eigenen Produktidee und dem Produktkonzept so sehr überzeugt sind, dass sie auf ausführliche Tests verzichten. Eine Prüfung ist aber empfehlenswert, da sich bereits in diesem Stadium der Produktentwicklung Fehleinschätzungen rechtzeitig aufdecken und Fehlplanungen korrigieren lassen.

5.3.4 Feinauswahl von Produktkonzepten

In der Phase der Feinauswahl sind jene Produktkonzepte zu bestimmen, die weiterentwickelt und letztlich am Markt durchgesetzt werden sollen. Im Rahmen von **Wirtschaftlichkeitsanalysen** wird mit Hilfe der **Verfahren der Investitionsrechnung** (z.B. Breakeven-Analyse, Kapitalwertmethode, interne Zinsfußmethode und Annuitätenmethode) bestimmt, inwiefern die einzelnen Produktkonzepte zum Erreichen ökonomischer Ziele (z.B. Absatz, Umsatz, Gewinn, Deckungsbeitrag) beitragen.

141

Entscheidungen der Neuproduktplanung

Grundlage der **Gewinnplanung** ist die Schätzung der Umsätze und Kosten der einzelnen Produktkonzepte. Für die **Umsatzprognose** sind entsprechend zu erwartende Umsatzverläufe abzuschätzen (zu Marktprognosen siehe auch Abschnitt 4.3). Der jeweils branchentypische Umsatzverlauf kann dabei oftmals Anhaltspunkte bieten. In Verbrauchsgütermärkten sind Erst- und Probierkäufe sowie Wiederkaufraten der Kunden im zeitlichen Ablauf abzuschätzen. Bei Gebrauchsgütern sind es angesichts größerer Kaufintervalle vor allem die Schätzung der Erstkäufe und des Ersatzbedarfs, die für die Umsatzprognose herangezogen werden. Im Industriegüterbereich ist die potenzielle Kundschaft überschaubar; hier sind zur Umsatzprognose Schätzungen hinsichtlich der Kaufwahrscheinlichkeiten auch einzelner Kundensegmente möglich. Die **Kostenschätzung** umfasst sämtliche dem Produktkonzept zurechenbaren Kosten aus den Bereichen F&E, Produktion, Marketing und Verwaltung. Hier liegen i.d.R. Erfahrungswerte aus dem Rechnungswesen vor, die aus Vereinfachungsgründen für die Kostenkalkulation herangezogen werden. Ein Beispiel für die Ermittlung der Gewinnbeiträge der einzelnen Perioden zeigt Schaubild 5-7.

	Angaben in Mio. GE	t_0	t_1	t_2	t_3	t_4
1	Umsatzerlöse	0	2	4	5	6
2	./. variable Herstellkosten (25%)	0	0,5	1	1,25	1,5
3	Deckungsbeitrag I	0	1,5	3	3,75	4,5
4	./. variable Marketingkosten	0	0,5	0,7	0,9	1,0
5	Deckungsbeitrag II	0	1	2,3	2,85	3,5
6	./. anteilige Gemeinkosten	0	0,2	0,4	0,5	0,6
7	Deckungsbeitrag III	0	0,8	1,9	2,35	2,9
8	./. F & E-Kosten	1,0	0	0	0	0
9	./. Marketing-Fixkosten	0	1	1	1	1
10	Nettoerfolg	-1,0	-0,2	0,9	1,35	1,9
11	Diskontierter Nettoerfolg (i = 10%)	-1,0	-0,18	0,74	1,01	1,30
12	kumulierter Nettoerfolg	-1,0	-1,18	-0,44	0,57	1,87

Schaubild 5-7: Beispiel für die Gewinnplanung von neuen Produkten

Bei einer Gewinnplanung nach diesem Schema sind zwei weitere Aspekte zu berücksichtigen. Die Umsatz- und Kostenplanungen der einzelnen Jahre sind mit erheblichen **Risiken** verbunden. Dies betrifft insbesondere die Sicherheit der Abschätzung der Preisentwicklung sowie der Handels- und Konkurrenzreaktionen. Deshalb ist es erforderlich, Kosten- und Umsatzwerte unter Wahrscheinlichkeitsgesichtspunkten zu ermitteln und entsprechend zu kennzeichnen. Weiterhin sind die berechneten Erfolgsdaten in Beziehung zu setzen zu den angestrebten **ökonomischen Unternehmens- und Marketingzielen**. Es muss beurteilt werden, ob die geplanten Umsatz-, Marktanteils- und Renditeziele durch die neuen Produkte erreicht werden können und wie hoch das Investitionsrisiko einzuschätzen ist.

Nach Abschluss der Wirtschaftlichkeitsanalyse hat die Unternehmensleitung über **Aufgabe oder Weiterverfolgung des betrachteten Produktkonzeptes** zu entscheiden. Im Falle einer Positiventscheidung ist das Produktkonzept weiterzuentwickeln und zu verfeinern. Des Weiteren sind sämtliche produktpolitischen Instrumente – Qualität, Design, Markenname, Verpackung usw. – festzulegen. Vor der eigentlichen Markteinführung werden Verbrauchs- und Gebrauchsgüter sowie Dienstleistungen einem Produkt- und/oder Markttest unterzogen, um weitere Hinweise auf mögliche Produktverbesserungen zu erhalten.

> **Ein Produkttest ist ein Test von Produkteigenschaften durch ausgewählte Testpersonen unter kontrollierten Bedingungen.**

Dabei werden die Testpersonen mit dem Produkt konfrontiert und zu einer Stellungnahme zu bestimmten Produktmerkmalen aufgefordert. Es sind zwei **Formen von Produkttests** zu unterscheiden:

- **Volltests** prüfen das Produkt in seiner Gesamtheit, um sich einen Eindruck über die Akzeptanz des gesamten Produktkonzeptes zu verschaffen.

- **Partialtests** untersuchen ausgewählte Produktmerkmale, z.B. Qualität, Preis, Geschmack, Markenname oder die Verpackung.

Häufig werden beide Testverfahren als **Blindtest** durchgeführt, indem den Testpersonen die Markennamen nicht bekannt gegeben werden. Darüber hinaus kann der Produkttest als **Einzel-** (nur ein Produkt wird den Testpersonen vorgelegt) oder **Mehrfachtest** (unter Einbeziehung weiterer Produkte) erfolgen. Als **Vorteil** von Produkttests ist ihre relativ schnelle und kostengünstige Abwicklung zu erwähnen. Die durch Produkttests gewonnenen Informationen geben wertvolle Hinweise für eine Verbesserung der Produktkonzepte. Als **Nachteil** muss bei diesem Verfahren berücksichtigt werden, dass die Testbedingungen meist nicht den realen Kaufsituationen entsprechen.

In Situationen, in denen mit der nationalen Markteinführung ein hohes Risiko verbunden ist, kann die Durchführung eines **Markttests** in Erwägung gezogen werden.

> **Ein Markttest ist die Prüfung des Abverkaufs von Produkten in einem Testgebiet unter Einsatz des gesamten Marketinginstrumentariums.**

Entscheidungen der Neuproduktplanung

Dazu wird ein regional abgegrenztes, für den nationalen Markt repräsentatives Gebiet (z.B. einzelne Bundesländer) ausgewählt und das gesamte Marketinginstrumentarium unter realen Bedingungen eingesetzt. Auf diese Weise soll die Reaktion der Kunden auf Produkt- und Marketingstrategien geprüft werden. Erst wenn sich das Testprodukt im Testgebiet bewährt hat, wird es endgültig national eingeführt.

Verschiedene Marktforschungsinstitute bieten hierzu **lokale Testmärkte** an (z.B. ERIM, TELERIM und BehaviorScan). Bei lokalen Testmärkten handelt es sich um meist kleinere Orte, in denen durch technische Hilfsmittel eine Einteilung der Bevölkerung in Gruppen erfolgt, so dass gezielt eine oder mehrere Gruppen mit der zu testenden Marketingmaßnahme konfrontiert werden kann (z.B. durch speziell eingeblendete Fernsehspots im Kabelfernsehen, eigens aufbereitete Programmzeitschriften mit unterschiedlichen Anzeigen). Durch die Verwendung von Identifikationskarten der Kunden in den Einkaufsstätten kann im Rahmen eines experimentellen Untersuchungsdesigns die Faktorwirkung der Marketingmaßnahmen bei Versuchs- und Kontrollgruppen gemessen werden.

Die **Vorteile** des Markttests liegen in der Absicherung von Risiken, der Möglichkeit zur Verbesserung des Produktes und der Marketingmaßnahmen sowie in einer Analyse der Kaufbarrieren bei Endabnehmern und Händlern. Dem stehen jedoch als **Nachteile** gegenüber, dass Markttests sehr kostenintensiv sind, die Konkurrenz von eventuellen (Einführungs-)Absichten des Unternehmens frühzeitig erfährt und das Testergebnis bewusst beeinflussen und entsprechende Gegenmaßnahmen in der eigenen Produktpolitik planen kann. Eine weitere Schwierigkeit liegt in der Kontrolle der Einflussfaktoren im Testmarkt (störende Umfeldeinflüsse und insbesondere Konkurrenzreaktionen). Daher sind Markttests i.d.R. nur auf gesättigten Konsumgütermärkten zu beobachten, in denen Markteinführungen neuer Produkte oder Marken mit einem erheblichen Investitionsvolumen und entsprechendem -risiko verbunden sind (z.B. im Waschmittel-, Zigaretten- und Zeitschriftenmarkt).

Ein Markttest beabsichtigt, die Reaktionen der Endabnehmer und des Handels auf das neue Produkt zu testen. Sind mit der Einführung von Neuprodukten spezielle handelsorientierte Maßnahmen (z.B. Verkaufsförderungsmaßnahmen oder Sonderplatzierungen) verbunden und sollen diese vorher geprüft werden, bietet sich ein **Storetest** an.

> **Ein Storetest ist ein Test, bei dem die Wirkung von Marketingmaßnahmen in ausgewählten Betriebsformen des Handels unter realen Bedingungen überprüft wird.**

Bei einem Storetest wird ein Produkt in 20 bis 30 Geschäften in Verbindung mit einer speziellen Marketingmaßnahme probeweise zum Verkauf angeboten. Neben dieser Testgruppe wird die Wirkung auch in anderen (Kontroll-)Geschäften beobachtet. Die Anzahl und Struktur der Geschäfte ist i.d.R. nicht repräsentativ. Als **Vorteile** von Storetests kann

genannt werden, dass sie relativ kostengünstig sind und keinen langen Durchführungszeitraum (wie etwa ein Markttest) beanspruchen. Zudem sind Storetest gut geeignet, um
Ansatzpunkte für die Zusammenarbeit mit dem Handel zu gewinnen. Als **Nachteil** gilt
vor allem die mangelnde Repräsentativität der Ergebnisse, da oft nur wenige Einkaufsstätten in den Test einbezogen werden.

5.3.5 Einführung des Neuproduktes

Auch in der Endphase der Neuproduktplanung sind planerische Maßnahmen erforderlich,
um die **Durchsetzung des neuen Produktes** im Unternehmen, beim Konsumenten und
im Handel sicherzustellen.

Die **Durchsetzung der Produktinnovation im Unternehmen** erfordert die Abstimmung
verschiedener Abteilungen. Auf Basis der Netzplantechnik können Projekte definiert
werden, die alle für die Weiterentwicklung der Neuprodukte bis zur Marktreife notwendigen Aktivitäten und Zeitpläne angeben. Neben der engen Zusammenarbeit mit der
F&E- sowie Produktionsabteilung muss auch innerhalb des Marketing eine sachliche und
zeitliche Koordination verschiedener Stellen durch das Marketingmanagement erfolgen.
Dies gilt z.B. für die Markenpolitik (z.B. rechtzeitiger Schutz des Markennamens), die
Werbung (frühzeitige Buchung von Werbezeiten und -flächen), die Verkaufsförderung
(Druckauftragsvergabe und Verteilung des Prospektmaterials), den Vertrieb (Information
und Schulung der Außendienstmitarbeiter) und den Kundendienst (Sicherstellung der Ersatzteilversorgung). Im Dienstleistungsbereich ist zudem den durch das Angebot einer
neuen Leistung erweiterten Anforderungen an die Mitarbeiterqualifikation, z.B. in Form
von Schulungen, Rechnung zu tragen.

Neben dem Koordinationsaspekt bei der Durchsetzung einer Produktinnovation im Unternehmen kommt dem **personellen Faktor** auch dahingehend Bedeutung zu, mögliche
Innovationswiderstände seitens der Mitarbeiter gezielt abzubauen (z.B. durch eine aktive
Einbeziehung der Mitarbeiter in den Innovationsprozess). Eine wesentliche Aufgabe
besteht darin, die Organisation „innovationsfähig" zu machen.

Betrachtet man die **Durchsetzung der Produktinnovation beim Konsumenten**, so ist
insbesondere die Akzeptanz und Verbreitung von Produkten näher zu analysieren. Mit
dieser Fragestellung beschäftigt sich die Adoptionsforschung, die für die Annahme von
Innovationen einen fünfphasigen **Adoptionsprozess** unterstellt:

(1) **Aufmerksamkeit**: Die Zielpersonen erkennen das Angebot des neuen Produktes.

(2) **Interesse**: Die Zielpersonen interessieren sich für das neue Produkt und suchen
nach spezifischen Informationen.

(3) **Bewertung**: Die Zielpersonen beurteilen das Produkt und entscheiden sich für oder
gegen das Angebot.

Entscheidungen der Neuproduktplanung

(4) **Versuch**: Die Zielpersonen kaufen das Produkt erstmalig, um es auszuprobieren (Versuchskauf).

(5) **Annahme**: Die Zielpersonen entscheiden sich, das Produkt erneut zu kaufen (Wiederholungskäufe).

Von besonderer Bedeutung für die Adoptionsforschung ist die **Analyse der Bestimmungsfaktoren der Adoption**. Hier gilt es, Einflüsse spezifischer Informationsquellen, demographischer und sozioökonomischer Merkmale der Zielpersonen, psychologischer Merkmale von Personen und Gruppen, des Unternehmensimages, der wahrgenommenen Vorteile des neuen Produktes sowie situative Faktoren im Prozess der Annahme der Produktinnovation zu untersuchen.

Konsumenten können je nach ihrer Adoptionsfreudigkeit in verschiedene **Adopterkategorien** unterteilt werden, die in Schaubild 5-8 bei unterstellter Normalverteilung wiedergegeben sind.

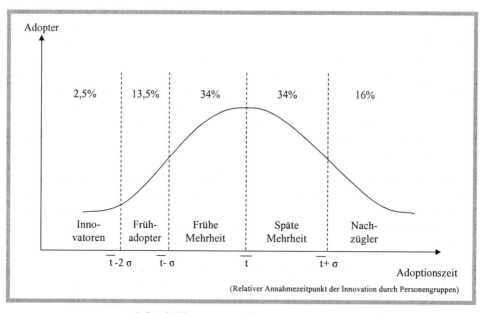

Schaubild 5-8: Kategorien von Adoptern

Um den **Diffusionsprozess** von Produktinnovationen, d.h. die kumulierte Adoption der Neuerung im Zeitablauf, zu fördern, ist die Identifizierung und Beschreibung der Innovatoren und Frühadopter hilfreich. Es hat sich gezeigt, dass sich diese beiden Adopterklassen durch spezifische Merkmale von anderen Adopterkategorien signifikant unterscheiden. Innovatoren und Frühadopter zeigen ein hohes Produktinteresse und ein spezifisches Informationsverhalten (z.B. Nutzung von Fachzeitschriften). Sie sind durch die hohe Bedeutung der Mund-zu-Mund-Kommunikation bei Produktneuerungen besonders wichtig, weil sie aufgrund ihres Status von der (frühen und späten) Mehrheit der Konsumenten als Experten und Meinungsführer anerkannt werden. Für die Markteinführung neuer Produkte ist daher ein zweistufiges Vorgehen Erfolg versprechend: neben einer Ansprache der Konsumentenmehrheit bedarf es einer gezielten Ansprache der Innovatoren und Frühadopter, damit diese durch ihr Beeinflussungsverhalten den Diffusionsprozess beschleunigen.

5.4 Entscheidungen der Markenpolitik

5.4.1 Begriff der markierten Leistung und der Marke

Hinsichtlich des Begriffs der Marke und damit in Verbindung stehender weiterer Begriffe (z.B. dem Markenartikel) findet sich in der Literatur eine große Anzahl unterschiedlicher – z.T. sogar widersprüchlicher – Definitionen und Auffassungen. Im Folgenden soll zwischen markierten Leistungen und Marken unterschieden werden (*Bruhn/GEM* 2002):

> **Als markierte Leistungen werden solche materiellen und immateriellen Produktions- oder Erstellungsprozesse bezeichnet, bei denen eine Austauschbeziehung zwischen Anbieter und Nachfrager stattfindet mit dem Ziel der Wertschöpfung auf Anbieterseite und der Erzeilung einer nutzenstiftenden Wirkung auf Nachfragerseite. Diese sind mit einer unterscheidungskräftigen Markierung durch ein marken- und schutzfähiges Zeichen versehen, erfüllen jedoch nicht die Anforderungen an eine Marke**

Um eine Leistung als „Marke" zu bezeichnen, müssen zusätzliche Anforderungen erfüllt sein (*Bruhn/GEM 2002*)::

> **Als Marke werden Leistungen bezeichnet, die neben einer unterscheidungsfähigen Markierung durch ein systematisches Absatzkonzept im Markt ein Qualitätsversprechen geben, das eine dauerhafte werthaltige, nutzenstiftende Wirkung erzielt und bei der relevanten Zielgruppe in der Erfüllung der Kundenerwartungen einen nachhaltigen Erfolg im Markt realisiert bzw. realisieren kann.**

Entscheidungen der Markenpolitik

Sowohl der Begriff der markierten Leistung als auch der Begriff der Marke umfasst nicht nur **Herstellermarken**, sondern auch **Handels- und Dienstleistungsmarken**. Gerade im Handels- und Dienstleistungsbereich sind zunehmend Versuche zu beobachten, Leistungsangebote zu standardisieren und komplette Leistungspakete als Marke anzubieten.

Unabhängig davon lassen sich **Einzelmarken, Markenfamilien und Dachmarken** differenzieren. Nach der Reichweite können **regionale, nationale und internationale Marken** unterschieden werden. Schaubild 5-9 gibt Beispiele für verschiedene Typen von Marken.

Markenarten		Konsumgütermarke	Industriegütermarke	Dienstleistungsmarke
Gegenstand der Markenbezeichnung	Einzelmarke	Mon Chéri Red Bull	WAKAIR®II Optivell	Lufthansa-Party-Service T-Online
	Markenfamilie	Nivea Maggi	Linoscan Unimog	IDEAL DERTOUR
	Dachmarke	BMW SWATCH	SIEMENS Turbomach	HILTON Allianz
Reichweite der Marken	Regionale Marke	Basler Leckerli Tannenzäpfle Bier	Palstring Transportbeton FTU	Air Zermatt Frankfurter Oper
	Nationale Marke	Warsteiner Pils Du darfst	Stahlgruber Küppersbusch	CinemaxX Deutscher Wetterdienst (DWD)
	Internationale Marke	Coca-Cola Kodak	ABB Würth	American Express UPS

Schaubild 5-9: Beispiele für verschiedene Typen von Marken

Die Gründe für den aufwendigen **Aufbau und die Pflege von Marken** sind vielfältig. Der Markenartikel soll es seinem Anbieter erleichtern, gegenüber der Konkurrenz eine bessere Marktstellung zu erreichen. Das eigene Produktangebot lässt sich damit gegenüber unternehmensfremden Angeboten besser abgrenzen, um etwa Ausstrahlungseffekte der eigenen Produktwerbung auf den Absatz ähnlicher Konkurrenzprodukte zu vermeiden. Auch der Händler ist – falls er nicht eigene Handelsmarken anbietet – an Herstellermarken interessiert, da durch die intensive (Hersteller-)Werbung bereits Nachfrage geschaffen wurde, die Produkte quasi „vorverkauft" sind. Aus Konsumentensicht erleichtert der Markenartikel durch seine Orientierungsfunktion die Entscheidung zwischen konkurrierenden Angeboten; er gibt dem Käufer Sicherheit, die erwartete Qualität auch tatsächlich zu erhalten. Er minimiert auf einer Vertrauensbasis das Risiko, Fehlkäufe zu tätigen.

5.4.2 Markenstrategien

Besonders auf Massenmärkten sind unterschiedliche Strategien des Aufbaus und der Pflege von Marken zu beobachten. Folgende **Markenstrategien** sind voneinander abzugrenzen (*Meffert* 2000, S. 856ff.):

- **Einzelmarkenstrategien** zielen bewusst darauf ab, für einzelne Produkte unterschiedliche Marken zu entwickeln und im Markt durchzusetzen. Die Konsumenten sind dabei häufig nicht dazu in der Lage zu erkennen, dass unterschiedliche Markenartikel von einem einzigen Anbieter sind (klassisches Beispiel: Punika und Pampers von Procter & Gamble).

- **Markenfamilienstrategien** stellen eine einheitliche Markenbezeichnung in den Vordergrund einer Produktgruppe (Markengruppe), unter der dann verschiedene Einzelprodukte angeboten werden. Die einzelnen Produkte profitieren vom Image der gesamten Markenfamilie. Vor allem im Bereich der Körperpflege und Kosmetik ist diese Markenstrategie häufig zu beobachten (z.B. Nivea).

- **Dachmarkenstrategien** verbinden den Firmennamen mit sämtlichen angebotenen Produkten und Leistungen des Unternehmens (Firmenmarke). Der Unternehmensname gilt als Dachmarke, selbst wenn sehr unterschiedliche Leistungsangebote im Markt vertreten sind (z.B. Siemens, Sony, Philips). Damit sind aber nicht nur positive, sondern auch negative Ausstrahlungseffekt von einzelnen Geschäftsbereichen auf das Unternehmensimage möglich.

- **Mehrmarkenstrategien** sind vor allem in stark gesättigten Märkten (z.B. Waschmittel- und Zigarettenmarkt) mit dem Ziel zu beobachten, eine bessere Marktausschöpfung zu erreichen. Der Anbieter entwickelt unterschiedliche Marken, die sich gleichzeitig an ähnliche Marktsegmente richten. Diese Strategie ist mit einem hohen Aufwand verbunden, da sämtliche Marken selbständig vermarktet werden müssen. Selbst wenn dabei die Gefahr der Substitution innerhalb des eigenen Sortiments besteht („Kannibalisierungseffekt"), soll durch mehrere auf den Massenmarkt gerichtete Marken eine höhere Marktausschöpfung durch das Unternehmen erreicht werden (z.B. Marlboro, Philip Morris und Chesterfield von Philip Morris). Negative Ausstrahlungseffekte, z.B. ausgelöst durch „Flops", können dadurch vermieden werden.

Aufgrund der hohen Kosten bei der Durchsetzung neuer Marken, einer weiterhin zunehmenden Anzahl an Marken, langer Zeiten der Durchsetzung neuer Marken und des Aufbaus eines spezifischen Markenimages wird vielfach ein **Markentransfer** vorgenommen. Hierbei wird gezielt versucht, ein bestehendes positives Markenimage auf neue Produkte zu übertragen. Eine solche Übertragung des Markennamens kann zum einen auf neu in das Sortiment aufgenommene Produkte erfolgen, die in einem engen Problemlösungszusammenhang zum bisherigen Markenprodukt stehen (z.B. Übertragung der Marke Odol vom Mundwasser auf Kaugummis). Zum anderen kann das Markenimage auch auf Produkte völlig anderer Leistungsbereiche übertragen werden (z.B. Übertragung der Marke Marlboro von Zigaretten auf Reisen oder Camel auf Kleidung), um neue Märkte schneller zu erschließen.

Der Aufbau und die Pflege eines Markenartikels sowie die damit verbundenen marken-politischen Maßnahmen sind in den letzten Jahren für viele Anbieter zu einer zentralen Leitidee ihres Marktauftretens geworden. Die Suche nach der Individualität einer Marke („**Brand identity**") bestimmt insbesondere in gesättigten Märkten vor dem Hintergrund der Gefährdung durch Me-too-Produkte (Markenimitationen) den Einsatz des gesamten Marketinginstrumentariums. In diesem Zusammenhang sind **Prinzipien der Marken-technik** (zur Vertiefung vgl. *Domizlaff* 1992; *Bruhn* 1994) zu beachten, die unter ande-rem wahrnehmungspsychologischen Erkenntnissen bei der Gestaltung des Markenzei-chens, der Verpackung, der Werbung usw. Rechnung tragen.

5.5 Entscheidungen der Verpackungspolitik

5.5.1 Begriff und Funktionen der Verpackungspolitik

Der Begriff der **Packung** bezieht sich auf die Umhüllung einer einzelnen Verkaufsein-heit, während der Begriff der **Verpackung** weiter zu fassen ist:

> **Die Verpackungspolitik befasst sich mit sämtlichen Maßnahmen, die mit der Um-hüllung von Produkten verbunden sind.**

In den letzten Jahrzehnten hat sich ein erheblicher **Funktionswandel der Verpackung** – insbesondere im Lebensmittelbereich – ergeben. Im Zeitablauf war mit einzelnen Ent-wicklungsstufen eine Erweiterung der **Verpackungsfunktionen** verbunden. Die folgende Auflistung zeigt die unterschiedlichen Funktionen, die der Verpackung im Zeitablauf zukamen (in Anlehnung an *Hansen/Hennig-Thurau/Schroder* 2001, S. 180ff.):

(1)   Schutz und Sicherung der Produkte beim Transport und der Lagerung,

(2)   Dimensionierung für den Verkaufsvorgang,

(3)   Präsentation und Verkaufsförderung in der Einkaufsstätte,

(4)   Ge- und Verbrauchserleichterung beim Konsum,

(5)   Vermittlung eines Zusatznutzens,

(6)   Rationalisierung der Warenwirtschaft zwischen Industrie und Handel,

(7)   Erfüllung ökologischer und gesellschaftlicher Anforderungen.

Die Verpackung ist also nicht nur eine notwendige „Begleiterscheinung" für das Kernprodukt, sondern kann auch zum Qualitätsbestandteil der gesamten Leistung werden. Dies dokumentiert sich etwa durch die Entwicklung von **Verpackungsinnovationen** in gesättigten Märkten, die – vor allem im Konsumgüterbereich – die Ursache für Wachstumsimpulse waren. Als Beispiele seien hier Dosierspender für Zahncreme und Nachfüllpackungen für Waschmittel erwähnt.

5.5.2   Anforderungen an die Verpackungspolitik

Produkte durchlaufen auf ihrem Weg vom Hersteller bis zum Endverbraucher verschiedene Stationen, die die Verpackungsgestaltung prägen und verschiedene **Anforderungen** stellen (*Hansen/Hennig-Thurau/Schroder* 2001, S. 184ff.):

- **Verpackungsgestaltung für den Warenweg zwischen Hersteller und Handel**: Der Hersteller sollte dafür sorgen, dass die physische Distribution zum Händler möglichst kostengünstig abläuft und die Verpackung in der Lage ist, die Produktqualität zu erhalten und knappe Lagerräume optimal zu nutzen. Darüber hinaus sollte die Verpackung ermöglichen, den warenwirtschaftlichen Informationsfluss zwischen Industrie und Handel zu beschleunigen. Dazu dient auch das System der Europäischen Artikel-Nummer (**EAN**), das durch einen Strichcode eine rasche und eindeutige Identifikation von Artikeln ermöglicht.

- **Verpackungsgestaltung für den Verkaufsvorgang im Handel**: In diesem Bereich sorgt die Verpackungspolitik dafür, dass die Regalfläche im Handel effizient genutzt und das Produkt optimal im Regal präsentiert wird. Ebenso kann durch Displaymaterial, Regalstopper u.a. zur Förderung des Abverkaufs im Handel beigetragen werden. Hinsichtlich einer erwünschten Selbstverkäuflichkeit von Produkten in den Einkaufsstätten ist dafür Sorge zu tragen, dass Kunden durch die Verpackung mit produktspezifischen Informationen versorgt werden. Damit hat die Verpackung auch kommunikativen Charakter.

- **Verpackungsgestaltung für den Ge- und Verbrauch beim Konsumenten**: Auf Konsumentenebene muss die Verpackung dazu beitragen, dass der Produktge- und -verbrauch erleichtert wird. Von besonderer Bedeutung sind hierbei Packungsgröße, Wiederverschließbarkeit, Wiederverwendungsmöglichkeit und umweltfreundliche Entsorgung.

Die Verpackung hat heute verstärkt **ökologischen Anforderungen** Rechnung zu tragen, denn gerade im Konsumgüterbereich ist die Verpackung aufgrund wachsender Umweltprobleme zunehmend Gegenstand öffentlicher Kritik geworden.

5.6 Entscheidungen der Servicepolitik

5.6.1 Begriff von Serviceleistungen

Der Stellenwert der Servicepolitik hat sich in den letzten Jahren stark gewandelt. Lange Zeit wurde Servicepolitik ausschließlich als Kundendienstpolitik, vor allem als **technischer Kundendienst** verstanden. Diesem kam lediglich die Funktion zu, dem Kunden nach dem Kauf die Inanspruchnahme seines Produktes durch Lieferung, Aufbau, Montage und Wartung bzw. Reparatur zu ermöglichen. Erst später wurde erkannt, dass Kundenerwartungen nicht nur auf technische Kundendienstleistungen gerichtet sind, sondern **kaufmännische Leistungen** ebenso „Dienstleistungen für den Kunden" darstellen. Der traditionelle technische Kundendienst entwickelte sich damit immer stärker zu einem **Kundenservice**.

In den letzten Jahren sind bei ausgereiften Ge- und Verbrauchs- sowie Industriegütern und steigender Produkthomogenität kaum noch Vorteile zu realisieren. Infolgedessen bieten Unternehmen neben dem Produkt als Primärleistung im Rahmen ihrer Servicepolitik zunehmend Sekundärleistungen in Form von „**Value added Services**" an, die dem Kunden – im Gegensatz zu klassischen Kundendienstleistungen – einen zusätzlichen Nutzen stiften und gleichzeitig zur Differenzierung im Wettbewerb beitragen.

> **Serviceleistungen sind sämtliche immateriellen, die Primärleistung unterstützenden oder eigenständigen Leistungen, die den Kundennutzen steigern sollen.**

Gemäß dieser Definition können sowohl **Sekundärleistungen**, die die Inanspruchnahme und Nutzung der Primärleistung vor, während und nach dem Kauf erleichtern (z.B. Mobilitätsgarantie bei Volkswagen) als auch **eigenständige Leistungen** (z.B. Volkswagen Bank) zu Serviceleistungen zusammengefasst werden.

Ausgangspunkt der Serviceleistungen sind die **Serviceerwartungen der Kunden**. Durch das Angebot marktorientierter Serviceleistungen soll die Servicepolitik zur Profilierung und Differenzierung des Leistungsprogramms beitragen. Zahlreiche Studien aus dem Industriegüterbereich belegen, dass Serviceleistungen ein wichtiges Kaufentscheidungskriterium darstellen und damit zum zentralen Erfolgsfaktor für Unternehmen werden.

Serviceleistungen umfassen ein breites Leistungsspektrum. Es können grundsätzlich vier **Formen der Servicepolitik** unterschieden werden (*Haedrich/Tomczak* 1996; *Koppelmann* 2001): Garantieleistungs-, Lieferleistungs- und Kundendienstpolitik sowie Value added Services.

5.6.2 Garantieleistungspolitik

Die sehr eng mit der Primärleistung verbundene Garantieleistungspolitik wird durch den Garantieumfang und die Garantiedauer bestimmt (*Haedrich/Tomczak* 1996; *Koppelmann* 2001). Der **Garantieumfang** beschreibt jene Produktteile und -leistungen sowie Bedingungen, bei denen der Kunde Garantieleistungen in Anspruch nehmen kann. Bei der **Garantiedauer** wird festgelegt, wie lange der Hersteller nach Kauf des Produktes dazu bereit ist, Garantieleistungen zu erbringen. Beispiel für eine typische Garantieleistung: 12 Jahre (Garantiedauer) Garantie gegen Durchrostung (Garantieumfang).

Umfangreiche Garantieleistungen werden vor allem bei komplizierten Produkten mit tendenziell höherer Störanfälligkeit sowie bei Produkten, bei denen eine Störung zu hohen Folgekosten des Kunden führen, z.B. bei einer Produktionsanlage, eingeräumt. Des Weiteren eignen sich Garantieleistungen zur Profilierung in Branchen mit hohem Wettbewerbsdruck und können zum Abbau von Kaufhemmnissen beitragen.

Allerdings ist zu beachten, dass Garantieleistungen relativ schnell von der Konkurrenz nachgeahmt werden können und folglich nur zeitlich begrenzt zur Profilierung des Anbieters beitragen. Von Garantieversprechen können auch negative Imagewirkungen ausgehen, wenn diese durch übertriebene Abschlussklauseln vom Kunden als unseriös und undurchschaubar erachtet werden.

5.6.3 Lieferleistungspolitik

Bei der Lieferleistungspolitik geht es um Entscheidungen der Zustellung des Produktes. Sofern dieses nicht selbst vom Kunden abgeholt wird, muss das Unternehmen über die Lieferbereitschaft, Lieferzuverlässigkeit und gelieferte Produktqualität befinden (*Haedrich/Tomczak* 1996; *Koppelmann* 2001).

Bei der Bestimmung der **Lieferbereitschaft** wird festgelegt, wie schnell und in welchem Umfang das Unternehmen auf kundenseitige Lieferwünsche reagieren kann. Das Ausmaß der Lieferbereitschaft hängt von zahlreichen Faktoren ab, z.B. Ausmaß des Konkurrenzdrucks, Saison- und Modeabhängigkeit des Produktes, Schnelligkeit des technischen Fortschritts, Wartebereitschaft des Kunden.

Die **Lieferzuverlässigkeit** besagt, inwiefern zugesagte Liefertermine vom Hersteller eingehalten werden. Die termingerechte Lieferung wird von den Kunden im Prinzip als Selbstverständlichkeit vorausgesetzt und nimmt besonders bei saison- und modeabhängigen Produkten sowie Produkten mit hohen Umschlagsraten, wie z.B. Lebensmitteln, einen hohen Stellenwert ein.

Entscheidungen der Servicepolitik

Schließlich ist mit der **gelieferten Produktqualität** der Empfangszustand des Produktes angesprochen. Dabei ist vom Unternehmen sicherzustellen, dass das gelieferte Produkt in unversehrtem Zustand beim Kunden ankommt.

Der Sicherstellung einer **optimalen Lieferleistungspolitik** kommt vor allem im Business-to-Business-Bereich ein hoher Stellenwert zu, da infolge der Just-in-time-Produktion vieler Unternehmen Mängel in der Lieferbereitschaft, -zuverlässigkeit sowie gelieferten Produktqualität unmittelbare Auswirkungen auf den Produktionsprozess haben. Das Niveau der Lieferleistungspolitik hängt dagegen im Gebrauchsgüterbereich vor allem von marktspezifischen Faktoren ab. Während die Auslieferung eines PKW in den USA nur wenige Wochen dauert, sind in Deutschland mehrmonatige Lieferzeiten zu verzeichnen.

5.6.4 Kundendienstpolitik

5.6.4.1 Formen von Kundendienstleistungen

Zur Kundendienstpolitik zählen technische und kaufmännische Dienstleistungen. Schaubild 5-10 zeigt Beispiele für unterschiedliche **Formen von Kundendienstleistungen** vor der Inanspruchnahme, während und nach der Nutzung von Unternehmensleistungen.

Kundendienstleistungen können danach unterschieden werden, inwieweit sie vom Kunden erwartet werden. **Muss-Leistungen** sind solche, die unbedingt notwendig zur Nutzung des Produktes sind (z.B. Montage, Installation). **Soll-Leistungen** umfassen jene marktüblichen Standards, die von den Abnehmern erwartet und den Wettbewerbern meist erbracht werden (Wartung, 24-Stunden-Service). Eine Nichterfüllung würde zu akquisitorischen Nachteilen führen. Zur Profilierung und Nutzensteigerung des Kunden dienen in erster Linie **Kann-Leistungen** (Schulungsangebote), die von den Kunden zwar nicht explizit gefordert werden, jedoch kundenspezifische Bedürfnisse erfüllen können.

Zeitpunkt der Nutzung / Art des Kundenservices	Vor der Nutzung	Während der Nutzung	Nach der Nutzung

Technische Leistungen	▒ Technische Beratung
	▒ Erarbeitung von
	  Projektlösungen
	▒ Demontage alter Anlagen
		▒ Technische Einweisung
		▒ Installation
		▒ Reparaturen
		▒ Wartung
			▒ Umbauarbeiten
			▒ Erweiterungen
			▒ Abbau und
			  Entsorgung

Kaufmännische Leistungen	▒ Kaufmännische
	  Beratung (Wirtschaft-
	  lichkeit)
	▒ Bestelldienst
	▒ Testlieferung
		▒ Schriftliche Anleitung
		▒ Schulung
		▒ Ersatzteilversorgung
		▒ Beschwerde-
		  management
		▒ Telefon-/Online-Hilfe
			▒ Information über
			  Neuentwicklungen
			▒ Information über
			  Entsorgungs-
			  möglichkeiten
			▒ Rabatte bei Updates

Schaubild 5-10: Formen von Kundendienstleistungen

5.6.4.2 Ziele der Kundendienstpolitik

Die Kundendienstpolitik stellt auf Gebrauchs- und Industriegütermärkten ein zentrales Kaufentscheidungskriterium dar. Jedoch setzt sich auch im Verbrauchsgüter- und Dienstleistungsbereich die Erkenntnis durch, dass ein gezielter Kundendienst zur Profilierung des Unternehmens beitragen kann.

Aufgrund der Bedeutung des Kundendienstes im Rahmen des Marketingmix können als **generelle Kundendienstziele** die Schaffung von Präferenzen beim Kunden, Erhöhung der Kundenzufriedenheit bzw. Kundenbindung, Förderung positiver Verbundwirkungen im Sortiment des Anbieters, Imageverbesserung und Profilierung gegenüber Konkurrenten aufgeführt werden.

Auf der Ebene der Kundendienstabteilung sind genauere Ziele zu formulieren. Zu diesen **speziellen Kundendienstzielen** zählen vor allem:

▒ **Kundendienstzeit**: Zeitspanne zwischen Eingang eines Kundendienstauftrages und dessen Erledigung beim Kunden (gemessen in Stunden oder Tagen).

▒ **Kundendienstbereitschaft**: Anzahl aller eingegangenen Kundendienstaufträge, die innerhalb eines vorgegebenen Zeitraumes (z.B. 24 Stunden oder drei Tage) von der Kundendienstabteilung erledigt werden können (gemessen in Prozent).

Entscheidungen der Servicepolitik

■ **Kundendienstzuverlässigkeit**: Qualität der erledigten Kundendienstaufträge (gemessen durch Indikatoren wie z.B. Anzahl an Reklamationen im Monat).

Da Kundendienstabteilungen meist als Profitcenter geführt werden, können ebenfalls ökonomische Ziele wie **Kundendienstkosten** bzw. **Kundendienstgewinne** als Zielgrößen formuliert werden. Zu den psychologischen Zielen zählen das **Kundendienstimage** und die **Kundendienstzufriedenheit**.

5.6.4.3 Instrumente und Träger der Kundendienstpolitik

Die zunehmende Bedeutung von Kundendienstleistungen führte in der Praxis dazu, die Kundendienstabteilung nicht länger als **Costcenter**, sondern als **Profitcenter** zu organisieren. Dadurch können die Kundendienstleistungen nicht nur für das eigene, sondern auch für andere Unternehmen erbracht werden (z.B. Wartungsverträge für Kopiergeräte). Ein eingenständiges Marktauftreten bedingt dabei ein systematisches Vorgehen und die Entwicklung eines eigenen **Kundendienstinstrumentariums**. In Anlehnung an die Überlegungen zum Marketingmix zählen dazu folgende Kundendienstentscheidungen (*Weber* 1989; *Meffert* 2000):

■ **Leistungspolitik**: Festlegung des Kundendienstprogramms, insbesondere Art und Umfang der Leistungen (Low Service oder Full Service) sowie des Niveaus der Kundendienstqualität u.a.

■ **Preispolitik**: Entwicklung eines Systems der Preisgestaltung, Festlegung der Konditionen, der Vertragsarten und der vertraglichen Bedingungen der Leistungserstellung u.a.

■ **Kommunikationspolitik**: Betonung der Kundendienstleistungen in der klassischen Werbung, Entwicklung von Verkaufsförderungsprogrammen für Kundendienstleistungen, Vermarktung von Kundendienstleistungen im Rahmen des Persönlichen Verkaufs, Erwähnung auf Messen oder in der Presse- und Öffentlichkeitsarbeit u.a.

■ **Vertriebspolitik**: Einbeziehung unterschiedlicher Kundendienstträger in das Gesamtsystem, Organisation der Kundendienstlogistik, insbesondere Ersatzteilversorgung, Organisation und Steuerung der Kundendiensttechniker u.a.

Sämtliche Instrumente des Kundendienstes werden zu einem **Kundendienstmix** zusammengefasst und dem Kunden als eigenständige Dienstleistung angeboten. Vielfach können Unternehmen eine breite Marktabdeckung sämtlicher Kundendienstleistung nicht aus eigener Kraft sicherstellen und sind auf die Zusammenarbeit mit anderen Serviceanbietern angewiesen. Generell kommen als **Kundendienstträger** Hersteller, Servicepools, Handelsbetriebe (Groß- und Einzelhändler) oder Handwerksbetriebe (so genannte „Third Party Maintenance", TPM) in Frage.

Industriegüteranbieter werden ihre Kundendienstleistung selbständig erbringen oder sich einem Servicepool anschließen. Demgegenüber sind Hersteller von Gebrauchsgütern (z.B. Haushaltsgeräten) und Industriegütern für den breiteren Bedarf (z.B. EDV- und Bürogeräte) darauf angewiesen, Handels- und Handwerkerbetriebe in die Sicherstellung von Kundendienstleistungen einzubeziehen und ein **„Kundendienstsystem"** mit mehreren Kundendienstträgern zu entwickeln. Dabei sind hohe Anforderungen an den Hersteller im Hinblick auf Ersatzteilversorgung, Einhaltung von Qualitätsrichtlinien bei der Leistungserstellung, Ausbildung und Schulung der Techniker usw. gestellt.

5.6.5 Value added Services

Infolge der zunehmenden Angleichung von Produkten hinsichtlich Qualität und Preis versuchen immer mehr Unternehmen, sich durch das Angebot von **Value added Services** im Wettbewerb zu differenzieren bzw. zu profilieren. Value added Services sind Sekundärleistungen, die zusammen mit der Primärleistung dem Kunden einen höheren Nutzen bzw. „Wert" stiften als Angebote von Wettbewerbern mit gleicher Primärleistung (*Laakmann* 1995). Value added Services können nicht nur im Rahmen der Garantieleistungs-, Lieferleistungs- und Kundendienstpolitik erbracht werden, sondern beinhalten auch darüber hinausgehende Serviceleistungen.

Die Eignung von Value added Services zur Profilierung im Wettbewerb hängt zum einen von den Erwartungen der Kunden an die Serviceleistungen des Unternehmens und zum anderen vom Grad der **Affinität der Primär- und Sekundärleistung** ab. Schaubild 5-11 zeigt mögliche Profilierungsfelder im Sekundärleistungsbereich am Beispiel der Automobilbranche.

Bei weit von der Primärleistung entfernten Services besteht die Möglichkeit, dass diese getrennt von der Primärleistung wahrgenommen werden. Allerdings können sie bereits für sich alleine zur Profilierung beitragen, wenn sie vom Kunden als überraschend und innovativ wahrgenommen werden (Profilierungsfeld I). Durch sehr affine Serviceleistungen (Profilierungsfeld II) kann sich der Anbieter bei Übertreffen der Kundenerwartungen profilieren. Ferner wird die Zufriedenheit mit der Zusatzleistung auf die Primärleistung übertragen. Im Profilierungsfeld III hängt es von der einzelnen Serviceleistung ab, ob diese vom Kunden als wichtig angesehen wird und bei hoher Zufriedenheit zu einer Profilierung der Primärleistung führt (*Laakmann* 1995).

Aufgrund der Bedeutung von Value added Services zur Wettbewerbsprofilierung haben Unternehmen in der Vergangenheit vielfältige Serviceleistungen ohne Berücksichtigung der Serviceanforderungen und Kostenkonsequenzen entwickelt („**Service Overkill**"). Zur erfolgreichen Profilierung ist es deswegen erforderlich, die Serviceerwartungen sowie die Preisbereitschaft der Kunden für deren Inanspruchnahme zu analysieren.

Entscheidungen der Servicepolitik

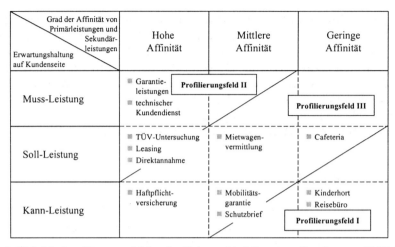

Schaubild 5-11: Profilierungsfelder für Value added Services (Laakmann 1995, S. 19)

5.6.6 Optimierung des Serviceniveaus

Aufgrund der Vielzahl unterschiedlicher Serviceleistungen lassen sich in der Literatur lediglich Grobkonzepte für eine Bestimmung des optimalen Serviceniveaus auffinden. Allgemein lässt sich das Optimierungsproblem als **Kosten-Nutzen-Kalkül** betrachten, bei dem das Optimum bei einem Ausgleich von Grenznutzen und -kosten erreicht ist.

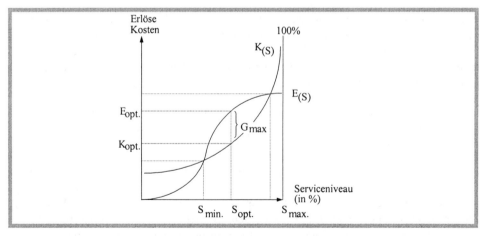

Schaubild 5-12: Serviceoptimierung auf Basis eines Kosten-Erlös-Vergleichs

Schaubild 5-12 zeigt die grafische Problemlösung anhand eines einfachen **Deckungsbei-trags modells** auf, bei dem der Gewinn in Abhängigkeit vom Serviceniveau optimiert wird. Das optimale Serviceniveau ist erreicht, wenn die Differenz zwischen dem durch die Serviceleistung generierten Nutzen und den dafür aufzuwendenden Kosten maximal ist (in Anlehnung an *Hammann* 1982, S. 165f.).

5.7 Entscheidungen der Sortimentspolitik

5.7.1 Gegenstand der Sortimentsplanung

Aus Anbietersicht geht es nicht nur um die isolierte Entwicklung einzelner Produkte und deren Optimierung durch Marken-, Verpackungs- oder Servicepolitik, sondern gleicher-maßen um Produktlinienentscheidungen und Fragestellungen der Sortimentspolitik.

Die Sortimentspolitik umfasst sämtliche Entscheidungen, die mit der Erstellung und Umstrukturierung (Erweiterung oder Eliminierung) von Leistungsangeboten in einem Gesamtsystem verbunden sind.

Diese Entscheidungen beziehen sich sowohl auf die **Sortimentsbreite** (Anzahl unter-schiedlicher Produktangebote) als auch **Sortimentstiefe** (Anzahl der Einzelprodukte innerhalb eines Teilsortiments).

Für **Hersteller** und **Händler** haben sich unterschiedliche Begriffe für die Sortimentspla-nung durchgesetzt. Während aus Sicht des Herstellers unter der **Sortimentsbreite** die Anzahl an Produktlinien verstanden wird, subsumiert der Handel unter diesem Begriff die Anzahl Warengruppen. Von **Sortimentstiefe** spricht der Hersteller, wenn er die An-zahl der Artikel innerhalb einer Produktlinie bezeichnet, während für den Handel die Anzahl der Artikelgruppen und Artikel/Sorten innerhalb einer Warengruppe die Sorti-mentstiefe bestimmt.

5.7.2 Aufgabenbereiche der Sortimentsplanung

Bei der Zusammenstellung des Sortiments lassen sich unterschiedliche Vorgehensweisen beobachten. Zentrale Aufgabenbereiche der Sortimentsplanung – teils von eher stra-tegischem, teils von eher taktischem Charakter – sind Entscheidungen der Sortimentser-weiterung und der Sortimentsbereinigung.

(1) Entscheidungen der Sortimentserweiterung

Die Sortimentserweiterung zählt zum strategischen Bereich der Sortimentsplanung. Es ist darüber zu entscheiden, in welchem Umfang zusätzliche Produkte in das Sortiment aufgenommen werden und welchen Bezug diese zum bisherigen Sortiment aufweisen sollen. Die Sortimentserweiterung kann sich auf zwei **Entscheidungen** beziehen: Ausdehnung bzw. Ergänzung innerhalb einer Produktlinie und Einführung neuer Produktlinien.

(a) Ausdehnung bzw. Ergänzung innerhalb einer Produktlinie

In der Regel ist die Sortimentspolitik auf die **Produktdifferenzierung** und das Anbieten neuer Produktvarianten im Rahmen bestehender Produktlinien ausgerichtet. Mit der Ausdehnung von Produktlinien ist das Ziel der besseren Ausschöpfung bestehender Kundenpotenziale, die Gewinnung neuer Kundengruppen, die Verbesserung der Sortimentsattraktivität für den Handel sowie die Abwehr der Konkurrenz verbunden.

Ausgangspunkt für die Sortimentsausdehnung ist zunächst das bestehende Sortiment, das in einer bestimmten Qualitäts- und Preisklasse vom Unternehmen definiert wurde. Eine Ausdehnung kann in zwei Richtungen vorgenommen werden:

- **Strategie des „Trading down"**, d.h, ein Unternehmen ist bereits in oberen Qualitätsklassen erfolgreich und versucht, mit Produkten in unteren Qualitäts- und Preisklassen präsent zu werden. Hauptziel ist also die Erschließung von Niedrigpreissegmenten. Der Gefahr des Verlustes eines guten Qualitätsimages wird dadurch begegnet, dass die Produkte unter einem anderen (Marken-)Namen angeboten werden (Beispiel: Markenartikelhersteller bieten Produkte in preisaggressiven Betriebsformen wie Aldi an).

- **Strategie des „Trading up"**, d.h. ein Unternehmen ist bestrebt, durch Produkte höheren Qualitäts- und Preisniveaus eine Ausdehnung innerhalb der Produktlinie vorzunehmen. Auf diesem Wege soll das Hochpreissegment erschlossen werden. Auch hier bietet es sich aus Imagegründen an, die Qualitätsprodukte unter einer speziellen Exklusiv- oder Premiummarke anzubieten (z.B. das Galeria-Konzept von Kaufhof oder TUI Select).

Beide Strategien der Ausdehnung innerhalb der Produktlinie sind mit Risiken verbunden. Dies gilt nicht nur für die erwähnten Imagewirkungen, sondern auch im Hinblick auf die Akzeptanz seitens des Handels und die Reaktion jener Konkurrenten, die bereits in den angestrebten Preissegmenten vertreten sind.

Sollen innerhalb einer Produktlinie für einen definierten Qualitätsbereich weitere Artikel angeboten werden, spricht man von der Auffüllung der Produktlinie bzw. von **Produktdifferenzierung**. Diese klassische Form der Sortimentserweiterung ist mit dem Ziel intensiverer Marktausschöpfung, der Verbesserung der Position beim Handel und einer verstärkten Kapazitätsauslastung verbunden. Meist werden dem bestehenden Sortiment neue Produktvarianten hinzugefügt (z.B. neue Geschmacksrichtungen für einen Joghurt-anbieter, sportliche Variante eines bestehenden Automodells, weitere branchenspezifische Softwarepakete für angebotene EDV-Anlagen).

(b) Einführung neuer Produktlinien

Die Einführung neuer Produktlinien eines Unternehmens kann zur Strategie der **Produktdiversifikation** gehören. Es wird angestrebt, durch Erschließung neuer Märkte Wachstumsmöglichkeiten zu nutzen und das Unternehmensrisiko auf weitere Leistungs-bereiche zu verteilen. Dies gilt besonders für Unternehmen, die in ihrer Sortimentspolitik eine „Monokultur" aufgebaut und sich zu stark auf bestimmte Produktbereiche konzentriert haben. Daraus resultiert beispielsweise das Engagement von Zigaretten- und Auto-mobilherstellern der letzten Jahre in neuen Märkten. Die Diversifikation kann sich auf verschiedenen Ebenen vollziehen:

- **Horizontale Diversifikation** (auf der gleichen Wirtschaftsstufe), z.B. ein PKW-Hersteller beginnt mit der Produktion von Lastkraftwagen.

- **Vertikale Diversifikation** (auf verschiedenen Wirtschaftsstufen) in Form der **Rück-wärtsintegration** einer vorgelagerten Wirtschaftsstufe, z.B. ein PKW-Hersteller produziert auch Reifen oder in Form der **Vorwärtsintegration** einer nachgelagerten Wirtschaftsstufe, z.B. Gründung eigener Autoniederlassungen.

- Darüber hinaus kann es sich um eine **mediale Diversifikation** handeln, bei der noch ein Zusammenhang in der Beschaffung, der Produktion oder des Absatzes mit den bisherigen Produktlinien besteht, z.B. ein PKW-Hersteller bietet auch Motorräder an.

- Überhaupt kein Zusammenhang mehr mit dem bisherigen Leistungsangebot besteht bei der **lateralen Diversifikation**, z.B. Produktion von Flugzeugen oder Software.

Diversifikationen sind dabei mit erheblichen Risiken verbunden, je stärker sich ein Un-ternehmen von seinen Kernkompetenzen entfernt.

(2) Entscheidungen der Sortimentsbereinigung

Neben der Erweiterung des Sortiments stellt die Sortimentsbereinigung einen weiteren, zentralen Aufgabenbereich der Sortimentsplanung dar. Die Sortimentsbereinigung kann sich auf folgende **Entscheidungen** beziehen (in Anlehnung an *Hansen/Hennig-Thurau/Schroder* 2001):

- Sorten- und Typenreduktion,

- Spezialisierung,

- Modifikation bzw. Produktverbesserung.

Bei einer **Sorten- und Typenreduktion** werden einzelne Produkte aus dem Sortiment genommen, ohne dabei eine Produktlinie aufzugeben (z.B. eliminiert ein Werkzeugmaschinenhersteller innerhalb der Produktlinie Drehmaschinen den Typ X, produziert jedoch die anderen Drehmaschinentypen weiter). Eine **Spezialisierung** beinhaltet die Elimination einer gesamten Produktlinie (z.B. gibt ein Werkzeugmaschinenhersteller die Produktion von Drehmaschinen auf). Während sowohl die Sorten- und Typenreduktion als auch die Spezialisierung durch eine ersatzlose Elimination gekennzeichnet sind, wird bei einer **Modifikation** die Modernisierung eines Produktes bzw. des Sortiments angestrebt. Anstelle des alten Produktes tritt ein neues, das an Veränderungen der Technik, des Styling oder des Geschmacks usw. angepasst wurde. Jede Sortimentsbereinigung setzt demnach die Elimination von Produkten voraus. Dabei kann eine Eliminierung sowohl unter **strategischen** Gesichtspunkten (Aufgabe ganzer Produktlinien) als auch unter **taktischen** Aspekten (Aufgabe bestimmter Artikel unter Beibehaltung der Produktlinie) betrachtet werden. Als **Entscheidungskriterien** für eine Eliminierung lassen sich quantitative und qualitative Kriterien heranziehen:

Quantitative Entscheidungskriterien:

▓ Sinkende Absatzmengen und Umsätze,

▓ Sinkende Marktanteile,

▓ Sinkende Umschlagsgeschwindigkeiten,

▓ Sinkende Deckungsbeiträge und Renditen u.a.m.

Qualitative Entscheidungskriterien:

▓ Einführung verbesserter Produkte durch Konkurrenten,

▓ Negative Imagewirkung des Produktes für das Gesamtsortiment,

▓ Änderungen der Anforderungen von Konsumenten,

▓ Gesetzesänderungen u.a.m.

Die genannten quantitativen und qualitativen Entscheidungskriterien sind nicht als zwingende Gründe für Produkteliminationen, sondern als (Frühwarn-)Indikatoren dafür zu verstehen, dass es sich bei den betrachteten Artikeln um „eliminierungsverdächtige" Produkte handelt. Vor der endgültigen Entscheidung über die tatsächliche Eliminierung sind die **Folgewirkungen der Eliminationsentscheidung** zu berücksichtigen. Folgende Risiken einer Produktelimination sind denkbar und daher vor einer Eliminationsentscheidung kritisch zu prüfen:

▓ Negative Imagewirkungen durch die Sortimentsbereinigung bei Kunden und Händlern,

▓ Negative Verbundwirkungen für den Verkauf verbleibender Produkte,

Entscheidungen der Produktpolitik

▨ Negative Verbundwirkungen für den Einkauf (geringere Rabattstaffeln o.a.),

▨ Stärkung der Konkurrenzposition durch eine Herausnahme des Artikels,

▨ Nutzungsprobleme der durch eine Elimination freigewordenen Kapazitäten im Unternehmen,

▨ Fehleinschätzung der zukünftigen Erfolgsaussichten der Produkte.

Erst nach einer fundierten Einschätzung dieser primär qualitativen Folgewirkungen einer Sortimentsbereinigung wird das Produktmanagement in der Lage sein, seine Eliminationsentscheidung zu treffen.

5.7.3 Methoden der Sortimentsplanung

Zur Fundierung von Entscheidungen über die Zusammenstellung des Sortiments oder einer Produkteliminierung lassen sich verschiedene **Methoden der Sortimentsplanung** heranziehen. Über die Berücksichtigung einfacher Kennzahlen wie z.B. der Umschlagshäufigkeit hinaus werden unter Einbeziehung entscheidungsrelevanter Informationen der Kostenrechnung **gewinnorientierte Kennzahlen** für die Sortimentsentscheidung zugrunde gelegt. Folgende drei Entscheidungssituationen können dabei differenziert werden:

(1) Entscheidung ohne Engpässe,

(2) Entscheidung bei einem Engpass,

(3) Entscheidung bei mehreren Engpässen.

(1) Entscheidung ohne Engpässe

Die einfachste Form der Sortimentsplanung erfolgt nach der Methode der **Vollkostenrechnung**. Alle Produkte mit einem positiven Stückgewinn sind im Sortiment zu belassen, Produkte mit einem Stückverlust sind zu eliminieren. Der Stückgewinn berechnet sich nach der Formel:

$$SG = \frac{U - K}{x}$$

wobei:

SG = Stückgewinn (bzw. Stückverlust)
U   = Umsatz
K   = Kosten (fixe und variable Kosten)
x   = Absatzmenge

163

Die Anwendung der Vollkostenrechnung kann allerdings kurzfristig zu Fehlentscheidungen führen, da bei einer Eliminierung von Produkten fixe Kosten mit in das Kalkül einbezogen werden, obwohl diese Fixkosten auch bei der Aufgabe der Produkte weiterhin bestehen bleiben und damit den Stückgewinn der Produkte, die im Sortiment verbleiben, belasten.

Deshalb empfiehlt es sich, für eine eher kurzfristige Betrachtung die **Methode der Teilkostenrechnung** für die Sortimentsplanung heranzuziehen. Wenn keine Engpässe bestehen, sind alle Produkte, die über eine positive Deckungsspanne (Beitrag eines einzelnen Produktes zur Deckung der Fixkosten und zur Erwirtschaftung eines Gewinns) verfügen, im Sortiment zu belassen. Alle Produkte mit einer negativen Deckungsspanne sind demnach zu eliminieren. Die Deckungsspanne berechnet sich nach der Formel:

$$DS_a = p - k_v$$

wobei:

DS_a = absolute Deckungsspanne (Deckungsbeitrag pro Stück)
p = Verkaufspreis pro Stück
k_v = variable Kosten pro Stück (variable Selbstkosten)

Die absolute Deckungsspanne ist ein sinnvolles Entscheidungskriterium, wenn keine Restriktionen vorliegen, da jedes Produkt einen Beitrag zur Deckung der Fixkosten leisten muss. Dieses Entscheidungskriterium setzt voraus, dass kein funktionaler Zusammenhang zwischen der Höhe der Preise und der abgesetzten Menge besteht (existiert hingegen ein solcher Zusammenhang, sind marginalanalytische Verfahren anzuwenden; vgl. Abschnitt 6.4.3).

Der Versuch von Industrie und Handel im Lebensmittelbereich zur Berechnung von **Direkten-Produkt-Rentabilitäten (DPR)** basiert ebenfalls auf Grundüberlegungen der Deckungsbeitragsrechnung. Dabei werden von der Bruttospanne (zuzüglich Rabatte) die einzelnen, direkt zurechenbaren Handlingkosten abgezogen, um einen direkten Produktertrag zu erhalten. Dieser kann dann auf verschiedene Engpassfaktoren bezogen werden (z.B. Regalfläche).

(2) Entscheidung bei einem Engpass

In der Regel treten Engpässe auf, die bei Sortimentsentscheidungen zu berücksichtigen sind. Für **Hersteller** sind es Restriktionen, die durch begrenzte Produktionskapazitäten, knappe Rohstoffe, Mangel an Personal usw. auftreten können. Im **Handel** sind es vor allem die Verkaufs- und Regalflächen, die als Engpässe zum Tragen kommen.

Liegt ein Engpass vor und kann man von konstanten Preisen und Absatzmengen ausgehen, bietet sich auch hier die **Methode der Deckungsbeitragsrechnung** an, wobei in diesem Fall von **relativen Deckungsspannen** ausgegangen werden muss. Die Engpassbelastung bezieht sich auf die Beanspruchung der Engpassfaktoren durch die einzelnen Produkte. Für die Sortimentsplanung wird für Einzelprodukte eine Rangfolge nach relativen Deckungsspannen erstellt, um dann die Produkte mit den höchsten relativen Deckungsspannen bis zum Erreichen der Maximalkapazität des Engpassfaktors in das Sortiment aufzunehmen bzw. darin zu belassen. Die übrigen Produkte sind zu eliminieren. Die relative Deckungsspanne (DS_R) berechnet sich dabei nach der Formel:

$$DS_r = \frac{\text{absolute Deckungsspanne (DSa)}}{\text{Engpassbelastung pro Stück}}$$

Das Arbeiten mit relativen Deckungsspannen ist ein zweckmäßiges Verfahren, das sich allerdings nur bei konstanten Preisen und Absatzmengen anwenden lässt.

Besteht ein funktionaler Zusammenhang zwischen der Höhe des Preises und der abgesetzten Menge in Form einer Preis-Absatz-Funktion, ist der **Lagrange-Ansatz** für die Sortimentsplanung heranzuziehen. Auf der Basis der Preis-Absatz-Funktion erfolgt dabei die Maximierung des Gewinns mit unterschiedlichen Produkten unter Berücksichtigung der Engpassrestriktion. Dabei ergibt sich für den Zwei-Produkt-Fall folgende Zielfunktion:

$$G(x_A, x_B) = x_A(p_A - k_{vA}) + x_B(p_B - k_{vB}) - K_f \rightarrow max.!$$

wobei:

G = Gewinn
$x_{A,B}$ = Absatzmengen der Produkte A bzw. B
$p_{A,B}$ = Verkaufspreise der Produkte A bzw. B
K_f = Fixkosten des gesamten Sortiments

Als **Engpassrestriktion** lässt sich formulieren:

$$ax_A + bx_B - NB = 0$$

wobei:

a, b = Faktoren der Beanspruchung der Kapazitäten von Produkt A bzw. B
NB = zur Verfügung stehende Einheiten des Engpassfaktors

Somit lautet die **Zielfunktion** unter Berücksichtigung der Restriktion:

$$G(x_A, x_B) = x_A(p_A - k_{vA}) + x_B(p_B - k_{vB}) - K_f - \lambda(ax_A + bx_B - NB) \rightarrow max.!$$

Entscheidungen der Sortimentspolitik

Die Auflösung dieser Zielfunktion (Bildung partieller Ableitungen, Auflösung des Gleichungssystems, Einsetzen der Lösungen für x_A und x_B in die Preis-Absatz-Funktionen) ergibt das **optimale Sortiment** unter Berücksichtigung der Engpasssituation.

Bei der Ermittlung des Sortiments mit Hilfe des **Lagrange-Ansatzes** wird durch die Auflösung der Gleichungssysteme ein Wert für **Lambda** (λ) ermittelt, der wie folgt interpretiert werden kann: Wird die Engpassrestriktion um eine (infinitesimal kleine) Einheit verändert, so ändert sich der Funktionswert der Zielfunktion um den Faktor Lambda.

(3) Entscheidung bei mehreren Engpässen

Treten mehrere Engpässe auf (z.B. knappe Produktionszeiten, Beschaffungsengpässe, Arbeitsstunden der Mitarbeiter), sind in der Sortimentsplanung andere Planungsmethoden, wie die Verfahren der Linearen Programmierung (z.b. Simplex-Methode) heranzuziehen.

Schaubild 5-13 stellt in einem Gesamtüberblick die verschiedenen Entscheidungssituationen der Sortimentsplanung sowie die jeweiligen Lösungsmethoden dar.

Bei einer **kritischen Würdigung** der Methoden der Sortimentsplanung muss hervorgehoben werden, dass die Verfahren in der Lage sind, quantitative Informationen zur Unterstützung der Entscheidung über das Sortiment zur Verfügung zu stellen. Diese Informationen können jedoch allenfalls eine unterstützende Funktion bei der Entscheidungsfindung wahrnehmen. Neben Rahmenbedingungen der gesamten **Sortimentsstrategie** sind weitere qualitative Aspekte für eine endgültige Entscheidung zu berücksichtigen.

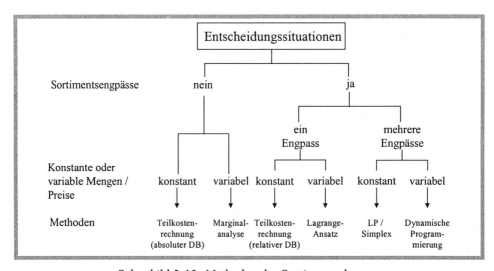

Schaubild 5-13: Methoden der Sortimentsplanung

6. Entscheidungen der Preispolitik

Lernziele

In diesem Kapitel machen Sie sich mit den Zielen und Instrumenten der Preispolitik vertraut. Sie

➢ erkennen Anlässe für Preisentscheidungen und Bestimmungsfaktoren der Preisbildung für vorhandene und neue Produkte,

➢ erhalten Einblicke in wesentliche Preisstrategien,

➢ lernen, mit Verfahren der Preisbestimmung auf Grundlage der Marginalanalyse umzugehen und

➢ werden in die Lage versetzt, die praxisbezogenen Methoden einer kosten- und marktorientierten Preisbestimmung anzuwenden.

Besonderes Anliegen dieses Kapitel ist es, dem Leser ein solides Fundament zur Erarbeitung preispolitischer Entscheidungen zu vermitteln.

6.1 Ziele und Instrumente der Preispolitik

Preispolitische Entscheidungen beeinflussen die Umsatzvolumina von Leistungsprogrammen und damit unmittelbar die Gewinnsituation von Unternehmen. Preise sind das Ergebnis einer Übereinstimmung von Angebot (Leistung des Unternehmens) und Nachfrage (Gegenleistung der Abnehmer). Die Fähigkeit zur Durchsetzung von Preisen kann als Indikator für die Marktstellung eines Unternehmens gelten.

Die Preispolitik beschäftigt sich mit der Festlegung der Art von Gegenleistungen, die die Kunden für die Inanspruchnahme der Leistungen des Unternehmens zu entrichten haben.

Sie umfasst die Bestimmung und das Aushandeln von Preisen und sonstigen Kauf- und Vertragsbedingungen. Da es also bei der Preispolitik nicht ausschließlich um die Preishöhe, sondern auch um weitere Bedingungen (z.B. Zahlungs- und Lieferbedingungen, preisähnliche Maßnahmen wie Rabatte, Boni und Skonti u.a.) geht, die mit einer Leis-

Ziele und Instrumente der Preispolitik

tungsinanspruchnahme verbunden sind, wird auch von **Kontrahierungspolitik** gesprochen (*Meffert* 2000).

Die Preispolitik dient sowohl den übergeordneten Unternehmenszielen (z.B. Rentabilität, Gewinn) als auch einer Verbesserung der Wettbewerbsposition bei Absatzmittlern und Konsumenten zur Durchsetzung unternehmensspezifischer Marketingstrategien. Schaubild 6-1 zeigt Beispiele für preispolitische Zielinhalte auf verschiedenen Ebenen:

Unternehmens-bezogene Ziele	▦ Erhöhung von Absatz und Umsatz, ▦ Erhöhung des Marktanteils, ▦ Erhöhung der Deckungsbeiträge und des Gewinns, ▦ Verbesserung der Rentabilität.
Handels-bezogene Ziele	▦ Erhöhung der Präsenz in den Handelskanälen, ▦ Verbesserung der Marktabdeckung, ▦ Erhöhung des Distributionsgrades, ▦ Sicherstellung eines einheitlichen Preisniveaus in unterschiedlichen Vertriebskanälen.
Konsumenten-bezogene Ziele	▦ Verbesserung der wahrgenommenen Preiswürdigkeit (Preisbeurteilung in Relation zum Qualitätsniveau), ▦ Verbesserung der wahrgenommenen Preisgünstigkeit (Preisbeurteilung im Vergleich zu den Konkurrenzprodukten), ▦ Beeinflussung der Preiswahrnehmung in eine bestimmte Richtung (z.B. Preis als Qualitätsindikator, demonstrativ hohe Produktpreise bei Exklusivmarken), ▦ Gestaltung der Preiserwartung (z.B. Vermeidung der Erwartung von zukünftig sinkenden Preisen).

Schaubild 6-1: Beispiele für preispolitische Zielinhalte

Im Rahmen der **Preispolitik** sind Anbieter in der Lage, unterschiedliche Instrumente zu einer individuellen Gestaltung ihrer Preisforderung heranzuziehen. Als **Instrumente der Preispolitik** sind vor allem zu erwähnen:

(1) Preise

Preise geben monetäre Gegenwerte wieder, die Unternehmen für die Inanspruchnahme ihrer Unternehmensleistungen fordern und die üblicherweise als Bruttopreise in Preislisten schriftlich fixiert werden.

(2) Preisnachlässe

Von der geforderten (Brutto-)Preishöhe können unter bestimmten Bedingungen Nachlässe (direkte Preisermäßigungen) gewährt werden:

Rabatte (z.B. Mengen- und Treuerabatte),

Boni („rückwirkende" Nachlässe für sämtliche Leistungsinanspruchnahmen am Ende einer bestimmten Abrechnungsperiode),

Skonti (Preisreduzierung bei Zahlung innerhalb eines begrenzten Zeitraumes).

(3) Preiszuschläge

Über den Preis hinausgehend werden teilweise Zuschläge gefordert, wie etwa:

Entgelt für Sonderleistungen (z.B. Spezialanfertigungen),

Mindermengenzuschläge („Negativrabatte", z.B. Einzelzimmerzuschlag im Hotel),

Preiszuschläge in Abhängigkeit von bestimmten Zeiten (z.B. Nachtzuschläge).

(4) Zugaben durch Geld- und Sachwerte sowie Dienstleistungen

Zur Förderung der Akzeptanz geforderter Preise ist es in manchen Märkten üblich, weitere Geld- und Sachzuwendungen oder Dienstleistungen zu vereinbaren (z.B. im Lebensmittelbereich). Diese Zuwendungen von Herstellern haben letztlich eine preiswirksame Funktion für den Handel (indirekte Preisermäßigung). Dazu zählen etwa:

Geldzuwendungen: Werbekosten-, Platzierungszuschüsse, Regalmieten u.a.,

Sachzuwendungen: kostenlose Testware, Naturalrabatte, Bereitstellung von Displaymaterial und anderer Verkaufsunterstützung, Kompensationsgeschäfte u.a.,

Dienstleistungen: Regalpflege, Preisauszeichnungen im Handel u.a.

In Zeiten zunehmend gesättigter Märkte, hoher Konkurrenzintensität und intensiver Nachfragemacht des Handels finden härtere Preisverhandlungen statt, in die auch vermehrt die genannten Nebenleistungen einbezogen werden.

Die Gründe für eine Veränderung der Preise sind vielfältig. Als **Anlässe für preispolitische Entscheidungen** lassen sich erwähnen:

Konsumentenbezogene Anlässe: mangelnde Akzeptanz des Preises durch die Konsumenten, rückläufige Nachfrage,

Handelsbezogene Anlässe: Forderung des Handels nach Preisreduzierungen, Rabatten oder Zugaben,

Unternehmensbezogene Anlässe: Veränderungen der Kostenstruktur, insbesondere steigende Beschaffungs- und Personalkosten, Einführung neuer Produkte und Produktvarianten,

■ **Konkurrenzbezogene Anlässe**: Veränderung der Konkurrenzpreise, Einführung ähnlicher Produkte durch die Konkurrenz,

■ **Umfeldbezogene Anlässe**: Preisbeeinflussende Gesetze, tarifäre Handelshemmnisse (Zölle, Quoten, Kontingente u.a. Einfuhrbeschränkungen).

6.2 Prozess der Preisfestlegung

Die **Systematik von Preisentscheidungen** richtet sich nach dem allgemeinen Vorgehen bei Marketingentscheidungen, d.h. der Verknüpfung von preispolitischen Zielen, Entscheidungsalternativen (unterschiedliche Preisforderungen) und Umfeldbedingungen (Marktform, Wettbewerbsintensität, Handels- und Konsumentenakzeptanz). Der preispolitische Entscheidungsprozess kann sich dabei auf die Preisentscheidung für neue Produkte beziehen (erstmalige Festlegung eines Preises) oder im Sinne einer permanenten Preiskontrolle unter Beachtung von Markt-, Konkurrenz-, Konsumenten-, Handels-, Lieferanten-, Unternehmens- und Umfeldveränderungen auf Preisentscheidungen für vorhandene Produkte.

Analog zu anderen Marketinginstrumenten empfiehlt es sich, dem Preisentscheidungsprozess einen Ablaufplan zugrunde zu legen. Schaubild 6-2 zeigt die fünf Phasen des **Prozesses der Preisfestlegung**.

(1) Analyse des preispolitischen Spielraums

Der erste planerische Schritt besteht darin zu klären, welcher Spielraum für preispolitische Entscheidungen zur Verfügung steht. In der Regel hat sich jedes Unternehmen ein gewisses **akquisitorisches Potenzial** geschaffen, in dessen Rahmen es sich preispolitisch autonom verhalten kann. Grenzen preispolitischer Spielräume werden grundsätzlich durch die Marktteilnehmer – aber auch durch das Unternehmen selbst – abgesteckt.

Traditioneller Ausgangspunkt einer preispolitischen Planung ist die **Analyse des kostenbezogenen Spielraums**. Auf der Basis von Selbstkosten und geplanten Gewinnen ist zu kalkulieren, welche Mindestpreisforderung (Preisuntergrenze) nicht unterschritten werden darf und welche Gewinne bei alternativen Preisforderungen realisierbar erscheinen.

Die **Analyse des nachfragebezogenen Spielraums** richtet sich auf die Akzeptanz von Preisforderungen durch Absatzmittler bzw. Endabnehmer. Es sind Überlegungen darüber anzustellen, wie sich das Nachfrageverhalten in Abhängigkeit von alternativen Angebotspreisen verändert. Dies kann beispielsweise durch Ermittlung von Preis-Absatz-Funktionen oder Preiselastizitäten erfolgen.

Darüber hinaus stellt eine **Analyse des konkurrenzbezogenen Spielraums** darauf ab, die durch Preisänderungen eines Unternehmens bedingten (Preis-)Reaktionen der Konkurrenz zu antizipieren.

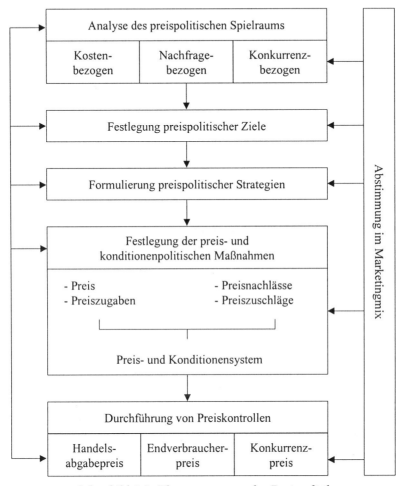

Schaubild 6-2: Planungsprozess der Preispolitik

Der preispolitische Spielraum zeigt die Freiheitsgrade bzw. Restriktionen eines Unternehmens auf, sich preispolitisch autonom zu verhalten. Der Anbieter bewegt sich in einem „magischen Dreieck", da seine preispolitischen Entscheidungen wechselseitig eigene Kosten beeinflussen und die Nachfragerakzeptanz sowie die Konkurrenzreaktion berühren, also Interdependenzen zum Tragen kommen. Schaubild 6-3 zeigt diesen Zusammenhang.

Prozess der Preisfestlegung

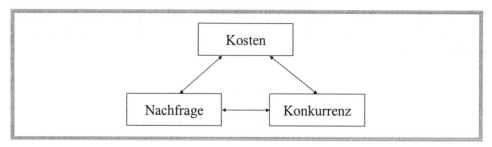

Schaubild 6-3:„Magisches Dreieck" preispolitischer Spielräume

(2) Festlegung preispolitischer Ziele

Ausgangspunkt von Preisüberlegungen ist die Formulierung von Zielen. Treten Zielkonflikte zwischen den unternehmens-, handels- und konsumentenbezogenen Zielen auf (z.B. Gewinnstreben und Sicherstellung der Präsenz im Handel), sind entsprechende Prioritäten festzulegen.

(3) Formulierung preispolitischer Strategien

Als Bezugsgrößen für Preisstrategien lassen sich Preispositionierung, Preiswettbewerb, Preisabfolge und Preisdifferenzierung angeben. Auf die Ausgestaltung unterschiedlicher Preisstrategien wird im folgenden Abschnitt 6.3 eingegangen.

(4) Festlegung preis- und konditionenpolitischer Maßnahmen

In dieser Phase erarbeitet der Anbieter seine Vorstellungen über Preishöhe, Formen der Preisnachlässe bzw. -zuschläge sowie über sonstige Preiszugaben. Je nach Form der Preisdurchsetzung werden dann die Forderungen in Preislisten fixiert oder mit Marktpartnern aktiv ausgehandelt. Ein Listenpreis kennzeichnet das auf der Basis einer Herstellerleistung und einer Standard-Handelsleistung fixierte Standard-Entgelt des Abnehmers für den Bezug einer in Art und Menge definierten Wareneinheit eines Anbieters (*Steffenhagen* 1995, S. 69). Als Ergebnis entsteht ein für die Kaufabwicklung verbindliches **Preis- und Konditionensystem** des Unternehmens.

(5) Durchführung von Preiskontrollen

Der Kreis dieses Planungsprozesses schließt mit der Kontrolle der preis- und konditionenpolitischen Maßnahmen. Eine fortlaufende **Preiskontrolle** erstreckt sich auf drei Bereiche:

- **Kontrolle der Handelsabgabepreise**, z.B. durch die Analyse unterschiedlicher Abgabepreise in verschiedenen Vertriebskanälen,

Entscheidungen der Preispolitik

- **Kontrolle der Endverbraucherpreise**, z.B. in verschiedenen Vertriebskanälen und Regionen,

- **Kontrolle der Konkurrenzpreise**, insbesondere die Analyse von Preisunterschieden zu eigenen Preisen, differenziert nach verschiedenen Merkmalen (Produktvarianten, Vertriebskanälen, Regionen u.a.).

Preiskontrollen stellen die Grundlage einer Überprüfung des preis- und konditionenpolitischen Planungsprozesses dar. Sie geben dem Unternehmen rechtzeitig Hinweise auf notwendige Preiskorrekturen. Neben der Durchführung der einzelnen Planungsschritte ist ferner eine **Integration** aller Planungsschritte der Preispolitik in das Marketingmix sicherzustellen.

6.3 Preispolitische Strategien

Die kurzfristige Einsetzbarkeit und Wirksamkeit preispolitischer Entscheidungen kann leicht dazu verleiten, in diesem Instrument lediglich ein taktisches Hilfsmittel zu sehen, bei dessen Einsatz langfristige Überlegungen keine Rolle spielen. In der Realität jedoch nehmen die strategischen Aspekte von Preisentscheidungen einen bedeutenden Stellenwert ein. Vier verschiedene **Ansatzpunkte für Preisstrategien** sollen im Folgenden näher erläutert werden.

(1) Strategien der Preispositionierung

Als erster Ansatzpunkt für die Generierung von Preisstrategien kann die Höhe des Preises dienen:

- **Hochpreisstrategie**: Realisation eines hohen Preisniveaus durch besondere Leistungsvorteile (Spitzenqualität) für die Kunden, z.B. durch Premiummarken.

- **Mittelpreisstrategie**: Forderung von Preisen auf einem mittleren Niveau mit einem Standard-Qualitätsniveau, z.B. für Handelsmarken.

- **Niedrigpreisstrategie**: Anstreben des geringsten Preisniveaus am Markt bei einer Mindestqualität, z.B. für Gattungsmarken.

(2) Strategien des Preiswettbewerbs

Die Preispositionierung kann verbunden sein mit einer Preisstrategie, die sich explizit am Verhalten der Konkurrenz (z.B. des Marktführers) orientiert. Mögliche Strategien im Preiswettbewerb sind:

Preispolitische Strategien

- **Preisführerschaft**: Der Anbieter strebt einen hohen Preis an, der durch Qualität, Service, Marke u.a.m. gerechtfertigt wird. Die Preissetzung des Anbieters dient den Konkurrenten als Orientierung.

- **Preiskampf**: Der Anbieter ist bemüht, den geringsten Preis am Markt zu fordern. Bei Preissenkungen der Konkurrenz tritt der Anbieter in einen Preiskampf ein, um keinen Kunden zu verlieren, z.B. bei preisaggressiven Discountern im Lebensmittelhandel.

- **Preisfolgerschaft**: Der Anbieter agiert in seinen Preisforderungen nicht selbständig, sondern reagiert auf Preisänderungen der Konkurrenz. Es erfolgt eine Anpassung an Preise von Wettbewerbern, z.B. im Kaffeemarkt.

(3) Strategien der Preisabfolge

Die Position innerhalb des Lebenszyklus kann die Preisstrategie bestimmen. Bei der Einführung neuer Produkte unterscheidet man folgende Strategiealternativen:

- **Penetrationsstrategie**: Mit einem niedrigen Einführungspreis soll ein neuer Markt schnell erschlossen werden. Wenn genügend Kunden aufmerksam gemacht werden konnten und entsprechende Umsätze realisiert wurden, können Preiserhöhungen durchgeführt werden. Durch den in der Anfangsphase geringen Preis werden potenzielle Wettbewerber davon abgehalten, in diesen Markt einzusteigen. Ferner sind Kostensenkungspotenziale durch Mengeneffekte schnell realisierbar.

- **Skimmingstrategie**: Mit einem hohen Einführungspreis für neue Produkte beabsichtigt ein Anbieter, möglichst schnell Gewinne abzuschöpfen. Ein Skimming, also ein Abschöpfen des Marktes, empfiehlt sich vor allem dann, wenn etwa eine neuartige Technologie erheblich verbesserte Problemlösungen erwarten lässt. In einem solchen Fall werden stets Abnehmer mit einer Bereitschaft existieren, selbst hohe Preisforderungen zu akzeptieren. Erst mit steigendem Absatz werden dann die Preise sukzessive gesenkt. Diese Preisstrategie birgt die Gefahr, dass Wettbewerber aufgrund des hohen Preisniveaus bzw. hoher Gewinne in den Markt eintreten.

(4) Strategien der Preisdifferenzierung

Es entspricht dem Prinzip differenzierter Marktbearbeitung, für unterschiedliche Produkte, Kunden und Regionen Möglichkeiten einer Preisdifferenzierung zu prüfen. Fünf Ausprägungen der Preisdifferenzierung können unterschieden werden (*Simon* 1995, S. 107).

(a) Mengenmäßige Preisdifferenzierung

Eine Preisdifferenzierung nach Mengen, auch als „Nichtlineare Preisbildung" bezeichnet, liegt dann vor, wenn der Durchschnittspreis, den eine Person für eine nachgefragte Mengeneinheit zu entrichten hat, von der Anzahl der insgesamt durch diese Person abgenommenen Mengeneinheiten abhängt. Dieser Ansatz basiert auf der Überlegung, dass mit zunehmender Menge der Grenznutzen einer Leistung für eine Person sinkt (*Simon* 1992, S. 399ff.). Anwendung findet diese Form der Preisdifferenzierung vor allem im Gewähren von Mengenrabatten. Hierzu zählen auch Tarifstrukturen, bei denen der Abnehmer unabhängig von der tatsächlich nachgefragten Anzahl an Mengeneinheiten eine fixe Gebühr für ein grundsätzliches Anrecht zum Erwerb der Leistung oder für den Erwerb der Leistung zu einem ermäßigten Stückpreis zu entrichten hat. Ein Beispiel für Ersteres ist die Grundgebühr für den Telefonanschluss, ein Beispiel für Letzteres die Bahncard.

(b) Zeitliche Preisdifferenzierung

Hier werden unterschiedliche Preise in Abhängigkeit vom Zeitpunkt des Kaufs bzw. der Inanspruchnahme der Leistung gefordert. Typische Beispiele sind Subskriptionsangebote, Urlaubsreisen, Telefongebühren, Flugpreise, Bahnfahrten. Eine in letzter Zeit intensiv diskutierte Sonderform der zeitlichen Preisdifferenzierung stellt das **Yield Management** dar. Das Ziel dieses Ertragsmanagements ist die vollständige Auslastung vorhandener Kapazitäten durch eine Preis-Mengen-Steuerung, die die richtige Anzahl von Einheiten dem richtigen Kundentyp unter umsatzmaximierenden Gesichtspunkten zuordnet. Insbesondere bei Dienstleistungsanbietern kann der Preis der Dienstleistung im Zeitablauf schwanken, wenn man ihn in Abhängigkeit vom Nutzen des Dienstleistungsanbieters gestaltet (*Meffert/Bruhn* 2000). Der Einsatz des Yield Managements verspricht insbesondere dann hohe Ertragssteigerungen, wenn unflexible Kapazitäten mit hohen Fixkosten vorliegen, die Leistung bei Nichtabnahme verfällt, hohe, nicht vorhersehbare Schwankungen in der Nachfrage bestehen oder die Kontrahierung schon vor Inanspruchnahme der Dienstleistung erfolgen kann.

(c) Räumliche Preisdifferenzierung

Differenzierungskriterien sind hier geographisch abgegrenzte Teilmärkte in Form von Ländermärkten, Regionen und Städten. So soll z.B. mit Hilfe einer Preisdifferenzierung nach Ländern den Besonderheiten der internationalen Ländermärkte (z.B. Kaufkraft, Inflationsraten, Zölle) entsprochen werden. Beispiele für regionale Preisdifferenzierungen sind Preisdifferenzen für Skiausrüstung innerhalb und außerhalb eines Skigebietes.

(d) Personelle Preisdifferenzierung

Bei der personellen Preisdifferenzierung werden unterschiedliche Preise für bestimmte Kundensegmente in Rechnung gestellt. So gibt es z.B. Vorzugspreise für Jugendliche, Betriebsangehörige oder Vereinsmitglieder. Die personelle Differenzierung auf Basis des Alters und des Einkommens wird bei Unternehmensleistungen eingesetzt, bei denen eine langfristige Kundenbeziehung im Vordergrund steht, da man im Zeitablauf mit einer wachsenden Kaufkraft des Nachfragers rechnet. Der Preis wird dann auf Basis des so-

Statisches Preismanagement

genannten „Customer Lifetime Value" (langfristiger Kundenwert) festgesetzt. Außerdem kann auf die unterschiedlichen Elastizitäten der Nachfrager eingegangen werden.

(e) Preisdifferenzierung nach Produkten

Bei der Preisdifferenzierung nach Produkten wird versucht, absatz- und kostenmäßige Interdependenzen verschiedener Produkte eines Unternehmens zu berücksichtigen. Es stellt sich z.B. die Frage, inwiefern Produkte oder Dienstleistungen eines Unternehmens einzeln zu getrennten Preisen oder zusammen als Bündel zu einem Paketpreis verkauft werden sollen. Mit Hilfe einer **Preisbündelung** kann die nicht ausgenutzte Konsumentenrente, d.h. die Differenz zwischen Maximalpreis des Nachfragers und tatsächlichem Preis, von einem Produkt auf ein anderes übertragen werden (*Simon* 1992, S. 46). Zu unterscheiden ist hierbei zwischen **reiner Preisbündelung**, wenn Produkte ausschließlich als Paket angeboten werden, und **gemischter Preisbündelung**, wenn sowohl Einzelprodukte als auch das Paket angeboten werden. Insbesondere im Dienstleistungsbereich, z.B. bei Pauschalreisen (Flug und Hotel) oder Versicherungen (Sach- und Haftpflichtversicherung), aber auch in anderen Bereichen, wie z.B. EDV (Zentraleinheit, Monitor, Drucker und Software), ist Preisbündelung weit verbreitet.

Während die Festlegung der preispolitischen Strategie eher eine planerische Aufgabe darstellt, ist die Festlegung des Preises eine eher operative Aufgabe. Zur Strukturierung der **Methoden der Preisfestlegung** soll hier eine Unterscheidung zwischen statischem und dynamischem Preismanagement vorgenommen werden (*Simon* 1992).

6.4 Statisches Preismanagement

Bei der statischen Betrachtung der Preisfindung wird vom Zeiteinfluss abstrahiert. Dabei können mit der kostenorientierten, marktorientierten und marginalanalytischen Preisbestimmung grundsätzlich drei Verfahrensweisen unterschieden werden (*Diller* 2000), die im Folgenden detaillierter vorgestellt werden.

6.4.1 Kostenorientierte Preisbestimmung

Die Verfahren der kostenorientierten Preisbestimmung nehmen eine Preiskalkulation auf **Grundlage der Kostenträgerrechnung** vor. Dazu können sowohl Instrumente der Vollkosten- als auch der Teilkostenrechnung herangezogen werden (vgl. dazu auch *Kilger/Vikas* 1993; *Riebel* 1994; *Diller* 2000).

6.4.1.1 Preisfestlegung nach der Vollkostenrechnung

In der Kostenträgerrechnung werden nach dem Vollkostenprinzip die fixen und variablen Kosten den einzelnen Produkten zugerechnet. Die Preisfestlegung für ein Produkt ergibt sich aufgrund einer einfachen Zuschlagskalkulation (Kosten plus Gewinnzuschlag):

$$p = k \cdot \left(1 + \frac{g}{100}\right)$$

wobei:

p = Preisforderung
k = Selbstkosten
g = prozentualer Gewinnzuschlag

In der Vollkostenrechnung sieht diese einfache Zuschlagskalkulation also vor, dass die **Einzelkosten** der Produkte (z.B. Material- und Fertigungseinzelkosten, Sondereinzelkosten des Vertriebs) direkt und die **Gemeinkosten** (z.B. Verwaltungs- und Vertriebsgemeinkosten) indirekt nach einem oder mehreren Gemeinkostenschlüssel(n) auf die einzelnen Produkte verteilt werden. Die Gemeinkosten gehen bei dieser Vorgehensweise explizit in die Preisbestimmung von Produkten ein.

Die Preisbestimmung nach der Vollkostenrechnung kann als **Vorkalkulation** zur Abgabe eines Preisangebotes vorgenommen werden; in diesem Fall werden der Berechnung Plankosten zugrunde gelegt. Für eine **Nachkalkulation** ergibt sich die Berechnung nach den tatsächlichen Istkosten.

Die **Vorteile** einer Preisbestimmung nach der Vollkostenrechnung liegen in ihrer einfachen Handhabung, da nur wenige Informationen für die Berechnung benötigt werden. Allerdings muss als **Nachteil** berücksichtigt werden, dass die Aufteilung der Gemeinkosten nach einem bestimmten Schlüssel mit erheblichen Problemen verbunden ist und zu Fehlentscheidungen führen kann. Dies kann im Extremfall dazu führen, dass sich das Unternehmen durch seine kostenorientierte Preisbestimmung „**aus dem Markt kalkuliert**": Bei sinkenden Absatzmengen müssen bei einer Nachkalkulation die Gemeinkosten auf eine geringere Stückzahl verteilt werden. Dies zwingt zu einer höheren Preisforderung, die zu noch weiter sinkenden Absatzmengen führen kann, womit die Preise durch eine Aufteilung der Fixkosten wiederum erhöht werden müssen. Die Argumentationskette verdeutlicht, dass bei einer Preisbestimmung auf der Grundlage der Vollkostenrechnung Interdependenzen zwischen Absatzmengen und Kosten nicht beachtet werden. Dennoch ist die Preisfestsetzung nach der **Vollkostenrechnung in der Praxis** – insbesondere bei Einzelaufträgen – aufgrund ihres vereinfachten Vorgehens häufig zu beobachten. Dieser Tatsache liegt zugrunde, dass im Prinzip sämtliche Kosten durch Umsätze zu decken sind und deshalb auch die Fixkosten in das Entscheidungskalkül einzubeziehen sind.

Statisches Preismanagement

6.4.1.2 Preisfestlegung nach der Teilkostenrechnung

Um die Nachteile der Vollkostenrechnung zu vermeiden, wird in der Teilkostenrechnung eine Kostenspaltung in fixe und variable Kosten vorgenommen. Die Berechnung der Preisforderung ergibt sich durch die Formel:

$$p = k_v \cdot \left(1 + \frac{ds}{100}\right)$$

wobei:

p   = Preisforderung
k_v = variable Stückkosten
ds   = prozentualer Deckungsspannenzuschlag

Für die Preisfestlegung werden lediglich die variablen Stückkosten sowie der geforderte Zuschlag (Prozentwert der variablen Stückkosten) zugrunde gelegt. Dieser Zuschlag in Form der Deckungsspanne muss höher als bei der Vollkostenrechnung sein, da er zusätzlich einen Beitrag zur Deckung der fixen Kosten des Produktes leisten muss. Auch hier kann die Preiskalkulation als **Vor- oder Nachkalkulation** durchgeführt werden.

Die Preisbestimmung auf der Grundlage der Teilkostenrechnung weist gegenüber der Vollkostenrechnung erhebliche **Vorteile** auf. Sie ist in der Lage, für taktische Preisentscheidungen ausschließlich entscheidungsrelevante Kosten einzubeziehen. Sämtliche Probleme der Verrechnung von Gemeinkosten treten dabei nicht auf. Allerdings muss als **Nachteil** berücksichtigt werden, dass durch die Anwendung der Teilkostenrechnung die Gefahr einer zu kurzfristigen Perspektive bei Preisentscheidungen besteht. Dies kann in der Praxis dazu führen, dass sich das Unternehmen „aus der Gewinnzone kalkuliert": Bei einer Nichtbeachtung der Gemeinkosten ist man eher geneigt, Forderungen nach Preisreduzierungen nachzugeben (Problem der Preisnachgiebigkeit). Sind die Preissenkungen mit höheren Absatzmengen verbunden, reduzieren sich aufgrund des Kostensenkungspotenzials die variablen Stückkosten noch weiter, d.h. für geforderte Preissenkungen besteht wieder mehr Spielraum usw. Insgesamt kann es dabei zu einer Verschlechterung der Gewinnsituation des Unternehmens kommen.

Dennoch ist die Teilkostenrechnung am besten in der Lage, eine fundierte Entscheidungshilfe zur Preisbestimmung abzugeben. Für die Mehrzahl taktischer Preisentscheidungen werden die entscheidungsrelevanten (variablen) Kosten einbezogen. Diese Erkenntnis setzt sich auch in der Praxis immer stärker durch. Langfristige Überlegungen zur Deckung der fixen Kosten sollten aber ebenso in die Analyse einbezogen werden.

6.4.2 Marktorientierte Preisbestimmung

Verfahren marktorientierter Preisbestimmung stützen sich nicht ausschließlich auf Kosten, sondern vor allem auf Reaktionen der Marktteilnehmer. Dabei sind die Wirkungen alternativer Preisforderungen auf den preispolitischen Zielerreichungsgrad von besonderem Interesse. Unter Annahme unterschiedlicher Preisforderungen wird eine „Rückrechnung" der Auswirkungen der Preise auf die Zielerreichung vorgenommen. Daher wird dieses Vorgehen auch als **„retrograde" Kalkulation** (*Diller* 2000, S. 226ff.) bezeichnet.

Die sehr praxisorientierten, marktorientierten Verfahren der Preispolitik basieren auf den Prinzipien der Teilkostenrechnung. Sie gehen davon aus, dass es kaum möglich ist, empirisch gehaltvolle funktionale Zusammenhänge in Form von Preis-Absatz- oder Preis-Kosten-Funktionen zu ermitteln. Vielmehr wird eine realistische Schätzung von zu erreichenden Absatz- und Umsatzwerten für alternative Preisforderungen durch die Entscheidungsträger vorgenommen. Auch hier lassen sich unterschiedliche Methoden differenzieren, die im Folgenden dargestellt werden.

6.4.2.1 Preisfestlegung nach der Break-even-Analyse

Ein einfaches Verfahren der marktorientierten Preisbestimmung ist die **Break-even-Analyse**. Sie berechnet die für das Erreichen der Gewinnschwelle erforderlichen Absatzmengen bei einem gegebenen Preis. Dem Verfahren liegt die Überlegung zugrunde, dass die Gewinnschwelle erreicht wird, wenn die Kosten gleich dem Umsatz sind:

$$K_f + k_v \cdot x = p \cdot x$$

Die kritische Absatzmenge, bei der die Gewinnschwelle erreicht wird, liegt in dem Punkt, in dem die Deckungsspanne (Stückdeckungsbeitrag) den fixen Kosten entspricht.

$$x_{krit} = \frac{K_f}{p - k_v}$$

Die Berechnung der kritischen Absatzmenge wird nicht nur bei einem Preis, sondern für alternative Preise vorgenommen. Schaubild 6-4 zeigt am Beispiel linearer Kostenfunktionen unterschiedliche kritische Absatzmengen bei alternativen Preisforderungen.

Die endgültige Preisentscheidung wird davon abhängig gemacht, welche (kritischen) Absatzmengen das Management als realistisch ansieht und welches Risiko man akzeptiert, um mit den verschiedenen Preisen bestimmte Gewinnaussichten zu realisieren.

Statisches Preismanagement

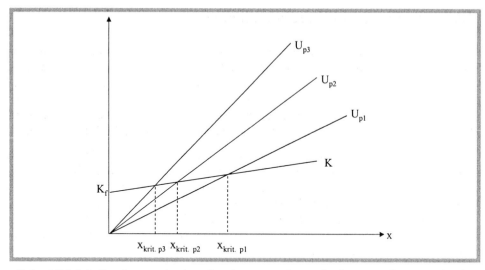

Schaubild 6-4: Break-even-Analyse für alternative Preise bei linearen Kostenverläufen

Über die einfache Break-even-Analyse hinaus, die nur die Schwelle sucht, ab der ein Unternehmen in die Gewinnzone gerät, ist es auch möglich, **Gewinnüberlegungen** in das Break-even-Modell einzubeziehen. Hierbei wird davon ausgegangen, dass es nicht nur notwendig ist, die Fixkosten zu decken, sondern darüber hinaus auch ein angemessener Gewinn erzielt werden muss. Dieser Sachverhalt lässt sich formal so darstellen, dass die Kosten sowie der geforderte Gewinn dem Umsatz gleichgesetzt werden.

$$K_f + k_v \cdot x + G = p \cdot x$$

$$x_{krit} = \frac{K_f + G}{p - k_v}$$

Bei einer **kritischen Würdigung** der Break-even-Analyse muss hervorgehoben werden, dass es sich um ein sehr einfaches Verfahren zur Preisbestimmung handelt, das nur in grober Weise eine Preisbestimmung vornehmen kann. Die Einschätzungen der bei einem gegebenen Marktpreis erreichbaren Absatzmengen sind subjektiv. Zwar wird mit einer marktorientierten Preisbestimmung nach der Break-even-Analyse eine explizite Aufstellung von Preis-Absatz-Funktionen vermieden. Dennoch kommen gerade bei der Schätzung von Absatzmengen bei gegebenen Marktpreisen implizite Preis-Absatz-Funktionen zur Geltung (*Simon* 1992, S. 153). Das Verfahren weist den Vorteil auf, dass das Management bei der Preisfestlegung die bei bestimmten Marktpreisen erreichbaren Absatzmengen den kritischen Absatzmengen gegenüberstellt.

6.4.2.2 Preisfestlegung nach der Deckungsbeitragsrate

Ein auf der Break-even-Analyse aufbauendes Verfahren ist die Nutzung der **Deckungsbeitragsrate (DR)**. Diese drückt den Anteil zur Deckung der Fixkosten und zur Erzielung eines Gewinns je Preis- bzw. Umsatzeinheit aus. Sie wird wie folgt berechnet:

$$DR = \frac{p - k_v}{p} = \frac{U - K_v}{U}$$

Die Gewinnschwelle (U=K) lässt sich durch die nachfolgende Formel berechnen:

$$U_{krit} = \frac{K_f}{DR}$$

Für das Management ist die Deckungsbeitragsrate als ein Hilfsmittel zu verstehen, das die zur Überschreitung der Gewinnschwelle notwendigen Absatzmengen, Umsätze bzw. Preise verdeutlicht (*Diller* 2000, S. 235f.). Schaubild 6-5 zeigt an einem Beispiel, wie sich bei Preisveränderungen die abzusetzenden Mengen, Umsätze und andere Faktoren (z.B. Deckungsbeitragsrate) verändern.

Entscheidungssituation	S_{-2}	S_{-1}	S_0	S_{+1}	S_{+2}
Preis (GE)	16	18	20	22	24
Preisveränderung gegenüber S_0	- 20 %	- 10 %	0	+ 10 %	+ 20 %
Variable Stückkosten (GE)	12	12	12	12	12
Deckungsspanne (GE)	4	6	8	10	12
Deckungsbeitragsrate	0,25	0,33	0,40	0,45	0,50
Fixkosten (GE)	400.000	400.000	400.000	400.000	400.000
Angestrebter Gewinn (GE)	150.000	150.000	150.000	150.000	150.000
Erforderlicher Umsatz (GE)	2.200.000	1.666.667	1.375.000	1.222.222	1.100.000
Veränderung gegenüber S_0	+ 60 %	+ 21,2 %	0	- 11,1 %	- 20 %
Erforderliche Absatzmengen (X)	137.500	92.592	68.750	55.555	45.833
Veränderung gegenüber S_0	+ 100 %	+ 34,7 %	0	- 19,2 %	- 33,3 %
Umsatzrendite	6,8 %	9,0 %	10,9 %	12,3 %	13,6 %

Schaubild 6-5: Beurteilung alternativer Preisforderungen mit Hilfe von Deckungbeitragsraten und anderen Veränderungsraten

Statisches Preismanagement

In einer **kritischen Würdigung** der Preisfestlegung nach der Deckungsbeitragsrate ist festzuhalten, dass diese zwar ein einfach zu handhabendes Verfahren darstellt, die Preisbestimmung aber nur in einer relativ groben Weise erfolgt. Ebenso wie die Break-even-Analyse bewirkt die Preisbestimmung nach der Deckungsbeitragsrate eine aktive Auseinandersetzung des Managements mit alternativen Preisforderungen und den jeweiligen kritischen Umsatz- bzw. Absatzmengen.

6.4.2.3 Preisfestlegung bei Entscheidungssituationen unter Risiko

Bisher wurde bei den marktorientierten Verfahren der Preisbestimmung angenommen, dass sichere Informationen über die Verhaltensweisen der Abnehmer und der Konkurrenten vorliegen. Gerade in der Realität bestehen jedoch zahlreiche **Unsicherheiten über preispolitische Reaktionen** der Marktteilnehmer, die zwar durch Preistests und Abnehmerbefragungen teilweise gemindert, aber nicht vollständig abgebaut werden können. Dennoch sind die Entscheidungsträger aufgrund ihrer Marktkenntnis mitunter in der Lage, Aussagen über die Wahrscheinlichkeit des Eintretens von Reaktionen der Marktteilnehmer zu treffen.

Den Unsicherheiten kann bei der Preisbestimmung durch die Einbeziehung von Risikoüberlegungen Rechnung getragen werden. Ein Ansatz besteht darin, die Reaktionen der Konkurrenten und der Abnehmer auf alternative Preisforderungen mit Wahrscheinlichkeiten zu versehen. Nach der **Methode der Erwartungswertmaximierung** kann dann berechnet werden, welche Preisforderung unter Berücksichtigung der Wahrscheinlichkeiten des Eintretens von Umweltzuständen empfehlenswert ist. Der Erwartungswert berechnet sich nach der Formel:

$$E_p = \sum_{j=1}^{J} e_{p_j} \cdot W_j \rightarrow \text{max.!}$$

wobei:

E_p = Erwartungswert der Ergebnisse beim Preis p

e_{pj} = Ergebnisausprägung der Zielgröße bei den Preisalternativen p und Eintritt der Umweltzustände j (j = 1 ... J)

W_j = Wahrscheinlichkeit des Auftretens des Umweltzustandes (Reaktion der Marktteilnehmer)

Schaubild 6-6 zeigt ein einfaches Beispiel zur Berechnung des Erwartungswertes.

Für die beiden in Frage kommenden alternativen Preisforderungen (p_1 von 20 GE und p_2 von 25 GE) ist mit jeweils drei möglichen Reaktionen der Konkurrenz, ihre eigenen Preise festzusetzen, zu rechnen (p_k). Für diese Situationen sind verschiedene Wahrscheinlichkeiten zu bestimmen, die durch die Entscheidungsträger aufgrund ihrer Markt-

182

kenntnisse teilweise abgeschätzt werden können. Bei Vorliegen der eigenen Preisforderung und der der Konkurrenz sind die jeweiligen Absatzmengen (x) ebenfalls mit einer bestimmten Wahrscheinlichkeit abzuschätzen. Auf diese Weise ergeben sich die dargestellten Umweltzustände bei verschiedenen Preiskonstellationen.

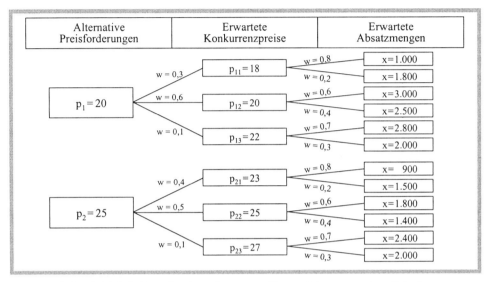

Schaubild 6-6: Entscheidungsbaum zur Kennzeichnung preispolitischer Entscheidungssituationen

Als Erwartungswerte berechnen sich:

Für E (p_1) = (1.000 · 0,8 + 1.800 · 0,2) · 0,3 +
(3.000 · 0,6 + 2.500 · 0,4) · 0,6 +
(2.800 · 0,7 + 2.000 · 0,3) · 0,1 = 2.284

Für E (p_2) = (900 · 0,8 + 1.500 · 0,2) · 0,4 +
(1.800 · 0,6 + 1.400 · 0,4) · 0,5 +
(2.400 · 0,7 + 2.000 · 0,3) · 0,1 = 1.456

Aufgrund der Wahrscheinlichkeitsüberlegungen und der prognostizierten Umweltergebnisse empfiehlt es sich in diesem Beispiel, einen Preis von 20 GE zu fordern.

Insgesamt sind die **marktorientierten Verfahren der Preisbestimmung** gut geeignet, den Anforderungen der Praxis für die Festlegung von Preisen gerecht zu werden. Wenn auch die Verfahren nicht in der Lage sind, ein analytisches Preisoptimum zu bestimmen, so versuchen sie doch, unter Nutzung bestehender Informationen eine Entscheidung zu optimieren. Sie beziehen sich bei ihren Überlegungen auf die Teilkostenrechnung und

Statisches Preismanagement

werden damit der Forderung gerecht, auf die Einbeziehung von Fixkosten für die Bestimmung von Preisen zu verzichten. Darüber hinaus werden bei den marktorientierten
Verfahren die Konsequenzen aufgezeigt, die sich bei alternativen Preisforderungen für
unternehmens- und marktrelevante Größen (Deckungsbeiträge, Umsätze, Absatzmengen,
Konkurrenzpreise) ergeben. Damit ist der Entscheider gezwungen, Einschätzungen über
die Reaktionen des Marktes auf seine Preispolitik vorzunehmen.

6.4.3 Marginalanalytische Preisbestimmung

6.4.3.1 Grundlagen der Marginalanalyse

Die Verfahren der marginalanalytischen Preisbestimmung basieren auf der Kenntnis
funktionaler Zusammenhänge zwischen der Preishöhe und dem Erreichungsgrad preispolitischer Ziele, insbesondere der Absatzmengen, des Umsatzes, des Gewinnes und der
Rentabilität. Wenn die Beziehungen zur Preishöhe durch Funktionen darstellbar sind,
dann ist die Anwendung der **Differenzialrechnung** zur Bestimmung des Maximums
einer Zielfunktion möglich. Die marginalanalytische Preisbestimmung ist also ein Verfahren, das sich nicht nur auf die Vorteilhaftigkeitsbestimmung ausgewählter Preisalternativen bezieht, sondern ebenso in der Lage ist, ein **Preisoptimum** bei stetig definierten
Funktionsverläufen zu bestimmen (vgl. dazu beispielsweise *Böcker* 1982; *Simon* 1992;
Schmalen 1995; *Nieschlag/Dichtl/Hörschgen* 1997; *Diller* 2000; *Meffert* 2000).

Voraussetzung zur Anwendung der Marginalanalyse ist zunächst die Kenntnis der wichtigsten **Funktionsverläufe**. Schaubild 6-7 gibt einen Überblick der relevanten Funktionsverläufe, von denen einige im Folgenden dargestellt werden:

Preis-Absatz-Funktion

Die Preis-Absatz-Funktion gibt den Zusammenhang von erwarteten Absatzmengen und
bestimmten Preisen wieder. Der Normalfall einer Preis-Absatz-Funktion sind sinkende
Absatzmengen bei Preiserhöhungen. Aus didaktischen Gründen wird die Preis-Absatz-
Funktion im Folgenden linear und invertiert dargestellt. Damit ergibt sich:

$$p = a - bx$$

wobei:

p = Preisforderung
a = Prohibitivpreis
b = Steigung der Preis-Absatz-Funktion

Entscheidungen der Preispolitik

Bezeichnung	Funktion	Erklärung	Beispiel
Lineare Preis-Absatz-Funktion	$p = a - bx$	Zusammenhang von erwarteter Absatzmenge und Preis	$p = 24 - \dfrac{1}{2}x$
Preiselastizität der Nachfrage	$\varepsilon = \dfrac{dx \cdot p}{dp \cdot x}$	Reaktionen der Nachfrage auf Änderungen des Preises	$\varepsilon = -2 \cdot \dfrac{p}{x}$
Umsatzfunktion	$U(x) = p \cdot x$	Änderungen des Umsatzes bei Änderungen des Preises/der Menge	$U(x) = 24x - \dfrac{1}{2}x^2$
Grenzumsatzfunktion	$U'(x)$	Änderung des Umsatzes bei infinitesimaler Änderung der Absatzmenge (Erste Ableitung der Umsatzfunktion nach x)	$U'(x) = 24 - x$
Lineare Kostenfunktion	$K(x) = K_f + k_v \cdot x$	Änderung der Kosten bei Veränderungen der Menge (K_f = fixe Kosten; k_v = variable Kosten)	$K(x) = 4 + 2x$
Grenzkostenfunktion	$K'(x)$	Änderung der Kosten bei infinitesimaler Änderung der Absatzmenge (Erste Ableitung der Kostenfunktion nach x)	$K'(x) = 2$
Gewinnfunktion	$G(x) = U(x) - K(x)$	Zusammenhang zwischen Gewinn und Absatzmenge	$G(x) = 22x - \dfrac{1}{2}x^2 - 4$
Grenzgewinnfunktion	$G'(x)$	Änderung des Gewinns bei infinitesimaler Änderung der Absatzmengen (Erste Ableitung der Gewinnfunktion nach x)	$G'(x) = 22 - x$
Rentabilitätsfunktion	$R(x) = \dfrac{G(x)}{C(x)}$	Zusammenhang zwischen Rentabilität und Absatzmenge (C = Kapitalbedarf)	für $C = \dfrac{1}{2}x$: $R(x) = \dfrac{44x - x^2 - 8}{x}$
Grenzrentabilitätsfunktion	$R'(x)$	Änderung der Rentabilität bei infinitesimaler Änderung der Absatzmengen (Erste Ableitung der Rentabilitätsfunktion nach x)	$R'(x) = \dfrac{-x^2 + 8}{x^2}$

Schaubild 6-7: Relevante Funktionsverläufe im Rahmen der marginalanalytischen Preisbestimmung

Statisches Preismanagement

Preiselastizität der Nachfrage

Die Preiselastizität der Nachfrage (Nachfrageelastizität) gibt die Reaktionen der Nachfrage (Absatzmengen) auf Änderungen des Preises wieder, wobei die relative Mengenänderung der relativen Preisänderung gegenübergestellt wird. Bei der Berechnung der Änderungen im infinitesimalen Bereich (direkte Punktelastizität) berechnet sich die Preiselastizität wie folgt:

$$\varepsilon = \frac{\dfrac{dx}{x}}{\dfrac{dp}{p}} \quad \text{bzw.} \quad \varepsilon = \frac{dx \cdot p}{dp \cdot x}$$

wobei:

ε = Preiselastizitätskoeffizient
dx = (infinitesimale) Änderung der Absatzmenge
dp = (infinitesimale) Änderung des Preises

Unter der Preiselastizität der Nachfrage versteht man das Verhältnis zwischen einer relativen Änderung des Preises und der dadurch bewirkten relativen Änderung der Absatzmenge. Der Koeffizient ε gibt dem Preissteller also einen Hinweis darauf, wie eine bestimmte Preisänderung den Umsatz beeinflusst, wobei der Wert für die Elastizität zwischen 0 und $-\infty$ liegen kann (vgl. Schaubild 6-8).

- Wenn ε < -1 hat eine Preissenkung eine Absatzsteigerung zur Folge. Dabei ist die prozentuale Mengenänderung größer als die prozentuale Preisänderung (**elastische Nachfrage**).

- Bei ε > -1 hat eine Preissenkung eine steigende mengenmäßige Nachfrage, aber eine Umsatzabnahme zur Folge, d.h. die prozentuale Preisänderung ist größer als die prozentuale Mengenänderung (**unelastische Nachfrage**).

- Bei ε = 0 ist die nachgefragte Menge unabhängig vom Preis (**vollkommen unelastische Nachfrage**).

In diesem Zusamenhang ist die **Amoroso-Robinson-Relation** von Interesse, die bei einem linearen Verlauf der Preis-Absatz-Funktion die Bestimmung des Umsatzmaximums ermöglicht:

$$U'(x) = p \cdot \left(1 + \frac{1}{\varepsilon}\right)$$

Wie Schaubild 6-8 zeigt, schneidet die Grenzumsatzfunktion die Abszisse an der Stelle, an der die Preiselastizität den Wert ε = – 1 annimmt. Dort ist gleichzeitig das Maximum der Umsatzfunktion. Im elastischen Bereich der Preis-Absatz-Funktion steigt der Umsatz; der Grenzumsatz ist positiv und fällt. Im unelastischen Bereich sinkt der Umsatz und der Grenzumsatz ist negativ.

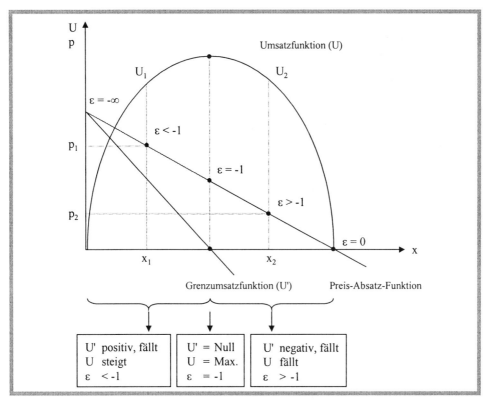

Schaubild 6-8: Preis-Absatz-Funktion, Umsatzfunktion, Grenzumsatzfunktion und Preiselastizität der Nachfrage

Ein Spezialtyp der Preiselastizität ist die **Kreuzpreiselastizität**. Sie berechnet sich bei Änderungen im infinitesimalen Bereich für zwei unterschiedliche Produkte (i, j) nach der Formel:

$$\varepsilon_{ij} = \frac{dx_i \cdot p_j}{dp_j \cdot x_i}$$

Statisches Preismanagement

Die Kreuzpreiselastizität gibt an, um wie viel Prozent sich die Absatzmengen eines Produktes i ändern, wenn sich der Preis von Produkt j um 1 Prozent verändert.

Die Kreuzpreiselastizität der Nachfrage kann auch zur Kennzeichnung von Konkurrenzbeziehungen herangezogen werden. Für diesen Fall wird diese (indirekte) Preiselastizität auch als **Triffinscher Koeffizient** (T) bezeichnet. Bei einem Koeffizienten **T = 0** liegt keine Konkurrenzgebundenheit vor; bei einem Wert von **T** $\rightarrow \infty$ handelt es sich um homogene und bei einem Wert von **0 < T< ∞** um heterogene Konkurrenz. Im Falle **positiver** Elastizitätskoeffizienten handelt es sich um **konkurrierende Produkte** und im Falle **negativer** Koeffizienten um **komplementäre Produkte**.

Die in Schaubild 6-7 aufgeführten Funktionen müssen den Entscheidungsträgern bekannt sein, damit mit Hilfe der Differenzialrechnung eine marginalanalytische Preisbestimmung sowie Optimierungs- bzw. Maximierungskalküle (z.B. Umsatzmaximierung, Rentabilitätsmaximierung u.a.) vorgenommen werden können. Darüber hinaus werden bei vielen klassischen marginalanalytischen Ansätzen folgende Annahmen getroffen:

- Es werden **sichere Informationen** über den Verlauf der Funktionen vorausgesetzt.

- Es muss sich um eine **statische Analyse** handeln, da die Funktionen nur für einen bestimmten Zeitpunkt gelten.

- Es wird **rationales Kaufverhalten** der Nachfrager unterstellt (Fiktion des „homo oeconomicus"). Psychologische Kaufentscheidungskriterien werden nicht beachtet.

- Wirkungen des **Einsatzes anderer Marketinginstrumente** werden nicht berücksichtigt und bei der Preisbestimmung als gegeben angesehen (**ceteris paribus-Bedingung**). Beziehungen zwischen Marketinginstrumenten werden nicht betrachtet.

- Im Vordergrund stehen **ökonomische Ziele der Preispolitik** (z.B. Gewinn-, Umsatz- und Rentabilitätsmaximierung). Psychologische Ziele der Preisbestimmung werden nicht berücksichtigt.

- Die Preisbestimmung basiert auf einer **einstufigen Marktbetrachtung**, d.h. ohne eventuell zwischengeschaltete Absatzmittler.

- Im Mittelpunkt steht eine **Einprodukt-Unternehmung**; Verbundwirkungen im Sortiment werden vernachlässigt.

Diese Annahmen werden in der Praxis nicht gegeben sein. Dennoch sind die marginalanalytischen Verfahren in der Lage, die **Struktur des preispolitischen Entscheidungsproblems** aufzuzeigen. Aus preistheoretischen Modellen lassen sich trotz aller Einschränkungen wichtige Erkenntnisse für die Preisbestimmung in der Praxis ableiten. Die Annahmen können vereinzelt durch eine Verfeinerung der marginalanalytischen Optimierungsmodelle und die Inkaufnahme weiterer Prämissen aufgehoben werden.

Marginalanalytische Verfahren wurden in den letzten Jahren – besonders im Rahmen der mikroökonomischen Theorie – für verschiedene Marktformen und Entscheidungssituationen entwickelt. Schaubild 6-9 zeigt verschiedene **Marktformen** in Abhängigkeit von der Zahl der Anbieter und Nachfrager. Hier soll eine Beschränkung auf die Marktformen des Angebotsmonopols, Angebotsoligopols und Polypols erfolgen.

Anbieter / Nachfrager	Einer	Wenige	Viele
Einer	Bilaterales Monopol	Beschränktes Nachfrage-monopol	Nachfrage-monopol (Monopson)
Wenige	Beschränktes Angebots-monopol	Bilaterales Oligopol	Nachfrage-oligopol (Oligopson)
Viele	Angebots-monopol	Angebots-oligopol	Polypol

Schaubild 6-9: Morphologische Einteilung von Märkten

6.4.3.2 Preisfestlegung im Monopol

Im **Angebotsmonopol** wird ein Produkt nur von einem Unternehmen angeboten. Der Monopolist kann entweder den Preis oder die Menge festlegen. Legt er den Preis fest, dann ergibt sich die von ihm abgesetzte Menge aus der Preis-Absatz-Funktion und vice versa. Die Preisfestlegung nach den Verfahren der Marginalanalyse richtet sich nach den jeweiligen preispolitischen Zielvorstellungen (z.B. Gewinn, Rentabilität, Umsatz).

Gewinnmaximierung

Im Falle der Gewinnmaximierung als preispolitisches Ziel berechnet sich der Gewinn durch die erste Ableitung der Gewinnfunktion, die gleich Null gesetzt und aufgelöst wird.

$$\frac{dG}{dx} = \frac{dU}{dx} - \frac{dK}{dx} = 0$$

$$\frac{dU}{dx} = \frac{dK}{dx}$$

Statisches Preismanagement

Die auf diesem Wege ermittelte gewinnmaximale Menge wird zur Berechnung des gewinnmaximalen Preises in die Preis-Absatz-Funktion eingesetzt. Die gewinnmaximale Preisforderung liegt bei jenem Preis, bei dem die Grenzkosten dem Grenzumsatz entsprechen.

Sind die Umsatz- und Kostenfunktionen in Abhängigkeit von den Absatzmengen formuliert und weisen die Preis-Absatz-Funktion und die Kostenfunktionen einen linearen Verlauf auf, lässt sich die Berechnung der gewinnmaximalen Preisforderung auch nach der **Cournot-Formel** vornehmen. Unter Annahme der folgenden Umsatz- und Kostenfunktion

$$U = a \cdot x - b \cdot x^2; \ U' = a - 2b \cdot x = 0$$
$$K = K_f + k_v \cdot x; \ K' = k_v$$

gilt: $\quad a - 2b \cdot x = k_v$

Nach Auflösen der Gleichung nach x erhält man die Formel zur Berechnung der **Cournot-Menge**:

$$x_c = \frac{a - k_v}{2b}$$

Durch Einsetzen in die Preis-Absatz-Funktion erhält man folgende Formel zur Berechnung des **Cournot-Preises**:

$$p_c = \frac{a + k_v}{2}$$

wobei:

p_c = gewinnmaximaler Preis (Cournot-Preis)
x_c = gewinnmaximale Absatzmenge (Cournot-Menge)

Durch die Cournot-Formeln wird deutlich, dass Fixkosten für die gewinnmaximale Preisbestimmung im Monopol nicht entscheidungsrelevant sind. Schaubild 6-10 zeigt die Zusammenhänge und die Ableitung der gewinnmaximalen Preise und Absatzmengen bei linearen Funktionsverläufen auf. Als optimale Preis-Mengen-Kombination ergibt sich bei dem Beispiel ein Preis von p_c Geldeinheiten bei einem Absatz von x_c Einheiten.

Entscheidungen der Preispolitik

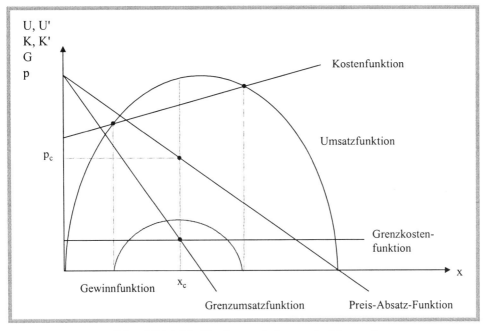

Schaubild 6-10: Gewinnmaximierung im Monopol

Umsatzmaximierung

Verfolgt ein Unternehmen das Ziel der Umsatzmaximierung, dann ist die erste Ableitung der Umsatzfunktion (Grenzumsatzfunktion) zu bilden, gleich Null zu setzen und aufzulösen. Eine andere Vorgehensweise wurde mit der Amoroso-Robinson-Relation aufgezeigt.

Rentabilitätsmaximierung

Die Bestimmung der rentabilitätsmaximalen Preisforderung berechnet sich durch Nullsetzen der ersten Ableitung der Rentabilitätsfunktion (Auflösung mit Hilfe der Quotientenregel):

$$\frac{dR}{dx} = \frac{G' \cdot C - G \cdot C'}{C^2} = 0$$

$$C' \cdot G = G' \cdot C \quad \text{bzw.} \quad \frac{G'}{G} = \frac{C'}{C}$$

$$\frac{\frac{dG}{dx}}{G} = \frac{\frac{dC}{dx}}{C} \quad | \cdot x$$

$$\frac{dG \cdot x}{dx \cdot G} = \frac{dC \cdot x}{dx \cdot C}$$

$$\varepsilon_G = \varepsilon_C$$

Das Rentabilitätsmaximum ist erreicht, wenn – bezogen auf die Menge – die Elastizität des Gewinns gleich der Elastizität des Kapitalbedarfs ist. Diese Zusammenhänge zeigt Schaubild 6-11 auf. Die Formel zur Ableitung der Rentabilitätsfunktion zeigt, dass die Fixkosten zur Bestimmung rentabilitätsmaximaler Preise – im Gegensatz zur Gewinnmaximierung – einen Einfluss auf die Preisbestimmung ausüben.

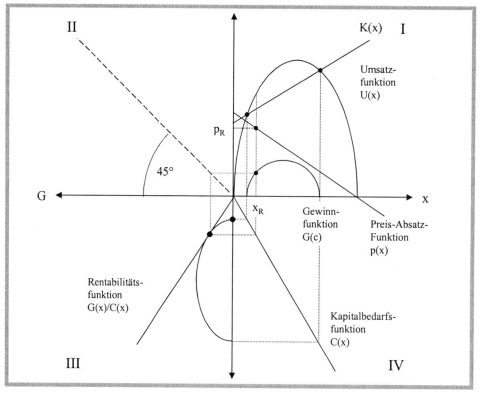

Schaubild 6-11: Rentabilitätsmaximierung im Monopol

Die marginalanalytischen Verfahren der Preisbestimmung lassen sich auch auf Situationen übertragen, in denen gleichzeitig eine **Preisbestimmung bei mehreren Produkten** vorgenommen wird. Wenn zusätzlich Restriktionen vorhanden sind, müssen entsprechende Zielfunktionen mit Nebenbedingungen formuliert werden. Die Ableitungen sind nach verschiedenen mathematischen Verfahren vorzunehmen, z.B. mit Hilfe des Lagrange-Ansatzes, der Linearen Programmierung oder der Simplex-Methode (zur Anwendung der Lagrange-Methode vgl. auch Abschnitt 5.7.3).

6.4.3.3 Preisfestlegung im Oligopol

Das **Angebotsoligopol** ist durch wenige mittelgroße Anbieter und viele kleine Nachfrager gekennzeichnet. Diese Marktform kommt in der Realität relativ häufig vor (z.B. im Markt für Waschmittel, Automobile, Zigaretten oder Mineralöl). Der einfachste Fall eines Oligopols ist das **Duopol**, in dem sich zwei Anbieter gegenüberstehen.

Die Besonderheit der Preispolitik im Oligopol liegt darin, dass bei Preisänderungen eines Anbieters mit Preisreaktionen der Konkurrenz zu rechnen ist. Je nachdem, wie stark die einzelnen Anbieter aufgrund ihrer Marktstellung durch Preisänderungen beeinflusst werden oder nicht, werden sie Preisreaktionen zeigen oder darauf verzichten. Es kann also von einer **Konkurrenzgebundenheit der Preispolitik** gesprochen werden. Im Oligopol sind daher Preisaktionen und -reaktionen der Konkurrenz zu antizipieren und in das eigene preispolitische Kalkül einzubeziehen.

Die **Preis-Absatz-Funktion im Oligopol** weist eine doppelt geknickte Form auf. Dabei liegt ein **reaktionsfreier Bereich** vor, in dem der Anbieter sich preispolitisch autonom verhalten kann, ohne mit Preisreaktionen seiner Konkurrenten rechnen zu müssen. Beim Verlassen dieses reaktionsfreien Raumes wird die Konkurrenz auf seine Aktivitäten preispolitisch reagieren. Dies gilt sowohl für Preiserhöhungen als auch -senkungen. In der Regel sind Konkurrenten für Preissenkungen sensitiver, während sie bei Preiserhöhungen zunächst einmal die Reaktionen der Nachfrager abwarten.

Bei einer Preisbestimmung im Oligopol muss also die **Kreuzpreiselastizität** berücksichtigt werden. Mit ihr vergleichbar lässt sich auch eine **Reaktionselastizität** für verschiedene Produkte (i und j) berechnen:

$$\rho_{ij} = \frac{dp_j}{dp_i} \cdot \frac{p_i}{p_j}$$

Die **Ableitung des Preisoptimums** im Oligopol erfolgt nach den gleichen marginalanalytischen Verfahren wie im Angebotsmonopol, allerdings unter Berücksichtigung des spezifischen Verlaufs der Preis-Absatz-Funktion.

Statisches Preismanagement

Werden vom Oligopolisten die eigenen ökonomischen Zielsetzungen realisiert, ohne dass durch seine Preispolitik Konkurrenzreaktionen hervorgerufen werden, kann man von einem „friedfertigen" Preisverhalten sprechen. Zielen die preispolitischen Verhaltensweisen auf die Verdrängung von Konkurrenten ab, dann handelt es sich um einen **Preiskampf**. Preiskämpfe führen i.d.R. zu einem Preis-, Gewinn- und Renditeverfall der an ihnen beteiligten Unternehmen.

Neben der zweifach geknickten Preis-Absatz-Funktion ist auch der Verlauf einer **einfach geknickten Preis-Absatz-Funktion** denkbar. Sie gilt vor allem aufgrund der Überlegung, dass Preissenkungen auf Oligopolmärkten von Konkurrenten vielfach sofort nachvollzogen werden, während diese bei Preiserhöhungen erst einmal abwarten. Der Anbieter wird in diesem Falle überlegen, bis zu welchem unteren Preis er sich im reaktionsfreien Bereich bewegen kann, ohne Preisreaktionen der Konkurrenz zu provozieren. Die Ableitung des Preisoptimums erfolgt auch im Falle der einfach geknickten Preis-Absatz-Funktion nach den Methoden der Marginalanalyse.

Eine **konkurrenzorientierte Preisfestlegung** ist in der Praxis sehr häufig zu beobachten. Dies gilt insbesondere dann, wenn eines der Unternehmen als **Preisführer** agiert, beispielsweise aufgrund seiner Produktqualität oder durch seine Stellung als Marktführer (z.B. der Preis für die Grundvariante des VW-Golf in seiner Automobilklasse). Die Preishöhe des Preisführers hat dann die Funktion eines **Leitpreises**, an dem sich die Konkurrenzanbieter orientieren und messen. Bei Änderungen des Leitpreises passen sich die Unternehmen durch Zu- bzw. Abschläge in ihrer eigenen Preispolitik an die „Vorgaben" des Preisführers an.

6.4.3.4 Preisfestlegung im Polypol

In der Marktform des Polypols stehen sich viele kleine Anbieter und viele kleine Nachfrager gegenüber. Die einzelnen Unternehmen haben nur einen kleinen Marktanteil. Als typische Anbieter lassen sich hier Handwerks- und Handelsbetriebe, Gaststätten usw. erwähnen. In Abhängigkeit vom **Vollkommenheitsgrad** des betreffenden Marktes sind zwei Formen des Polypols zu unterscheiden:

(1) Polypol auf vollkommenen Märkten: Atomistische Konkurrenz

Auf vollkommenen (homogenen) Märkten bestehen keinerlei Produktpräferenzen, vollkommene Markttransparenz und eine unendlich schnelle Reaktionsgeschwindigkeit der Marktteilnehmer. Für den einzelnen Polypolisten ist keine souveräne Preispolitik möglich. Am Markt existiert ein **Gleichgewichtspreis**, der für alle Anbieter gleichermaßen gilt. Bei Preiserhöhungen verliert der einzelne Anbieter seine gesamte Nachfrage an die Konkurrenz; bei Preissenkungen würde er die Gesamtnachfrage erhalten. Der Anbieter wird seine eigenen preispolitischen Ziele als **Mengenanpasser** zu realisieren versuchen. Es gilt:

$$U = \overline{p} \cdot x$$
$$U' = \overline{p}$$

wobei:

$\overline{p}$ = Gleichgewichtspreis

Bei atomistischer Konkurrenz ist also der Grenzumsatz mit dem (Gleichgewichts-)Preis identisch. Der einzelne Anbieter wird eine reine Kosten- bzw. Gewinnbetrachtung vornehmen. Bei linearem Kostenverlauf und Überschreiten der Gewinnschwelle wird er bis zu seiner Kapazitätsgrenze produzieren. Bei nicht-linearem Kostenverlauf wird er im Betriebsmaximum (K' = U') anbieten.

(2) Polypol auf unvollkommenen Märkten: Polypolistische Konkurrenz

Auf unvollkommenen (heterogenen) Märkten bestehen örtliche, zeitliche, sachliche und/ oder persönliche Präferenzen für Produkte. Das einzelne Unternehmen hat Präferenzen für seine Produkte geschaffen (z.B. über Qualitätsvorteile, freundlichere Bedienung, Standortvorteile oder schnellere Lieferung). Es wurde ein akquisitorisches Potenzial aufgebaut, das für den Polypolisten ein eigenes preispolitisches Verhalten – wenn auch nur in bestimmten Bereichen – ermöglicht.

Für die polypolistische Konkurrenz gilt eine **zweifach geknickte Preis-Absatz-Funktion** mit drei Bereichen (vgl. Schaubild 6-12):

▓ **Mittlerer, „monopolistischer" Bereich** der Preis-Absatz-Funktion: Hier kann sich der Polypolist preispolitisch autonom verhalten, ohne nennenswerte Nachfrageverluste zu erleiden. Preiserhöhungen bis zum oberen Grenzpreis und Preisreduzierungen bis zum unteren Grenzpreis werden von den Nachfragern akzeptiert.

▓ **Oberer, „atomistischer" Bereich** der Preis-Absatz-Funktion: Bei Überschreiten des oberen Grenzpreises kommt es für den Polypolisten zu erheblichen Nachfrageverlusten. Preiserhöhungen werden von den Nachfragern nicht mehr akzeptiert; sie decken ihren Bedarf bei Konkurrenten.

▓ **Unterer, „atomistischer" Bereich** der Preis-Absatz-Funktion: Bei Unterschreiten des unteren Grenzpreises kommt auf den Polypolisten erhebliche zusätzliche Nachfrage zu. Die starke Preisreduzierung hat zur Folge, dass jetzt auch Kunden von Konkurrenten bei ihm kaufen.

Die Steigungen der einzelnen Abschnitte der Preis-Absatz-Funktionen geben Hinweise auf den preispolitischen Spielraum und Umfang des Nachfrageverlustes bzw. -zuwachses bei Preisveränderungen. Die Überlegungen zur Preiselastizität der Nachfrage gelten analog zum Monopolfall.

Statisches Preismanagement

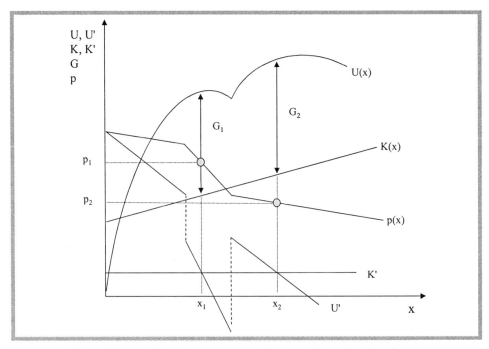

Schaubild 6-12: Gewinnmaximierung bei polypolistischer Konkurrenz

Die Berechnung der **optimalen Preisforderung im Polypol** ist ähnlich wie im Falle des Angebotsmonopols. Bei Anstreben der **Gewinnmaximierung** ist der Schnittpunkt zwischen Grenzumsatz- und Grenzkostenfunktion zu bestimmen. Dazu wird entsprechend die erste Ableitung gebildet, gleich Null gesetzt und aufgelöst. Bei linearen Kostenverläufen können die Cournot-Formeln angewendet werden. Die grafische Lösung der Gewinnmaximierung bei polypolistischer Konkurrenz zeigt Schaubild 6-12.

Die Differenzialberechnung muss im Polypolfall für jeden Kurvenabschnitt der Preis-Absatz-Funktion erfolgen. Nach Auflösung der Funktionen wird in Erfahrung gebracht, ob die berechnete Preisforderung auch im Definitionsbereich der Preis-Absatz-Funktion liegt. Nur wenn dies der Fall ist, handelt es sich um eine gewinnmaximale Preisforderung des Polypolisten. Darüber hinaus müssen die Schnittstellen der Preis-Absatz-Funktion auf die Optimalitätsbedingungen hin geprüft werden. Dabei kann es vorkommen, dass zwei Lösungen im Definitionsbereich der Preis-Absatz-Funktionen liegen, d.h. Grenzumsatz- und Grenzkostenfunktion sich beispielsweise im „monopolistischen" und „unteren atomistischen" Bereich der Preis-Absatz-Funktion schneiden (vgl. auch Schaubild 6-12). Für diesen Fall empfiehlt es sich, beide gewinnmaximalen Preis-Mengen-Kombinationen in die Gewinnfunktion einzusetzen und zu berechnen, bei welcher der beiden Preisforderungen ein höherer absoluter Gewinn entsteht.

Der untere Grenzpreis wirkt für die meisten Polypolisten als **Preisbarriere**, keine weiteren Preissenkungen vorzunehmen. Die Unternehmen werden sich aufgrund zu erwartender Nachfragesteigerungen scheuen, durch Preissenkungen ihre Gewinnsituation zu verbessern; denn die Befriedigung der erheblichen zusätzlichen Nachfrage hat i.d.R. Betriebsgrößenerweiterungen zur Folge, da die bestehende Kapazität oftmals nicht ausreicht.

Neben der Gewinnmaximierung sind auch bei der polypolistischen Konkurrenz weitere preispolitische Ziele zu erreichen, wie etwa die **Rentabilitätsmaximierung**, die **Umsatzmaximierung** sowie **kombinierte Zielsetzungen**. Dabei gelten die gleichen Methoden und Erkenntnisse wie auch im Falle des Angebotsmonopols (vgl. Abschnitt 6.4.3.2).

Neben der **Maximierung** können im Monopol, Oligopol und Polypol auch andere Ausprägungen von preispolitischen Zielen Gegenstand preispolitischer Entscheidungskalküle sein. Hierzu zählen vor allem:

▨ **Mindestausprägungen von Zielerreichungsgraden**: Darunter fällt beispielsweise das Anstreben eines Mindestumsatzniveaus, eines angemessenen Gewinns oder einer Mindestrendite. Die Berechnung erfolgt nicht durch die Differenzialrechnung, da nicht das Maximum einer Funktion gesucht wird. Es wird vielmehr ein Gleichungssystem erarbeitet, das Mindestausprägungen enthält. Aufgrund der Funktionen ergeben sich zwei Schnittpunkte auf der jeweiligen Zielfunktion. Die zwischen den Schnittpunkten liegenden Preishöhen geben den preispolitischen Spielraum des Anbieters wieder.

▨ **Kombinierte Zielsetzungen**: Als kombinierte Zielsetzung gilt, wenn neben der Einhaltung eines Mindestgewinns eine Absatzmengenmaximierung erfolgen soll oder wenn Gewinn- und Umsatzmaximierung als gemeinsame Ziele angegeben werden. Sind die Zielsetzungen miteinander kompatibel, wird zunächst aufgrund der Mindestausprägung der preispolitische Spielraum des Anbieters berechnet und anschließend das zweite Ziel (z.B. Absatzmengenmaximierung) realisiert. Treten Zielkonflikte auf (z.B. Gewinn- und Umsatzmaximierung), sind vom Entscheider Präferenzkurven (Indifferenzkurven) für beide Ziele aufzustellen, mittels derer eine nutzenmaximale Kombination der Zielausprägungen zu ermitteln ist.

Eine weitere preispolitische Aufgabe ist die **Berechnung von Preisuntergrenzen**. Sowohl für den Oligopolisten wie auch den Polypolisten ist es ökonomisch sinnvoll, die Preisuntergrenzen zu berechnen.

> **Als Preisuntergrenze bezeichnet man jenen Preis einer Produkteinheit, bei dessen Unterschreiten die Unternehmung unter gegebenen Zielsetzungen nicht mehr bereit ist, ihr Produkt anzubieten.**

Als **kurzfristige Preisuntergrenze** gelten die variablen Stückkosten (k_v). Die **langfristige Preisuntergrenze** ist definiert durch die Deckung der Gesamtkosten, d.h. die gesamten Stückkosten (fixe und variable Kosten: k_g) müssen durch den Preis gedeckt werden.

Bei einer **kritischen Würdigung marginalanalytischer Verfahren** ist zu bedenken, dass die zur Berechnung notwendigen Annahmen über die Kenntnis von Funktionsverläufen usw. in der Realität nur bedingt gegeben sind. Dennoch weisen diese Verfahren den Vorzug auf, dass sie idealtypisch aufzeigen, welche entscheidungsrelevanten Informationen zur Preisfestlegung notwendig sind. Für Unternehmen empfiehlt es sich, verstärkt Möglichkeiten der Ermittlung **empirischer Preis-Absatz-Funktionen** – zumindest in engeren Preisbereichen – zu prüfen. Dazu zählt auch, die Methoden der Informationsgewinnung zur Preis-Mengen-Analyse (z.B. Kundenbefragungen, Preistests, Expertenbefragungen, ökonometrische Auswertungen von Marktdaten) häufiger zu nutzen.

6.5   Dynamisches Preismanagement

Die zuvor angeführten Formen der Preisfestlegungen basieren lediglich auf statischen Betrachtungen. Denkbar ist jedoch auch, die Determinanten der Preisbildung im dynamischen Zeitablauf als Basis strategischer preispolitischer Entscheidungen zu betrachten. Die Einbeziehung der Zeitdimension führt zu einer erhöhten Komplexität der Preisfestsetzung, aber die gewonnenen Ergebnisse sind realitätsnäher (*Simon* 1992). Eine Betrachtung heißt dynamisch, wenn die Zeitdimension explizit berücksichtigt wird, d.h. in die Betrachtung Größen aus verschiedenen Perioden eingehen. Die Dynamisierung tangiert dabei sämtliche Determinanten der Preisbildung (*Simon* 1992): Kosten, Gewinnfunktion und Markt- sowie Wettbewerbssituation.

(1) Kosten

Eine Grundlage der dynamischen Betrachtung ist das **Erfahrungskurvenkonzept**, das die Entwicklung der Kosten in Abhängigkeit von der produzierten Menge beschreibt. Der so genannte Erfahrungskurveneffekt besagt, dass die variablen (preisbereinigten) Stückkosten mit jeder Verdoppelung der kumulierten Produktionsmenge um einen konstanten Prozentsatz, i.d.R. 20 bis 30 Prozent, zurückgehen (*Henderson* 1986, S. 19).

Das Erfahrungskurvenkonzept basiert auf einer empirisch festgestellten Regelmäßigkeit. Als Begründung für den Erfahrungskurveneffekt werden in der Literatur zumeist drei Ursachen aufgeführt (*Böcker* 1996; *Kreikebaum* 1997):

■ **Theorie der Lernkurve**: Die Lernkurve besagt in ihrer einfachsten Form, dass ein arbeitender Mensch während seiner Tätigkeit seine Fertigkeiten verbessert und damit so genannte Übungsgewinne realisiert.

- **Größendegression**: Die Größendegression beruht auf dem produktionstheoretischen Phänomen der „economies of scale": Die Erhöhung des Inputs führt zu einer überproportionalen Erhöhung des Outputs, d.h. die gesamten Stückkosten sinken mit einer Erhöhung der Kapazität. Außerdem sinken die jedem Einzelprodukt zurechenbaren Fixkosten (Fixkostendegression).

- **Technologiedegression**: Ab einer gewissen Produktionsmenge kann häufig eine insgesamt kostengünstigere Technologie eingesetzt werden, die eine Verminderung sowohl der fixen als auch der variablen Kosten mit sich bringt. Daneben sind Produkt- und Verfahrensinnovationen denkbar, die dazu führen, dass sich die Produktions- und damit auch die Kostenfunktion im Zeitablauf nach unten verschieben.

Untersuchungen haben gezeigt, dass das Erfahrungskurvenkonzept insbesondere bei stark wachsenden Umsätzen bzw. in der Einführungs- und Wachstumsphase von Produkten relevant ist (*Simon* 1992, S. 284ff.). Die preispolitische Konsequenz, die aus dem Erfahrungskurvenkonzept abgeleitet werden kann, besteht in der **Strategie eines äußerst niedrigen Anfangspreises**. Der Grundgedanke dieser Penetrationsstrategie besteht darin, durch einen niedrigen Einführungspreis einen hohen Absatz zu generieren, der wiederum zu Kostendegressionen und damit zu konkurrentengerichteten Marktbarrieren in Form von Kostenvorteilen führt. Ziel ist es, die (potenziellen) Konkurrenten solange am Markteintritt und am Erwerb von Marktanteilen zu hindern, bis das neue Produkt marktbeherrschend ist (*Henderson* 1986, S. 61).

(2) Gewinnfunktion

Unternehmen sollten nicht den kurzfristigen Periodengewinn maximieren, sondern vielmehr die langfristige Gewinnsicherung und -maximierung anstreben. Da die gegenwärtigen Absatzchancen eines Produktes i.d.R. von den Marketingaktivitäten der Vergangenheit abhängig sind und heutige Maßnahmen die Absatzchancen der Zukunft beeinflussen, ist bei Ermittlung der Gewinnfunktion eine dynamische Komponente zu berücksichtigen. In der Praxis kommt der langfristigen Gewinnorientierung die größte Relevanz zu. Beispielsweise wurde die Kurzfristigkeit der Gewinnorientierung als Hauptgrund der nachlassenden Wettbewerbsfähigkeit der amerikanischen Wirtschaft in den 80er Jahren angeführt (*Hayes/Abernathy* 1980), wohingegen die langfristige Orientierung der japanischen Unternehmen als bedeutender Wettbewerbsvorteil herausgestellt wurde.

Betrachtet wird ein Zeitraum mit T diskreten Perioden (z.B. Monate, Jahre). Für jede Periode wird ein Preis p_t mit t = 1 bis T festgelegt. Aufgrund der Einbeziehung mehrerer Perioden fallen Gewinne zu unterschiedlichen Zeitpunkten an. Da früher anfallende Gewinne zwischenzeitlich zu einem Zinsfuß i angelegt werden können, bedingen die Zeitunterschiede auch einen Unterschied in der Wertigkeit der Gewinne. Alle Gewinne werden zu diesem Zweck auf den Entscheidungszeitpunkt t = 0 diskontiert, so dass die Zielfunktion für die langfristige Gewinnmaximierung wie folgt lautet:

$$\sum_{t=1}^{T} (p_t x_t - K_t)(1 + i)^{-t}$$

Eine optimale Preisstrategie wird sich also umso stärker an einer langfristigen Gewinnerzielung ausrichten, je niedriger der Kalkulationszinsfuß ist.

(3) Markt- und Wettbewerbssituation

Die Wettbewerbsposition eines Produktes erfährt im Laufe seines Lebenszyklus einschneidende Veränderungen. Technologischer Wandel und modische Strömungen bewirken den ständigen Eintritt neuer und verbesserter Produkte sowie das Veralten der angestammten Erzeugnisse. Diffusionsprozesse verändern den Preisspielraum im Zeitablauf.

Zur Bestimmung eines dynamisch-optimalen Preises ist eine **dynamische Preis-Absatz-Funktion** zu spezifizieren. Diese unterscheidet sich von der zuvor erläuterten statischen Preis-Absatz-Funktion durch die Einbeziehung eines dynamischen Korrekturfaktors (Ψ). Dazu kann die Amoroso-Robinson-Relation folgendermaßen erweitert werden:

$$U'(x) = p \cdot \left(1 + \frac{1}{\varepsilon} \right) + \Psi$$

Der dynamische Korrrekturfaktor entspricht dem Barwert der zukünftigen Deckungsbeiträge, die aus einer marginalen Preisänderung in der laufenden Periode herrühren. Alle entscheidungsrelevanten Wirkungen einer preispolitischen Maßnahme in der Zukunft werden somit erfasst. Die Differenz zwischen dem statisch und dynamisch optimalen Preis ist umso größer, je stärker der heutige Preis die zukünftigen Absatzmengen beeinflusst, je höher die in Zukunft erwarteten Stückdeckungsbeiträge sind und je niedriger der Kalkulationszinsfuß ist.

Die dynamische Preis-Absatz-Funktion ist ein Ergebnis aus Markt- und Wettbewerbsbedingungen, die sich im Zeitablauf ergeben. Eine (indirekte) Zukunftswirkung des laufenden Preises sind so genannte **Carryover-Effekte**. Sie sind die vom Absatz einer Periode t auf den Absatz in einer zukünftigen Periode t + r ausgehenden Wirkungen, wobei r für einen diskreten Zeitraum steht.

Carryover-Effekte können unterschiedliche Ursachen haben, z.B. die Beeinflussung des Kaufverhaltens durch Erfahrungen mit früher gekauften Produkten, durch Erfahrungsweitergabe von anderen Personen (Word of Mouth) oder Sättigungseffekte im Markt. Falls die dynamischen Effekte ausschließlich aus Carryover-Effekten resultieren, ist der benötigte Barfaktor ein vielfaches der kurzfristigen Preiswirkung und kann somit relativ leicht ermittelt werden.

7. Entscheidungen der Kommunikationspolitik

Lernziele

Sie erfahren in diesem Kapitel, welche Zielsetzungen in der Kommunikationspolitik im Vordergrund stehen und welche unterschiedlichen Instrumente eingesetzt werden können, um Kommunikationsziele zu erreichen. Sie

➢ machen sich vertraut mit dem Planungsprozess der Kommunikation,

➢ vollziehen unterschiedliche Methoden der Kommunikationsplanung nach,

➢ erkennen, dass aus Unternehmenssicht vielfältige Instrumente eingesetzt werden können, um kommunikative Ziele zu erreichen und

➢ werden mit der Notwendigkeit sowie den Ansatzpunkten einer Integrierten Kommunikation vertraut gemacht.

Besonderes Anliegen dieses Kapitels ist es, die Kommunikationsplanung nicht nur als einen kreativen, sondern auch als einen systematischen Prozess zu betrachten.

7.1 Ziele und Bedeutung der Kommunikationspolitik

Die Entscheidungen der Produkt- und Preispolitik sind auf die **Leistungserstellung** gerichtet. Sie legen das Leistungsprogramm des Unternehmens detailliert fest. Demgegenüber hat die **Kommunikationspolitik** die Aufgabe der **Leistungsdarstellung** des Unternehmens gegenüber seinen Zielgruppen.

Als Kommunikationspolitik wird die Gesamtheit der Kommunikationsinstrumente und -maßnahmen eines Unternehmens bezeichnet, die eingesetzt werden, um das Unternehmen und seine Leistungen den relevanten Zielgruppen der Kommunikation darzustellen und/oder mit den Anspruchsgruppen eines Unternehmens in Interaktion zu treten.

Die Kommunikationspolitik umfasst dabei sowohl Maßnahmen der marktgerichteten, **externen Kommunikation** (z.B. Anzeigenwerbung), der innerbetrieblichen, **internen Kommunikation** (z.B. Mitarbeiterzeitschrift, Intranet) und der **interaktiven Kommuni-**

Ziele und Bedeutung der Kommunikationspolitik

kation zwischen Mitarbeitern und Kunden (z.B. Kundenberatungsgespräch). Schaubild 7-1 veranschaulicht diese unterschiedlichen Formen der Kommunikation.

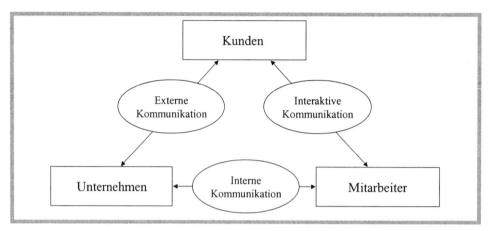

Schaubild 7-1: Erscheinungsformen der Kommunikation

Gemäß dieses Verständnisses der Kommunikationspolitik kann das Unternehmen eine Vielzahl interner und externer kommunikativer Aktivitäten ergreifen, um seine Zielgruppen zu erreichen. Infolge des hohen Stellenwertes der Marktkommunikation soll diese in den folgenden Ausführungen in den Mittelpunkt gestellt werden. Es ist jedoch zu beobachten, dass die Kundenkommunikation und vor allem die Mitarbeiterkommunikation für den Unternehmenserfolg immer wichtiger werden.

Bis in die achtziger Jahre war die Situation der Kommunikationspolitik durch eine relative Stabilität gekennzeichnet; sie hat sich für Unternehmen in den letzten Jahren jedoch grundlegend verändert. Bei sich angleichenden Produktmerkmalen müssen sich Unternehmen heute zunehmend einem **Kommunikationswettbewerb** stellen. Kommunikation ist für viele Unternehmen ein strategischer Wettbewerbsfaktor geworden. Diese Veränderung dokumentiert sich in den **Entwicklungsphasen** der Kommunikation:

(1) **Phase der unsystematischen Kommunikation** (50er-Jahre): Die Kommunikationspolitik spielte keine große Rolle; dominant war in dieser Phase die Konzentration auf das Produktangebot, das sich aufgrund der vorhandenen Nachfrage einfach verkaufte.

(2) **Phase der Produktkommunikation** (60er-Jahre): Unternehmen bauten Verkaufsorganisationen auf, denen die Kommunikation Unterstützung liefern sollte. Kommunikationsinstrumente wie die Mediawerbung oder die Verkaufsförderung standen im Vordergrund.

Entscheidungen der Kommunikationspolitik

(3) **Phase der Zielgruppenkommunikation** (70er-Jahre): Die Kommunikation diente der differenzierten Ansprache von Kunden und sollte einen spezifischen Kundennutzen vermitteln.

(4) **Phase der Wettbewerbskommunikation** (80er-Jahre): Mit dem Ziel der Abgrenzung von der Konkurrenz wurde die Kommunikation dazu genutzt, strategische Vorteile durch eine einzigartige Positionierung beim Kunden zu erreichen. Das Erreichen eines Kommunikationsauftritts, der in der Lage war, bei homogenen Produktleistungen eine kommunikative Differenzierung von der Konkurrenz zu realisieren, stand dabei im Vordergrund.

(5) **Phase des Kommunikationswettbewerbs und der Integrierten Kommunikation** (Neunziger Jahre): Kommunikation wird zum Erfolgsfaktor im Wettbewerb, wobei sich jedoch die Kommunikationsbedingungen aufgrund eines steigenden Kommunikationsdrucks zunehmend verschlechtern. Unternehmen sind in dieser Situation u.a. dazu aufgefordert, ihre Vielzahl an Kommunikationsinstrumenten aufeinander abzustimmen, so dass ein geschlossenes Erscheinungsbild des Unternehmens entsteht.

Das Bestehen eines Unternehmens im Kommunikationswettbewerb wird heute durch quantitative und qualitative Veränderungen der **Kommunikationsbedingungen** zu einer besonderen Herausforderung. Die Dynamik in der Entwicklung der Medienmärkte, die durch eine Vervielfachung möglicher Kommunikationsmedien zu einer Atomisierung der Medienlandschaft geführt hat, ist die zentrale quantitative Veränderung. Gleichartige Werbung, Informationsüberlastung und zunehmender „**Werbefrust**" auf Seiten der Kommunikationsempfänger verringern zusätzlich die Chancen eines Unternehmens, sich durch Kommunikation beim Kunden und gegenüber dem Wettbewerb zu profilieren. Zentrale Aufgabe ist es daher, eine systematische Planung und Umsetzung der Kommunikationsarbeit vorzunehmen.

7.2 Prozess der Kommunikationsplanung

Ähnlich anderen Marketinginstrumenten wird auch der Einsatz der Kommunikationspolitik einem Planungsprozess unterworfen, der die Abfolge einzelner Planungsaktivitäten und Teilentscheidungen wiedergibt. Schaubild 7-2 zeigt einen idealtypischen **Planungsprozess der Marktkommunikation** mit folgenden Phasen:

(1) Zunächst muss eine **Situationsanalyse** der kommunikationsrelevanten externen Chancen und Risiken sowie internen Stärken und Schwächen erfolgen (kommunikationsbezogene SWOT-Analyse). Das Ergebnis der SWOT-Analyse stellen interne und externe kommunikative Problemstellungen dar, die Ansatzpunkte für kommunikationspolitische Maßnahmen sowie den zur Verfügung stehenden Handlungsspielraum aufzeigen.

Prozess der Kommunikationsplanung

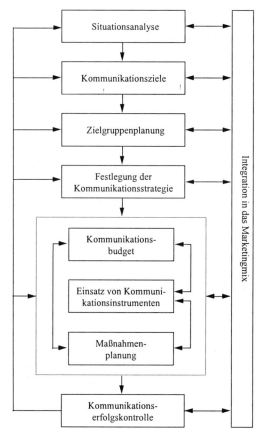

Schaubild 7-2: Planungsprozess der Kommunikationspolitik

(2) Ausgehend von den Marketingzielen und der Situationsanalyse sind **Kommunikationsziele** festzulegen und dem weiteren Vorgehen voranzustellen. Die Formulierung von Kommunikationszielen erfolgt in Abhängigkeit von der kommunikativen Problemstellung. Prinzipiell können ökonomische und psychologische Zielgrößen definiert werden, wobei ökonomische Ziele, wie z.B. der Absatz, aufgrund der Zurechnungsproblematik für die Kommunikationsplanung von untergeordneter Bedeutung sind.

Mit Blick auf die Wettbewerbsprofilierung im Kommunikationswettbewerb ist das Ziel der **Positionierung** von besonderer Bedeutung, d.h. das Angebot bzw. die

Leistung des Unternehmens so in den subjektiven Wahrnehmungsraum des Konsumenten zu positionieren, dass sich eine Einzigartigkeit ergibt (*Kroeber-Riel/Esch* 2000).

(3) Die relevanten **Zielgruppen** gilt es zu identifizieren, zu beschreiben und deren Erreichbarkeit über Medien ist zu ermitteln.

(4) Im Mittelpunkt der Kommunikationspolitik steht die Festlegung der **Kommunikationsstrategie**, die die Schwerpunkte der kommunikativen Unternehmensaktivitäten definiert.

(5) Auf Basis dieser Strategie ist das **Kommunikationsbudget** festzulegen und auf die einzelnen Instrumente zu verteilen. Dabei ist der Einsatz der verschiedenen **Kommunikationsinstrumente** detailliert festzulegen und die **Kommunikationsbotschaft** zu entwickeln.

(6) Am Ende des Planungsprozesses steht die **kommunikationsbezogene Erfolgskontrolle**. Durch Analysen von Kommunikationswirkungen sollen Schlussfolgerungen für etwaige Ziel- und Maßnahmenkorrekturen gezogen werden.

Die Kommunikationspolitik muss mit den anderen Maßnahmen des Marketing abgestimmt werden. Die **Integration** findet dabei sowohl zwischen den einzelnen Kommunikationsinstrumenten (Kommunikationsmix) als auch zwischen den anderen Marketinginstrumenten (Marketingmix) statt.

Dieser idealtypische Planungsprozess für den Einsatz der Marktkommunikation lässt sich in seiner Grundstruktur auf jedes einzelne Kommunikationsinstrument übertragen. Unternehmen stehen vielfältige Kommunikationsaktivitäten zur Verfügung, die zu folgenden **Kommunikationsinstrumenten** gebündelt werden können:

- Mediawerbung,
- Verkaufsförderung,
- Direct Marketing,
- Public Relations,
- Sponsoring,
- Persönliche Kommunikation,
- Messen und Ausstellungen,
- Event Marketing,
- Multimediakommunikation.

Instrumente wie die Verkaufsförderung, das Direct Marketing oder die Multimediakommunikation erfüllen nicht ausschließlich nur kommunikative, sondern auch vertriebliche Funktionen. Für spezielle Sektoren sind darüber hinaus weitere Instrumente zu nennen, wie z.B. die Schaufensterwerbung im Handel.

Der Einsatz verschiedener Kommunikationsinstrumente stellt die Unternehmung vor die Aufgabe der **interinstrumentellen Allokation**, d.h. der Aufteilung des Kommunikationsbudgets auf die verschiedenen Instrumente unter Effektivitäts- und Effizienzgesichtspunkten. Dabei müssen Wirkungsbeziehungen zwischen den Instrumenten bei der Allokationsentscheidung berücksichtigt werden. Die interinstrumentelle Allokation steht vor dem Problem, dass es bis jetzt keine anerkannten Bewertungsmaßstäbe für einen effektivitätsorientierten Vergleich der verschiedenen Instrumente gibt, da die Funktionen bzw. Ziele der verschiedenen Instrumente stark differieren. Auch ein Kostenvergleich zwischen den Instrumenten ist schwierig, da der Aufwand der indirekten Leistungsbereiche, z.B. der Marketingabteilung, meist nur grob beziffert werden kann. Die Messung der Interdependenzen zwischen den verschiedenen Instrumenten stellt ein weiteres Problem dar.

Der oben skizzierte idealtypische Planungsprozess wird besonders professionell in der **Werbeplanung** eingesetzt, da für die Mediawerbung aufgrund der hohen Werbeetats die Mittel systematisch geplant werden müssen. Anhand der Mediawerbung soll der Planungsprozess daher im Folgenden detaillierter dargelegt werden. Bei den anderen Kommunikationsinstrumenten wird in der Grundstruktur ähnlich vorgegangen (*Bruhn* 2002a).

7.3 Einsatz der Mediawerbung

7.3.1 Erscheinungsformen der Mediawerbung

Die Mediawerbung (klassische Werbung) beschäftigt sich mit der **Werbung in Massenkommunikationsmitteln**. Im Vordergrund steht die indirekte Form der Kommunikation mit Hilfe von Medien, wie folgende Definition veranschaulicht (*Bruhn* 2002a, S. 283).

> **Mediawerbung ist der Transport und die Verbreitung werblicher Informationen über die Belegung von Werbeträgern mit Werbemitteln im Umfeld öffentlicher Kommunikation gegen ein leistungsbezogenes Entgelt, um Kommunikationsziele zu erreichen.**

Üblicherweise wird die Mediawerbung auf Werbung in Zeitungen, Zeitschriften, Rundfunk und Fernsehen eingegrenzt. Dabei ist zwischen Werbemitteln und Werbeträgern zu unterscheiden. In **Werbemitteln** findet beispielsweise im Rahmen von Anzeigen, Fernseh- oder Hörfunkspots eine Verschlüsselung von Werbebotschaften statt. Zum Adressaten werden diese Werbemittel mit Hilfe von **Werbeträgern**, d.h. z.B. durch Zeitung, Fernsehen und Hörfunk, transportiert. In den meisten Unternehmen bestreitet die Werbung den größten Anteil am Kommunikationsetat. Die Netto-Werbeeinnahmen erfassbarer Werbeträger in der Bundesrepublik betrugen 2001 ca. 21 680 Mio. € (*ZAW* 2002).

Für die **Durchführung der Mediawerbung** kommen zwei Möglichkeiten in Betracht. Bei einer „internen Lösung" wird im Unternehmen selbst eine Werbeabteilung errichtet. Sie übernimmt die Aufgabe, sämtliche Werbemaßnahmen des Unternehmens bis zur Werbekontrolle selbständig durchzuführen. Vielfach werden dann durch diese Werbeabteilung gleichzeitig auch weitere Kommunikationsaktivitäten übernommen, z.B. Messeplanung oder Direktkommunikation. Demgegenüber sieht eine „externe Lösung" vor, dass das Unternehmen mit einer **Werbeagentur** zusammenarbeitet. Dabei kann die Agentur neben werbebezogenen Aufgaben auch kommunikations- und marketingbezogene Aktivitäten übernehmen. Je nach Umfang der von der Werbeagentur übernommenen Leistungen handelt es sich um **Full-Service-Agenturen** (Abdeckung des gesamten Kommunikationsspektrums) oder **Teil-Service-Agenturen** (Erledigung von Teilaufgaben für den Kunden, z.B. Erstellung von Mediaplänen, Kreation).

Der **Ablauf der Werbeplanung** erfolgt in Anlehnung an den in Schaubild 7-2 dargestellten Planungsprozess der Marktkommunikation. Überträgt man ihn auf den Bereich der Mediawerbung, sind von den internen bzw. externen Entscheidern verschiedene Teilentscheidungen vorzunehmen, die im Folgenden genauer dargelegt werden.

7.3.2 Festlegung der Werbeziele

Auf Basis der Ergebnisse einer Analyse der Kommunikationssituation werden die Werbeziele formuliert. Diese dienen nicht nur als Maßgröße für die später durchzuführende Werbeerfolgskontrolle (Kontrollfunktion), sondern ihnen kommt auch eine Steuerungsfunktion zu, d.h. sämtliche werblichen Entscheidungen sind so auszurichten, dass die formulierten Werbeziele erreicht werden. Da ökonomische Wirkungen, wie z.B. Absatz oder Umsatz, i.d.R. nicht eindeutig auf werbliche Aktivitäten zurückzuführen sind, werden für die Mediawerbung in erster Linie psychologische Zielgrößen formuliert, deren Erreichen in hohem Maße vom werblichen Aktivitätsniveau abhängig ist. Die Werbeziele lassen sich in kognitive (die Erkenntnis betreffende), in affektive (das Gefühl betreffende) und in konative (Aktivitäten betreffende) Ziele unterscheiden. Folgende Beispiele für Werbeziele sollen diese Kategorisierung verdeutlichen:

Kognitiv-orientierte Werbeziele:

- Aufmerksamkeit und Wahrnehmung von Werbespots,

- Kenntnis von Marken und Produkten (Bekanntheitsgrad, Namenskenntnisse),

- Wissen über Produktvorteile (Informationsstand).

Affektiv-orientierte Werbeziele:

- Interesse an Produktangeboten,

- Einstellungen/Image,

- Produkt- und Markenpositionierung,

- Emotionales Erleben von Marken.

Konativ-orientierte Werbeziele:

- Informationsverhalten,

- Kaufabsichten,

- Probierkäufe,

- Wiederholungskäufe.

Um die Erreichung von Werbezielen im Rahmen der Erfolgskontrolle genauer messen zu können, bietet sich neben der Kategorisierung in kognitive, affektive und konative Zielgrößen eine Differenzierung nach angestrebten Wirkungsstufen der Werbung an. Folgende Wirkungsstufen stehen bei der Formulierung von Werbezielen im Vordergrund (*Steffenhagen* 1996, S. 43ff.):

Erzielung von Wahrnehmungswirkungen, z.B. Aufmerksamkeitswirkung von Anzeigen, Wahrnehmung von Slogans und Produktvorteilen.

Erzielung von Emotionswirkungen, z.B. Verbindung emotionaler Elemente (Sportlichkeit, Sympathie, Lebensfreude, Lifestyle usw.) mit Marken.

Erzielung von Informationswirkungen, z.B. Verbesserung des Produktinformationsstandes, Wissen um Produktneuheiten.

Erzielung von Gedächtniswirkungen, z.B. Kenntnis und Erinnerung von Markennamen, Preisen, Slogans und Produktvorteilen.

Erzielung von Einstellungswirkungen, z.B. Aufbau und Veränderung von Images, Schaffung von Kaufpräferenzen beim Kunden.

Erzielung von Verhaltenswirkungen, z.B. Hervorrufen von Kaufabsichten, Erst- und Wiederholungskäufen, Aufforderung zum Abrufen genauerer Produktinformationen.

Bei der konkreten Formulierung der Werbeziele muss der Werbeplaner berücksichtigen, welche Gedächtnisreaktionen die Werbung beim Rezipienten auslöst und welche Stufen der Werbewirkung zugrunde gelegt werden können.

In den letzten Jahren wurden verschiedene **Modelle der Werbewirkung** entwickelt, um den Verarbeitungsprozess von Werbeinformationen zu strukturieren. Das bekannteste unter ihnen ist das so genannte **AIDA-Schema**:

1. Stufe: **Aufmerksamkeit** (attention),
2. Stufe: **Interesse** (interest),
3. Stufe: **Kaufwunsch** (desire),
4. Stufe: **Kauf** (action).

Die Abfolge der einzelnen Stufen erfolgt hierarchisch: erst wenn die niedrigere Stufe der Werbewirkung erreicht wurde (z.B. Aufmerksamkeit), kann die nächsthöhere Stufe (Interesse) erreicht werden. Auch wenn es sich beim AIDA-Schema um ein sehr grobes Raster der Werbewirkung handelt, so wird doch deutlich, dass es sich bei der Verarbeitung von Werbeinformationen durch Konsumenten um einen mehrstufigen Prozess handelt. Im Hinblick auf die Bestimmung von Werbezielen zeigt sich also, dass die Erfüllung einzelner Subziele eine notwendige, aber nicht hinreichende Voraussetzung dafür ist, das finale Ziel der „Kaufhandlung" zu realisieren.

Weiterhin müssen Werbeziele operational formuliert sein, um später Gegenstand einer Wirkungsanalyse sein zu können. Für eine **operationale Werbezielformulierung** (nach Inhalt, Ausmaß, Zeit-, Objekt- und Segmentbezug) seien zwei Beispiele genannt:

„Von den Lesern der Zeitschrift „BESSER LESEN" sollen nach Beendigung der einjährigen Kampagne 40 Prozent die Werbeanzeigen des Herstellers dergestalt bemerkt haben, dass sie ausgewählte Anzeigenmerkmale wiedergeben können (Wahrnehmungswirkungen)."

„Steigerung der gestützten Markenbekanntheit des Produktes „ZOOM" in der Zielgruppe 18- bis 25-jähriger Käufer (Gedächtniswirkung) auf 80 Prozent innerhalb von sechs Monaten."

7.3.3 Beschreibung der Zielgruppen der Werbung

Die Formulierung von Werbezielen muss nach Zielgruppen differenziert erfolgen.

Zielgruppen sind die mit einer Kommunikationsbotschaft anzusprechenden Empfänger (Rezipienten) der Unternehmenskommunikation.

Zielgruppen sind nicht mit Marktsegmenten gleichzusetzen. Während bei der Marktsegmentierung aktuelle und potenzielle Käufer identifiziert werden, die durch den Einsatz der Marketinginstrumente differenziert zu bearbeiten sind, werden im Rahmen der werblichen Zielgruppenplanung jene Gruppen bestimmt, die durch die Werbung angesprochen werden sollen. Hierbei sind nicht nur aktuelle und potenzielle Käufer, sondern auch Gruppen von Interesse, die einen Einfluss auf die Entscheidungen der Käufer ausüben, wie z.B. Meinungsführer oder Referenzpersonen. Im Rahmen einer Zielgruppenplanung sind vom Entscheider drei Teilaufgaben zu lösen:

Einsatz der Mediawerbung

(1) Zunächst muss er eine **Zielgruppenidentifikation** vornehmen. Es sind jene Personen oder Organisationen zu identifizieren, die zur Realisierung der Unternehmens- und Marketingziele werblich angesprochen werden müssen.

(2) Durch die **Zielgruppenbeschreibung** wird in einem nächsten Schritt versucht, möglichst genaue Informationen über verschiedene Abnehmermerkmale zu generieren.

(3) Dies ist Voraussetzung für eine Analyse der **Zielgruppenerreichbarkeit**, denn am Ende der Zielgruppenplanung muss in Erfahrung gebracht werden, über welche Medien die Zielgruppen am besten angesprochen werden können.

Während sich **konsumentenbezogene Zielgruppen** auf Einzelpersonen oder Haushalte beziehen und im Konsumgütermarketing im Vordergrund stehen, kommen als **organisationsbezogene Zielgruppen** Unternehmen oder andere Institutionen als Leistungsabnehmer in Frage.

Im Rahmen der Zielgruppenbeschreibung sind relevante Merkmale des Verhaltens der identifizierten Zielgruppe aufzufinden. Folgende **Anforderungen** an die Merkmale zur **Zielgruppenbeschreibung** müssen dabei berücksichtigt werden (*Rogge* 2000):

- **Segmentbildungseigenschaft**: Die Merkmale müssen in der Lage sein, eine möglichst homogene Gruppe zu identifizieren, die sich von anderen Gruppen weitgehend unterscheidet.

- **Wiedererkennbarkeit**: Es müssen überprüfbare Merkmale gefunden werden, die einen möglichst engen Bezug zum Kaufentscheidungsprozess aufweisen.

- **Auffindbarkeit**: Die Merkmale sollen sicherstellen, dass die beschriebenen Zielgruppen über verschiedene Medien wiedergefunden werden und erreichbar sind.

- **Zielbezug**: Die Merkmale sollen eine Aussagekraft haben, damit sie für werbliche Zielsetzungen auch umgesetzt werden können (z.B. im Rahmen der Botschaftsgestaltung).

Es werden also Zielgruppenmerkmale gesucht, die auf den einzelnen Ebenen der Werbeplanung (Werbestrategie, Streuplanung, Botschaftsgestaltung) Entscheidungshilfen geben können. Diese Zielgruppenmerkmale sowie die Ansätze zu deren Strukturierung sind größtenteils identisch mit jenen der Marktsegmentierung (vgl. Abschnitt 3.2.2). Im Rahmen der Zielgruppenplanung können demographische, sozioökonomische, psychographische und Verhaltensmerkmale für Konsumgütermärkte sowie branchenbezogene und unternehmensbezogene Kriterien, Merkmale des Buying Centers und Personenmerkmale für Industriegütermärkte differenziert werden.

Sowohl konsumenten- als auch organisationsbezogen gilt, dass Zielgruppen nicht isoliert nach nur einem Kriterium, sondern gleichzeitig nach mehreren Kriterien beschrieben werden müssen. So lassen sich beispielsweise verschiedene sozioökonomische und demographische Kriterien miteinander verknüpfen (so genannte „Demo-Typen"). In der Regel verbindet man diese mit psychologischen Merkmalen und Merkmalen des beobachtbaren Kaufverhaltens, um ein möglichst genaues und vielseitiges „Bild" der Zielgruppe zu erhalten. Besonders im Konsumgüterbereich wurden hier von Agenturen und Verlagen zahlreiche Studien durchgeführt, um **Zielgruppentypologien** zu bilden (einen Überblick dazu gibt *Rogge* 2000, S. 109ff.). Schaubild 7-3 zeigt ein Beispiel der Beschreibung einer **Konsumententypologie** nach unterschiedlichen Merkmalen.

Die **Vorteile** der Verwendung von Konsumententypologien liegen vor allem in der Steigerung der Vorstellungskraft durch die umfassende Beschreibung, der Nähe zum Kaufverhalten und dem unmittelbaren Bezug zum Mediaverhalten. Verlagstypologien sind für verschiedene Produktmärkte relativ leicht verfügbar und ersparen den Unternehmen vielfach aufwendige eigene Kundenuntersuchungen. Jedoch muss als **Nachteil** festgehalten werden, dass trotz produkt- und markenspezifischer Auswertung Verlagstypologien insgesamt häufig allgemein gehalten und bei einzelnen Merkmalen teilweise ungenau sind. Zudem können sich Typologien sehr schnell verändern.

Eine genaue Beschreibung der Zielgruppen ist für die Umsetzung der Werbeaktivitäten und vor allem hinsichtlich einer Sicherstellung der **Zielgruppenerreichbarkeit** unabdingbar. Hinreichende Informationen über die Nutzung von Informationsquellen für die Kaufentscheidung und das Medianutzungsverhalten der Zielgruppen müssen für eine sinnvolle Werbeplanung vorliegen.

7.3.4 Entwicklung der Werbestrategie

Nach Festlegung zielgruppenbezogener Werbeziele wird die Werbestrategie im Sinne unterschiedlicher Prioritätsentscheidungen determiniert.

> **Eine Werbestrategie beinhaltet globale, mittel- bis langfristige Verhaltenspläne, die verbindlich angeben, mit welchen Schwerpunkten im Einsatz von Werbeträgern und Werbemitteln die Werbeziele einer Unternehmung erreicht werden sollen.**

In Anlehnung an das Paradigma eines Kommunikationssystems (*Meffert* 2000, S. 685) sind vier Dimensionen einer Werbestrategie zu unterscheiden:

Wer sagt	(Werbeobjekt)
Was	(Werbebotschaft)
Wie	(Werbeträger und -mittel)
zu Wem?	(Werbezielgruppe)

Einsatz der Mediawerbung

	Die familien-orientierten Pkw-Nutzer	Die durch-schnittlichen Fahrer	Die preis-bewussten Frauen	Die Freizeit-orientierten	Die tech-nisch-dyna-mischen Fahrer	Die sicher-heitsorien-tierten Pkw-Nutzer
Prozentualer Anteil an der Gesamtstichprobe	16,1 %	31,2 %	14,5 %	13,3 %	15,2 %	9,7 %
Persönliche Wertvorstellungen	Ausgeprägtes Familienbewusstsein	Geringes Interesse an Bildung und beruflicher Karriere	Hohes Freizeitbewusstsein, relativ geringes Interesse an gesellschaftlicher Anerkennung	Progressiv und freizeitbewusst	Hohes Interesse an Sport und beruflicher Karriere	Hohes Sicherheitsbedürfnis, gesellschaftliche Anerkennung
Pkw-Kaufgründe	Starkes Interesse an Komfort-Autos, kein Interesse an Kleinwagen	Wenig Interesse an schnellen Autos, starkes Interesse an zuverlässigen Fahrzeugen	Niedriger Anschaffungspreis, weniger Interesse an Autotechnik	Deutsches Fabrikat sehr unwichtig	Hoher technischer Standard, Fahrverhalten	Deutsches Fabrikat sehr wichtig, Komfort und Sicherheit sehr wichtig
Pkw-Nutzungsverhalten	Überdurchschnittliche jährliche Fahrleistung, Autos mit hoher PS-Zahl	Durchschnittliche Nutzung des PKW's	Kleinwagen, Gebrauchtwagen, relativ geringe Fahrleistung	Relativ hohe jährliche Fahrleistung	Durchschnittliches Nutzungsverhalten	Viele Neuwagenkunden, geringe jährliche Fahrleistung
Markennutzer	Überwiegend Mercedes- und Audi-Fahrer	Schwerpunktmäßig Opel-Fahrer	Hoher Anteil an Ford- und VW-Fahrern	Sehr hoher Anteil an Toyota- und Nissan-Fahrern	Hoher Anteil ausländischer Fahrzeuge	Hoher Anteil an VW- und Mercedes-Fahrern, keine ausländischen Fahrzeuge
Händler-/Markenwechsler	Hohe Markentreue	Hohe Marken- und Händlertreue	Geringe Marken- und Händlertreue	Geringe Markenbindung	Händlertreue	Hohe Markentreue
Zukünftige Ausgabebereitschaft bei Pkw-Kauf	Sehr hohe Ausgabebereitschaft	Durchschnittl. Ausgabebereitschaft	Geringe Ausgabebereitschaft	Sehr geringe Ausgabebereitschaft	Durchschnittliche Ausgabebereitschaft	Überdurchschnittliche Ausgabebereitschaft
Info-Verhalten beim Pkw-Kauf	Probefahrt, Testergebnisse in Fachzeitschriften	Beratung durch den Verkäufer, Prospekte	Persönliche Gespräche mit Freunden und Bekannten	Prospekte und Kataloge	Prospekte, Testergebnisse	Prospekte und Kataloge, Beratung durch den Verkäufer
Soziodemographische Daten	Tendenziell mehr Männer ab 45 Jahre	Überwiegend mehr Männer mit geringer Schulbildung	Frauen zwischen 20 und 45 Jahren	Eher jüngere Männer, mit gehobener Schulbildung	Überwiegend mehr Männer mit hoher Schulbildung	Eher ältere Personen mit relativ geringer Schulbildung

Schaubild 7-3: Beispiel einer Konsumententypologie
(Freter/Barzen 1988, S. 92)

Basis für die Werbestrategie ist das **Werbeobjekt**, d.h. die Marke, Produktlinie oder das Gesamtunternehmen. Bei der Werbebotschaft wird im Rahmen der **Werbestrategie** in erster Linie die **Kernbotschaft** festgelegt. Diese Kernbotschaft ergibt sich unmittelbar aus der Positionierung des Produktes und der Marke, indem der USP der Marke, z.B. Merkmale wie Gesundheit, Natürlichkeit, Preiswürdigkeit, Sportlichkeit oder Leistungsfähigkeit, herausgestellt wird. Für die Kommunikation gilt es, den USP in eine „**Unique Communication Proposition**" (UCP) bzw. für die Werbung in eine „**Unique Advertising Proposition**" (UAP), umzusetzen. Aus dieser UCP lässt sich dann die kommunikative Leitidee bzw. die Kernbotschaft ableiten. Im Rahmen der Werbeträgerauswahl ist das **Leitmedium** festzulegen. Dies beinhaltet die Festlegung des dominanten Mediums, in dem hauptsächlich Werbung betrieben werden soll (z.B. Fernsehwerbung in der Einführungsphase einer neuen Automarke zur Steigerung des Bekanntheitsgrades). Die Festlegung ergänzender Medien schließt sich daran an.

Die Bestimmung des Kernmediums im Rahmen der Werbestrategie (vielfach auch als **Mediastrategie** bezeichnet) ist ein **Entscheidungsproblem der Intermediaselektion**, d.h. der Auswahl zwischen verschiedenen Werbeträgern (*Donelly* 1996). Auf der Grundlage **quantitativer Kriterien** (z.B. Reichweiten und Belegungskosten) und **qualitativer Kriterien** (z.B. Funktion und Image des Werbeträgers, Darstellungsmöglichkeiten, Eignung zur Vermittlung von Botschaftsinhalten, Verfügbarkeit) werden Mediastrategien festgelegt. Von besonderer Bedeutung für die Auswahl von Werbeträgern und die Entscheidung über das Basismedium ist die Frage, inwieweit die zentralen Kommunikationsziele realisiert werden können (*Bruhn* 2002a, S. 242f.).

Vielfach kommt **Publikumszeitschriften** eine wichtige Funktion als Basismedium zu. Sie bieten ein positives redaktionelles Umfeld für Werbeanzeigen, gute Druckqualität, flexible Verfügbarkeit und günstige Nutzungspreise. Zahlreiche Publikumszeitschriften eignen sich als Zielgruppenmedien, da bestimmte Gruppen durch Frauen-, Wohn-, Hobby-, Automobil-, Eltern- und Familienzeitschriften sowie Wirtschaftsmagazine gezielt angesprochen werden können.

Tageszeitungen stellen ein aktuelles Medium dar, das vielfältig und kostengünstig verfügbar ist, jedoch nur über eine geringe Druckqualität verfügt. Die Tageszeitung eignet sich als Basismedium vor allem zur Einführung neuer Produkte und zur Durchführung spezieller Aktionen (z.B. Sonderangebote oder Preisausschreiben), etwa für Handelsunternehmen.

Auch der **Fernsehwerbung** kommt häufig die Funktion eines Basismediums zu. Sie ermöglicht eine gute Darstellung und Demonstration des Produktes, die Wahrnehmung erfolgt in häuslicher Atmosphäre, die Nutzungspreise sind aufgrund der hohen Anzahl an Privatsendern sowie dem damit resultierenden Angebot an Werbezeiten gesunken und das Medium ist bedingt regional einsetzbar. Jedoch besteht bei der Fernsehwerbung die Gefahr des so genannten „Zapping" (Zuschauer schalten mit ihrer Fernbedienung auf andere Programme um, wenn Werbeblöcke gesendet werden). Fernsehwerbung eignet sich als Basismedium für Unternehmen, die eine breite Zielgruppe ansprechen (z.B. zur Werbung für Markenartikel im Lebensmittelbereich) und Ziele wie etwa die Steigerung des Bekanntheitsgrades oder eine Imageprofilierung verfolgen.

Die **Rundfunkwerbung** schließlich ist häufig und wiederholt nutzbar, im Laufe des Tages können verschiedene Zielgruppen angesprochen werden. Sie ist kostengünstig und lokal bzw. regional einsetzbar. Allerdings handelt es sich um ein „flüchtiges" Medium, da die Wahrnehmung von Funkspots beim Zuhörer im Allgemeinen bei der Ausübung anderer Tätigkeiten erfolgt. Die Rundfunkwerbung ist vor allem geeignet für den schnellen Aufbau von Markenbekanntheit, die Weitergabe von Informationen über Produktverbesserungen, die Aufforderung zur Teilnahme an Unternehmensaktionen und die schnelle Verbreitung aktueller Informationen.

In den letzten Jahren hat die **Online-Werbung** stark an Bedeutung gewonnen. Sie dient dazu, die Rezipienten zum Besuch einer Website oder zum Kauf eines Produktes zu motivieren. Neben der Registrierung in Suchmaschinen sowie der Möglichkeiten des Direct E-Mail sind vor allem die Online-Banner zu erwähnen, d.h. Werbeflächen auf Websites. Zur Schaltung von Banners haben sich in der Zwischenzeit eine Großzahl von Medienagenturen etabliert, die entsprechende Banner auf Seiten gestalten und vermitteln.

Den übrigen Medien kommt oftmals nur eine ergänzende Funktion zu, dies gilt etwa für Fachzeitschriften, Kundenzeitschriften, Anzeigenblätter und Beilagen von Zeitungen, Hauswurfsendungen sowie für die Plakat- und Außenwerbung.

Die inhaltliche Ausgestaltung von Werbestrategien orientiert sich an den Werbezielen bzw. den kommunikativen Aufgaben, die in einer Marketingsituation von der Werbung zu erfüllen sind. Mögliche **Werbestrategien** sind:

- **Bekanntmachungsstrategie** (z.B. Einführungswerbung oder Erinnerungswerbung),

- **Informationsstrategie** (z.B. Aufklärung über neue Produktvorteile, neue Serviceleistungen, Durchführung von Aktionen),

- **Imageprofilierungsstrategie** (z.B. Aktualisierung bestimmter Dimensionen wie Natürlichkeit oder Exklusivität im Rahmen einer Imagewerbung),

- **Konkurrenzabgrenzungsstrategie** (z.B. Hervorheben konkurrenzunterscheidender Merkmale wie Produktleistung oder Garantiezeit),

- **Zielgruppenerschließungsstrategie** (z.B. Zielgruppenwerbung durch eine gezielte Ansprache und Erschließung von Studenten oder Senioren),

- **Kontaktanbahnungsstrategie** (z.B. Gewinnung der Unterstützung für Herstelleraktivitäten durch Handel oder Öffentlichkeit).

Veränderungen in inhaltlichen Schwerpunkten einer Werbestrategie hängen vor allem vom Verlauf des Markenlebenszyklus und von Werbestrategien der Konkurrenten ab.

7.3.5 Festlegung des Werbebudgets

Idealtypisch – jedoch so in der Praxis selten zu beobachten – sind auf der Grundlage der Werbestrategie die finanziellen Mittel zu ihrer Realisierung (z.B. Produktionskosten der Anzeigengestaltung, Schaltkosten in den Medien, Beratungskosten für die Werbeagentur) zu planen.

Die Werbebudgetierung beinhaltet eine Festlegung von Etats zur Deckung der Planungs- und Durchführungskosten sämtlicher Werbemaßnahmen einer Planungsperiode, um vorgegebene Werbeziele zu erreichen.

Grundlage der Werbebudgetierung wäre – idealtypisch – die Ermittlung von **Werbereaktionsfunktionen**, die Auswirkungen von Werbeetatänderungen auf den Zielerreichungsgrad psychologischer und ökonomischer Kommunikationsziele wiedergeben können. Schaubild 7-4 zeigt die Struktur des Entscheidungsproblems in einem Vierquadrantenschema.

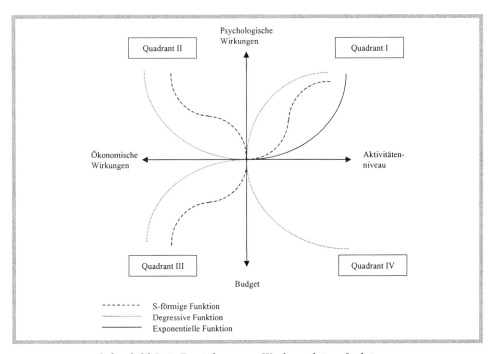

Schaubild 7-4: Ermittlung von Werbereaktionsfunktionen (in Anlehnung an Schmalen 1992, S. 49; Bruhn 2002a, S. 50)

Einsatz der Mediawerbung

Mit Hilfe von ökonomischen Werbereaktionsfunktionen (Quadrant III) können Aussagen darüber getroffen werden, inwiefern eine Erhöhung des Werbebudgets die Realisierung ökonomischer Ziele, wie z.B. Umsatzerhöhungen, bedingt. Zur **Ableitung von ökonomischen Werbereaktionsfunktionen** sind dabei folgende funktionale Zusammenhänge offen zu legen. Zunächst ist zu messen, in welchem Ausmaß das von der Werbebudgethöhe abhängige werbliche Aktivitätenniveau (Quadrant IV) psychologische Wirkungen erzielt, wie z.B. Kenntnisse, Kaufabsichten (Quadrant I). Im Anschluss daran wird bestimmt, wie die Realisierung ökonomischer Ziele durch werbeinduzierte psychologische Wirkungen beeinflusst wird (Quadrant II). Durch die Simulation alternativer Werbebudgets kann jetzt – bei Kenntnis der vorgenannten Zusammenhänge – ein „optimales Werbebudget" gefunden werden.

Für die Werbebudgetierung wird eine Vielzahl von Verfahren vorgeschlagen. Schaubild 7-5 zeigt einen Überblick über die wichtigsten **Methoden der Werbebudgetierung**:

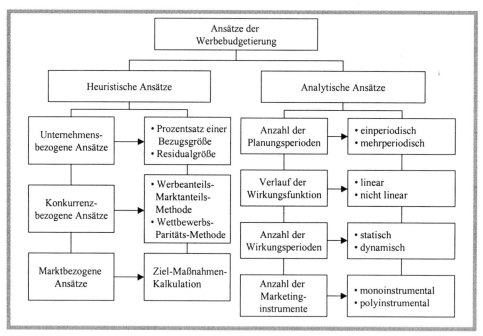

Schaubild 7-5: Ausgewählte Ansätze der Werbebudgetierung
(Bruhn 2002a, S. 202ff.; Tietz/Zentes 1980, S. 286)

- Bei **analytischen Ansätzen** wird i.d.R. auf Funktionen zurückgegriffen, die das oben skizzierte Entscheidungsproblem wiedergeben. Diese Funktionen werden dann z.B. herangezogen, um durch Anwendung von Methoden der Marginalanalyse auf analytischem Wege eine Budgetoptimierung vorzunehmen.

- Bei operationalen bzw. **heuristischen Ansätzen** der Werbebudgetbestimmung geht man von vereinfachten Budgetregeln aus. Diese Verfahren suchen nicht nach „optimalen", sondern nach „befriedigenden" Lösungen.

In den letzten Jahren wurden die theoretischen **analytischen Ansätze** in zahlreicher Hinsicht erweitert und verfeinert (vgl. zu den verschiedenen Modellentwicklungen den Überblick bei *Tietz/Zentes* 1980; *Schmalen* 1992; *Rogge* 2000; *Bruhn* 2002a, S. 202ff.). Für eine Einteilung der Ansätze zeigt Schaubild 7-5 die wichtigsten Faktoren, neben denen zusätzlich weitere Faktoren – z.B. inwieweit Konkurrenzaktivitäten einbezogen werden – herangezogen werden können (vgl. für eine detaillierte Darstellung z.B. *Bruhn* 2002a, S. 197ff.).

Bei einer **kritischen Würdigung der analytischen Ansätze** muss vor allem auf die Schwierigkeit hingewiesen werden, die jeweils unterstellten Funktionen (z.B. Werbereaktionsfunktionen) empirisch zu ermitteln. Dies gelingt i.d.R. nicht, da Zurechnungsprobleme in besonderem Maße in der Werbewirkungsanalyse wirksam werden. Weiterhin ist die ceteris paribus-Bedingung, die zur Ableitung eines optimalen Budgets zugrunde gelegt wird, in der Realität nicht sicherzustellen. Dennoch ist hervorzuheben, dass marginalanalytische Optimierungsansätze Hinweise auf eine notwendige Strukturierung des Entscheidungsproblems geben. Bei einer verbesserten Datenbasis werden sich zukünftig auch Modelle entwickeln lassen, die in ausgewählten Teilmärkten sinnvoll eingesetzt werden können.

Heuristische Ansätze der Werbebudgetierung benötigen die zur Bestimmung von Optima skizzierten Funktionen nicht. Sie geben sich auch mit „suboptimalen" Lösungen zufrieden. Gemäß Schaubild 7-5 sei hier auf folgende Verfahren hingewiesen (*Tietz/ Zentes* 1980; *Rogge* 2000; *Bruhn* 2002a, S. 197ff.; *Kotler/Bliemel* 2001):

Ausrichtung am Prozentsatz einer Bezugsgröße

Das einfachste Verfahren der Werbebudgetierung besteht darin, einen bestimmten Prozentsatz vom Absatz bzw. Umsatz bzw. Gewinn als Werbebudget festzulegen. Als Bezugsgröße kommen der Wert der vergangenen Planperiode, Durchschnittswerte verschiedener Planperioden der Vergangenheit und für die nächste Periode geplante Werte in Frage.

Die Ausrichtung am Umsatz ist in der Praxis am häufigsten zu beobachten. Die durchschnittlichen Prozentsätze für verschiedene Branchen liegen in etwa zwischen 0,5 und 5 Prozent vom Umsatz, in Ausnahmefällen noch höher (z.B. im Markt für Kosmetika). Die Prozentsätze variieren zwischen den Unternehmen innerhalb einer Branche in Abhängigkeit des Wettbewerbsgrades, der Marktstellung des Unternehmens sowie dessen Marketing- und Werbestrategie.

Vorteile dieses Verfahrens bestehen vor allem in seiner leichten Handhabung. Nachteilig ist, dass der Ursache-Wirkungs-Zusammenhang zwischen Werbebudget (Ursache) und Umsatz bzw. Gewinn (Wirkung) von dieser Methode nicht berücksichtigt wird. Bei sinkenden Umsätzen bzw. Gewinnen wird das Werbebudget reduziert; dies kann wiederum zu sinkenden Umsätzen/Gewinnen führen usw. Außerdem ist die Wahl des Prozentsatzes logisch nicht zu begründen und daher stets willkürlich. Ebenso ist die Ausrichtung am Gewinn nicht unproblematisch, da die unterschiedlichen Gewinnbegriffe teilweise keine verlässliche Information über die tatsächlichen Erfolge der Produkte zulassen.

Ausrichtung an einer Residualgröße

Bei einer Ausrichtung an einer Residualgröße ergibt sich das Werbebudget als Residualgröße der Umsatz- und Gewinnplanung. Das Vorgehen bei diesem Verfahren ist der Bestimmung des Marketingbudgets als Residualgröße (vgl. Abschnitt 2.2.5) ähnlich. Das Werbebudget ergibt sich dabei als Restgröße aus den zur Verfügung stehenden Finanzmitteln, wenn die sonstigen Kosten gedeckt sind und ein Gewinnbeitrag einkalkuliert wurde.

Die Vorteile dieses Verfahrens sind ebenfalls in seiner leichten Handhabung und in der Berücksichtigung von Erfolgsgrößen zu sehen. Nachteilig ist jedoch, dass kein Zusammenhang zur kommunikativen Aufgabe und zur Werbestrategie besteht. Bei einer schlechten Absatzlage stehen nur geringe Werbebudgets zur Verfügung; das Gegenteil aber wäre erforderlich. Darüber hinaus erfolgt die Werbebudgetierung buchhalterisch und nicht nach marktbezogenen Kriterien.

Werbeanteils-Marktanteils-Methode

Bei diesem Verfahren werden die Werbeaufwendungen des Unternehmens in Beziehung gesetzt zu dessen Marktanteil. Hierbei kann der vergangene oder geplante Marktanteil als Bezugsgröße dienen. Voraussetzung des Verfahrens ist die Kenntnis der gesamten Werbeaufwendungen einer Branche und deren Verteilung auf die einzelnen Anbieter. Diese Informationen können im Konsumgüterbereich durch Marktforschungsinstitute (z.B. Nielsen S&P) erworben werden.

Als Vorteil des Verfahrens gilt, dass eine zentrale marktbezogene Erfolgsgröße als Grundlage der Werbebudgetierung gewählt wird. Der Marktanteil ist für viele Märkte eine Schlüsselgröße, die durch die Höhe des Werbebudgets verändert werden kann. Nachteilig jedoch sind die Willkür des Marktanteils als Bezugsgröße, der mangelnde Ursache-Wirkungs-Zusammenhang sowie die Unsicherheit der Konkurrenzdaten. Außerdem werden Besonderheiten in den kommunikativen Situationen der Unternehmen nicht berücksichtigt.

Wettbewerbs-Paritäts-Methode

Die Wettbewerbs-Paritäts-Methode orientiert sich in der Höhe des Werbebudgets direkt an ausgewählten Kennzahlen der Konkurrenz. Als Bezugsgrößen können der Werbeanteil der Konkurrenz in Relation zum Umsatz oder zum Gewinn, die Werbeaufwendungen einzelner Konkurrenten oder auch der Durchschnittswert der Werbeaufwendungen der gesamten Konkurrenz dienen.

Der Vorteil dieser Methode liegt in der expliziten Berücksichtigung von Konkurrenzinformationen. Im Einzelfall wird dies jedoch das Problem aufwerfen, die relevanten Daten zu beschaffen. Darüber hinaus muss berücksichtigt werden, dass sich Konkurrenten häufig in einer anderen werblichen Situation befinden können. Eine Vorgehensweise nach der Wettbewerbs-Paritäts-Methode muss daher auch als relativ grob und willkürlich bezeichnet werden.

Ziel-Maßnahmen-Kalkulation

Die Besonderheiten der spezifischen Unternehmenssituation versucht die Ziel-Maßnahmen-Methode zu berücksichtigen. Hierbei handelt es sich um ein sukzessives Verfahren. Zunächst werden die Werbeziele betrachtet, um zu kalkulieren, welche der zu einer bestimmten Zielerreichung erforderlichen Werbemaßnahmen welche Kosten verursachen. Aus Erfahrungswerten kann man abschätzen, wie viele Anzeigen in national verbreiteten Publikumszeitschriften oder Fernsehspots notwendig sind, um den Bekanntheitsgrad eines Produktes um einen bestimmten Prozentwert zu steigern.

Der zentrale Vorteil dieses Verfahrens liegt in der logischen Begründung der Budgetbestimmung. Richtigerweise sind die Werbeziele Ausgangspunkt der Budgetplanung. Schwierigkeiten werden jedoch auftreten, wenn in weiteren Schritten die zur Erreichung der Werbeziele notwendigen Werbekosten kalkuliert werden. Dies setzt genügend Informationen über die Werbewirkung einzelner Werbemittel voraus.

Bei einer **kritischen Würdigung der heuristischen Ansätze** der Werbebudgetierung sind ihr insgesamt geringer Informationsbedarf sowie ihre leichte Durchführbarkeit hervorzuheben. Isoliert betrachtet sind sie jedoch sehr grob und liefern kaum logische Begründungen, für welche Etathöhe man sich entscheiden soll. Ursache-Wirkungs-Zusammenhänge zwischen der Werbebudgethöhe und Werbezielgrößen werden nicht konsequent berücksichtigt. Deshalb empfiehlt es sich, neben heuristischen Ansätzen auch Überlegungen über den Verlauf von Werbereaktionsfunktionen anzustellen, um die Entscheidung durch Berücksichtigung analytischer Kriterien zu fundieren.

In der **Unternehmenspraxis** werden den aktuellen Studien nach insbesondere die Ziel-Maßnahmen-Methode und die Budgetplanung als Prozentsatz vom Umsatz/Gewinn bevorzugt. Die Ausrichtung an einer Residualgröße und die konkurrenzorientierten Planungsansätze werden dabei z.T. ergänzend hinzugezogen, während Optimierungsansätze eine untergeordnete Bedeutung haben (*Polifke/Siems* 1996).

7.3.6 Verteilung des Werbebudgets (Streuplanung)

Mit der Intermediaselektion wurde im Rahmen der Werbestrategie die Entscheidung über Werbeträgergruppen getroffen. Als Ergebnis wird z.B. festgelegt, dass als Kernmedium Publikumszeitschriften und als ergänzende Medien Hörfunk und Fachzeitschriften eingesetzt werden. Innerhalb dieser ausgewählten Werbeträgergruppen ist nun eine Entscheidung über die Eignung einzelner Medien zu treffen. Dieses Entscheidungsproblem wird auch als **Intramediaselektion** oder **Werbestreuplanung** bezeichnet.

> **Die Werbestreuplanung beinhaltet eine zielgruppengerechte, planungsperiodenbezogene Aufteilung von Werbeetats auf einzelne Werbeträger bzw. Medien.**

Die Aufteilung des Werbebudgets muss in zweierlei Hinsicht erfolgen:

- **Sachliche** Verteilung (auf Produkte, Marken, Werbeträger und -mittel, Regionen),
- **Zeitliche** Verteilung (Wahl des Belegungszeitpunktes: „Timing").

Ergebnis der Werbestreuplanung ist ein **Mediaplan**, in dem die Belegung einzelner Werbeträger nach bestimmten Zeitintervallen, z.B. Wochen, festgehalten ist.

Das Entscheidungsproblem der Werbestreuplanung ist vor allem eine Frage der **Zielgruppenerreichbarkeit**. Wie Schaubild 7-6 verdeutlicht, kommt es dabei darauf an, die Schnittmenge zweier Personenkreise zu maximieren.

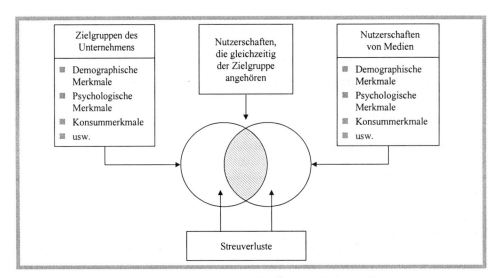

Schaubild 7-6: Zielgruppenerreichbarkeit durch die Mediaplanung

Die **Unternehmenszielgruppen** sind bereits nach verschiedenen Merkmalen beschrieben worden (vgl. Abschnitt 7.3.3). Ihnen stehen **Medianutzerschaften** gegenüber, also jene Personen, die tatsächlich über das betreffende Medium erreicht werden. Die Medianutzerschaften (z.B. Leserschaft, Seherschaft, Hörerschaft) sind ebenso hinsichtlich verschiedener Merkmale charakterisiert. Aufgabe der Werbestreuplanung ist es nun, eine möglichst hohe **Affinität** zwischen den Zielgruppen des Unternehmens und den Mediennutzern zu erreichen. Nur bei einer hohen Übereinstimmung zwischen beiden Personengruppen kann die von Mediaplanern stets angestrebte **Minimierung von Streuverlusten** gewährleistet werden.

Zur Erstellung von Mediaplänen sind Kriterien heranzuziehen, nach denen sich die angebotenen Medien und einzelnen Titel beurteilen lassen (vgl. z.B. *Schmalen* 1992; *Rogge* 2000). Zur **Beurteilung** von Medien kommen vor allem zwei Arten von **Kriterien** in Frage:

(1) **Kontaktmaßzahlen**, d.h. Informationen über die Anzahl von Kontakten bzw. Kontaktwahrscheinlichkeiten eines Mediums mit seiner Nutzerschaft,

(2) **Kontaktgewichtungen**, d.h. die Bewertung von Medien hinsichtlich ihrer Eignung für die spezifische Zielsetzung des Unternehmens.

Kontaktmaßzahlen

Eine erste Kontaktmaßzahl besteht in der **Auflage der Medien**. Das kann im Einzelfall die Auflage von Printmedien (Druck-, Vertriebs- oder Verkaufsauflage), die Anzahl von Fernseh- oder Hörfunkteilnehmern oder die Anzahl der Anschlagflächen zur Außenwerbung usw. sein. Diese Daten sind relativ leicht von den betreffenden Medienanbietern zu beschaffen. Darüber hinaus werden die Auflagen von Tageszeitungen, Publikums- und Fachzeitschriften, Kalendern, Adressbüchern, Branchenfernsprechbüchern sowie Zahlen der Anschlagstellen und Besucher von Filmtheatern durch die „Informationsgesellschaft zur Feststellung und Verbreitung von Werbeträgern e.V." (IVW) zusätzlich geprüft. Damit stehen der Mediaplanung objektiv ermittelte und vergleichbare Daten zur Verfügung.

Eine zentrale Kontaktmaßzahl für den Mediaplaner ist die **Reichweite der Medien**. Sie gibt die Anzahl der Kontakte der Medien mit ihrer Nutzerschaft an. Die Reichweite wird i.d.R. größer als die Auflage der Medien sein, da Zeitschriften von mehreren Personen gelesen, Hörfunkwerbung von mehreren Personen in einem Raum gehört werden usw. Typische Kennziffern für die Reichweite von Medien sind (*Brun/Homburg* 2001, S. 378f.):

▨ **Leser pro Ausgabe (LpA)**: Diese Kennziffer gibt die rechnerisch ermittelte durchschnittliche Zahl von Personen an, die Leser der kleinsten belegbaren Einheit eines Periodikums in ihrem Erscheinungsintervall sind.

▨ **Leser pro Nummer (LpN)**: Diese Kennziffer gibt die Gesamtzahl der Personen an, die eine durchschnittliche Ausgabe einer Zeitschrift lesen oder durchblättern.

Die Kennziffern LpN und LpA werden nicht nur von den Verlagsunternehmen, sondern auch durch die „Arbeitsgemeinschaft Mediaanalysen" (AG.MA) für unterschiedliche Werbeträger und -mittel erfasst. Die Daten der AG.MA stellen eine zentrale Planungsgrundlage der Mediaplanung dar. Weiterhin werden Reichweitendaten verschiedener Werbeträger und -mittel auch von der „Allensbacher-Werbeträgeranalyse" (AWA) erhoben und der Mediaplanung zugrunde gelegt.

Gewöhnlich stehen der Streuplanung mehrere Medien zur Verfügung, so dass der Mediaplaner deren einzelne Reichweiten in irgendeiner Form aggregiert, also eine **Mediakombination** bestimmen und bewerten muss. Hierbei treten Probleme der Überschneidung der Nutzerschaften verschiedener Medien auf, die mit Blick auf zwei **Formen der Reichweite** deutlich werden:

▨ Als **Bruttoreichweite** wird die Summe der Einzelreichweiten mehrerer Ausgaben eines Mediums oder mehrerer Medien bezeichnet.

▨ Die **Nettoreichweite** gibt die Anzahl der Personen wieder, die von einer Mediakombination mindestens einmal erreicht werden.

Die Bruttoreichweite enthält Überschneidungen in den Nutzerschaften und kann deshalb kein klares Bild über die effektive Reichweite geben. Zur Ermittlung der Nettoreichweite werden aus der Bruttoreichweite die Überschneidungen herausgerechnet. Dabei sind zwei **Formen von Überschneidungen** zu berücksichtigen:

▨ **Interne Überschneidungen** werden im Falle mehrfacher Schaltungen der Werbung in einem Medium durch die Nutzung mehrerer Ausgaben dieses Mediums durch dieselbe Person hervorgerufen (**Mehrfach- bzw. Dauernutzer eines Mediums**). Beispiel: Ein Mediennutzer liest als Abonnent der Zeitschrift „Geo" üblicherweise mehrere „Geo"-Ausgaben im Jahr bzw. einzelne Geohefte mehrfach.

▨ **Externe Überschneidungen** werden durch die Nutzung verschiedener Medien durch dieselben Personen hervorgerufen (**Nutzer mehrerer Medien**). Beispiel: Ein Mediennutzer liest gleichzeitig die Zeitschriften „Geo", „Wirtschaftswoche", „Impulse", „Capital" und „manager magazin" und kommt daher mit der gleichen Anzeige in mehreren Medien in Kontakt.

Bei einer Auswahlentscheidung zwischen Mediakombinationen ist die **Nettoreichweite** am besten in der Lage, die Erreichbarkeit von Zielgruppen durch unterschiedliche Medien vergleichbar zu machen. Auf weitere Kontaktmaßzahlen, auf die in diesem Zusammenhang nicht eingegangen wird, sei hingewiesen (vgl. hierzu einen Überblick bei *Schmalen* 1992; *Rogge* 2000; *Bruhn* 2002a).

Kontaktgewichtungen

Mit der Verwendung von Kontaktmaßzahlen soll eine möglichst objektive Bezugsbasis (Kontaktwahrscheinlichkeit) geschaffen werden. Aufgabe der **Kontaktgewichtungen** bzw. **-bewertungen** ist es, die Eignung von Medien hinsichtlich der Erreichung spezifischer Ziele und Zielgruppen des Unternehmens zu beurteilen. Der Planungspraxis bieten sich mehrere **Ansatzpunkte zur Kontaktbewertung** an (*Schmalen* 1992, S. 146ff.; *Bruhn* 2002a, S. 251ff.):

- **Personengewichte** versuchen die unternehmensspezifische mit der medienspezifischen Zielgruppenstruktur in Einklang zu bringen, indem sozioökonomische, demographische, psychologische Merkmale sowie Konsummerkmale der Zielgruppen berücksichtigt werden.

- **Mediagewichte** bewerten ein Einzelmedium hinsichtlich verschiedener Kriterien, die Auskunft über die Qualität des Mediums geben sollen. Als Kriterien können beispielsweise Druckqualität, redaktionelles Umfeld, Leser-Blatt-Bindung, Platzierung der Werbung im Medium oder dessen Image gelten.

- **Kontaktmengengewichte** berücksichtigen die relative Bedeutung des Zusammenhanges zwischen erreichten Personen und notwendigen Kontakten bzw. Schaltungen in einem Medium. Dabei muss der Mediaplaner eine Entscheidung über die relevante Kontaktmengenbewertungskurve treffen. Im einfachsten Fall wird er einen linearen Verlauf unterstellen. Schaubild 7-7 zeigt auch andere Funktionsverläufe auf.

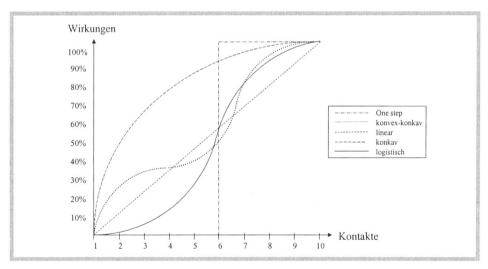

Schaubild 7-7: Funktionsverläufe von Kontaktmengenbewertungskurven (Quelle: Hörzu-Service 1974)

Einsatz der Mediawerbung

Informationen über Personen- und Mediagewichte sind den Untersuchungen von Verlagen, der AG.MA, der AWA sowie Sondererhebungen von Verlagen zu entnehmen. Hinweise auf Kontaktmengengewichte müssen durch spezielle Werbewirkungsanalysen gewonnen werden. Daraus erklärt sich auch, dass in der Praxis Personen- und Mediagewichte wesentlich häufiger in Mediaüberlegungen einbezogen werden als Kontaktmengengewichte.

Kontaktmaßzahlen und -bewertungen stellen die Informationsgrundlage der Mediaplanung dar. Sie gehen in verschiedene Methoden der Mediaselektion ein, die eine Entscheidungshilfe für die Erstellung von Streuplänen geben. In diesem Zusammenhang sind drei Gruppen von **Verfahren der Werbestreuplanung** zu nennen (*Tietz/Zentes* 1980):

(1) Rangreihenverfahren

Ziel dieser Verfahren ist die Bildung von Rangreihen für bestimmte Einzelmedien oder Kombinationen von Titeln nach verschiedenen Kriterien. Am häufigsten werden folgende Kriterien genutzt:

▦ Nettoreichweiten (ungewichtet),

▦ gewichtete Nettoreichweiten (mit Kontaktgewichtungen),

▦ „Gross Rating Points" (GRP; Reichweite x Frequenz),

▦ Tausenderkontaktpreise.

Der **Tausenderkontaktpreis (TKP)** gibt jene Werbekosten an, die notwendig sind, um 1.000 Personen der Mediennutzer zu erreichen. Der (ungewichtete) Tausenderpreis berechnet sich nach der Formel (z.B. für Zeitschriften):

$$TKP = \frac{\text{Preis pro Anzeigenschaltung}}{\text{Auflage bzw. Reichweite}} \cdot 1.000$$

Für die Mediaplanung ist es sinnvoll, bei der Erstellung von Rangreihen den mit der Zielgruppe des Unternehmens **gewichteten Tausenderkontaktpreis** heranzuziehen. Dabei steht im Nenner der obigen Formel die Anzahl der durch die Medien erreichten Angehörigen der Zielgruppen.

Beim Rangreihenverfahren wird der Streuplan **sukzessive** erstellt. Dazu wird zunächst der Titel mit der höchsten Rangziffer gewählt und die entsprechenden Werbekosten für die Einschaltungen berechnet. Für die verbleibenden Werbeetatmittel wird dann der nächste Titel der Rangreihe einbezogen, die Einschaltkosten berechnet usw. Die Einbeziehung von Titeln erfolgt so lange, bis das Werbebudget erschöpft ist.

Rangreihenverfahren sind in der Praxis sehr weit verbreitet. Sie sind relativ leicht durchzuführen und ihr Datenaufwand ist gering. Vor allem für kleinere Werbeetats ist dieses Vorgehen eine adäquate Methode. Jedoch sind die Rangreihenverfahren nicht in der Lage, einen optimalen Streuplan zu erstellen, da sie Werbereaktionsfunktionen nicht berücksichtigen. Die Mediaselektion ausschließlich auf der Basis von Kontakten zu entscheiden, ist insgesamt zu grob, da i.d.R. nur **Kontaktwahrscheinlichkeiten** und keine tatsächlichen Kontakte berücksichtigt werden.

(2) Evaluierungsverfahren

Evaluierungsverfahren bewerten **vorgegebene Streupläne** nach unterschiedlichen Kriterien, wie z.B. der Reichweite. Meistens werden zur Leistungsbewertung mehrere Beurteilungskriterien gleichzeitig herangezogen. Im Mittelpunkt stehen dabei die verschiedenen Formen der Kontaktgewichtung. Diesen Gewichten werden dann die den alternativen Streuplänen entsprechenden Kosten gegenübergestellt, um die Vorteilhaftigkeit der Alternativen relativieren und damit besser beurteilen zu können.

(3) Optimierungsverfahren

Optimierungsverfahren erstellen im Hinblick auf eine vorgegebene Zielfunktion „optimale" Streupläne unter der Beachtung von Nebenbedingungen. Dies kann entweder durch eine schrittweise Verbesserung vorgegebener Streupläne gerichtet auf ein Optimum im Sinne der Zielfunktion erfolgen oder durch klassische Optimierung, d.h. durch Anwendung eines Lösungsalgorithmus. Exemplarisch dafür ist die **Werbestreuplanung** mit Hilfe der **Linearen Programmierung**. Zielsetzung dieses Optimierungsverfahrens ist es, ein vorgegebenes Werbebudget so auf Einzelmedien zu verteilen, dass die Werbewirkung insgesamt optimiert wird. Die Zielfunktion lautet:

$$\sum_{i=1}^{n} x_i \cdot w_i \to max.!$$

wobei:

x	=	Anzahl der Schaltungen im Medium
w	=	Wirkung einer Schaltung im Medium
i	=	Medium

Dabei gilt:

$$w_i = KZ_i \cdot SG_i \cdot MG_i \cdot KM_i$$

mit:

KZ = Kontaktzahl (z.B. Brutto- oder Nettoreichweite)
SG = Segmentgewicht (Gewichtung der Nutzerschaften nach Zielgruppenkriterien)
MG = Mediengewicht (Kriterien für die Qualität der Medien)
KM = Kontaktmengengewicht (Kriterien für die Qualität des realisierten Werbedrucks)

Als Nebenbedingungen können definiert werden:

Budgetrestriktion:

$$\sum_{i=1}^{n} x_i \cdot p_i \leq B_i$$

Belegungsgrenzen:

$$x_i^{min} \leq x_i \leq x_i^{max}$$

wobei:

B_i = (gegebenes) Werbebudget für Medium i
p_i = Preis für eine Schaltung in Medium i
x_i^{min} = Mindestbelegung im Medium i für die Planungsperiode
x_i^{max} = maximale Schaltung im Medium i für die Planungsperiode

Auf der Grundlage von Zielfunktion und Nebenbedingungen wird anschließend auf grafischem oder analytischem Wege der optimale Streuplan erstellt.

Die Vorteile der Werbestreuplanung mit Hilfe der Linearen Programmierung liegen darin, dass die Struktur des Entscheidungsproblems in geeigneter Weise wiedergegeben werden kann, wobei sich auch weitere Modellparameter einbeziehen lassen. Jedoch sind derartige Verfahren nicht in der Lage, die – in der Praxis häufig zu beobachtende – Inanspruchnahme von Rabatten in das Kalkül aufzunehmen. Außerdem werden keine ganzzahligen Lösungen ermittelt.

Eine Weiterentwicklung der auf LP-Ansätzen basierenden Optimierungsverfahren stellen **Mediaselektionsmodelle** dar. Diesen ist es unter Zuhilfenahme entsprechender mathematischer Modellierungen möglich, Annahmen zur Werbewirkung in einzelnen Medien exakt zu quantifizieren. Mediaselektionsmodelle werden von Verlagsunternehmen angeboten; auch größere Werbeagenturen haben eigene Modelle entwickelt, die sie an die spezifische Situation ihrer Kunden anpassen (*Schmalen* 1992; *Rogge* 2000; *Bruhn* 2002a, S. 243ff.).

7.3.7 Gestaltung der Werbebotschaft

Im Rahmen der Werbeplanung werden parallel zur Werbestreuplanung Überlegungen zur Gestaltung der Werbebotschaft angestellt. Im Normalfall erhält eine Werbeagentur ein so genanntes **Briefing**, in dem vom Auftraggeber in kurzer Form Positionierung, kommunikative Ziele, Zielgruppen usw. vermittelt werden. Zunächst ist es Aufgabe der Werbeagentur, dieses Briefing in Entwürfe des Werbemittels (z.B. Anzeige, Fernsehspot, Hörfunkspot) umzusetzen. Diese Aufgabe kann als die eigentliche kreative Leistung von Werbeagenturen bezeichnet werden. Dabei wird sich die Botschaftsgestaltung sowohl auf den Inhalt als auch die Form beziehen (*Behrens* 1996; *Russell/Lane* 1996; *Rossiter/Percy* 1997).

Bei der **Gestaltung des Botschaftsinhaltes** sind verschiedene Möglichkeiten zu unterscheiden. Die rein **informative** und **argumentative Gestaltung** ist sehr rational angelegt und zielt auf eine sachliche Überzeugung der Zielgruppe ab. Man bedient sich kreativer Methoden der Visualisierung, z.B. durch Ähnlichkeiten, Beweise, Gedankenverbindungen, Steigerungen, Hinzufügungen usw. (*Gaede* 1981; *Behrens* 1996). Die verschiedenen Formen der **psychologischen Gestaltung** dagegen versuchen über einen Transfer in psychologische Kategorien (z.B. Ängste, Emotionen, Erotik, Humor) bei den Zielgruppen Aufmerksamkeit zu wecken.

Der Botschaftsinhalt muss im Rahmen der **Gestaltung der Botschaftsform** in optische Zeichen, wie etwa Sprachzeichen (Worte, Texte) und Bildzeichen (Bilder, Symbole) umgesetzt werden. Damit werden zahlreiche gestalterische Fragen der Typographie, des Layouts, der Farbgestaltung usw. aufgeworfen. In audio-visuellen Medien sind entsprechend akustische Zeichen (Kombinationen von Tönen in Form von Stimmen oder Musik) einzusetzen. Aufgrund der begrenzten Informationsaufnahme- und -verarbeitungskapazität des Kommunikationsempfängers, der steigenden Informationsüberlastung des Konsumenten und der daraus folgenden Schwierigkeit, seine Aufmerksamkeit zu wecken, kommt der **Bildkommunikation** eine zentrale Rolle zu, da Bilder wie „schnelle Schüsse ins Gehirn" wirken können (*Kroeber-Riel* 1993).

Haben die Werbeagenturen ihre Entwürfe zur kreativen Umsetzung des Briefings vorgelegt, muss deren **Eignung** für die Werbepolitik des Unternehmens beurteilt werden. Dies kann durch Gruppendiskussionen und methodische Hilfsmittel (z.B. Punktbewertungsverfahren) erleichtert werden. Als **Beurteilungskriterien** wird man die Eignung der Entwürfe für die angestrebte Markenpositionierung, die Originalität, die Verständlichkeit, die Glaubwürdigkeit, die Abhebung von der Konkurrenz, die Aufmerksamkeitswirkung, den Produkt- oder Markenbezug, die Prägnanz, die Stimmigkeit mit anderen werblichen Auftritten des Unternehmens u.a.m. heranziehen.

7.3.8 Kontrolle der Werbewirkungen

Der werbliche Planungsprozess schließt mit der Kontrolle der Werbewirkung ab. Diese beinhaltet nicht nur die Beantwortung der Frage, in welchem Ausmaß die zuvor definierten Werbeziele (z.B. Bekanntheitsgrad) erreicht worden sind, sondern auch die Offenlegung weiterer Wirkungen der Werbung, z.B. Imagewirkungen bei den Zielgruppen, die nicht explizites Ziel einer Werbekampagne waren. Im Rahmen der Wirkungskontrolle ist der Erfolg der Werbung auf den einzelnen Wirkungsstufen zu prüfen. Zur Erhebung der Werbewirkungen können unterschiedliche **Methoden der Werbewirkungsanalyse** herangezogen werden. Dazu zählen verschiedene Befragungs- und Beobachtungsverfahren, wie der Einsatz apparativer Verfahren, Ratingskalen, Rangordnungsverfahren usw. (vgl. auch Abschnitt 4.2.4).

Die Bestimmung der Wahrnehmungswirkungen kann beispielsweise durch das **Tachistoskop** erfolgen. Hierbei wird der Proband nur Sekundenbruchteile mit dem Werbemittel konfrontiert. Dadurch können Rückschlüsse auf die Prägnanz der Botschaftsgestaltung gezogen werden.

Zur Messung des Bekanntheitsgrades werden Recall- und Recognitiontests eingesetzt. Beim **Recalltest** (Erinnerungstest) werden die Probanden z.B. zur Erhebung der Markenbekanntheit einen Tag nach ihrem Kontakt mit einem Werbeträger gefragt, an welche Marken sie sich noch erinnern können. Im Rahmen des **Recognitiontests** (Wiedererkennungstest) werden die Probanden unter Vorlage einer Zeitschrift gefragt, welche Anzeigen sie gesehen haben und welche Anzeigenelemente sie wiedererkennen. Problematisch beim Recognitiontest ist allerdings, dass bis zu 50 Prozent der Befragten bei Vorlage des Titelblattes einer Zeitschrift behaupten, sie gelesen zu haben, obwohl dies nicht der Fall war.

Die **Erhebung von Einstellungen** erfolgt beispielsweise durch den Einsatz von Merkmalskatalogen, bei denen eine strukturelle Messung der kognitiven und emotionalen Disposition von Einstellungen unter Verwendung eines Verrechnungsmodells erfolgt. Darüber hinaus wurden in den letzten Jahren zahlreiche **Testverfahren** entwickelt, die sich speziell auf die Wirkung der Gestaltung bestimmter Werbemittel konzentrieren, wie etwa Anzeigen-, Fernseh-, Funkspot- und Plakattests.

Zukünftig sind verstärkte Bemühungen erforderlich, die Effizienz werblicher Maßnahmen eindeutig beurteilen zu können. Die Werbewirkungsanalyse steht jedoch vor **inhaltlichen und methodischen Problemen**, die teilweise noch nicht gelöst sind. Dies gilt insbesondere für Probleme der Isolierung der Wirkung werblicher Aktivitäten von der Wirkung anderer Kommunikationsmaßnahmen, der Zuordnung der Wirkung zu einzelnen Werbemaßnahmen des Kommunikationsmix, fehlende Längsschnittanalysen zur Ermittlung empirisch abgesicherter Lern- und Vergessenskurven sowie Schwierigkeiten im Nachweis von Ausstrahlungs- und Carryover-Effekten.

7.4 Einsatz der Verkaufsförderung

7.4.1 Begriff und Ziele der Verkaufsförderung

Neben der Mediawerbung zählt die Verkaufsförderung in vielen Konsumgüterbranchen zu den zentralen Instrumenten des Kommunikationsmix. Die Verkaufsförderung ist zwar primär der Kommunikationspolitik zuzuordnen, eine eindeutige und ausschließliche Einordnung kann jedoch nicht vorgenommen werden, da die Verkaufsförderung auch Aufgaben aus anderen Bereichen des absatzpolitischen Instrumentariums (z.B. Aufgaben der Produkt-, Preis- und Vertriebspolitik) übernimmt (*Pflaum/Eisenmann* 1993, S. 3). Hier sollen primär jene Aufgaben und Maßnahmen betrachtet werden, die sich auf kommunikative Zielsetzungen konzentrieren. Folgende Definition der Verkaufsförderung wird zugrunde gelegt (*Bruhn* 2002a, S. 286):

Verkaufsförderung ist die Analyse, Planung, Durchführung und Kontrolle meist zeitlich begrenzter Aktionen mit dem Ziel, auf nachgelagerten Vertriebsstufen durch zusätzliche Anreize Kommunikationsziele eines Unternehmens zu erreichen.

Diese begriffliche Fassung kommt dem Umgang der Praxis mit der Verkaufsförderung nahe. Es erscheint unter Abgrenzungsgesichtspunkten nicht zweckmäßig, die Spannbreite der Verkaufsförderung derart auszuweiten, dass darunter auch Maßnahmen einbezogen werden, die sich auf das eigene **Verkaufspersonal** richten (vgl. z.B. *Meffert* 2000; *Kotler/Bliemel* 2001). Diese Aktivitäten (z.B. Schulungen, Verkaufshandbücher, Verkaufsfolder, Verkaufswettbewerbe des Außendienstes, Incentive-Aktionen) stehen stärker mit der Vertriebspolitik in Zusammenhang (vgl. Abschnitt 8.4) und haben weniger kommunikativen Charakter. Insgesamt kann davon ausgegangen werden, dass Verkaufsförderungsaktionen meistens gleichzeitig kommunikative, preisliche und vertriebliche Aufgaben erfüllen.

In der Literatur werden der Verkaufsförderung primär kurzfristig wirkende Aktionen subsumiert (*Blattberg/Neslin* 1990). Dabei steht der unmittelbare Effekt auf das Verhalten von Abnehmern oder Absatzmittlern im Vordergrund. Zu diesen **operativen Zielen der Verkaufsförderung** zählen vor allem die Förderung des kurzfristigen Abverkaufs am „Point of Sale", die Bekanntmachung und Profilierung neuer Produkte, die Steigerung von Probierkäufen und die Informationsverbesserung über Produktveränderungen.

Die Bedeutung der Verkaufsförderung hat seit den achtziger Jahren erheblich zugenommen. Dies gilt insbesondere für das **Konsumgütermarketing**, in dem sich die Relation Mediawerbung zu Verkaufsförderung überwiegend zu Lasten der Mediawerbung verschoben hat. Heute haben bereits viele Konsumgüterhersteller Verkaufsförde-

Einsatz der Verkaufsförderung

rungsbudgets, die einen zentralen Anteil des Kommunikationsetats ausmachen. Diese Tendenz ist weiterhin steigend. Gründe sind nicht zuletzt darin zu sehen, dass bei zunehmender Hersteller- und Handelskonkurrenz eine engere Zusammenarbeit zwischen Industrie und Handel (**vertikales Marketing**) immer notwendiger wird, wozu sich in besonderem Maße Verkaufsförderungsaktionen eignen. Darüber hinaus gehen auch **Industriegüter- und Dienstleistungsunternehmen** zunehmend dazu über, spezielle Verkaufsförderungsprogramme für ihre Belange zu entwickeln.

Im Zuge dieses Bedeutungszuwachses bestimmen verstärkt auch strategische Überlegungen den Einsatz der Verkaufsförderung. **Strategische Ziele der Verkaufsförderung** bestehen insbesondere in der langfristigen Gewinnung der Unterstützung und Akzeptanz des Handels, der Unternehmens- bzw. Markenprofilierung beim Konsumenten und dem Aufbau von Wettbewerbsvorteilen gegenüber der Konkurrenz.

Die Methoden zur Bestimmung des **Verkaufsförderungsbudgets** ähneln denen der Marketing- bzw. der Werbebudgetplanung: Das Budget kann z.B. als Prozentsatz vom Umsatz oder Gewinn, an den Ausgaben der Konkurrenz für Verkaufsförderung orientiert oder entsprechend der zur Erreichung der Verkaufsförderungsziele notwendigen Mittel (Ziel-Aufgaben-Methode) festgelegt werden. In der Realität wird die Höhe des Verkaufsförderungsbudgets sehr stark von den Forderungen des Handels nach Verkaufsunterstützung bestimmt.

7.4.2 Erscheinungsformen der Verkaufsförderung

Die Marketingpraxis hat in den letzten Jahren zahlreiche neue Formen der Verkaufsförderung entwickelt (*Cristofolini* 1995). Zur Abgrenzung verschiedener **Erscheinungsformen der Verkaufsförderung** ist es zweckmäßig, Absender und Zielgruppe der Maßnahmen näher zu kennzeichnen. Schaubild 7-8 zeigt verschiedene Formen der Verkaufsförderung im Überblick:

(1) Verkaufsförderung durch Hersteller

Handelsgerichtete Verkaufsförderung (Trade Promotions): Die Unternehmensaktivitäten richten sich ausschließlich auf die Gewinnung der Unterstützung von Handelsbetrieben, z.B. mittels Händlertreffen, Händlerschulungen und -wettbewerben.

Konsumentengerichtete Verkaufsförderung (Consumer Promotions): Die Aktionen zielen darauf ab, Endabnehmer zu erreichen. Dabei kann noch unterschieden werden, ob die Verkaufsförderungsaktionen direkt vom Hersteller oder in Zusammenarbeit mit dem Handel durchgeführt werden:

▪ Von einer **direkten konsumentengerichteten Verkaufsförderung** kann u.a. dann gesprochen werden, wenn der Hersteller seine Aktionen außerhalb des „Point of

Sale" durchführt, z.B. durch Gewinnspiele auf der Straße, Versendung von Prospekten oder Gutscheinaktionen.

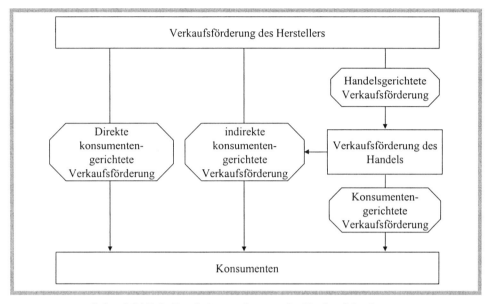

Schaubild 7-8: Erscheinungsformen der Verkaufsförderung

- Bei einer **indirekten konsumentengerichteten Verkaufsförderung (Merchandising)** werden die Aktionen in enger Zusammenarbeit mit dem Handel am „Point of Sale" durchgeführt, wie es bei Displaymaterialien, Kostproben und Produktpräsentationen, Gutscheinaktionen oder Gewinnspielen im Handel gegeben ist.

Neben der indirekten konsumentengerichteten Verkaufsförderung, die eine vertikale Kooperation darstellt, sind auch **Verbund-Promotions** im Sinn einer horizontalen Kooperation möglich, d.h. Verkaufsförderungsmaßnahmen können auch durch mehrere Hersteller gemeinsam durchgeführt werden (*Bruhn* 2002a, S. 290f.).

(2) Verkaufsförderung durch Händler

Verkaufsförderungsaktionen werden nicht nur von Herstellern durchgeführt. Auch Händler können **Aktivitäten eigener konsumentengerichteter Verkaufsförderung** in Erwägung ziehen: eigene Verkostungen und Vorführungen, Laden- und Schaufenstergestaltung, Dekorationen sowie spezielle Serviceaktionen usw. Eine Kooperation von Händlern im Rahmen der Verkaufsförderung ist analog zu den Verbund-Promotions der Hersteller ebenfalls möglich.

Einsatz der Verkaufsförderung

In Anlehnung an die beiden aufgezeigten Erscheinungsformen können verschiedene **Aufgaben der Verkaufsförderung** unterschieden werden. Aus **Herstellersicht** geht es im Rahmen der absatzmittlergerichteten Verkaufsförderung (Trade Promotions) vorrangig um die kommunikative Unterstützung des **Hineinverkaufs** in den Handel. Vielfach sind die verkaufsfördernden Aktivitäten dieser Art Teil einer **Push-Strategie**, bei der es darum geht, durch intensive handelsgerichtete Marktbearbeitung die Listung der Herstellermarke zu erreichen bzw. eine Auslistung zu verhindern.

Bei der (indirekten) konsumentengerichteten Verkaufsförderung (Consumer Promotions) hingegen geht es in erster Linie um den **Hinausverkauf** aus dem Handel. Hier sind die verkaufsfördernden Aktivitäten oftmals Bestandteil einer **Pull-Strategie**, deren vorrangige Zielsetzung es ist, über die Auslösung konsumentenbezogener Nachfrage die eingeschalteten Absatzmittler zu veranlassen, sich mit der Herstellermarke zu bevorraten (*Nieschlag/Dichtl/Hörschgen* 1997).

Aus **Sicht der Absatzmittler** erfüllt die Verkaufsförderung primär Aufgaben der kommunikativen Unterstützung des eigenen Abverkaufs sowie der Realisierung genereller und vertriebsschienenspezifischer Profilierungsziele.

Die Botschaften der Verkaufsförderung können sowohl durch bestimmte **Personen** vermittelt werden, z.B. Hostessen, Merchandiser oder Dekorateure, als auch durch **Sachmittel**, z.B. Displays, Produktpräsentationen oder technische Hilfsmittel wie Videos. In der Regel erfolgt der Einsatz von Verkaufsförderungsaktionen nicht isoliert, sondern aufgrund der komplementären Wirkungen gemeinsam mit anderen Kommunikationsinstrumenten (*Hruschka* 1996, S. 175). Ziel ist damit sowohl eine Abstimmung der einzelnen Verkaufsförderungsmaßnahmen untereinander („Verkaufsförderungsmix") als auch die Vernetzung der Verkaufsförderung mit den anderen Kommunikations- und Marketinginstrumenten (*Bruhn* 2002a, S. 286).

Bei einer **kritischen Würdigung** der Verkaufsförderung ist besonders die Eignung zur kurzfristigen Zielerreichung zu nennen. Die Verkaufsförderung stellt ein Instrument dar, das insbesondere zur Unterstützung anderer Marketing- bzw. Kommunikationsinstrumente (z.B. der Mediawerbung) und in speziellen Situationen (z.B. Produktneueinführung) sinnvoll eingesetzt werden kann. Zu viele und häufig wechselnde Verkaufsförderungsaktionen können aber dem langfristigen Aufbau eines Markenimages zuwiderlaufen und eine ausgeprägte Erwartungshaltung beim Handel und Konsumenten nach weiteren Aktivitäten erzeugen.

7.5 Einsatz des Direct Marketing

7.5.1 Begriff und Ziele des Direct Marketing

Ausgehend von seiner ursprünglichen Form als Instrument des Direktvertriebs im Versandhandel hat sich das Direct Marketing zu einem bedeutenden Instrument der Unternehmenskommunikation entwickelt. Der **Begriff des Direct Marketing** lässt sich bei einer Fokussierung auf den Kommunikationsbereich wie folgt definieren (*Bruhn* 2002a, S. 308):

> **Das Direct Marketing umfasst sämtliche Kommunikationsmaßnahmen, die darauf ausgerichtet sind, durch eine gezielte Einzelansprache einen direkten Kontakt zum Adressaten herzustellen und einen unmittelbaren Dialog zu initiieren oder durch eine indirekte Ansprache die Grundlage für einen Dialog auf einer zweiten Stufe zu legen, um die Kommunikationsziele des Unternehmens zu erreichen.**

Die Kernaufgaben des Direct Marketing bestehen also im Aufbau eines **individuellen Dialoges** mit einzelnen Zielpersonen im Rahmen einer direkten Kommunikation sowie der Ansprache ausgewählter Zielgruppen, die durch Maßnahmen wie Direct-Response-Anzeigen und den Einsatz interaktiver Medien dazu veranlasst werden sollen, ihrerseits in Kontakt mit dem Unternehmen zu treten. Primäre **Ziele** sind die zielgruppenspezifische Informationsübermittlung mit möglichst geringen Streuverlusten, das Bewirken einer hohen Aufmerksamkeit, das Wecken von Interesse bei den Rezipienten sowie die Gewinnung neuer Kunden in einem spezifischen Segment mit dem Ziel, diese langfristig an das eigene Unternehmen zu binden.

Das charakteristische Merkmal des Direct Marketing besteht folglich in der Realisation eines individuellen Kontaktes, während die Mediawerbung oder die Verkaufsförderung beispielsweise primär auf eine kollektive Ansprache der Verbraucher ausgerichtet sind. Bei einer Erweiterung der engen kommunikationsbezogenen Begriffsfassung lassen sich die Merkmale des Direct Marketing generell auf alle Bereiche des Marketingmix übertragen (*Töpfer/Greff* 1993). Legt man diese umfassendere Sichtweise zugrunde, würde das Direct Marketing folglich alle Formen eines individualisierten Instrumenteeinsatzes beinhalten.

Einsatz des Direct Marketing

7.5.2 Erscheinungsformen des Direct Marketing

Vor dem Hintergrund der Einordnung und Abgrenzung des Direct Marketing können nach der Art der Interaktion zwischen Anbieter und Nachfrager mit dem passiven, dem reaktionsorientierten und dem interaktionsorientierten Direct Marketing drei **Erscheinungsformen** differenziert werden (*Bruhn* 2002a, 308ff.).

Die einfachste Form ist das **passive Direct Marketing**, das als Grenzfall einzuordnen ist. Diese Form der Ansprache liegt vor, wenn Verbraucher beispielsweise durch Kataloge sowie unadressierte Mailings, die in Form von Flugblättern oder anderen Hauswurfsendungen verteilt werden, angesprochen werden. Das wesensbestimmende Merkmal dieser Form des Direct Marketing ist darin zu sehen, dass Verbraucher auf das Leistungsangebot von Unternehmen allgemein aufmerksam gemacht werden sollen, ohne dass im ersten Schritt ein direkter Kundendialog entsteht.

Das **reaktionsorientierte Direct Marketing** zeichnet sich dadurch aus, dass mit der Ansprache des Konsumenten diesem eine Möglichkeit der Reaktion gegeben wird und damit der Dialog zwischen Anbieter und Nachfrager initiiert werden soll. Eine direkte und individuelle Einzelansprache, die den Zielpersonen eine Reaktionsmöglichkeit eröffnet, liegt z.B. beim Versand von Mail order Packages vor, die als adressierte Werbesendungen aus einem Werbebrief, einem Prospekt, einer Rückantwortkarte und einem Versandkuvert bestehen können. Hier hat die Zielperson die Möglichkeit, das Angebot eines Unternehmens zu prüfen und gegebenenfalls durch eine Rückantwort mit dem Unternehmen in Kontakt zu treten.

Demgegenüber ist das **interaktionsorientierte Direct Marketing** dadurch gekennzeichnet, dass Anbieter und Nachfrager in einen unmittelbaren Dialog eintreten, der einen direkten gegenseitigen Informationsfluss ermöglicht. Das Telefonmarketing als eine Form des interaktionsorientierten Direct Marketing erlaubt einen solchen direkten, persönlichen Dialog mit selektierten Personen. Dadurch wird die Möglichkeit geschaffen, individuell auf die Wünsche und Anregungen der Zielpersonen zu reagieren und eine direkte Erfolgsmessung durchzuführen (*Holland* 1993, S. 18).

Direct Marketing stellt ein Instrument dar, das über ein hohes Integrationspotenzial verfügt. Deshalb wird auch eine intensive Abstimmung mit den anderen Kommunikations- und Marketinginstrumenten vorgenommen.

7.5.3 Zielgruppenauswahl des Direct Marketing

Ausgangspunkt einer Zielgruppenformulierung im Rahmen des Direct Marketing ist eine Aufgliederung in die zentralen **Hauptzielgruppen** eines Unternehmens. Hierbei ist zwischen dem Einsatz des Direct Marketing im Business-to-Business-Bereich und im Consumer-Bereich zu unterscheiden (*Dallmer* 1997). Innerhalb des Business-to-Business-Bereiches kann danach unterschieden werden, ob das Direct Marketing im Rahmen einer vertikalen Zielung auf die Absatzmittler ausgerichtet ist oder ob Unternehmen durch eine horizontale Zielung innerhalb einer Wirtschaftsstufe angesprochen werden. Diese Unterscheidung der beiden Hauptanwendungsbereiche des Direct Marketing bildet jedoch lediglich den Ausgangspunkt der Zielgruppendefinition eines Unternehmens. Für die operative Arbeit ist eine weitere wesentlich detailliertere Differenzierung der in den jeweiligen Bereichen anzusprechenden Zielgruppen notwendig.

Im **Business-to-Business-Bereich** erfolgt die Zielgruppenauswahl mit Hilfe von Merkmalen, die sich auf vier Ebenen beziehen: Branchenmerkmale, unternehmensspezifische Merkmale, Merkmale des Buying Center, Personenmerkmale. Im **Consumer-Bereich** bestehen mehrere Möglichkeiten der Zielgruppenbildung, die unterschiedlich geeignet sind, trennscharfe Zielgruppen zu generieren. Die Anwendung eines **mikrogeographischen Zielgruppenansatzes**, der eine Vielzahl von Kriterien aggregiert betrachtet, stellt eine mögliche Vorgehensweise dar. Dabei wird ein Land durch eine regionale Feingliederung in homogene Wohngebietstypen unterhalb des Stadtviertelniveaus aufgeteilt, wodurch eine zielgruppengenaue direkte Ansprache der Verbraucher ohne Streuverluste möglich wird (*Meinert* 1997, S. 453). Grundlage der mikrogeographischen Zielgruppendefinition ist die Erkenntnis, dass sich bei einer Aufteilung eines Landes in kleine regionale Gebiete Verbraucher mit einer ähnlichen demographischen Struktur und Lebensphase sowie nahezu identischen Lebensstilen und Einstellungen isolieren lassen.

Eine Voraussetzung für ein erfolgreiches Direct Marketing und ein wichtiges Hilfsmittel bei der Selektion der einzelnen Zielgruppen ist das **Database Management**. Die systematische Erfassung, Aufbereitung und Analyse der verschiedenen Zielgruppenmerkmale in einer Database ermöglicht eine Einzel- oder häufig auch kombinierte Auswahl von Zielgruppenmerkmalen für die einzelnen Streumaßnahmen (*Link/Hildebrand* 1997). Generelle Zielsetzung des Database-Managements ist es vor allem, möglichst umfassende Daten hinsichtlich verschiedener Merkmale aktueller bzw. potenzieller Kunden zu erfassen und dem Direct Marketing nutzbar zu machen.

Bei einer **kritischen Würdigung** des Direct Marketing ist insbesondere die Möglichkeit der zielgruppenspezifischen Ansprache zu nennen. Die Multimedia-Techniken schaffen dabei gerade im interaktionsorientierten Direct Marketing neue, effiziente Einsatzmöglichkeiten. In Verbindung mit Tendenzen zum Beziehungsmarketing wird der Stellenwert dieses Kommunikationsinstrumentes in Zukunft noch weiter zunehmen (*Meffert* 2000, S. 746). So wird dem Direct Marketing eine wichtige Rolle im Rahmen des so genannten Customer Relationship Management (CRM), d.h. der gezielten Steuerung von Kundenbeziehungen, zugesprochen. Allerdings kann ein übertriebener Einsatz von Direct-Marketing-Maßnahmen, z.B. die übermäßige Versendung von Direct Mails, zu einem Gefühl der Belästigung auf Seiten der Zielgruppe führen.

7.6 Einsatz der Public Relations

7.6.1 Ziele und Erscheinungsformen der Public Relations

Bei der Public Relations (Öffentlichkeitsarbeit) handelt es sich um eine klassische Form der Unternehmenskommunikation. Im Mittelpunkt steht dabei die Bereitschaft des Unternehmens, umfassend über seine vielfältigen Aktivitäten zu informieren und mit der Öffentlichkeit in einen Dialog einzutreten. Dies soll auch folgende Definition veranschaulichen (*Bruhn* 2002a, S. 348):

> **Public Relations (Öffentlichkeitsarbeit) als Kommunikationsinstrument beinhaltet die Planung, Organisation, Durchführung sowie Kontrolle aller Aktivitäten eines Unternehmens, um bei ausgewählten Zielgruppen (extern und intern) um Verständnis und Vertrauen zu werben und damit gleichzeitig Ziele der Unternehmenskommunikation zu erreichen.**

Die **Aufgabe** der Public Relations (PR) besteht darin, Verständnis und Vertrauen aufzubauen, zu erhalten bzw. zu verbessern. Während in der Mediawerbung das Bewerben der Unternehmensleistung im Vordergrund steht, handelt es sich bei PR um ein Werben für das Unternehmen und dessen Belange. Sie dient als Grundlage dafür, dass das Unternehmen als Bestandteil seines gesellschaftlichen Umfeldes in diesem auch erfolgreich wirken kann. Aus diesen zentralen Aufgaben leiten sich die spezifischen **Ziele** der PR ab. Hierzu zählt beispielsweise die Erhöhung des Kenntnisstandes von Fachjournalisten über die Qualitätspolitik eines Unternehmens, Einstellungsänderungen bei Teilöffentlichkeiten oder die Wahrnehmung der sozialen Kompetenz des Unternehmens bei örtlichen Bürgerinitiativen.

Grundsätzlich können drei **Erscheinungsformen** der PR unterschieden werden. Bei der **leistungsorientierten PR** steht die Herausstellung bestimmter Leistungsmerkmale von Produkten und Leistungen im Vordergrund. Ein anschauliches Beispiel hierfür war die Einführung von Windows 95 durch Microsoft. Den **unternehmensbezogenen PR** werden jene PR-Aktivitäten subsumiert, die nicht mehr nur einzelne Leistungen des Unternehmens kommunizieren, sondern zur Darstellung des Unternehmensbildes bzw. Selbstverständnisses das gesamte Unternehmen in den Vordergrund stellen. (Beispiel: Ein Chemiekonzern startet eine Anzeigenkampagne zur Imageprofilierung des Unternehmens). Schließlich treten bei der **gesellschaftsbezogenen PR** die Unternehmensleistungen in den Hintergrund. Vielmehr dokumentiert das Unternehmen sein verantwortliches Handeln als Teil der Gesellschaft. Dies geschieht z.B. durch die Stellungnahme zu öffentlichen Streitpunkten, die losgelöst von konkreten Fragestellungen des Unternehmens sind (Beispiel: Lufthansa nimmt in einseitigen Anzeigen in der FAZ Stellung zur Ausländerfeindlichkeit nach Anschlag auf ein türkisches Wohnhaus).

Zur Schaffung von Verständnis und Vertrauen in der Öffentlichkeit müssen in der PR-Arbeit zahlreiche unterschiedliche **Zielgruppen** differenziert werden. Infolge der Heterogenität der internen und externen Zielgruppen empfiehlt sich die Einteilung der Öffentlichkeit nach verschiedenen Anspruchsgruppen. Hervorgehoben seien als PR-Zielgruppen aktuelle und potenzielle Mitarbeiter des Unternehmens, aktuelle und potenzielle Kunden, Aktionäre, Medienvertreter, Meinungsführer, Vertreter staatlicher Stellen, Lieferanten und Bankenvertreter, Bürgerinitiativen, Gewerkschaften sowie Wirtschafts- und Verbraucherverbände, Schüler und Lehrer bzw. Studenten und Wissenschaftler. Grundsätzlich ist für die PR jede Zielgruppe von Interesse, mit deren Mitgliedern das Unternehmen direkte oder indirekte Beziehungen über die Absatz-, Finanz-, Beschaffungs- und Arbeitsmärkte oder die Umwelt aufrechterhält.

Nachdem ein Unternehmen sich grundsätzlich für den Einsatz der Public Relations entschieden und die anzusprechenden Zielgruppen festgelegt hat, sind die zu verfolgenden **PR-Strategien** festzulegen (*Bruhn* 2002a, S. 161ff.). In Abhängigkeit von der eigenen Unternehmensstärke und dem Einfluss gesellschaftlicher Zielgruppen ist unter folgenden Strategien eine Auswahl zu treffen:

- Strategie der Innovation/Antizipation (Proaktive Strategie, d.h. Identifikation der Problemfelder unabhängig von gesellschaftlichen oder marktbezogenen Einflüssen),

- Widerstandsstrategie (Vertretung/Verteidigung des eigenen Standpunktes (Status Quo) auch gegen die öffentliche Meinung),

- Ausweichstrategie (Problemverlagerung bzw. Rückzug).

Entsprechend der gewählten Strategie sind die Einzelmaßnahmen der PR zu gestalten.

7.6.2 Maßnahmen der Public Relations

Die Maßnahmen der PR sind aufgrund der oben gezeigten Heterogenität ihrer Zielgruppen äußerst vielfältig. Darüber hinaus entstehen permanent neue Aktivitäten, um unterschiedliche Zielgruppen des Unternehmens anzusprechen. Die Einzelmaßnahmen können in fünf **Aktivitätsbereiche der PR** zusammengefasst werden:

- **Pressearbeit**: z.B. Pressekonferenzen, Pressemitteilungen, Berichte über Produkte im redaktionellen Teil von Medien (Product Publicity), Erstellung von Unternehmensprospekten und Aufklärungsmaterial für die Medien.

- **Maßnahmen des persönlichen Dialogs**: z.B. Pflege persönlicher Beziehungen zu Meinungsführern und Pressevertretern, persönliche Engagements in Verbänden, Parteien, Kirchen u.a., Vorträge an Hochschulen, Teilnahme an Podiumsveranstaltungen, Einladungen unternehmensrelevanter Personen zu Gesprächen, Diskussionen mit Bürgerinitiativen.

- **Aktivitäten für ausgewählte Zielgruppen**: z.B. Aufklärungsmaterialien für Schulen, Betriebsbesichtigungen für Besucher, Förderung sportlicher, kultureller und sozialer Institutionen der Region, Ausstellungen, Geschenke und Unterstützungen, Informationsbroschüren für bestimmte Zielgruppen (Sozial- und Öko-Bilanzen), Betriebsfilme, Ausschreibung von Preisen, Stiftungen.

- **Mediawerbung**: z.B. Anzeigen zur allgemeinen Imageprofilierung des Unternehmens oder einer Branche, Anzeigen für potenzielle Mitarbeiter in Zeitungen, Zeitschriften und Vorlesungsverzeichnissen von Hochschulen, Anzeigen zur Darlegung von Standpunkten des Unternehmens zu öffentlich diskutierten Streitpunkten („advocacy advertising").

- **Unternehmensinterne Maßnahmen**: z.B. Werkzeitschriften, Informationsveranstaltungen mit Mitarbeitern, Betriebsausflüge, Anschlagtafeln im Unternehmen, interne Sport-, Kultur- und Sozialeinrichtungen, Business TV.

Die **Anforderungen an die PR-Arbeit** haben erheblich zugenommen, insbesondere durch Angriffe auf bestimmte Produkte von Unternehmen bis hin zu Konfliktsituationen für ganze Branchen (z.B. Fisch-, Chemie-, Pharma-, Zigarettenindustrie). Es ist nicht nur für die bereits betroffenen Unternehmen notwendig, **Fähigkeiten zur Krisenkommunikation** zu entwickeln, um bei Angriffen auch kurzfristig richtig reagieren zu können. Dies bedingt primär **vorsorgende PR-Maßnahmen**, die bereits frühzeitig mit maßgeblichen Gruppen Kommunikationsbeziehungen aufbauen. Dabei geht es jedoch nicht um eine einseitige Weitergabe von Unternehmensinformationen, sondern vielmehr um die Fähigkeit des Unternehmens, in einen direkten **Dialog** mit relevanten Personen und Organisationen einzutreten und diesen zu pflegen.

In diesem Zusammenhang ist auch auf **Besonderheiten in der organisatorischen Stellung der Öffentlichkeitsarbeit** im Unternehmen hinzuweisen, die i.d.R. außerhalb der Marketingabteilung angesiedelt ist. In den meisten Unternehmen ist die PR-Abteilung als Stabsstelle der Unternehmensleitung eingerichtet, damit kurzfristig und „aus erster Hand" informiert werden kann. Die Integration der Presse- und Öffentlichkeitsarbeit mit anderen Kommunikationsinstrumenten kann jedoch durch diese organisatorische Trennung der verschiedenen Kommunikationsabteilungen erschwert werden.

Im Rahmen einer **kritischen Würdigung** ist vor allem die Bedeutung der PR als strategisches Kommunikationsinstrument hervorzuheben. Mit Hilfe von PR können in erster Linie psychologische Kommunikationsziele, wie z.B. Vertrauen oder positive Einstellungen, erreicht werden. Für die Realisierung kurzfristiger Kommunikationsziele, wie z.B. die Steigerung des Abverkaufs, ist die PR-Arbeit kaum geeignet.

Entscheidungen der Kommunikationspolitik

7.7 Einsatz des Sponsoring

7.7.1 Begriff und Ziele des Sponsoring

Sponsoring ist ein vergleichsweise neues Kommunikationsinstrument mit wachsender Bedeutung. Die begriffliche Abgrenzung des Sponsoring wird jedoch vielfach nicht klar im Sinne einer eindeutigen Abgrenzung gegenüber Altruismus und Mäzenatentum vorgenommen. Folgende Definition soll die konstitutiven Merkmale des Sponsoring darlegen (*Bruhn* 2002b):

Sponsoring bedeutet die Planung, Organisation, Durchführung und Kontrolle sämtlicher Aktivitäten, die mit der Bereitstellung von Geld, Sachmitteln, Dienstleistungen oder Know-how durch Unternehmen zur Förderung von Personen und/oder Organisationen im sportlichen, kulturellen und/oder sozialen Bereich verbunden sind, um damit gleichzeitig Ziele der eigenen Unternehmenskommunikation zu erreichen.

Im Gegensatz zum Spendenwesen bzw. klassischen Mäzenatentum ist es das besondere Merkmal des Sponsoring, dass es auf dem Prinzip von Leistung (des Sponsors) und Gegenleistung (des Gesponserten) beruht.

Das Sponsoring stellt im Kommunikationsmix ein ergänzendes Kommunikationsinstrument dar, das besonders dazu in der Lage ist, die folgenden **Ziele** zu erreichen:

- Aktualisierung und Stabilisierung der Markenbekanntheit,
- Aufbau bzw. Verbesserung bestimmter Imagedimensionen,
- Schaffung attraktiver Möglichkeiten der Kontaktpflege mit Kunden und anderen Anspruchsgruppen,
- Schaffung von Goodwill und Dokumentation gesellschaftlicher Verantwortung,
- Verbesserung der Mitarbeiteridentifikation und Mitarbeitermotivation.

7.7.2 Erscheinungsformen des Sponsoring

Der Schwerpunkt der Sponsoringaktivitäten lag bislang im Bereich des Sports. In den letzten Jahren sind zunehmend Entwicklungen zu beobachten, die den kulturellen und sozialen Bereich als Aktivitätsfelder eines Sponsoringengagements einbeziehen. Heute

239

können die folgenden Erscheinungsformen des Sponsoring voneinander abgegrenzt werden: Sport-, Kultur-, Sozio- und Umwelt- sowie Programmsponsoring.

Im Rahmen des **Sportsponsoring** kann zwischen dem Sponsoring von Einzelsportlern, Sportmannschaften oder Sportveranstaltungen unterschieden werden. Ziel des Sportsponsoring ist es, aufgrund der hohen Medienwirksamkeit bestimmter Sportarten, wie etwa Fußball, den Bekanntheitsgrad eines Unternehmens zu erhöhen und bestimmte Imagedimensionen des Sports, wie „Dynamik" oder „Technikorientierung", auf das Unternehmensimage zu übertragen.

Engagiert sich ein Unternehmen im **Kultursponsoring**, so steht häufig die Kontaktpflege zu unternehmensrelevanten Gruppen, die Schaffung von lokalem oder regionalem Goodwill sowie die Erzielung einer Publicity-Wirkung im Vordergrund.

Beim **Sozio- und Umweltsponsoring** ist vielfach der Fördergedanke für Unternehmen dominant. Hier werden ausschließlich nicht-kommerzielle Gruppen oder Institutionen gefördert. Die werbliche Wirkung ist häufig nicht das entscheidende Motiv für Unternehmen, jedoch spielt auch sie in diesen Sponsoringbereichen eine Rolle. Zentrale Voraussetzung eines Engagements im Sozio- oder Umweltbereich ist eine inhaltliche Identifikation des Unternehmens mit dem Engagement. Diese muss durch unternehmerisches Verhalten dokumentiert werden; andernfalls ergibt sich eine Legitimations- und Glaubwürdigkeitsproblematik und damit negative Kommunikationswirkungen für das Unternehmen.

Das **Programmsponsoring** stellt die jüngste Form des Sponsoring dar, die erst seit 1994 in Deutschland möglich ist. Hier treten Unternehmen als Sponsoren von Fernsehsendungen bzw. bestimmten Übertragungen, wie etwa der Fußballweltmeisterschaft, in Erscheinung. Schwierig gestaltet sich bei der Auswahl eines Programmsponsorship vielfach die Frage, welche Sendung oder Übertragung zum Unternehmensimage passt.

Bei einer **kritischen Würdigung** wird Sponsoring als ein vergleichsweise kostengünstiges Kommunikationsinstrument angesehen, bei dem vielfältige Möglichkeiten der kreativen Nutzung bestehen. Durch die Präsenz im Freizeitbereich der Bevölkerung ist das Sponsoring geeignet, die Informationsüberlastung durch die Werbung und vor allem die ablehnende Haltung von Konsumenten gegenüber der Werbung zu umgehen. Sponsoring hat weiterhin den Vorteil, dass die gesellschaftspolitische Verantwortung des Unternehmens dokumentiert werden kann. In diesem Zusammenhang ist jedoch auch auf die Gefahr eines Glaubwürdigkeitsverlustes hinzuweisen, der eintritt, wenn das unternehmensinterne Verhalten nicht den durch das Sponsoring nach außen dokumentierten Ansprüchen gerecht wird. Darüber hinaus sind sehr häufig Barrieren bei den Gesponserten und eine wachsende Kritik in der Öffentlichkeit an bestimmten Sponsoringformen festzustellen.

7.8 Einsatz der Multimediakommunikation

7.8.1 Begriff und Ziele der Multimediakommunikation

Vor dem Hintergrund der rasanten informations- und kommunikationstechnologischen Veränderungen hat die Multimediakommunikation als neues Kommunikationsinstrument in den letzten Jahren einen enormen Bedeutungszuwachs erfahren. Dabei wird der Einsatz von multimedialen Anwendungen nicht nur die Kommunikationspolitik von Unternehmen, sondern auch das Marketing selbst maßgeblich beeinflussen bzw. verändern. Im Folgenden sollen hier in erster Linie die kommunikationspolitischen Aspekte von Multimedia-Anwendungen betrachtet werden.

Zur differenzierten Auseinandersetzung mit **Multimedia-Anwendungen** kann auf einer technologisch-systembezogenen Ebene der Begriff Multimedia sowie auf der Ebene unterschiedlicher Kommunikationsformen der Begriff der Multimediakommunikation unterschieden werden (*Bruhn* 1997, S. 5ff.).

Multimedia ist die computergestützte Integration digitalisierter statischer und dynamischer Medien in Verbindung mit verschiedenen Ein- und Ausgabekomponenten, welche einen interaktiven und multimodalen Dialog zwischen Mensch und elektronischem Medium erlauben.

Diese Definition stellt primär auf eine technologisch-systembezogene Eingrenzung des Multimediabegriffes ab. Dabei können nach verschiedenen Hardwareplattformen unterschiedliche **Systemtypen** differenziert werden: **Mobile Speichermedien**, wie z.B. CD-ROMs, sind lokal zur Verfügung stehende, inhaltlich und i.d.R. auch zeitlich eindeutig fixierte Medienbestände. Unter **Terminal- und Kiosksystemen** versteht man multimediale, interaktiv bedienbare Terminals, die primär am Point of Purchase zum Einsatz kommen (z.B. Informationsterminals in Kaufhäusern). Schließlich stellen **Online-Systeme** Anwendungen im World Wide Web (WWW) dar. Im Internet können Unternehmen nicht nur kommunizieren, sondern vor allem auch Transaktionen abwickeln (vgl. auch Abschnitt 8.3.1).

Betrachtet man die unterschiedlichen Kommunikationsformen, so kann Multimedia als eigenständiges Instrument der Unternehmenskommunikation wie folgt definiert werden (*Bruhn* 1997, S. 8):

Einsatz der Multimediakommunikation

> **Unter Multimediakommunikation wird die zielgerichtete, systematische Planung, Entwicklung, Distribution und Kontrolle eines computergestützten, interaktiven und multimodalen Kommunikationssystems als zeitunabhängige Plattform eines persönlichen, zweiseitigen, von den individuellen Informations- und Unterhaltungsbedürfnissen des Rezipienten gesteuerten Kommunikationsprozesses mit dem Ziel der Vermittlung unternehmensgesteuerter Botschaften verstanden.**

Die Multimediakommunikation verfügt über Kompetenzen, die sie zur Wahrnehmung spezifischer Kommunikationsfunktionen, wie z.B. Motivations-, Informationsvermittlungs-, Dialog- und Kundenbindungsfunktion befähigen. Mit Hilfe der Multimediakommunikation können daher sowohl affektiv-orientierte (Einstellung, emotionales Erleben), kognitiv-orientierte (Aufmerksamkeit, Kenntnisse) als auch konativ-orientierte **Kommunikationsziele** (Informationsverhalten, Kaufabsichten) verfolgt werden.

Im Gegensatz zu klassischen Formen der Marktkommunikation ist die Multimediakommunikation explizit auf eine gleichzeitig tiefergehendere Informationsvermittlung und eine erlebnisorientiertere Unterhaltung ausgerichtet. Durch die Ansprache mehrerer menschlicher Sinne in Verbindung mit der interaktiven Einbeziehung des Rezipienten können auch komplexe Informationen emotionalisiert werden (*Kinnebrock* 1994, S. 74; *Hünerberg/Heise* 1995, S. 5f.; *Kabel* 1995, S. 232).

7.8.2 Maßnahmen der Multimediakommunikation

Unter Maßnahmen der Multimediakommunikation sollen im Folgenden Anwendungen verstanden werden. Grundsätzlich lassen sich drei **Typen von Anwendungen** der Multimediakommunikation identifizieren:

(1) **Reaktive, unterhaltungsbezogene Anwendungen** zielen primär auf die Vermittlung eines virtuellen Erlebnisses und die emotionale Beeinflussung des Rezipienten ab. Der Rezipient kann nur oberflächlich den Anwendungsablauf bestimmen; ein Dialog findet nicht statt. Typisches Beispiel stellen Computerspiele mit marken- oder unternehmensbezogenen Inhalten dar.

(2) **Interaktive, informationsorientierte Anwendungen** beinhalten die Vermittlung von spezifischen Kenntnissen über ein Produkt oder Unternehmen. Der Rezipient erhält im Rahmen eines interaktiven Prozesses die Möglichkeit, seine individuellen Informationsbedürfnisse selektiv zu befriedigen.

(3) **Dialogische, serviceorientierte Anwendungen** bieten über direkte Rückkoppelungsmöglichkeiten die Chance zu einem echten Dialog, der Nutzung von Servicefunktionen und der Integration von Austauschbeziehungen.

Die Typologisierungen nach Multimedia-Systemen und -Anwendungen stellen Ansatzpunkte für eine umfangreiche Systematisierung dar. In einem weiteren Schritt können die beiden Ansätze zu einer **Cross-Klassifikation** zusammengefasst werden. Schaubild 7-9 stellt die Einordnung verschiedener Multimedia-Maßnahmen in diese Matrix dar. Dabei lassen sich Affinitäten zwischen Systemen und Anwendungen identifizieren, die diese Maßnahmen besonders geeignet für die Multimediakommunikation erscheinen lassen.

Systeme / Anwendungen	Mobile Speichermedien	Kiosk- bzw. Terminalsysteme	Online-Systeme
Reaktive, unterhaltungsbezogene Anwendungen	Computerspiele	Point of Fun Terminals	Online-Spiele
Interaktive, informationsorientierte Anwendungen	Unternehmenspräsentationen Virtuelle Kataloge	Point of Information Terminals	Information Sites
Dialogische, serviceorientierte Anwendungen	Produktbezogene Datenbanken Gewinnspiele	Point of Sale Terminals	Direct-Response-Maßnahmen Online Shopping

gut geeignet   geeignet   weniger geeignet

Schaubild 7-9: Typologie der Multimedia-Maßnahmen (Bruhn 1997, S. 19)

Gerade Online-Systeme haben durch die Entwicklung und Verbreitung des **Internet** besondere Bedeutung erlangt. Anhand der spezifischen Eigenschaften dieses neuen Mediums wird deutlich, dass Multimediakommunikation in diesem Bereich keineswegs nur als Weiterentwicklung klassischer Kommunikationsinstrumente zu sehen ist, sondern grundlegende Veränderungen innerhalb der Kommunikationspolitik nach sich ziehen kann (*Bruhn* 2002a; *Hünerberg/Mann* 2002):

▪ Die Multimediakommunikation via Internet hat **multifunktionalen Charakter**, d.h. es kann sowohl eine personenbezogene Individualkommunikation („One to One", z.B. persönliche e-Mails), als auch eine Kommunikation zur Ansprache einer eingegrenzten Zielgruppe („One to Few", z.B. ein Newsletter für bisherige Kunden) als auch eine Bereitstellung standardisierter Informationen für die Gesamtheit der Nutzer („One to Many", z.B. unternehmenseigene Homepage zur Präsentation des Unternehmens, seiner Aktivitäten und seiner Produkte in der Öffentlichkeit) vorgenommen werden.

- Im Gegensatz zu traditionellen Kommunikationsinstrumenten wie der Media-Kommunikation ist in mehrer Hinsicht **Interaktivität** möglich. Der Rezipient kann neben der Wahl der Darstellungsform (z.B. Wahl einer Sprachversion bei Abruf einer Seite) für ihn interessante Inhalte selbst auswählen, abrufen, weiterverfolgen, ignorieren und unter Umständen selbst neue Inhalte hinzufügen. Des Weiteren kann er z.B. durch e-Mail oder Diskussionsforen Stellung zu einzelnen Inhalten beziehen.

- Durch das Internet können Unternehmen wesentlich detailliertere **Informationen** über ihre Aktivitäten und Leistungen darstellen als in klassischen Medien wie dem Fernsehen oder Rundfunk.

- Das Internet zeichnet sich durch **Hypermedialität** aus, d.h. verschiedene Mediengattungen (z.B. Film, Bild und Text) können im Rahmen der Multimediakommunikation kombiniert eingesetzt werden.

- Die **weltweite Reichweite** des Mediums ermöglicht eine landesübergreifende Präsentation des Unternehmens und seiner Produkte.

Insbesondere die Möglichkeiten des Internets haben das Marketing in vielen Industriezweigen bereits grundlegend verändert. Diese **Veränderungen** beziehen sich einerseits auf den Wandel von Branchen, wie z.B. Verlagen, Finanzdienstleistern oder Touristikunternehmen, sowie andererseits auf die Verbesserung von Prozessen, z.B. durch den Einsatz von Multimedia-Anwendungen bei Software- oder Industriegüterherstellern. Dabei betreffen die Veränderungen weniger die Konsumgüterhersteller, sondern vielmehr Unternehmen im Business-to-Business-Bereich sowie Dienstleistungsunternehmen, wie z.B. Banken, Buchhändler oder Versandhäuser.

Aktuelle Entwicklungen wie die Verknüpfung von Internet- und Mobilfunktechnologie oder die Einführung des Universal Mobile Telecommunication System (UMTS) werden weitere Veränderungen nach sich ziehen, die sowohl das Marketing im Allgemeinen als auch die Multimediakommunikation sowie die Vertriebspolitik im Speziellen betreffen (*Möhlenbruch/Schmieder* 2002).

7.9 Einsatz weiterer Kommunikationsinstrumente

Im Rahmen der Kommunikationspolitik von Unternehmen kommen mit Messen und Ausstellungen, Event Marketing, Persönlicher Kommunikation und der Mitarbeiterkommunikation noch weitere Instrumente zum Einsatz, die im Folgenden kurz beschrieben werden sollen (vgl. für einen detaillierten Überblick *Bruhn* 2002a, S. 300ff.).

Messen und Ausstellungen sind zeitlich begrenzte und räumlich festgelegte Veranstaltungen, denen vor allem in der Industriegüterbranche eine hohe Bedeutung als Kommunikationsinstrument zukommt. Unternehmen nehmen dabei an organisierten Messen teil, um dort ihr Leistungsprogramm den Messebesuchern zu präsentieren. Vorrangiges Ziel des Messeengagements ist es, die Zielgruppen über die Unternehmensaktivitäten zu informieren und mit ihnen in einen Dialog zu treten.

In den letzten Jahren hat das **Event Marketing** an Bedeutung gewonnen. Hierbei handelt es sich um individuelle Veranstaltungen oder Ereignisse, bei denen Unternehmen eine erlebnis- und dialogorientierte Präsentation von Produkten und Dienstleistungen mit dem Ziel der Vermittlung von Kommunikationsbotschaften vornehmen (Infotainment). Dementsprechend werden durch den Einsatz des Event Marketing vorwiegend affektivorientierte Kommunikationsziele bei den Zielgruppen verfolgt.

Infolge der zentralen Bedeutung der Kommunikation im Kundenkontakt kommt der **Persönlichen Kommunikation** in der Praxis ein hoher Stellenwert zu. Da diese Form der Kommunikation in sämtlichen Face-to-Face-Situationen stattfindet sowie eine Vielzahl von Funktionen erfüllt, wird sie in vielen Bereichen des Marketing, wie z.B. Industriegütermarketing, Dienstleistungsmarketing oder vertikales Marketing, zunehmend in den Mittelpunkt von Diskussionen gerückt.

Schließlich beinhaltet im Rahmen der internen Kommunikation die **Mitarbeiterkommunikation** alle primär Top down gerichteten Aktivitäten der Botschaftsübermittlung innerhalb einer Organisation. Die Notwendigkeit einer professionellen Mitarbeiterkommunikation ist erst seit einiger Zeit sowohl in Wissenschaft als auch Praxis erkannt worden. Beispielsweise sind es in Dienstleistungsunternehmen die Mitarbeiter, die die unternehmerischen Leistungen erbringen und das Unternehmen gegenüber externen Kunden repräsentieren. Sie verfügen insbesondere bei Vertrauensgütern über eine hohe Glaubwürdigkeit. Bei einer dynamischen Umfeldentwicklung (z.B. Fusionen) und häufigen Restrukturierungen von Unternehmen kommt einer intensiven und frühzeitigen Mitarbeiterkommunikation eine hohe Bedeutung zu. In der Realität wird diesem Kommunikationsinstrument und der mit ihm angesprochenen Zielgruppe dennoch vielfach immer noch zu wenig Aufmerksamkeit geschenkt.

7.10 Integrierte Kommunikation

7.10.1 Begriff und Aufgaben der Integrierten Kommunikation

Die Vielzahl der zur Verfügung stehenden Kommunikationsinstrumente mit ihren unterschiedlichen Zielgruppen führt zu einem **Integrationsbedarf der Kommunikationsaktivitäten** im Unternehmen, damit kein diffuses und widersprüchliches Erscheinungsbild des Unternehmens entsteht (*Bruhn* 1995; *Bruhn* 2002a, S. 77ff.; *Duncan/Moriarty* 1997; *Sirgy* 1998). Diese Abstimmung der einzelnen Kommunikationsinstrumente im Sinne einer einheitlichen Ausrichtung auf das Ziel der strategischen Positionierung des Unternehmens ist Aufgabe der Integrierten Kommunikation (*Bruhn* 1995, S. 9):

> **Unter der Integrierten Kommunikation wird ein Prozess der Planung, Organisation und Kontrolle verstanden, der darauf ausgerichtet ist, aus den differenzierten Quellen der internen und externen Kommunikation ein für die Zielgruppen der Kommunikation konsistentes Erscheinungsbild über das Unternehmen zu vermitteln.**

Die **Notwendigkeit der Integration** aller Kommunikationsaktivitäten ergibt sich aufgrund vielfältiger Entwicklungstendenzen in der Kommunikation. Neben der **organisatorischen Differenzierung**, die dazu führt, dass eine Vielzahl von Abteilungen in einem Unternehmen mit der Kommunikation betraut ist und sich hier ein erheblicher Koordinationsbedarf ergibt, sind es vor allem Gründe, die auf Seiten des Kommunikationsempfängers liegen. Bei steigender Informationsüberlastung und zunehmendem Werbedruck ist es eine zentrale Aufgabe, durch aufeinander abgestimmte Kommunikationsmaßnahmen ein prägnantes Unternehmensbild für die Zielgruppen zu vermitteln. Die Integration der Kommunikationsaktivitäten soll **Synergiewirkungen** schaffen, so dass sich die Gesamtwirkung der Kommunikation erhöht. Grundlage dieser Überlegung ist die zentrale Erkenntnis der **Gestaltpsychologie**: „Das Ganze ist mehr als die Summe seiner Teile".

Aus der begrifflichen Fassung der Integrierten Kommunikation leiten sich die Aufgaben ab, die im Integrationsprozess zu erfüllen sind. Bei einer groben Dreiteilung sollen hier folgende **Aufgaben der Integrierten Kommunikation** hervorgehoben werden:

■ **Planerische Integrationsaufgaben**: Der Prozess der Integrierten Kommunikation ist in ein Planungs- und Kontrollsystem einzubetten. Er beinhaltet u.a. die Formulierung von Zielen, die Aufgabenanalyse für die Kommunikationsinstrumente, die inhaltliche Zusammenführung sowie die Kontrolle der Kommunikationsmaßnahmen.

■ **Organisatorische Integrationsaufgaben**: Sie umfassen die Schaffung einer Organisationsstruktur für die Kommunikation (wie Matrixbeziehungen; vgl. Kapitel 9) und begleitende ablauforganisatorische Maßnahmen (wie Einrichtung von Abstimmungsgremien), die die Integration der Kommunikationsinstrumente fördern.

■ **Personenbezogene Integrationsaufgaben**: Die personelle Umsetzung einer Integrierten Kommunikation bedingt Überlegungen hinsichtlich der Schaffung von Bewusstsein für die Notwendigkeit der Integration sowie der Verbesserung des „Integrationsklimas" in der Unternehmung mit dem Ziel, die Kooperations- und Koordinationsbereitschaft der Kommunikationsmitarbeiter zu verbessern. Auch hier stehen eine Reihe von Instrumenten zur Verfügung, um die Integration zu erleichtern.

7.10.2 Formen der Integration in der Kommunikation

Die Abstimmung der unterschiedlichen Aktivitäten und Instrumente der Kommunikation betrifft unterschiedliche Aspekte der Integration. Schaubild 7-10 gibt einen Überblick über die Formen der Integrierten Kommunikation und zeigt auf, wie diese konkret umgesetzt werden können.

Formen		Gegenstand	Ziele	Hilfsmittel	Zeithorizont
Inhaltliche Integration	Funktional	Thematische Abstimmung durch Verbindungslinien	Konsistenz, Eigenständigkeit, Kongruenz	Einheitliche Slogans, Botschaften, Argumente, Bilder	langfristig
	Instrumental				
	Horizontal				
	Vertikal				
Formale Integration		Einhaltung formaler Gestaltungsprinzipien	Präsenz, Prägnanz, Klarheit	Einheitliche Zeichen/ Logos, Slogans nach Schrifttyp, Größe und Farbe	mittel- bis langfristig
Zeitliche Integration		Abstimmung innerhalb und zwischen Planungsperioden	Konsistenz, Kontinuität	Ereignisplanung („Timing")	kurz- bis mittelfristig

Schaubild 7-10: Formen der Integrierten Kommunikation (Bruhn 1995, S. 47)

Integrierte Kommunikation

Der zentrale Schwerpunkt der Integrierten Kommunikation liegt in dem Bemühen, die **inhaltliche Integration** vorzunehmen. Damit ist die Aufgabe verbunden, Kommunikationsmaßnahmen thematisch miteinander zu verbinden. Die Maßnahmen der inhaltlichen Integration zielen darauf ab, dass alle Kommunikationsaktivitäten dazu beitragen, das gemeinsame Ziel der strategischen Positionierung in der Kommunikation zu erreichen.

Als inhaltliche Verbindungslinien zwischen einzelnen Kommunikationsmaßnahmen können die Verwendung von Schlüsselbildern, einheitlichen Slogans oder Kernbotschaften genutzt werden, z.B. der Slogan „Raiffeisen- und Volksbanken: Wir machen den Weg frei" oder die „Lila Kuh" bzw. die Farbe Lila für sämtliche Milkaprodukte (*Kroeber-Riel/Esch* 2000).

Im Ergebnis geht es bei der inhaltlichen Integration um die **Vernetzung von Kommunikationsinstrumenten**. Durch einen abgestimmten Einsatz der verschiedenen Instrumente sollen Synergiewirkungen bei den Rezipienten (z.B. schnelleres Lernen von Botschaften) erreicht werden.

Im Rahmen der **formalen Integration** ist es das Ziel, für die unterschiedlichen Kommunikationsmittel formale Vereinheitlichungen vorzunehmen. Die formale Vereinheitlichung soll die Wiedererkennbarkeit des Unternehmens bzw. seiner Marke erhöhen und damit bessere Lernerfolge in der Kommunikation ermöglichen. Die formale Abstimmung der Kommunikationsmittel wird mit Hilfe von Gestaltungsprinzipien, wie etwa der Verwendung einheitlicher Markenzeichen bzw. Logos in definierter Schrifttype, -größe und auch -farbe realisiert. In Unternehmen liegen hier vielfach so genannte **Corporate Design-Handbücher** vor, die den formalen Auftritt eines Unternehmens genau festlegen.

Die **zeitliche Integration** bezieht sich auf die kurz- und mittelfristige zeitliche Abstimmung unterschiedlicher Kommunikationsmaßnahmen. Sie umfasst sämtliche Maßnahmen, die den Einsatz der Kommunikationsmittel innerhalb und zwischen Planungsperioden aufeinander abstimmen. Ziel ist dabei, eine Verstärkung der Wirkung einzelner Kommunikationsinstrumente zu erreichen sowie zeitliche Kontinuität im kommunikativen Auftritt eines Unternehmens sicherzustellen.

Die Umsetzung einer Integrierten Kommunikation ist eine umfassende und langfristige Aufgabe, die vielfältige organisatorische und personelle Veränderungen notwendig macht (*Bruhn/Dahlhoff* 1993; *Bruhn* 1995; *Percy* 1997). Die Kommunikationspraxis hat die Notwendigkeit einer Integrierten Kommunikation erkannt, jedoch stößt der Versuch der Implementierung auf vielfältige **Barrieren**, die mit bestehenden Unternehmensstrukturen, konzeptionellen Defiziten oder auch persönlichen Widerständen zusammenhängen.

8. Entscheidungen der Vertriebspolitik

Lernziele

Das vorliegende Kapitel vermittelt einen Einblick in die verschiedenen Entscheidungsbereiche der Vertriebspolitik. Sie

➢ lernen die unterschiedlichen Aufgaben und Ziele der Vertriebspolitik kennen,

➢ setzen sich mit dem Prozess der strategischen und operativen Vertriebsplanung auseinander,

➢ vollziehen exemplarisch grundlegende Entscheidungen der Planung der Vertriebssysteme, Verkaufsorgane und Logistiksysteme nach und

➢ machen sich mit den Möglichkeiten einer Zusammenarbeit zwischen Industrie und Handel vertraut.

Besonderes Anliegen dieses Kapitels ist es, die Systematik der Planung und Ausgestaltung der Vertriebspolitik offen zu legen.

8.1 Ziele und Entscheidungstatbestände der Vertriebspolitik

Die **Vertriebspolitik** stellt einen weiteren Instrumentebereich des Marketingmix dar. In der deutschsprachigen Literatur wird sie oft auch als **Distributionspolitik** bezeichnet (zur begrifflichen Abgrenzung und Einordnung der Vertriebspolitik in das Marketingmix vgl. *Ahlert* 1996, S. 8ff.). Der Begriff der Vertriebspolitik lässt sich wie folgt definieren:

Die Vertriebspolitik beschäftigt sich mit sämtlichen Entscheidungen, die sich auf eine Versorgung nachgelagerter Vertriebsstufen mit Unternehmensleistungen beziehen, damit die Kunden die angebotenen Leistungen beziehen können.

Aus Herstellersicht werden drei **Basisentscheidungen der Vertriebspolitik** unterschieden (*Becker* 2001, S. 527f.):

(1) **Aufbau und Management von Vertriebssystemen** als Gestaltung der Absatzwege bzw. der Absatzkanalstruktur,

Ziele und Entscheidungstatbestände der Vertriebspolitik

(2) **Einsatz von Verkaufsorganen** als Frage der Auswahl, Steuerung und Motivation der mit dem persönlichen Verkauf zu betrauenden Personen,

(3) **Gestaltung der Logistiksysteme** als Überbrückung von Raum und Zeit durch Transport, Lagerung und Auftragsabwicklung.

Die Vertriebspolitik erfüllt aus Herstellersicht sowohl logistische als auch akquisitorische Funktionen. Daher richten sich auch die **vertriebspolitischen Ziele** auf Endabnehmer, Absatzmittler (wie z.B. Groß- und Einzelhändler) und Absatzhelfer (wie z.B. Spediteure, Lagerhausbetriebe usw.). Folgende **Kategorien von Zielen** können in der Vertriebs-politik unterschieden werden (*Specht* 1998, S. 135ff.):

Ökonomisch-orientierte Vertriebsziele:

- Erhöhung von Absatzmengen,

- Sicherstellung von Deckungsbeiträgen,

- Sicherstellung von Preisniveaus,

- Senkung der Vertriebs- und Logistikkosten.

Versorgungsorientierte Vertriebsziele:

- Erhalt bzw. Steigerung des Distributionsgrades (numerisch, gewichtet),

- Beeinflussung des Bevorratungsverhaltens des Handels (Lagerbestände),

- Senkung der Lieferzeiten,

- Erhöhung der Lieferbereitschaft und Lieferzuverlässigkeit.

Psychologisch-orientierte Vertriebsziele:

- Sicherstellung eines guten Vertriebsimages,

- Sicherstellung einer hohen Qualifikation der Beratung,

- Erhalt bzw. Erhöhung der Kooperationsbereitschaft des Handels.

Für ein Unternehmen können die hier aufgeführten Ziele sowohl strategische Bedeutung (z.B. Lieferzeiten für eine Just-in-Time-Produktion) als auch operative Bedeutung haben.

8.2 Prozess der Vertriebsplanung

Zur Fundierung vertriebspolitischer Entscheidungen empfiehlt es sich, einen systematischen Planungsprozess, wie er in Schaubild 8-1 dargestellt wird, zugrunde zu legen. Idealtypisch sind folgende Planungsphasen zu durchlaufen:

(1) Zunächst ist eine **Situationsanalyse** hinsichtlich der bisherigen Vertriebspolitik vorzunehmen. Diese beinhaltet eine Analyse und Prognose unternehmensinterner und -externer vertriebspolitisch relevanter Veränderungen. Analysiert werden sollten u.a. die Stellung der Vertriebssysteme im Markt (z.B. hinsichtlich der Entwicklung der Einflussmöglichkeiten), die Situation bei den Verkaufsorganen sowie die Veränderungen innerhalb der Logistiksysteme (*Specht* 1998). Methodisch kann die Analyse der Vertriebssituation mit einer SWOT-Analyse vorgenommen werden, die auch die vertriebliche Stellung der Hauptkonkurrenten einbezieht.

(2) Auf Grundlage der Vertriebssituation sowie den übergeordneten Unternehmens- und Marketingzielen erfolgt in einem zweiten Schritt die Formulierung der **vertriebspolitischen Ziele**. Sowohl die strategischen als auch operativen Vertriebsziele sind in Bezug auf Handel und Endabnehmer festzulegen.

(3) Die anschließende Festlegung der **Vertriebsstrategie** bildet den Orientierungsrahmen aller vertriebspolitischen Maßnahmen. Im Rahmen der Planung der Vertriebssysteme ist u.a. die grundsätzliche Absatzkanalstruktur sowie das Verhalten hinsichtlich der Marketingaktivitäten des Handels festzulegen. Darüber hinaus sind die grundlegenden Entscheidungen in Bezug auf die einzusetzenden Verkaufsorgane (z.B. Einsatz von Reisenden oder Vertretern) sowie die Ausgestaltung der Logistiksysteme (z.B. Auswahl der Transportmittel) zu treffen.

(4) Auf Basis der festgelegten Vertriebsstrategie ist die Höhe des **Vertriebsbudgets** für die Planungsperiode zu bestimmen. Das Vertriebsbudget steckt den finanziellen Spielraum für die Gestaltung der Vertriebsaktivitäten ab, wie beispielsweise den Einsatz von Provisionssystemen im Außendienst, Verbesserungen von Logistiksystemen und verkaufsfördernden Maßnahmen in Zusammenarbeit mit dem Handel. Die Methoden der Vertriebsbudgetierung sind mit denen der Werbebudgetierung vergleichbar (vgl. Abschnitt 7.3.5).

(5) Auf Basis der festgelegten Vertriebsstrategie sowie dem Vertriebsbudget sind in einer weiteren Planungsphase die innerhalb der verschiedenen Entscheidungsbereiche der Vertriebspolitik konkret durchzuführenden **Vertriebsmaßnahmen** festzulegen. Beispielsweise ist zu entscheiden, mit Hilfe welcher akquisitorischer Maßnahmen die Absatzmittler an das eigene Unternehmen gebunden werden sollen.

Prozess der Vertriebsplanung

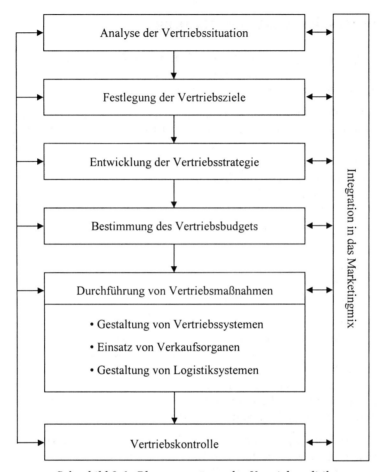

Schaubild 8-1: Planungsprozess der Vertriebspolitik

(6) Am Ende des Planungsprozesses steht die **Vertriebskontrolle**. Im Anschluss an jede Planungsperiode ist im Einzelnen zu prüfen, inwieweit die operativen sowie strategischen Vertriebsziele erreicht wurden, welche Ursachen für etwaige Abweichungen bestehen und inwieweit Anpassungen innerhalb der Vertriebsstrategie notwendig sind.

Neben der Durchführung der einzelnen Planungsschritte ist ferner eine **Integration** aller Planungsschritte der Vertriebspolitik in das Marketingmix sicherzustellen.

Entscheidungen der Vertriebspolitik

8.3 Gestaltung von Vertriebssystemen

Zentraler Aufgabenbereich der Vertriebspolitik ist die **Planung der Vertriebssysteme**. Teilaufgaben umfassen die Festlegung der vertikalen sowie horizontalen Absatzkanalstruktur (**Selektion**), die grundsätzliche Gewinnung und Führung der zuvor selektierten Absatzmittler (**Akquisition und Stimulierung**) sowie die Vereinbarung der vertraglichen Beziehungen mit den Absatzmittlern (**Bindung**).

8.3.1 Selektion der Vertriebssysteme

Im Rahmen der Selektion der Vertriebssysteme wird festgelegt, welche Vertriebswege bzw. Absatzkanäle ein Hersteller nutzt, um die Endabnehmer mit seinem Leistungsprogramm zu versorgen. Die hier gefällten Entscheidungen haben für das Auftreten des Unternehmens im Markt strategische Bedeutung. Grundlegende Selektionsentscheidungen sind die Bestimmung der vertikalen und horizontalen Absatzkanalstruktur:

- Bei der Festlegung der **vertikalen Absatzkanalstruktur** wird die Zahl der Absatzstufen festgelegt. Grundsätzlich ist zwischen direktem und indirektem Vertrieb zu unterscheiden.

- Die **horizontale Selektion** umfasst Entscheidungen hinsichtlich der Zahl und Art der Absatzmittler auf den einzelnen Absatzstufen.

Schaubild 8-2 zeigt die **Entscheidungstatbestände bei der Festlegung der Absatzkanalstruktur** im Überblick.

(1) Vertikale Absatzkanalstruktur

Bezüglich der **vertikalen Struktur** lassen sich grundsätzlich der direkte und der indirekte Vertrieb unterscheiden. Beim **direkten Vertrieb** verkauft der Hersteller unmittelbar an den Endabnehmer, ohne unternehmensfremde Absatzorgane einzusetzen. Charakteristisches Merkmal ist der direkte Kontakt zwischen Hersteller und Endabnehmer. Dieses Vertriebssystem wurde früher vor allem im Industriegüterbereich (z.B. Maschinenbau, Anlagenbau) sowie von kleineren Herstellern eingesetzt, ist aber aufgrund der Entwicklung innovativer Kommunikationstechnologien heute auch im Konsum- sowie Gebrauchsgüterbereich von Bedeutung. Generell lassen sich verschiedene Ausgestaltungsmöglichkeiten des direkten Vertriebs unterscheiden.

Eine klassische Form des direkten Vertriebs stellt der **Einsatz von Verkaufspersonen** dar. Dabei können sowohl Vertreter wie auch Handelsreisende die Funktion des persönlichen Verkaufs übernehmen. Typische Beispiele sind Versicherungs- oder Pharmavertreter.

Gestaltung von Vertriebssystemen

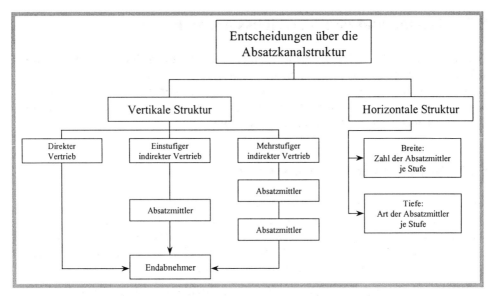

Schaubild 8-2: Entscheidungstatbestände bei der Festlegung der Absatzkanalstruktur (in Anlehnung an Meffert 2000)

Bei **unternehmens- bzw. werkseigenen Verkaufsstellen** handelt es sich um Verkaufsniederlassungen oder Verkaufsfilialen des Herstellers, die rechtlich und wirtschaftlich unselbständig auftreten, da sie vollständig der Kontrolle des Herstellers unterstehen. Typische Beispiele dieses Vertriebstyps sind Werksverkaufsstellen bzw. Factory Outlets.

Kennzeichnendes Merkmal **unternehmensgebundener Verkaufsstellen** ist, dass deren Inhaber in eigenem Namen und auf eigene Rechnung agieren. Beispiele sind die Reisebüros des Reiseveranstalters TUI sowie die Filialen des Fast Food Unternehmens McDonalds, bei denen die Form der Zusammenarbeit zwischen Unternehmen und Verkaufsstelle durch Franchiseverträge geregelt ist.

Maßnahmen des direkten Vertriebs können auch im Rahmen des **Direct-Marketing** ergriffen werden. Neben adressierten Direct Mails, Katalogen im Versandhandel oder Mail Order Packages kommt zunehmend auch das Telefonmarketing für den Vertrieb zum Einsatz.

Eine weitere Form des Direktvertriebs ist das **Teleshopping**. Dabei handelt es sich um Verkaufssendungen im Fernsehen, bei denen Produkte vom Zuschauer am Bildschirm ausgewählt und bestellt werden können. Teleshopping ist bei privaten Sendern auf eine Stunde pro Tag begrenzt und im öffentlich-rechtlichen Rundfunk verboten, wodurch es sich im Gegensatz zu den USA in Deutschland bisher kaum durchgesetzt hat.

Eine innovative Form des Direktvertriebs, die von einer wachsenden Zahl von Unternehmen genutzt wird und die Schnittstelle zwischen Unternehmen und Endabnehmern ebenso wie beim Teleshopping in die privaten Haushalte verlagert, ist das **Online Shopping**. Als Baustein des **Electronic Commerce**, das die verschiedenen Formen des Verkaufs über das Internet zusammenfasst, weist das Online Shopping hohe Wachstumsraten auf. Prognostiziert sind für das Jahr 2002 Umsätze in Höhe von 48,21 Milliarden € via Internet in Deutschland (*Meffert* 2000, S. 919). Zu unterscheiden ist beim Online Shopping zwischen Kaufangeboten einzelner Unternehmen über ihre Websites und solchen in Form **elektronischer Shopping Malls**, bei denen verschiedene Unternehmen ihre Produkte gemeinsam über das Internet vermarkten. Darüber hinaus kann zwischen Unternehmen unterschieden werden, die das Internet als zusätzlichen Vertriebskanal nutzen sowie reinen Online-Anbietern, die ihre Produkte ausschließlich über das Internet anbieten (z.B. Amazon).

Die **Vorteile des direkten Vertriebs** über unternehmenseigene bzw. -gebundene Verkaufsstellen bzw. -personen liegen vor allem in der Sicherstellung einer vorgegebenen Beratungsqualität und der Möglichkeit einer direkten und umfassenden Steuerung der vertrieblichen Aktivitäten. Diese Formen des direkten Vertriebs bieten sich vor allem für jene Unternehmen an, deren Produkte erklärungsbedürftig sind und die über einen überschaubaren Kundenstamm verfügen. Die Stärken des Einsatzes unterschiedlicher Direct-Marketingmaßnahmen sowie des Online Shopping liegen demgegenüber in der Effizienz der Medien sowie der Möglichkeit, mit den Kunden direkt in Kontakt zu treten und eine Beziehung aufzubauen, ohne dass hohe Investitionen notwendig sind. Der Trend zum elektronischen Verkauf ist in den verschiedenen Branchen unterschiedlich ausgeprägt. Bisher werden vor allem Computer, Software, Bücher, Reisen, Bekleidung und Musik über das Internet verkauft. Ein **Nachteil des direkten Vertriebs** über unternehmenseigene bzw. -gebundene Verkaufsstellen ist der hohe Kapitalbedarf zum Aufbau eines flächendeckenden Distributionssystems. Beim Angebot von Produkten über das Internet besteht im Augenblick noch das Problem der Auffindbarkeit der Anbieter und das Zahlungsproblem, da sich einige Internet-Nutzer immer noch aus Sicherheitsgründen scheuen, ihre Kreditkartennummer anzugeben.

Ein **indirekter Vertrieb** liegt dann vor, wenn in die Vermarktungskette zwischen Hersteller und Endabnehmer bewusst unternehmensfremde, rechtlich selbständige Absatzmittler eingeschaltet werden. Im **einstufigen**, **indirekten Vertrieb** besteht zwischen Hersteller und Abnehmer lediglich eine einzige Zwischenstufe. Diese Vertriebsform wird häufig von kleineren Unternehmen angewandt, die nur mit ausgewählten Absatzmittlern zusammenarbeiten. Beim **mehrstufigen, indirekten Vertrieb** sind demgegenüber verschiedene Formen von Absatzmittlern (z.B. Großhandel, Einzelhandel) in den Absatzweg eingegliedert.

Großhändler sind Unternehmen, die Produkte in eigenem Namen an andere Handelsunternehmen, Weiterverarbeiter, gewerbliche Verbraucher oder behördliche Groß-

Gestaltung von Vertriebssystemen

verbraucher verkaufen und entsprechende (Großhandels-)Dienstleistungen anbieten. Folgende **Betriebstypen des Großhandels** werden unterschieden (*Specht* 1998, S. 32ff.):

- **Zustell-Großhandel**: Die Produkte werden auf Bestellung an Einzelhändler geliefert, wie es z.B. im Buchhandel der Fall ist.

- **Cash-und-Carry-Großhandel**: Der Einzelhändler holt die Produkte beim Großhändler ab und bezahlt sie sofort bei Erhalt. Ein Beispiel ist der Lebensmitteleinkauf der Gastronomie.

- **Rack-Jobber-Großhandel**: Der Großhändler übernimmt für einen bestimmten Bereich die Pflege des Regals im Einzelhandel auf eigenes Risiko, wie es etwa bei Zeitschriften oder Hartwaren in Supermärkten üblich ist.

- **Strecken-Großhandel**: Der Einzelhändler tätigt den Kaufabschluss beim Großhändler und bezieht die Ware direkt vom Hersteller.

- **Sortiments-Großhandel**: Der Großhändler bietet den Einzelhändlern ein breites, aber flaches Sortiment an.

- **Spezial-Großhandel**: Der Großhändler bietet den Einzelhändlern ein enges, aber tiefes Sortiment an.

Betrachtet man die Entwicklungen des Großhandels im Konsumgüterbereich, so ist ein fortwährender Prozess der **Umsatzkonzentration**, einhergehend mit einem starken Rückgang des ungebundenen, selbständigen Großhandels zu beobachten. Experten rechnen damit, dass diese Umsatzkonzentration durch einen weiteren Rückgang der Zahl der Betriebe noch zunehmen wird.

Einzelhändler lassen sich demgegenüber als Unternehmer charakterisieren, die auf eigene Rechnung oder im Namen eines Einzelhandelskonzerns Produkte überwiegend an private Konsumenten verkaufen und entsprechende (Einzelhandels-)Dienstleistungen anbieten. Die nachfolgend aufgeführten **Betriebstypen im Einzelhandel** unterscheiden sich vor allem in ihrer Dienstleistungs- und Sortimentsstruktur sowie ihrem Ausstattungs- und Preisniveau (*Specht* 1998, S. 45ff.):

- **Fachgeschäfte** verfügen über ein tiefes Sortiment, hohen Qualitätsanspruch, eine qualifizierte Beratung und zusätzliche Serviceleistungen (z.B. Sportgeschäft Sport-Scheck),

- **Spezialgeschäfte** weisen ähnliche Merkmale wie Fachgeschäfte auf, bieten jedoch nur einen Sortimentsbereich an (z.B. ein Delikatessenladen),

- **Warenhäuser** zeichnen sich durch eine große Sortimentsbreite aus (Philosophie „Alles unter einem Dach", z.B. Kaufhof),

256

■ **Kaufhäuser** haben gegenüber Warenhäusern ein schmäleres, branchenorientiertes Sortimentsangebot (z.B. Karstadt),

■ **Versandhäuser** stellen ihre Angebote in Katalogen dar, wobei Großversandhäuser und Spezialversender unterschieden werden (z.B. Otto-Versand, Konrad Electronic),

■ **Supermärkte** verfügen über Verkaufsflächen zwischen 400 und 800 qm und bieten Food- und Non-Food-Artikel in Form der Selbstbedienung an (z.B. Minimal),

■ **Verbrauchermärkte** und **Selbstbedienungs-Warenhäuser** zählen zu den Groß-betriebsformen des Einzelhandels. Es wird ein breites, preisgünstiges Sortiment im Food- und Non-Food-Bereich mittels Selbstbedienung angeboten. Kleinere Verbrauchermärkte haben eine Verkaufsfläche zwischen 800 und 1.500 qm, große Verbrauchermärkte zwischen 1.500 und 5.000 qm und SB-Warenhäuser mehr als 5.000 qm Verkaufsfläche (z.B. Wertkauf),

■ **Discounter** sind preisaggressive Einzelhandelsunternehmen, die problemlose Pro-dukte via Selbstbedienung unter Beschränkung auf die notwendigsten Dienstleistun-gen anbieten (z.B. Aldi),

■ **Fachmärkte** haben sich auf bestimmte Warengruppen spezialisiert (z.B. Heim-werkerbedarf, Unterhaltungselektronik) und bieten ein tiefes Sortiment zu günstigen Preisen, meist außerhalb der Citylagen von Großstädten an (z.B. OBI),

■ **Tankstellen-Shops** bieten ein schmales Food- und Non-Food-Sortiment des täg-lichen Bedarfs an, wie z.B. Getränke, Süßwaren, Papiertaschentücher, Seife etc. (z.B. Shellshop).

Betrachtet man die **Entwicklungen im Einzelhandel**, so hat auch hier die Zahl der Be-triebe bei einer gleichzeitig wachsenden Umsatzkonzentration erheblich abgenommen. Konzentrations- und Kooperationstendenzen im Einzelhandel tragen zu einer steigenden **Nachfragemacht des Handels** bei.

Neben integrierten Handelssystemen, wie beispielsweise Tengelmann, Aldi oder Denner, bei denen die einzelnen Filialen an die Weisungen der regionalen bzw. nationalen Zentralen gebunden sind, lassen sich verschiedene **Kooperationsformen im Einzelhan-del** unterscheiden, wobei zwischen Kooperationsformen ohne und mit räumlicher Kon-zentration der Einkaufsstätten unterschieden werden kann (*Ahlert* 1996, S. 114ff.; *Specht* 1998, S. 49ff.):

Kooperationsformen ohne räumliche Konzentration von Einkaufsstätten

■ Einkaufsvereinigungen (z.B. Edeka, Rewe),

■ Freiwillige Ketten (z.B. Spar, Markant),

■ Konsumgenossenschaften (z.B. Migros sowie ehemals die deutsche Coop-Gruppe).

Gestaltung von Vertriebssystemen

Kooperationsformen mit räumlicher Konzentration von Einkaufsstätten

- Shopping Center und Einkaufszentren als Kooperationen rechtlich selbständiger Einzelhandelsbetriebe an einem Standort in exponierter Verkehrslage,

- Gemeinschaftswarenhäuser als räumlicher und organisatorischer Verbund zumeist selbständiger Fachgeschäfte und Dienstleistungsbetriebe unter einem Dach,

- Ladengemeinschaften wie z.B. Passagen- und Straßengemeinschaften,

- Verbrauchermärkte mit Konzessionären zumeist aus dem Dienstleistungsbereich, um das eigene Leistungsangebot abzurunden.

(2) Horizontale Absatzkanalstruktur

Sind die Entscheidungen hinsichtlich der vertikalen Absatzkanalstruktur getroffen, ist in einem weiteren Schritt die **horizontale Absatzkanalstruktur** festzulegen. Diese umfasst die konkrete Auswahl der Absatzmittler innerhalb der einzelnen Absatzstufen, wobei Art und Zahl der Absatzmittler je Absatzstufe festzulegen sind. Im Rahmen der Auswahl der **Art der Absatzmittler** je Stufe sind die zu beliefernden Betriebstypen (z.B. Fachgeschäfte, Discounter) auszuwählen. Hinsichtlich der **Zahl der Absatzmittler** ist in Abhängigkeit von der Art der Produkte sowie der bestehenden Vertriebs- und Marketingstrategie zwischen den Strategien Universal-, Selektiv- und Exklusivvertrieb zu unterscheiden (*Bruhn/Homburg* 2001, S. 767ff.).

Beim **Universalvertrieb** akzeptiert der Hersteller jeden Absatzmittler, der bereit ist, das Leistungsprogramm anzubieten. Im Mittelpunkt steht das Ziel der Überallerhältlichkeit der angebotenen Produkte (Ubiquität). Beispiele für diese Form des intensiven Vertriebs sind der Verkauf von Zigaretten, Schokosnacks, Softdrinks, Zeitungen etc.

Demgegenüber werden beim **Selektivvertrieb** nur diejenigen Absatzmittler akzeptiert, die vorher festgelegten Selektionskriterien des Vertriebs entsprechen. Auswahlkriterien sind u.a. die Umsatzbedeutung, die Qualität der Beratung und des Services, die Preispolitik der Einkaufsstätte, die Bereitschaft zum Angebot einer bestimmten Sortimentsbreite und -tiefe, die Geschäftsgröße und -lage sowie die Kooperationsbereitschaft. Eingesetzt wird der Selektivvertrieb z.B. in den Bereichen Haushalts- und Bürogeräte.

Werden nicht nur wie beim Selektivvertrieb qualitative, sondern auch quantitative Beschränkungen bei der Auswahl der Auswahl der Absatzmittler vorgenommen, so wird die Bezeichnung **Exklusivvertrieb** verwendet. Den Extremfall dieser Vertriebsform stellt der sog. Alleinvertrieb dar, bei dem einem einzigen Absatzmittler i.d.R. für ein bestimmtes Absatzgebiet eine Alleinvertriebsberechtigung gewährt wird. Anwendung findet diese Absatzkanalstruktur z.B. für Produkte wie Schmuck, Möbel oder Textilien.

Die Selektion von Vertriebssystemen stellt ein komplexes Entscheidungsproblem der Vertriebspolitik dar. Hinsichtlich der Gestaltung der vertikalen und horizontalen Absatzkanalstruktur müssen von Unternehmen eine Vielzahl unternehmensexterner und -interner **Auswahlkriterien** herangezogen werden, die in Schaubild 8-3 zusammenfassend dargestellt sind.

Produktbezogene Einflussfaktoren	▓ Erklärungsbedürftigkeit der Produkte, ▓ Bedarfshäufigkeit der Produkte, ▓ Sicherstellung von Kundendienstleistungen, ▓ Transport- und Lagerfähigkeit der Produkte u.a.
Unternehmensbezogene Einflussfaktoren	▓ Größe und Finanzkraft des Unternehmens, ▓ Vertriebskomponenten/Erfahrungen mit Vertriebswegen, ▓ Marktstellung des Unternehmens, ▓ Marketingkonzeption und Anspruchsniveau der Vertriebsziele, ▓ Festgelegte Produktstrategien u.a.
Marktbezogene Einflussfaktoren	▓ Marktposition der Vertriebskanäle, ▓ Wachstumsraten der Vertriebskanäle, ▓ Marketingpotenzial der Betriebstypen u.a.
Kundenbezogene Einflussfaktoren	▓ Image der Betriebstypen beim Konsumenten, ▓ Einkaufsverhalten, ▓ Aufgeschlossenheit gegenüber Betriebstypen u.a.
Absatzmittlerbezogene Einflussfaktoren	▓ Vertragliche Bindung zu Absatzmittlern, ▓ Flexibilität der Absatzmittler, ▓ Standort und Verfügbarkeit der Handelsbetriebe, ▓ Beeinflussbarkeit und Kontrolle der Absatzmittler, ▓ Vertriebskosten, ▓ Qualifikation des Verkaufspersonals u.a.
Konkurrenzbezogene Einflussfaktoren	▓ Vertriebskanäle der Hauptkonkurrenten, ▓ Marktstellung der Konkurrenten in den Vertriebskanälen, ▓ Möglichkeiten der Wettbewerbsprofilierung durch neue Vertriebskanäle u.a.
Umfeldbezogene Einflussfaktoren	▓ Einfluss neuer Technologien auf die Vertriebskanäle, ▓ Wirkung der Gesetzgebung auf die Tätigkeit von Vertriebssystemen (z.B. Vertragsgestaltung, Wettbewerbsrecht), ▓ Einfluss sozio-kultureller Veränderungen auf das Einkaufsverhalten u.a.

Schaubild 8-3: Kriterien der vertikalen und horizontalen Selektion von Vertriebssystemen

Die relevanten Auswahlkriterien sind in Abhängigkeit von der spezifischen Entscheidungssituation heranzuziehen. Die folgenden **Entscheidungssituationen** bzw. Fragestellungen sind im Rahmen der Festlegung der Absatzkanalstruktur denkbar:

▓ Einsatz zusätzlicher Absatzmittler bei einer Erweiterung des Leistungsprogramms (z.B. der Einführung einer neuen Produktlinie),

▓ Einbeziehung innovativer Betriebstypen des Handels in das bestehende Vertriebssystem,

Gestaltung von Vertriebssystemen

- Ausweitung des Vertriebs durch zusätzliche Formen des direkten Vertriebs wie z.B. Online Shopping,

- Veränderung der horizontalen Absatzmittlerselektion aufgrund veränderter Marktbedingungen (z.B. vom Exklusiv- zum Selektivvertrieb),

- Aufbau eines Vertriebssystems in ausländischen Märkten.

Zur Beurteilung der Eignung eines Vertriebssystems können die folgenden **Beurteilungsmethoden** herangezogen werden, die auf die selektierten Auswahlkriterien zurückgreifen (*Specht* 1998; *Kotler/Bliemel* 2001):

- **Punktbewertungsverfahren** zur Bewertung alternativer Betriebstypen nach verschiedenen quantitativen und qualitativen Beurteilungskriterien (vgl. Schaubild 8-4),

- **Stärken-Schwächen-Analysen**, z.B. zur Erstellung von Betriebstypenprofilen,

- **Chancen-Risiken-Analysen**, um rechtzeitig Wachstumschancen neuer Betriebstypen zu erkennen,

- **Portfolioanalysen** zur Positionsbestimmung verschiedener Betriebstypen nach den Dimensionen Attraktivität und Wettbewerbsposition im relevanten Markt,

- **Investitionsrechnungsverfahren** zur Berechnung der Vorteilhaftigkeit von Investitionen beim Aufbau vertraglicher Vertriebssysteme.

Beurteilungskriterien	Gewichtung (Σ 100%)	Punktwerte (1 bis 10)	Gewichtete Punktwerte
Qualifikation des Beratungspersonals	30	2	60
Wachstumsrate des Betriebstyps	5	10	50
Image des Betriebstyps	30	2	60
Bereitschaft zur Kooperation	10	5	50
Vertriebskosten	5	10	50
Reaktionen der bisherigen Absatzmittler	5	3	15
Kontrolle der handelsgerichteten Marketingkonzeption	5	1	5
Erreichung der Vertriebsziele	10	4	40
Summe	100	–	330

Schaubild 8-4: Punktbewertungsverfahren zur Beurteilung eines Betriebstyps

8.3.2 Akquisition und Stimulierung der Vertriebssysteme

Ausgangspunkt der Bestimmung von Akquisitions- und Stimulierungsmaßnahmen ist die Entscheidung, inwieweit eine endabnehmer- oder absatzmittlergerichtete Fokussierung der Aktivitäten erfolgen soll. Diese Frage stellt sich beispielsweise bei einer Produkteinführung, wenn zu entscheiden ist, wie das Markteinführungsbudget auf endabnehmer- und absatzmittlergerichtete Maßnahmen aufzuteilen ist.

Bei der **endabnehmergerichteten Strategie (Pull-Strategie)** werden die Konsumenten über den Einsatz von Vertriebs- und Kommunikationsinstrumenten angesprochen. Zielsetzung ist die Erzeugung einer aktiven Nachfrage für die beworbenen Produkte bei den Absatzmittlern, so dass sich diese veranlasst sehen, die Produkte zur Befriedigung der geschaffenen Nachfrage zu listen.

Die **absatzmittlergerichtete Strategie (Push-Strategie)** zielt demgegenüber darauf ab, durch den Einsatz von Anreizen die Bereitschaft der Absatzmittler zur Aufnahme und Unterstützung der eigenen Produkte zu fördern. Unterschieden werden **Akquisitionsmaßnahmen**, die auf die Initiierung einer Kooperation zwischen Hersteller und Absatzmittler ausgerichtet sind sowie **Stimulierungsmaßnahmen**, die darauf abzielen, die Absatzmittler zu einem aus Herstellersicht dauerhaft zielkonformen Verhalten zu veranlassen.

Ausgangspunkt der Ableitung absatzmittlergerichteter Maßnahmen ist zunächst eine Analyse der spezifischen Anforderungen der Absatzmittler an den Hersteller. Die folgenden **absatzmittlergerichteten Maßnahmen** werden in der Praxis häufig eingesetzt, wobei zwischen der Gestaltung monetärer und nicht-monetärer Anreize unterschieden werden kann (*Meffert* 2000, S. 649ff.):

- Eine hohe Bedeutung kommt bei der Akquisition und Stimulierung der Absatzmittler der Festlegung von **Handelsspannen** zu. Als Differenz zwischen den Händlerabgabe- und Endverbraucherpreisen wirken Handelsspannen vor allem dann stimulierend, wenn sie den branchenüblichen Wert übersteigen und bei den Absatzmittlern zu überdurchschnittlichen Deckungsbeiträgen führen.

- Ferner besteht die Möglichkeit, den Absatzmittlern beispielsweise **Rabatte** für den Abverkauf bestimmter Absatzmengen bzw. **Boni** für das Erzielen von Umsatzgrößen einzuräumen oder Werbekostenzuschüsse für die Durchführung spezifischer Maßnahmen zu gewähren.

- Eine weitere Form monetärer Anreize sind die **Finanzhilfen**, die im Gegensatz zu den Rabatten nicht direkt mit dem Hinein- bzw. Hinausverkauf der Produkte in Verbindung stehen. Ein Beispiel ist die finanzielle Unterstützung beim Neu- oder Umbau eines Ladenlokals.

Gestaltung von Vertriebssystemen

- Akquisitorische bzw. stimulierende Wirkungen lassen sich auch durch die Übernahme von **Serviceleistungen** erzielen. Durch die Übernahme der Regalplatzpflege oder der Preisauszeichnung der Produkte besteht die Möglichkeit einer Kostenentlastung der Absatzmittler.

- Ein weiterer nicht-monetärer Anreiz ist die Vergabe von **Exklusivrechten** hinsichtlich des Angebotes der Produkte in einem bestimmten Absatzraum, wodurch die Absatzmittler zur Listung bewogen werden können.

- Darüber hinaus kann das Angebot eines **Know-how-Transfers**, beispielsweise in der Form von Beratungsleistungen oder der Produktion von Handelsmarken, Absatzmittler dazu veranlassen, die Produkte eines Herstellerunternehmens zu führen und zu unterstützen.

8.3.3 Vertragliche Bindung der Vertriebssysteme

Zielsetzung der vertraglichen Bindung der Absatzmittler ist es, die Durchsetzung der eigenen Marketing- und Vertriebsstrategie im Absatzkanal mittel- bis langfristig sicherzustellen. Um dieses Ziel zu realisieren, können verschiedene Ausgestaltungsformen **vertraglicher Vertriebssysteme** gewählt werden, die sich als Form der Zusammenarbeit bzw. Verhaltensabstimmung zwischen rechtlich selbständig bleibenden Hersteller- und Handelsunternehmen charakterisieren lassen. Insbesondere die nachfolgend näher erläuterten vertraglichen Vertriebssysteme sind in der Praxis von Bedeutung (*Ahlert* 1996, S. 197; *Becker* 2001, S. 534):

Vertriebsbindungssysteme dienen der Absicherung eines Selektivvertriebs. Zielsetzung ist es, nur ausgewählte Absatzmittler in den Vertriebsweg aufzunehmen, die bestimmte Anforderungen und Auflagen entsprechend den zugrunde liegenden Selektionskriterien erfüllen. Üblich sind Vereinbarungen hinsichtlich der räumlichen Begrenzung des Absatzgebietes, der Beschränkung des Vertriebs auf bestimmte Gruppen von Abnehmern oder die Sicherstellung von Leistungsmerkmalen wie Beratung und Service. Vertriebsbindungssysteme sind im Bereich der Unterhaltungselektronik, in der Möbelbranche und bei Textilien zu beobachten.

Alleinvertriebssysteme dienen der Durchsetzung des Exklusivvertriebs. Es wird ein regionales Ausschließlichkeitsrecht hinsichtlich des Verkaufs der Produkte eines Herstellers durch einen Absatzmittler vereinbart. Für den gewährten Gebietsschutz verpflichtet sich der Absatzmittler im Gegenzug zu einer umfassenden Sortimentslistung und Lagerhaltung der Herstellerprodukte sowie der Abstimmung von Maßnahmen zur Förderung des Abverkaufs mit dem Hersteller.

Vertragshändlersysteme beinhalten eine noch engere vertragliche Bindung zwischen Herstellern und Absatzmittlern. Kennzeichnendes Merkmal ist, dass sich die Absatzmittler verpflichten, ausschließlich die Produkte eines Herstellers anzubieten und auf den Vertrieb von Konkurrenzprodukten zu verzichten. Diese Form vertraglicher Bindung ist im Automobilbereich (z.B. bei VW/Audi, Opel, Ford), im Mineralölhandel oder auch im Biermarkt (Gastronomiebindung via Bierlieferungsvertrag) üblich.

Franchisesysteme stellen die engste vertragliche Bindung zwischen Hersteller und Handel dar. Der Franchisegeber (Hersteller) stellt dabei dem Franchisenehmer (Händler) gegen Entgelt ein Produktkonzept sowie Vermarktungssystem zur Verfügung. Im Mittelpunkt steht die konsequente Einhaltung einer einheitlichen Produktqualität, des Erscheinungsbildes der Marke und der Vertriebsmethode. Der Franchisenehmer ist selbständig unternehmerisch tätig, jedoch an den Franchisevertrag gebunden. Franchisesysteme sind in der Form des **Produktfranchising** (z.B. Vergabe von Produktlizenzen an ausländische Hersteller) und des **Betriebsfranchising** (z.B. OBI, Photo Porst, McDonalds, Mister Minit, Benetton, Marc O'Polo) zu beobachten.

8.4 Einsatz von Verkaufsorganen

Ein weiterer Entscheidungsbereich der Vertriebspolitik umfasst die Planung der Verkaufsorgane. Hierbei ist zunächst eine Auswahl der für den persönlichen Verkauf zuständigen Organe vorzunehmen. Außerdem sind Entscheidungen hinsichtlich der Steuerung und der Motivation der Verkaufsorgane zu treffen.

8.4.1 Auswahl der Verkaufsorgane

Im Rahmen der Vertriebspolitik müssen Unternehmen eine Entscheidung darüber fällen, welche Arten von Verkaufsorganen die Verkaufsaufgaben erfüllen sollen. Grundsätzlich können unternehmenseigene oder unternehmensfremde Verkaufsorgane eingesetzt werden.

Kennzeichnende Merkmale der **unternehmenseigenen Verkaufsorgane** sind deren festes Angestelltenverhältnis und die daraus abgeleitete arbeitsvertragliche Weisungsgebundenheit. Die unterschiedlichen Verkaufsaufgaben werden bei einer Entscheidung für unternehmenseigene Verkaufsorgane in Abhängigkeit von deren Bedeutung durch die Vertriebs- bzw. Marketingleitung (z.B. Jahresgespräche bei Schlüsselkunden) oder die Reisenden (laufende Kundenbetreuung) wahrgenommen.

Die **unternehmensfremden Verkaufsorgane**, wie beispielsweise Handelsvertreter, Kommissionäre und Makler, sind gemäß § 84 Abs. 1 Handelsgesetzbuch (HGB) rechtlich selbständige Gewerbetreibende, die auf der Grundlage vertraglicher Vereinbarungen an das Unternehmen gebunden sind. **Handelsvertreter** schließen im Namen des von ihm vertretenen Unternehmens Geschäfte ab, während der **Kommissionär** im eigenen Namen für die Rechnung des auftraggebenden Unternehmens handelt. Kennzeichnendes Merkmal der **Makler** ist deren fallweise Beauftragung durch Unternehmen mit Kauf- bzw. Verkaufsaufgaben.

Die Entscheidung hinsichtlich des Einsatzes von Verkaufsorganen reduziert sich in den meisten Fällen auf die Alternativen **Reisender oder Handelsvertreter**. Kommissionäre und Makler haben insgesamt an Bedeutung verloren. Während Kommissionäre lediglich im Agrar- und Außenhandel noch eine Rolle spielen, hat der Makler nur bei der Vermarktung spezifischer Rohstoffe, wie z.B. Tabak oder Holz sowie in bestimmten Branchen, eine stärkere Stellung bewahren können (*Bänsch* 1996, S. 143).

Trotz der Unterschiede zwischen Reisenden und Handelsvertretern im Hinblick auf ihre rechtliche Stellung haben beide Verkaufsorgane in ihrer Grundstruktur sehr ähnliche Aufgabenbereiche. Das **Auswahlproblem** zwischen der Beschäftigung angestellter Reisender oder der Einschaltung selbständiger Handelsvertreter konzentriert sich daher auf die Frage, wer die Vertriebsaufgaben effektiver und effizienter lösen kann. Für die Entscheidungsfindung empfiehlt sich ein zweistufiges Vorgehen. In einem ersten Schritt sind mit Hilfe quantitativer Verfahren für beide Alternativen ökonomische Größen, wie entstehende Kosten oder Umsätze, zu ermitteln. Diese sollten dann in einem zweiten Schritt durch qualitative Kriterien ergänzt werden.

Innerhalb der **quantitativen Analyse** werden insbesondere Verfahren der Kosten- sowie Gewinnvergleichsrechnung eingesetzt. Bei einer **Kostenvergleichsrechnung** werden die Kosten der jeweiligen Verkaufsorgane einander gegenübergestellt und ein kritisches Umsatzniveau ermittelt, bei dem Indifferenz zwischen den Alternativen besteht. Der Einsatz von Kostenvergleichsrechnungen ist dann ausreichend, wenn die Auswahlentscheidung keinen Einfluss auf das erreichbare Umsatzniveau des Unternehmens hat. Formal ergibt sich folgende Vorgehensweise:

$$K_R = f_R + q_R \cdot U$$

$$K_V = f_V + q_V \cdot U$$

durch $\qquad K_R = K_V$

ergibt sich $\qquad U_k = f_V - f_R / q_R - q_V$

wobei:

K = Kosten
R = Reisender
V = Vertreter
f = Fixum
q = Provision (in Prozent des Umsatzes)
U_k = kritischer Umsatz

Grafisch ergeben sich die in Schaubild 8-5 dargestellten Zusammenhänge. Liegt der erwartete Umsatz unter dem kritischen Niveau U_k, so arbeitet der Vertreter günstiger, liegt er über dem kritischen Umsatz, sind Reisende vorzuziehen.

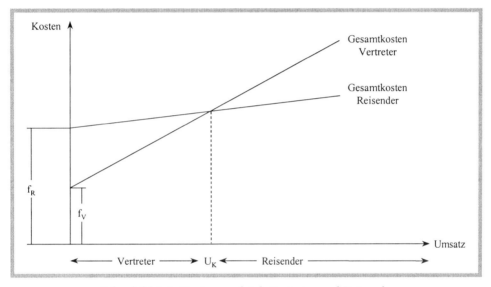

Schaubild 8-5: Kostenvergleich Vertreter und Reisender

Eine ausschließliche Kostenvergleichsrechnung führt zu falschen Ergebnissen, wenn das Umsatzniveau des Unternehmens durch die Auswahlentscheidung beeinflusst wird. In diesem Fall ist eine **Gewinnvergleichsrechnung** erforderlich. Diese berücksichtigt bei der Auswahl zwischen Reisenden und Vertretern zusätzlich den zu erwartenden Gewinn, beispielsweise anhand der Deckungsspanne. Für einen Gewinnvergleich gilt:

Einsatz von Verkaufsorganen

$$f_R + q_R \cdot U_R - \Delta x \cdot DS \leq \text{oder} \geq f_V + q_V \cdot U_V$$

wobei:

- x_R = Absatzmenge der Reisenden
- x_V = Absatzmenge der Vertreter
- Δx = Differenz der Absatzmengen zwischen Reisenden und Vertretern
- DS = Deckungsspanne des Produktes

Die linke Seite der Formel stellt die Kosten der Reisenden abzüglich des unterstellten Gewinnvorteils dieser Absatzform dar. Die rechte Seite der Formel zeigt die Kosten beim Einsatz von Vertretern. Grafisch ergeben sich die in Schaubild 8-6 dargestellten Zusammenhänge.

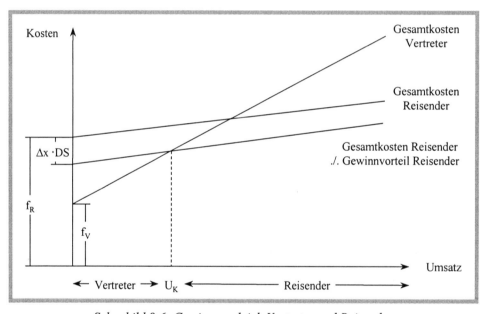

Schaubild 8-6: Gewinnvergleich Vertreter und Reisender

Neben dieser quantitativen Analyse sind auch **qualitative Beurteilungskriterien** für die Entscheidung zwischen Reisenden und Vertretern heranzuziehen. Dazu zählen beispielsweise Kriterien wie die Steuerbarkeit und Flexibilität des Einsatzes, die Möglichkeiten der Gewinnung von Marktinformationen oder die Risiken durch rechtliche Bindungen.

Generell ist zu berücksichtigen, dass die Entscheidung über den Einsatz von unternehmenseigenen und -fremden Verkaufsorganen nicht dem Ausschließlichkeitsprinzip unterliegt. Viele Unternehmen arbeiten sowohl mit Reisenden als auch Vertretern zusammen.

8.4.2 Steuerung der Verkaufsorgane

Das Vertriebsmanagement muss die Verkaufsorgane so einsetzen, dass die festgelegten Vertriebsziele erreicht werden. Diese Aufgabe erfordert spezielle Steuerungsmaßnahmen. Nachfolgend werden verschiedene Entscheidungstatbestände im Rahmen der Steuerung der Verkaufsorgane näher diskutiert:

Aufteilung der Verkaufsbezirke

Eine erste Steuerungsmaßnahme besteht darin, den Gesamtmarkt in Verkaufsbezirke aufzuteilen. Jedem Verkaufsorgan wird ein Bezirk zugewiesen, der ergebnisverantwortlich zu bearbeiten ist. Als Kriterien für die Aufteilung von Bezirken sind u.a. deren Nachfragepotenziale, die Entfernungen zwischen den Kunden sowie die zeitliche Belastung durch die Bearbeitung der Kunden heranzuziehen. Es empfiehlt sich, die Bezirksaufteilung in Zusammenarbeit mit den betroffenen Mitarbeitern vorzunehmen, um Konfliktpotenzialen schon im Vorfeld zu begegnen.

Planung der Verkaufsquoten

Häufig werden in der Praxis aufgrund ihrer leichten Handhabbarkeit **Umsatzzahlen** als zu realisierende Verkaufsquote vorgegeben. Zweckmäßiger erscheint jedoch die Vorgabe von **Deckungsbeitragszahlen**, da diese die Verkaufsorgane zu einem gewinnorientierten Denken veranlassen. Voraussetzung der Vorgabe von Deckungsbeitragszahlen ist jedoch das Vorhandensein einer **vertriebsorientierten Deckungsbeitragsrechnung**, die Deckungsbeiträge nach Produkten, Gebieten und Kunden genauer differenziert. Weitere denkbare Vorgaben für die Verkaufsorgane sind die Anzahl der Kundenbesuche und Verkaufsdemonstrationen oder die Zahl der Kontakte mit Neukunden und Interessenten.

Planung der Verkaufsrouten

Die Festlegung der Besuchsreihenfolge der verschiedenen Kunden innerhalb eines Verkaufsbezirks kann zentral durch das Vertriebsmanagement oder die Verkaufsorgane selbst erfolgen. Als Kriterien für die Planung der Reiserouten dienen z.B. die Entfernungen zwischen den Kunden, die Arbeitszeiten der Verkaufsorgane sowie geplante Reise- und Kontaktzeiten.

Planung der Besuchshäufigkeiten

Neben der Besuchsreihenfolge sind ebenso die Besuchshäufigkeiten der Kunden zu planen. Aufgrund beschränkter Kapazitäten der Verkaufsorgane und einer (unterstellten) progressiven Beziehung zwischen Besuchshäufigkeit und Höhe des Auftragsvolumens ist es zweckmäßig, die Kontaktrhythmen nach verschiedenen Gruppen (Altkunden, Neukunden, Interessenten) zu differenzieren. Weitere Entscheidungskriterien sind z.B. die Auftragsvolumina, die Entfernungen zwischen den Kunden, die Kaufwahrscheinlichkeit oder die Bestellrhythmen.

Bereitstellung vertriebsrelevanter Informationen

Zur Optimierung der Verkaufsprozesse sind den Verkaufspersonen die relevanten internen und externen Daten zur Verfügung zu stellen. Dazu zählen beispielsweise Umsatzstatistiken, nach Vertriebsgesichtspunkten aufbereitete Kostenrechnungsinformationen, Anfragen und Beschwerden von Kunden, Lagerbestände, logistische Informationen, Daten über Alt- und Neukunden, potenzielle Interessenten, Wettbewerbsinformationen u.a. Als Grundlage der laufenden Bereitstellung von Informationen sollten die Verkaufsorgane aber auch ihrerseits zur regelmäßigen Sammlung und Weitergabe relevanter Daten über ihren Verkaufsbezirk an die Unternehmensleitung angehalten werden. Diese sind dann zu sammeln, systematisch aufzubereiten und auszuwerten. Dies zeigt, dass Vertriebsorgane bei der Erfüllung ihrer Vertriebsfunktion gleichzeitig Aufgaben der Marktforschung übernehmen können.

Schulung und Training des Außendienstes

Sollen die Verkaufsorgane den sich laufend verändernden Anforderungen gerecht werden, sind regelmäßige Schulungen unerlässlich. Gegenstand von Schulungs- und Trainingsmaßnahmen sind u.a. die Vermittlung produktspezifischen Wissens (besonders bei Innovationen) sowie der Abwicklungs- und Verfahrenstechniken im Unternehmen. Darüber hinaus sollten die Verkaufsorgane Kenntnisse hinsichtlich des Beschwerdemanagements im Unternehmen erwerben. Zweckmäßig erscheinen ferner Trainings in Argumentations- und Verkaufsabschlusstechniken, Schulungen mit dem Ziel der Motivationssteigerung der Verkaufsorgane zur Erreichung der Vertriebsziele des Unternehmens sowie die Vermittlung spezifischer Kunden- und Wettbewerbsinformationen. Inhalte und Techniken der Maßnahmen sind vom Vertriebsmanagement dabei in regelmäßigen Abständen hinsichtlich neuer Erkenntnisse zu aktualisieren.

8.4.3 Anreizsysteme für Verkaufsorgane

Verkaufsorganbezogene Anreizsysteme lassen sich als die Gesamtheit der bewusst gestalteten Arbeitsbedingungen der Verkaufsorgane charakterisieren, die auf das Erreichen spezifischer Verhaltensweisen ausgerichtet sind. Generell wird zwischen **materiellen** und **immateriellen Anreizen** unterschieden.

Materielle Anreize sind im Entlohnungssystem der Verkaufsorgane enthalten. Neben dem Festgehalt (bzw. Fixum) werden die Verkaufsorgane zusätzlich nach einem **Provisionssystem** entlohnt. Ihre Provisionen werden zumeist als Prozentwert vom Umsatz oder Deckungsbeitrag berechnet, wobei die Prozentwerte mit steigender Berechnungsgrundlage je nach Zielsetzung linear, progressiv oder degressiv verlaufen können. Darüber hinaus kommen häufig **Prämiensysteme** zum Einsatz, innerhalb derer Geld- oder Sachprämien für besondere Verkaufsleistungen nach einem Punktesystem oder in Verbindung mit Verkaufswettbewerben vergeben werden. Ferner zählen auch die **geldwerten Leistungen** des Unternehmens (z.B. Dienstwagen, Lebensversicherungen u.a. Sozialleistungen) zu den materiellen Anreizen für die Verkaufsorgane.

Zu den **immateriellen Anreizen** für die Verkaufsorgane zählen insbesondere Beförderungen, Belobigungen und Auszeichnungen sowie erweiterte Verantwortungs- und Arbeitsbereiche.

Meist empfiehlt es sich, eine Kombination verschiedener materieller und immaterieller Anreize zu entwickeln, um unterschiedlichen Prioritäten in der Wertestruktur der einzelnen Mitarbeiter Rechnung zu tragen.

8.5 Gestaltung von Logistiksystemen

Neben der Planung der Vertriebssysteme und Verkaufsorgane besteht ein weiterer Entscheidungsbereich der Vertriebspolitik in der Gestaltung der Logistiksysteme. Auf der Grundlage der festgelegten Ziele für die Logistik sind Entscheidungen in Bezug auf die Auftragsabwicklung sowie die Lagerhaltung und den Transport der Güter zu treffen.

8.5.1 Aufgaben und Ziele von Logistiksystemen

Innerhalb der Logistiksysteme erfolgt die Koordination der Warenströme des Unternehmens sowie der damit zusammenhängenden Informationen. Ein Logistiksystem lässt sich wie folgt definieren:

> **Logistiksysteme widmen sich der Überbrückung räumlicher und zeitlicher Distanzen zwischen der Erstellung und Inanspruchnahme von Unternehmensleistungen sowie der Bereitstellung der damit zusammenhängenden Informationen.**

Gestaltung von Logistiksystemen

Die mit der physischen Warenverteilung verbundenen Ziele und Aufgaben lassen sich vereinfachend durch folgendes **Paradigma** kennzeichnen. Ein Logistiksystem hat

- das richtige **Produkt**,

- in der richtigen **Menge**,

- am richtigen **Ort**,

- zur richtigen **Zeit**,

- im richtigen **Zustand**,

- zu den dafür **minimalen Logistikkosten**

zur Verfügung zu stellen.

Im Rahmen der Logistik sind beispielsweise Entscheidungen hinsichtlich der (internationalen) logistischen Zusammenarbeit mit Partnerunternehmen sowie des Einsatzes von Logistikdienstleistern (z.B. Speditionen, Warenverteilzentren) zu treffen, wobei die wechselseitigen Abhängigkeiten der Entscheidungen zu beachten sind. So kann etwa die Einrichtung eines Warenverteilzentrums zu niedrigeren Lager-, aber gleichzeitig höheren Transportkosten führen.

Anzumerken ist, dass Logistiksysteme nicht nur für die Schnittstelle Vertrieb/Abnehmer, sondern auch für Schnittstellen auf anderen Stufen in der Wertschöpfungskette relevant sind, z.B. die Schnittstellen Lieferant/Hersteller oder Produktion/Vertrieb. Im Sinne einer Gesamtabstimmung dieser Schnittstellen und der dahinterstehenden Gruppierungen kann hier auch von „**Kontraktlogistik**" gesprochen werden.

8.5.2 Gestaltung der Auftragsabwicklung

Grundlage der Steuerung und Kontrolle des Güterstroms im Absatzkanal ist eine systematische Erfassung der relevanten Informationen im Rahmen der Auftragsabwicklung. Hierzu zählen im Einzelnen die **Auftragsdaten** wie Mengen, Preise, Rabatte, Liefertermine, Kunden- und Auftragsnummern usw. sowie die **Auftragsunterlagen** wie Auftragsbestätigungen, Lieferscheine, Rechnungen, Statistiken usw.

Grundlage der Auftragsabwicklung sind **Datenbanken**, die alle relevanten Informationen über die Kunden beinhalten. Werden in der Datenbank neben den Kundenstammdaten auch Stammdaten über die angebotenen Artikel sowie die aktuellen Lagerbestände geführt, besteht für die Verkaufsorgane beispielsweise über Online-Abfragen die Möglichkeit, jederzeit zuverlässige Informationen über Verfügbarkeit und Lieferzeiten der Produkte an die Kundschaft weiterzugeben (*Specht* 1998, S. 114f.).

270

Der Informationsfluss zwischen Unternehmen und Kunden im Rahmen der Auftragsabwicklung erfolgt heute in einigen Branchen aufgrund der Entwicklungen in den Bereichen Datenverarbeitung und Kommunikationstechnologie über vernetzte Systeme. Auf Unternehmensseite werden neben den Informationssystemen für das Absatzkanalmanagement auch **Logistikinformationssysteme** zur Steuerung der Warenbewegungen und Lieferungen sowie des Datenaustauschs mit den Beschaffungs- und Absatzmärkten entwickelt (*Specht* 1998, S. 245f.).

Gleichzeitig etabliert der Handel rechnergestützte **Warenwirtschaftssysteme (WWS)**, deren Aufgabe darin besteht, den Warenfluss mengen- und wertmäßig artikelgenau und lückenlos zu erfassen. Zielsetzung der Warenwirtschaftssysteme ist der Aufbau eines Informationsmanagements, auf Basis dessen die Prozesse im Handel gesteuert und Rationalisierungspotenziale erschlossen werden können. Durch den Einsatz der **Scanning-Technologie** als Baustein der Warenwirtschaftssysteme werden alle mit dem Verkauf eines Artikels in Zusammenhang stehenden Daten wie Preis, Verkaufsort und -zeitpunkt am Kassenterminal elektronisch erfasst, wodurch Erfassungsarbeiten wegfallen (*Ahlert/ Olbrich* 1997).

Um einen reibungslosen Informationsfluss zwischen Hersteller und Handel sicherzustellen, ist eine **Überwindung der Schnittstellen** zwischen den Logistik-Informationssystemen sowie den Warenwirtschaftssystemen notwendig. Mittlerweile haben sich Übertragungsstandards etabliert, die den **elektronischen Datenaustausch (Electronic Data Interchange, EDI)** vereinheitlichen. Zur Übertragung von Bewegungsdaten (z.B. Bestellungen und Zahlungen) zwischen Konsumgüterherstellern und Handel wurde in Deutschland von der CCG (Centrale für Coorganisation), die paritätisch von den Interessenverbänden der Industrie und des Handels getragen wird, der **Sedas-Daten-Service (SDS)** entwickelt. Dabei handelt es sich um ein Mailbox-System, das die multilaterale Kommunikation zwischen mehreren Absendern und Empfängern erlaubt, wobei nur der Kontakt zur Mailbox und nicht mehr zu den jeweiligen Marktpartnern hergestellt wird. Beispielsweise werden die Bestelldaten des Handels nach dem Empfänger sortiert und gebündelt, so dass Hersteller nur wöchentlich eine große Bestellung statt vieler kleiner Nachbestellungen im Laufe der Woche erhalten (*Ahlert/Olbrich* 1997).

Ein weiterer Dienst der CCG ist die Einrichtung des zentralen Stammdatenpools **SIN-FOS (Sedas-Informationssatz)** auf den die Teilnehmer laufend Zugriff haben. Erfasst und laufend aktualisiert werden z.B. der EAN-Code, Haltbarkeitsdaten und empfohlene Verkaufspreise, wodurch Abstimmungs- und Erfassungsarbeiten im Rahmen der vertikalen Zusammenarbeit reduziert werden. Auf internationaler Ebene wurde ferner **EDI-FACT** (Eletronic Data Interchange For Administration, Commerce and Transport) entwickelt, um den funktionsüberschreitenden Datenaustausch zwischen verschiedenen Branchen sowie Wirtschaft und Verwaltung zu ermöglichen (*Ahlert/Olbrich* 1997).

8.5.3 Entscheidungen der Lagerhaltung

Die Lagerhaltung wird maßgeblich durch die Art der angebotenen Produkte sowie die hinsichtlich des Lieferservices gesetzten Ziele determiniert. Notwendig ist die Ableitung eines in sich konsistenten Zielsystems. Will man beispielsweise eine hohe Lieferbereitschaft sicherstellen, ist man auf hohe Lagerbestände angewiesen. Mit hohen Beständen sind aber andererseits auch hohe Lagerhaltungs- und Kapitalbindungskosten verbunden.

Im Rahmen der Planung und Gestaltung der Lagerhaltung sind folgende **Entscheidungstatbestände** zu unterscheiden (*Specht* 1998, S. 83ff.):

- Festlegung der Stufen des Warenverteilungssystems,

- Festlegung der Standorte, Anzahl und Größe der Läger,

- Festlegung der Betriebsform der Läger,

- Festlegung der Höhe der Lagerbestände.

Bei der Festlegung der **Stufen des Warenverteilungssystems** ist in Abhängigkeit von der Art der Produkte sowie der Anzahl, Größe und geographischen Verteilung der Kunden und unter Berücksichtigung von Kosten- und Erlösaspekten die Zahl der Zwischenlagerstufen im Absatzkanal festzulegen, mit der das angestrebte Lieferserviceniveau sichergestellt werden kann. Ausgehend vom Fertigwarenlager in der Produktionsstätte können in nachgelagerten Stufen u.a. Zentral- und Auslieferungsläger der Hersteller sowie Umschlagsläger der Transportträger und Läger in Groß- und Einzelhandelsbetrieben einbezogen werden.

In Abhängigkeit von den Absatzzahlen einzelner Produkte kann auch eine **selektive Steuerung der Distribution** zweckmäßig sein. Um Bestandsreduzierungen und damit Kosteneinsparungen realisieren zu können, besteht beispielsweise die Möglichkeit, seltener verlangte Produkte nicht im Auslieferungslager, sondern nur im Zentrallager zu bevorraten (*Ihde* 2001, S. 314).

Bei der **Wahl der Standorte** der Läger kann generell zwischen produktions- und marktorientierten Standortentscheidungen differenziert werden. Entscheidungskriterien sind u.a. die Auslieferungskosten, das angestrebte Lieferserviceniveau, die Produktcharakteristika sowie die Verkehrsinfrastruktur und die Verteilung der Nachfrage über das Absatzgebiet. Die eng mit der Wahl der Standorte verzahnte Festlegung der **Anzahl und Größe der Läger** wird vor allem durch die Kosten der Lagerhaltung und des Transports determiniert.

Die Entscheidung, ob betriebseigene Läger errichtet oder fremde Einrichtungen genutzt werden sollen, hängt von den verfügbaren finanziellen Mitteln sowie Flexibilitätsüberlegungen ab. **Eigenbetrieb** bietet sich an, wenn die Nachfrage stabil ist, die Märkte konzentriert sind, eine direkte Kontrolle notwendig ist und die Produkte vor der Auslieferung eine spezielle Behandlung erfordern. **Fremdbetrieb** ist demgegenüber dann zweckmäßig, wenn die Nachfrage saisonal schwankt, die Märkte und Transportmittel häufiger wechseln und ein Produkt neu in den Markt eingeführt wird.

Ein weiteres Entscheidungsproblem besteht hinsichtlich der Bestimmung der **Höhe der Lagerbestände**. Bei der Festlegung der Lagerbestände ist zunächst zu entscheiden, ob alle Produkte in allen Lägern bevorratet werden sollen (vollständige Lagerhaltung) oder bestimmte Produkte nur in ausgewählten Lägern bereitzuhalten sind. Entscheidungskriterien hinsichtlich der Festlegung der Höhe der Lagerbestände sind das Bestellverhalten der Kunden (Bestellzyklen, Bestellmengen, Bestellpunkte), die Wiederbeschaffungszeiten der Produkte am Lager sowie die Sicherheitsbestände für die einzelnen Läger, um kurzfristig auftretende Nachfrageüberhänge befriedigen zu können. Die **Höhe der Sicherheitsbestände** hängt dabei vor allem von folgenden Faktoren ab (*Specht* 1998, S. 95):

▦ dem geplanten Niveau des Lieferservice (z.B. Lieferzeit und -bereitschaft),

▦ der Anzahl dezentraler Zwischenlager,

▦ den Bestellrhythmen der Kunden,

▦ dem Bevorratungsverhalten der Absatzmittler,

▦ den Verkaufsförderungs- und Sonderaktionen des Vertriebs,

▦ den durch Nichtbelieferung bzw. Lieferverzögerung zu erwartenden Nachteilen,

▦ der Produktverderblichkeit u.a.

Die Bestrebungen der Unternehmen, ihre Lagerbestände zu minimieren, um die Kapitalbindung zu senken und so positive Wirkungen auf die Rentabilität zu erzielen, haben zu **Just-in-Time-Logistikkonzepten** geführt, bei denen die Produkte genau zum benötigten Zeitpunkt angeliefert werden. Es sind jedoch nicht alle Produkte gleichermaßen für Just-in-Time-Logistikkonzepte geeignet. Just-in-Time-Belieferungen werden in erster Linie bei Produkten mit einem hohen Verbrauchswert sowie einer guten Vorhersagbarkeit der Verbrauchsmengen eingesetzt.

8.5.4 Entscheidungen des Transports

Transportentscheidungen werden ebenso wie Lagerhaltungsentscheidungen in einem hohen Maße durch die spezifischen Eigenschaften der Produkte determiniert. Im einzelnen ist zu entscheiden, mit Hilfe welcher Transportmittel die Versorgung der Läger, Absatzmittler und Endabnehmer mit den Produkten des Unternehmens sicherzustellen ist und wer die Träger der Transportleistung sein sollen.

Die Entscheidung über die **Auswahl der geeigneten Transportmittel** erfolgt durch die Gegenüberstellung von Kosten- und Leistungskriterien im Hinblick auf die zu transportierende Menge. Die folgenden Kriterien können zur Auswahl der geeigneten Transportmittel herangezogen werden, wobei sich zur Bewertung der unterschiedlichen Entscheidungskriterien der Einsatz von Punktbewertungsverfahren empfiehlt (*Specht* 1998, S. 104f.):

- Transportkosten,

- Transportgeschwindigkeit und -frequenz,

- Verlässlichkeit der Auslieferung,

- Flexibilität und Verfügbarkeit des Einsatzes,

- Vernetzungsfähigkeit der Transportmittel,

- Anfangs- und Endpunkte der Transportmittel,

- geographische Reichweite der Transportmittel,

- Nebenleistungen der Transportmittel (z.B. Akquisition bei LKW-Einsatz).

Im Rahmen der Auswahl der **Träger der Transportleistung** ist zu entscheiden, ob die ausgewählten Transportmittel selbst bereitgestellt werden sollen oder ob der Einsatz betriebsfremder Dienstleister zweckmäßig ist. Die Entscheidung über **Eigen- oder Fremderstellung** der Transportleistung wird vor allem in Abhängigkeit von notwendigen Investitionen und laufenden Kosten, der Marktabdeckung des Unternehmens sowie der Zuverlässigkeit, den Kontrollmöglichkeiten und der kurzfristigen Verfügbarkeit gefällt werden.

8.6 Zusammenarbeit zwischen Industrie und Handel

Das Verhältnis zwischen Industrie und Handel ist ungeachtet der sich durch Kooperationen erschließenden Möglichkeiten durch **Konflikte** geprägt. Streitpunkte bestehen in allen Bereichen des Marketingmix und insbesondere hinsichtlich der Verteilung des Gewinns im Absatzkanal. Ein Beispiel der inkompatiblen Verhaltensweisen ist die mangelhafte Preisdisziplin des Handels bei volumenstarken Markenartikeln, der auf Industrieseite über Abgabepreise bzw. Preispflegemaßnahmen versucht wird, entgegenzuwirken. Die **Ursachen** der bestehenden Konflikte zwischen Industrie und Handel sind vielfältig (vgl. im Folgenden *Steffenhagen* 2000, S. 34ff.).

Eine Ursache sind die **abweichenden Zielsetzungen im Absatzkanal**, die in allen Bereichen des Marketingmix zu beobachten sind. Während die Industrie bestrebt ist, ihre Marken zu fördern, steht im Handel die Profilierung der Einkaufsstätten im Vordergrund.

Folge ist, dass die Industrie im Rahmen der Vertriebspolitik einen hohen Distributionsgrad sowie günstige Regalplatzierungen anstrebt, während der Handel eine auf die Kundenwünsche ausgerichtete Sortimentsstruktur umzusetzen versucht.

Die zwischen Industrie und Handel bestehenden Konflikte sind ferner auf die **Veränderungen der Machtverhältnisse** im Absatzkanal zurückzuführen. Ausdruck asymmetrischer Machtverhältnisse ist dabei die Möglichkeit, gegenüber dem Marktpartner der vor- oder nachgelagerten Marktstufe Sanktionen zu verhängen (*Ahlert* 1996, S. 99). Sanktionsmöglichkeiten hat dabei immer derjenige, der eher in der Lage ist, den Marktpartner zu umgehen.

Betrachtet man die aktuelle Marktsituation, wird eine eindeutige **Verschiebung der Sanktionsgrundlagen** zugunsten des Handels deutlich. Während die Attraktivität des Absatzprogramms der Hersteller aufgrund einer überbesetzten Konsumgüterindustrie an Bedeutung verliert, nimmt die subjektive Knappheit des Regalplatzes durch die fortschreitende Konzentration auf der Handelsstufe weiter zu. Die Folge ist eine steigende Abhängigkeit der auf die Ubiquität ihrer Produkte angewiesenen Hersteller gegenüber dem Handel, der aufgrund seiner steigenden Nachfragemacht immer mehr die Position eines „Gatekeepers" einnimmt.

Ein weiterer Ansatzpunkt zur Erklärung der bestehenden Konflikte ist das **veränderte Rollenverständnis des Handels** hinsichtlich seiner Aufgaben im Absatzkanal. Während die Hersteller die Aufgaben des Handels vor allem in einer Lagerhaltungs-, Verteilungs- und Beratungsfunktion sehen, hat im Handel eine grundlegende Neuorientierung des eigenen Rollenverständnisses stattgefunden. Ausgelöst durch die erhöhten Leistungspotenziale beansprucht der Handel vermehrt **markengestalterische Funktionen**. Er greift mit dieser Funktionsabsorption – gemäß der traditionellen Rollenauffassung – in einen der Industrie vorbehaltenen Tätigkeitsbereich ein und verursacht dadurch Konflikte (*Bruhn* 2001).

Da die bestehenden Konflikte oft zu einer Verschlechterung der Wertschöpfung führen, bestehen Bestrebungen hinsichtlich der **Entwicklung von Kooperationsformen**, durch die der Erfolg der wirtschaftlichen Aktivitäten für beide Seiten verbessert werden kann. Die Idee einer über alle Distributionsstufen koordinierten Planung wird dabei auch als **Vertikales Marketing** bezeichnet.

Ein Beispiel für eine dauerhafte absatzstufenübergreifende Zusammenarbeit zwischen Industrie und Handel ist das Konzept des **Efficient Consumer Response (ECR)**. Übergeordnete Zielsetzungen dieses Konzeptes sind eine Erhöhung der Kundenzufriedenheit sowie Effizienzsteigerungen entlang der gesamten Wertschöpfungskette. Erreicht werden sollen diese Ziele über den Einsatz eines Category Managements sowie eines Supply Chain Managements.

Kennzeichnendes Merkmal des **Category Managements** ist ein Zusammenwirken von Industrie und Handel sowohl bei der Produktentwicklung und Sortimentsgestaltung als auch der Verkaufsförderung. Zentrale Aufgaben sind die Erhöhung von Umsatz und Ertrag innerhalb der verschiedenen Warengruppen sowie die Realisierung neuer Wachstumspotenziale durch Effizienzerhöhungen der Marketingaktivitäten.

Das **Supply Chain Management** ist demgegenüber auf eine Verbesserung der Kostenstruktur der Waren- und Informationsflüsse entlang der Wertschöpfungskette zwischen Handel und Industrie sowie deren Zulieferern ausgerichtet. Der nachfragegesteuerte Warennachschub auf Just-in-Time-Basis sowie eine entsprechend der Nachfrage synchronisierte Produktion zählen zu den zentralen Aufgaben des Supply Chain Managements. Voraussetzungen für ein funktionierendes Supply Chain Management sind dabei ein geschlossenes Warenwirtschaftssystem, eine automatische Disposition sowie ein Informationsaustausch im Rahmen eines Electronic Data Interchange (EDI), der die Prozesse auf elektronischem Weg begleitet.

Schaubild 8-7 zeigt abschließend die Bausteine des Konzeptes Efficient Consumer Response (ECR) im Überblick.

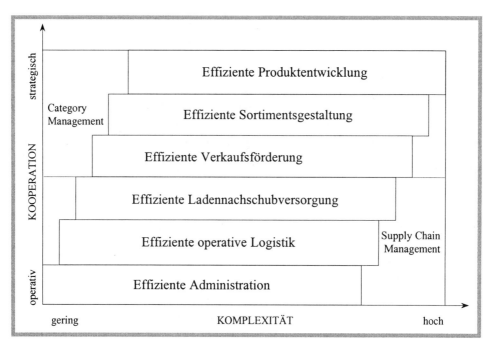

Schaubild 8-7: Bausteine des Konzeptes Efficient Consumer Response (ECR) (Frey 1997, S. 172)

9. Gestaltung der Marketingorganisation

Lernziele

In diesem Kapitel betrachten Sie die organisatorischen Aspekte des Marketing. Sie

➢ erkennen die Anforderungen, denen eine Marketingorganisation gerecht werden sollte,

➢ machen sich mit den Grundformen der Marketingorganisation vertraut,

➢ lernen die Vor- und Nachteile der jeweiligen Organisationsprinzipien kennen und

➢ erkennen die Aufgaben und organisatorische Verantwortung des Produkt- und Kundengruppenmanagements.

Besonderes Anliegen dieses Kapitels ist es, die Eignung verschiedener Formen der Aufbau- und Ablauforganisation abschätzen zu können.

9.1 Anforderungen an die Marketingorganisation

Marketing als Managementaufgabe bedeutet auch, die Organisation sämtlicher Aktivitäten im Hinblick auf die Erreichung der marktbezogenen Ziele auszurichten. Somit sind zunächst zwei Aufgabenbereiche angesprochen: Zum einen die **interne Organisation** des Marketing (Integration des Marketing in die Unternehmensorganisation sowie Organisation des Marketing selbst), zum anderen die **externe Organisation** (Zusammenarbeit mit externen Einheiten, die Marketingaufgaben übernehmen, z.B. Werbeagenturen, Marktforschungsinstitute). Das Marketingmanagement ist verantwortlich für sämtliche Prozesse der **Gestaltung der Marketingorganisation**. In Anlehnung an *Frese* (2000) soll der Begriff der Marketingorganisation wie folgt definiert werden:

> **Die Marketingorganisation umfasst alle struktur- und prozessbezogenen Regelungen (Aufbau- und Ablauforganisation), die zur Erfüllung der Aufgaben des Marketingmanagements erforderlich sind.**

Die Schaffung und Veränderung einer marketingorientierten Organisation ist in der Praxis deshalb so schwierig, weil diverse Teilaktivitäten in Organisationsprozesse eingebunden werden müssen. In der **historischen Entwicklung** von Unternehmen hat sich eine Reihe relativ eigenständig arbeitender Abteilungen entwickelt, die es zu koordinieren gilt. Dazu zählen etwa die Abteilungen Vertrieb, Kundendienst, Marktforschung, Werbung, Öffentlichkeitsarbeit usw. Wenn Unternehmen dazu übergehen, ihre Unternehmensführung noch konsequenter **marktorientiert** auszurichten, müssen dazu parallel auch die innerbetrieblichen Voraussetzungen geschaffen werden, die einzelnen Abteilungen zu strukturieren und über Koordinationsmechanismen aufeinander abzustimmen, sodass das gesamte Unternehmen **marketingorientiert** organisiert werden kann.

Im Mittelpunkt steht hier die grundsätzliche Entscheidung, in welcher Form das Marketing in die Unternehmensorganisation einzugliedern ist. In vielen Unternehmen spielt in diesem Zusammenhang die **organisatorische Verbindung zwischen Marketing und Vertrieb** eine besondere Rolle. Der Grund ist in erster Linie darin zu suchen, dass in der Phase der Verkaufsorientierung (in den sechziger Jahren; vgl. Abschnitt 1.1) sehr schnell eigenständige Vertriebsabteilungen entwickelt wurden, sich aber selbständige Marketingabteilungen in den meisten Unternehmen erst in der Phase der Marktorientierung (in den siebziger Jahren) etablieren konnten.

In der Praxis sind drei **Formen der Zusammenarbeit** zwischen Marketing und Vertrieb zu beobachten:

(1) Marketing ist dem Vertrieb untergeordnet

Bei dieser vielfach historisch gewachsenen Form der Zusammenarbeit dominiert eindeutig der Vertrieb. Dem Marketing kommen ergänzende Aufgaben zu (z.B. Gestaltung von Werbemitteln, Durchführung von Kundenveranstaltungen). In vielen Industriegüterbranchen ist diese Form anzutreffen.

(2) Marketing und Vertrieb sind gleichberechtigt

Bei dieser Organisationsform stehen beide Abteilungen gleichberechtigt nebeneinander. Diese Ausgestaltung ist in der Praxis zwar häufig anzutreffen (z.B. in vielen Gebrauchsgüter- und Dienstleistungsbranchen), doch ist die Zusammenarbeit in diesen Fällen vielfach durch Koordinationsprobleme und Machtkämpfe gekennzeichnet, die ein integriertes Marketing behindern.

(3) Marketing ist dem Vertrieb übergeordnet

Im Hinblick auf die Realisierung eines konsequenten markt- und kundenorientierten Leistungsangebotes steht bei dieser Form die Marktorientierung eindeutig im Vordergrund. In vielen wettbewerbsorientierten Verbrauchs- und Gebrauchsgüterbranchen sowie bei zahlreichen sog. Internet-Unternehmen ist diese Organisationsform vorzufinden.

Die Entwicklung einer Marketingorganisation bezieht sich sowohl auf die Aufbau- als auch Ablauforganisation eines Unternehmens. Dabei beinhaltet die **Aufbauorganisation**

Fragestellungen der Aufgabenverteilung, der Regelung von Zuständigkeiten und Verantwortungsbereichen zwischen den einzelnen Abteilungen. Die **Ablauforganisation** beschäftigt sich mit Regelungen über die Abfolge und Koordination der Teilaktivitäten zwischen den vielfältigen internen und externen Marketingaktivitäten.

Jedes Unternehmen wird aufgrund der Besonderheiten seiner Märkte und Mitarbeiter seine spezifische Marketingorganisation gestalten müssen. Dabei ist es zweckmäßig, die sich aus der marktorientierten Unternehmensführung ergebenden **Anforderungen an die Marketingorganisation** zu berücksichtigen (*Meffert* 2000, S. 1064f.). Im Allgemeinen werden an Marketingorganisationen folgende Anforderungen gestellt:

- Marketingorganisationen haben eine sinnvolle **Integration** sämtlicher in- und externer Marketingaktivitäten sicherzustellen. Nur ein integriertes Marketing bietet die Voraussetzung zur Nutzung von **Synergieeffekten** im Einsatz des Marketinginstrumentariums.

- Marketingorganisationen sind so zu schaffen, dass sie einen hohen Grad an **Anpassungsfähigkeit** an Marktveränderungen gewährleisten. Das Marketingmanagement muss in die Lage versetzt werden, schnell und flexibel Entscheidungen finden und durchsetzen zu können.

- Marketingorganisationen müssen Mitarbeitern genügend Freiräume bieten, um deren **Kreativität und Innovationsbereitschaft** zu fördern. Nur in einem innovationsfreundlichen Unternehmensklima können kreative Problemlösungen für das Unternehmen und seine Kunden gedeihen.

- Marketingorganisationen sind so zu strukturieren, dass eine effiziente **Spezialisierung** der Abteilungen und Mitarbeiter ermöglicht wird. Auf diese Weise werden die technischen und personellen Ressourcen optimal genutzt.

- Marketingorganisationen tragen auch eine besondere Verantwortung hinsichtlich der **Motivation und Teamorientierung** von Mitarbeitern. Der Marketingbereich muss sich mit Blick auf die notwendige Orientierung am Kunden und am Markt als ein „großes Team" verstehen, das kooperativ Problemlösungen erarbeitet. Die Identifikation wird erhöht, wenn das Marketingmanagement das „Wir-Gefühl" der Gruppe und die **Marketingkultur** der Abteilung nachdrücklich fördert.

Betrachtet man die Ausprägungen der Marketingorganisation in der Praxis, dann haben sich in den verschiedenen Sektoren sehr unterschiedliche Organisationsformen entwickelt. Die wesentlichen Grundformen der Marketingorganisation sollen dargestellt und zwei Besonderheiten der Marketingorganisation aufgrund ihrer Praxisrelevanz vertieft werden: das System des Produkt- und des Kundengruppenmanagements.

9.2 Grundformen der internen Marketingorganisation

Im Folgenden werden nur jene Organisationsformen betrachtet, die ein integriertes Marketing ermöglichen. Die Darstellung soll auf drei **Grundformen integrierter Marketingorganisation** beschränkt bleiben.

(a) Funktionsorientierte Marketingorganisation

Bei der funktionsorientierten Marketingorganisation wird die Marketingabteilung nach marketingspezifischen Funktionen weiter untergliedert, wie z.B. Marketingplanung, Marktforschung, Vertrieb, Kundendienst, Werbung usw. Schaubild 9-1 zeigt beispielhaft eine funktionsorientierte Marketingorganisation. Es sind jene Marketingfunktionen zu finden, die relativ eigenständige Marketingaufgaben erfüllen. Die einzelnen Abteilungen können als Bestandteile der Linienorganisation oder als Stäbe konstituiert werden.

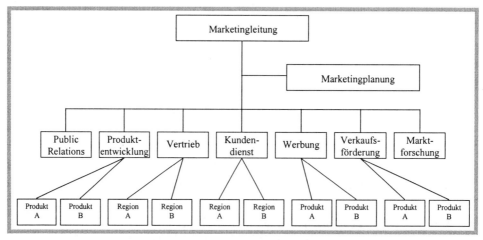

Schaubild 9-1: Beispiel einer funktionsorientierten Marketingorganisation

Als **Vorteile** der funktionsorientierten Marketingorganisation sind vor allem Möglichkeiten zur Spezialisierung innerhalb der Abteilungen sowie das Vorhandensein klar abgegrenzter Zuständigkeiten hervorzuheben. Jedoch ist es von **Nachteil**, dass diese Organisationsform weniger in der Lage ist, den Besonderheiten einzelner Produkte und Märkte Rechnung zu tragen. Zweckmäßig erscheint eine rein funktionale Marketingorganisation daher nur bei Unternehmen mit einem relativ homogenen Leistungsprogramm.

(b) Objektorientierte Marketingorganisation

Produktorientierte Marketingorganisation

Die produktorientierte Marketingorganisation untergliedert die Marketingabteilung nach Produktsparten bzw. Produkten (vgl. auch Abschnitt 9.3). Innerhalb der Produktsparten wird dann weiter nach zentralen Funktionen (z.B. Produktentwicklung, Vertrieb, Werbung, Kundendienst) untergliedert. Einige Abteilungen, wie etwa die Marktforschungsabteilung, haben für die Produktsparten dann Servicecharakter. Schaubild 9-2 zeigt den Aufbau einer produktorientierten Marketingorganisation.

Als **Vorteil** der produktorientierten Marketingorganisation kann neben einem geringen Konfliktpotenzial hervorgehoben werden, dass auf Produktbesonderheiten Bezug genommen wird und damit schnelle und flexible produktspezifische Reaktionen auf Marktveränderungen möglich sind. Dies wird vor allem dann der Fall sein, wenn die Sparte als **Profitcenter** geführt wird und die Spartenleitung damit auch Erfolgsverantwortung trägt. Es ist jedoch als **Nachteil** anzusehen, wenn viele unterschiedliche Abteilungen mit ähnlichen Aktivitäten befasst sind, da dadurch Spezialisierungen nicht gefördert und Doppelarbeiten erbracht werden („organizational slack").

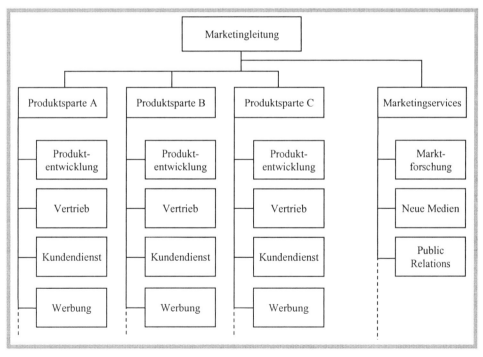

Schaubild 9-2: Beispiel einer produktorientierten Marketingorganisation

Kundenorientierte Marketingorganisation

Mit zunehmender Bedeutung des Handels im Konsumgütermarketing wurden eigene organisatorische Lösungen gesucht, um den veränderten Anforderungen an die Zusammenarbeit mit Handelskonzernen gerecht zu werden. In diesem Zusammenhang wurde das **Kundengruppenmanagement** (auch: Key Account Management) entwickelt, das die Aufgabe hat, sich speziell um die Geschäfte mit ausgewählten Kundengruppen (bzw. Handelsgruppen) zu kümmern (vgl. auch Abschnitt 9.4). Der Kundengruppenmanager ist verantwortlich für die Planung und Durchführung der **handelsgerichteten Marketingkonzeption** des Herstellers.

Regionenorientierte Marketingorganisation

Bei international agierenden Unternehmen bzw. Unternehmenspräsenz auf geographisch bedingt stark unterschiedlichen Märkten sollte den Besonderheiten der einzelnen Marktsituationen auch in der Marketingorganisation Rechnung getragen werden. Mit der Durchsetzung eines **Internationalen Marketing** (vgl. *Quack* 1995; *Meffert/Bolz* 1998; *Berndt et al.* 1999) sind z.B. Fragestellungen der Standardisierung vs. Differenzierung der Marktbearbeitung und der Autonomie der lokalen bzw. regionalen Einheiten verbunden, die sich z.B. auf Wirtschaftsräume, einzelne Länder oder auch bestimmte Regionen in diesen Ländern beziehen können.

Projektorientierte Marketingorganisation

Die Definition von Projekten im Marketing bietet sich vor allem dann an, wenn in einem zeitlich überschaubaren Zeitraum komplexe und/oder neuartige Marketingaufgaben bearbeitet werden müssen (Neuprodukteinführung, internationaler Markteintritt usw.). Hierzu werden interdisziplinäre Projektteams gebildet, die z.B. sowohl Funktions- als auch Produktspezialisten zusammenführen.

(c) Matrixorientierte Marketingorganisation

Organisatorisch begünstigt wird die Bildung entsprechender Projektteams durch eine matrixorientierte Marketingorganisation. Hier erfolgt die **Strukturierung nach zwei Gliederungsprinzipien**, die gleichberechtigt nebeneinander stehen und gewissermaßen miteinander konkurrieren. Am häufigsten sind dies die Gliederungskriterien „Funktion" und „Produkte". Schaubild 9-3 zeigt ein Beispiel für eine matrixorientierte Marketingorganisation.

Neben diesen beiden Gliederungsprinzipien sind auch weitere Strukturierungskriterien einer Matrixorganisation denkbar, wie z.B. Kundengruppen, Märkte oder Regionen.

Als **Vorteil** der Matrixorganisation gilt, dass sie am besten in der Lage ist, Spezialwissen unterschiedlichster Abteilungen miteinander zu verflechten und dazu zwingt, verschiedene Denkweisen in einer Gesamtentscheidung zu berücksichtigen. So sollen z.B. die spezifischen Erfahrungen von Funktionsgeneralisten und Produktspezialisten genutzt werden. Als **Nachteil** muss berücksichtigt werden, dass sie einen extrem hohen Personal- und Koordinationsaufwand erfordert. Auch wird in ihr die Entscheidungsfindung durch die vielen Abstimmungsprozesse vielfach verzögert. Während in einer Abstimmung zwischen den beteiligten Abteilungen eine höherwertige Synthese erreicht werden kann, birgt die der Matrixorganisation immanente Abstimmungsnotwendigkeit aber auch ein erhebliches Konfliktpotenzial.

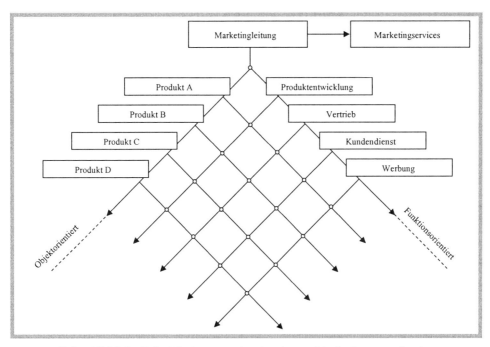

Schaubild 9-3: Beispiel einer matrixorientierten Marketingorganisation

Die dargestellten Grundformen der Marketingorganisation sind als **idealtypische Organisationsformen** anzusehen. In der Praxis findet man häufig Kombinationen verschiedener Organisationsprinzipien, um den Besonderheiten einzelner Unternehmen, Märkte oder einzelner Projekte bestmöglichst gerecht zu werden.

Unabhängig von einer konkreten organisatorischen Ausgestaltung entsprechend der vorgestellten Alternativen kommen in einem Unternehmen, das Ziele der Kundenorientierung, Kundenzufriedenheit und Kundenbindung verfolgt, letztlich jedem Mitarbeiter Marketingaufgaben zu. Dies betrifft im Sinne des **Internen Marketing** sowohl die Gestaltung der unternehmensinternen Austauschbeziehungen als interne Kunden-Lieferanten-Beziehungen als auch die Marketingaufgaben, die jeder Mitarbeiter mit direktem (externem) Kundenkontakt wahrnehmen muss. In diesem Sinne ist Marketing als unternehmensweite Philosophie zu verstehen und kann bzw. darf nicht an einzelne Verantwortliche „weg-"delegiert werden.

9.3 System des Produktmanagements

9.3.1 Aufgaben des Produktmanagers

Das System des Produktmanagements sieht vor, dass bestimmte Personen ausschließlich ein spezielles Produkt betreuen (vgl. auch die Abschnitte 5.1.2 und 5.2). Bei der Vielzahl marketingrelevanter Abteilungen soll dadurch sichergestellt werden, dass sich eine Person um die gesamte Koordination und Integration des Marketing eines Produktes kümmert (strategische Konzeption des Marketing und operative Umsetzung). In der Regel findet man in größeren Konsumgüterunternehmen eine **Hierarchie des Produktmanagements**, d.h., Nachwuchsführungskräfte starten ihre Laufbahn im Produktmanagement als **Assistent des Produktmanagers** (Junior Produktmanager), werden dann verantwortlicher **Produktmanager** für eine Marke und erhalten später bei Bewährung die Verantwortung für mehrere Marken einer Produktlinie als **Produktgruppenmanager**. Nach einer Bewährung als Produktgruppenleiter besteht für sie die Chance, als **Marketingleiter** in der Hierarchie weiter aufzusteigen.

Die **Aufgaben eines Produktmanagers** sind hauptsächlich in folgenden Bereichen zu sehen:

- Gewinnorientierte Markenführung,
- Marktanalyse und -beobachtung,
- Planung von Marketingmaßnahmen,
- Management des Marketingmix,
- Entwicklung von Produktverbesserungen und Neuprodukten,
- Zusammenarbeit mit externen Stellen,
- Durchführung von Prozess- und Ergebniskontrollen.

Der Produktmanager erfüllt also gleichermaßen Informations-, Planungs-, Durchführungs- und Kontrollfunktionen im Rahmen seines Produkt- bzw. Markenmanagements. Er verkörpert einen **Koordinator der konsumentengerichteten Marketingkonzeption** einer Marke und ist damit Ansprechpartner für sämtliche Abteilungen im Unternehmen, die den Markterfolg „seines" Produktes beeinflussen, z.B. F&E, Produktion, Verkauf, Verkaufsförderung, Rechtsabteilung oder Marktforschung.

Als **Steuerungssysteme und Arbeitsmethoden** im Produktmanagement hat jedes Unternehmen eigene, für die unterschiedlichen Marken einheitliche Prozeduren entwickelt (*Reidegeld* 1989; *Bliemel/Fassott* 1995):

- Im **Analysesystem** werden relevante konsumenten- und marktbezogene Informationen gesammelt, ausgewertet und an die entsprechenden Abteilungen weitergeleitet.

- Das **Planungssystem** legt die Marketingpläne mit den Zielen und Teilaktivitäten fest.

- Das **Kontrollsystem** zeigt die konkreten Arbeitsschritte für die Produktentwicklung, das Briefing von Werbeagenturen, die Durchführung von Testverfahren usw. auf. Es enthält auch eine Abweichungsanalyse, in der zentrale Marketinggrößen beobachtet und Ursachen für Abweichungen aufgezeigt werden.

Die Aufgaben des Produktmanagers haben sich in den letzten Jahren sehr stark gewandelt. Bei einer zunehmenden Nachfragemacht des Handels in den Konsumgütermärkten werden die handelsgerichteten Maßnahmen von anderen Stellen betreut, sodass der Produktmanager primär für die **konsumentengerichtete Marketingkonzeption** des Herstellers Verantwortung trägt.

9.3.2 Organisatorische Verankerung des Produktmanagers

Der Produktmanager trägt die volle Verantwortung für den Erfolg seines Produktes. Dies steht nicht immer im Einklang mit dem formalen Status, der ihm im Rahmen der Marketingorganisation eingeräumt wird. Insgesamt sind drei **Ausprägungsformen organisatorischer Eingliederung** und Kompetenzausstattung des Produktmanagers zu beobachten:

(1) Traditionell ist der Produktmanager als **Stab der Marketingleitung** im Rahmen eines Stab-Linien-Systems angesiedelt, wobei Marketingfunktionen wie Marktforschung oder Kundendienst der Marketingleitung als Linieninstanzen untergeordnet sind. Hierbei kommt ihm jedoch keinerlei Weisungsbefugnis gegenüber anderen Abteilungen zu. Er muss durch eigene Überzeugungskraft und mit Hilfe seines Expertenwissens versuchen, die anderen Abteilungsleiter von seinen Anliegen zu überzeugen. Ihm kommt allenfalls eine informelle Macht durch die Nähe zur Marketingleitung zu.

(2) Ist der Produktmanager als **Linienabteilung** in einer produktorientierten Marketingorganisation eingerichtet, verfügt er auch über den entsprechenden formalen Status, seine Entscheidungen durchzusetzen.

(3) Darüber hinaus kann er ebenso als Element in einer **Matrixorganisation** verankert sein. Hier wird er in Abstimmung mit seinen Kollegen versuchen, für seine Wünsche eine gemeinsame Basis zu finden.

Die **Probleme des Produktmanagements** liegen heute vor allem in der Arbeitsüberlastung der Position. Der Produktmanager wird mit einer solchen Vielzahl von Informations-, Planungs-, Durchführungs- und Kontrollaufgaben betraut, dass ihm vielfach Freiräume für die Entfaltung neuer Ideen zur Führung seiner Marke fehlen.

9.4 System des Kundengruppenmanagements

9.4.1 Aufgaben des Kundengruppenmanagers

Die **Aufgaben des Kundengruppenmanagers** sind ähnlich vielfältig wie die des Produktmanagers. Jedoch ist die Erfüllung der Aufgaben des Kundengruppenmanagers unmittelbar auf die Zusammenarbeit zwischen dem Handel und der eigenen Vertriebsorganisation gerichtet. Erwähnt seien vor allem folgende Aufgaben:

- Analyse der Handelssituation und -strategien,

- Gewinnorientierte handelsbezogene Marktbearbeitung,

- Planung und Kontrolle handelsbezogener Marketingmaßnahmen (insbesondere Sonderaktionen),

- Preis- und Konditionenverhandlungen mit Großkunden,

- Handelsorientierte Produktanpassung (z.B. Zweitmarken) u.a.

Um den Anforderungen an die Handelssituation gerecht zu werden, sind unternehmensspezifisch eigene **Steuerungssysteme und Arbeitsmethoden** zu entwickeln (*Reidegeld* 1989; *Bliemel/Fassott* 1995). Im Mittelpunkt stehen die schon bekannten Systeme:

- Das **Analysesystem** erfasst die wichtigsten Daten über Kundengruppen und Hauptwettbewerber.

- Im **Planungssystem** sind Konzepte im Hinblick auf den Gesamtumsatz, Aktionsumsatz in unterschiedlichen Vertriebskanälen und die Werbeaktivitäten usw. in den einzelnen Kundengruppen enthalten.

- Das **Kontrollsystem** umfasst die Kontrolle und Abweichungsanalyse für Aktionen, Werbeaktivitäten, Vertriebsmaßnahmen u.a.m.

Gestaltung der Marketingorganisation

Von besonderer Bedeutung für die Arbeit des Kundengruppenmanagers ist es, dass er die Verhandlungen direkt mit dem Handel führt und im Unternehmen intensiv mit dem Vertrieb zusammenarbeitet. Vielfach erhält der Kundengruppenmanager daher auch einen höheren formalen Status als der Produktmanager. Zusätzlich wird auch für seine feste Anbindung an die Vertriebsorganisation gesorgt.

9.4.2 Organisatorische Verankerung des Kundengruppenmanagers

Zum Zwecke der organisatorischen Eingliederung des Kundengruppenmanagers in die Marketing- und Vertriebsorganisation sind zwei **Grundformen** denkbar:

(1) Organisatorische Einbindung in die Vertriebsorganisation

Bei dieser organisatorischen Lösung ist der Kundengruppenmanager gleichberechtigt neben dem Verkaufsleiter oder ihm – neben den Gebietsverkaufsleitern – untergeordnet. Der Vorteil dieser Lösung ist vor allem darin zu sehen, dass der Kundengruppenmanager die mit dem Handel verabredeten Vertriebsaktivitäten unmittelbar in seiner Organisation umsetzen kann. Nachteilig wirkt sich jedoch aus, dass er bei einer organisatorischen Trennung vom Marketing in seiner Entscheidungsfindung und in der Durchsetzung seiner Interessen so unabhängig werden kann, dass dadurch die Gefahr besteht, langfristige Aspekte der konsumentengerichteten Markenführung zu vernachlässigen.

(2) Integration des Kundengruppenmanagements in die Marketingorganisation

Das Kundengruppenmanagement kann in die Marketingabteilung in der Form integriert werden, dass sich in einer marketingorientierten **Matrixorganisation**

- Kundengruppenmanager und Produktmanager oder
- Kundengruppenmanager und Funktionsmanager

gegenüberstehen. Beide Fälle sollen garantieren, dass neben dem „Denken in Kundengruppen" auch andere Sichtweisen (Produkte, Funktionen) bei der täglichen Arbeit berücksichtigt werden. Ein hoher organisatorischer Aufwand muss dabei allerdings in Kauf genommen werden.

Die Matrixorganisation scheint zwar grundsätzlich geeignet, auch langfristige Aspekte in der Durchsetzung sowohl konsumenten- als auch handelsgerichteter Marketingkonzeptionen sicherzustellen. Der Kundengruppenmanager wird im Zweifelsfall aber zugunsten seiner Großkunden arbeiten, um seiner Ergebnisverantwortung gerecht zu werden. Damit steht er im Interessenkonflikt mit Produktmanagern, insbesondere wenn es um Fragen konsequenter Markenführung oder effizienter Verkaufsförderungsmaßnahmen geht. Die strukturellen Vorteile einer Matrixorganisation können dann nicht tragfähig werden, wenn – wie in vielen Unternehmen der Fall – einem Kundengruppenmanager aufgrund seiner unmittelbaren Nähe zu wichtigen Großkunden ein höherer formaler Status zukommt als einem Produktmanager. Es ist also schon in der Organisationsstruktur einer hierarchischen Ausgewogenheit der Weisungsbefugnisse Rechnung zu tragen.

(3) Organisation eines internationalen Kundengruppenmanagements

Gerade in internatonal tätigen Unternehmen werden vielfach verschiedene Ebenen des Kundengruppenmanagements unterschieden. Schaubild 9-4 zeigt hierzu beispielhaft eine entsprechende Struktur.

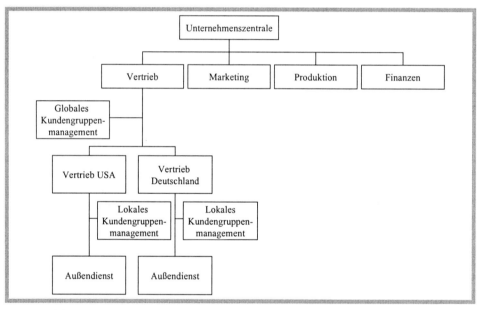

Schaubild 9-4: Beispielhafte Struktur des internationalen Kundengruppenmanagements (Quelle: Homburg/Krohmer 2001)

Als Weiterentwicklung des Produktgruppen- sowie Kundengruppenmanagements ist schließlich das **Category Management** zu verstehen, das bedürfnisorientiert nicht nur einzelne Produkte, sondern eine ganze Bedürfniskategorie zusammenfasst (vgl. auch Abschnitt 8.6). Darunter ist auf Hersteller- und Handelsseite die Ausrichtung der planerischen Überlegungen auf Warengruppen zu verstehen. Diese Art des **Warengruppenmanagements** soll sicherstellen, dass positive Verbundwirkungen im Sortiment beim Abverkauf im Handel gefördert werden. In der Zukunft muss für Hersteller- und Handelsorganisationen davon ausgegangen werden, dass „Verbundlösungen" im Sinne von Warengruppen bzw. Sortimenten gesucht und angeboten werden.

10. Aufbau eines Marketingcontrolling

Lernziele

In diesem Kapitel gewinnen Sie Einblicke in die Bedeutung des Controlling für sämtliche Ebenen des Marketing. Sie

➢ erkennen die relevanten Controllingaufgaben für jeden Entscheidungsbereich im Marketing und

➢ lernen die wichtigsten Instrumente des Marketingcontrolling kennen.

Besonderes Anliegen dieses Kapitels ist es, die Verbindungen des Marketing zu anderen Unternehmensbereichen vor dem Hintergrund einer ganzheitlichen Unternehmensführung aufzuzeigen.

10.1 Begriff und Ziele des Marketingcontrolling

Die idealtypisch letzte Phase im Marketingmanagementprozess ist die **Kontrolle der Marketingaktivitäten**. Nach heutigem Verständnis werden zum einen Kontrollen nicht mehr nur im Sinne von Soll-Ist-Vergleichen (klassische Marketingkontrolle), sondern umfassender verstanden, d.h., es werden ebenso die Verfahrensweisen und Entscheidungsprozesse im Marketing kritisch geprüft (Marketing-Auditing). Zum anderen ist davon auszugehen, dass nicht nur zwischen Planung und Kontrolle enge Interdependenzen bestehen, sondern das zentrale Problem in der koordinierten Bereitstellung planungs- und kontrollrelevanter Informationen besteht. Um dies zu dokumentieren, wird immer häufiger der Begriff des „**Marketingcontrolling**" verwendet (vgl. z.B. *Reinecke/Tomczak/Dittrich* 1998). Diese Sichtweise soll auch hier zugrunde gelegt werden.

> **Das Marketingcontrolling beinhaltet die Koordination der marketingspezifischen Informationsversorgung, Marketingplanung und Marketingkontrolle.**

Neben dieser Interpretation des **Marketingcontrolling als Funktion** ist auch eine institutionelle Sicht möglich. **Marketingcontrolling als Institution** bedeutet, dass innerhalb eines Unternehmens eine Stelle geschaffen wird, die mit Controllingfunktionen betraut ist. Dies kann eine Abteilung „Unternehmenscontrolling" oder eine spezialisierte Stelle „Marketingcontrolling" sein.

Aufgaben des Marketingcontrolling

Das **zentrale Ziel** des Marketingcontrolling ist die Sicherung der Funktionsfähigkeit des Führungssubsystems Marketing (*Palloks* 1991). Durch dieses Oberziel des Marketingcontrolling werden weitere **Subziele** determiniert. Die Absicherung der Funktionsfähigkeit des Marketing erfordert, dass Veränderungen relevanter Parameter erkannt und im laufenden Entscheidungsprozess berücksichtigt werden, um somit Planabweichungen gegenzusteuern. Darüber hinaus müssen Entwicklungen in den unternehmensexternen Situationsbereichen rechtzeitig erkannt werden, so dass diese bei der Entwicklung von Marketingstrategien Berücksichtigung finden können. Ein weiteres Ziel ist darin zu sehen, die Koordinationsfähigkeit des Marketingmanagements zu gewährleisten. In diesem Sinne sind typische **Ziele des Marketingcontrolling** (*Palloks* 1991, S. 81ff.):

- Sicherung der Unternehmensexistenz,

- Früherkennung von Chancen und Risiken,

- Gewinnorientierte Steuerung des Marketingbereichs,

- Effizienter Einsatz der Marketinginstrumente,

- Risikominimierung der Absatzgestaltung,

- Flexibilität der Entscheidung bei wechselnden Marktverhältnissen,

- Sicherstellung von Entscheidungs- und Planungshilfen sowie

- Gewährleistung der Entscheidungssicherheit u.a.

10.2 Aufgaben des Marketingcontrolling

Zwischen einzelnen Marketingentscheidungen bestehen häufig **interdependente** Beziehungen. Entscheidungsinterdependenzen liegen dann vor, wenn Entscheidungen oder Entscheidungsträger in einer wechselseitigen Abhängigkeit stehen, so dass sich jede Entscheidung direkt bzw. indirekt auf die Zielerreichung einer anderen Entscheidung auswirkt (*Horváth* 1994).

Vor dem Hintergrund der Entscheidungsinterdependenzen kommt dem Marketingcontrolling die Aufgabe der **Koordination sämtlicher Marketingaktivitäten** zu. Ein unkoordiniertes Vorgehen kann dazu führen, dass Partikularinteressen durchgesetzt werden, die nur suboptimale Lösungen ermöglichen. Im Interesse der Gesamtunternehmenszielsetzung ist demnach aufgrund der Entscheidungsautonomie einzelner Bereiche eine Koordination unumgänglich, um zu optimalen Entscheidungen zu kommen.

Ein Koordinationsbedarf besteht dabei für das Marketing auf der **vertikalen** (innerhalb des Marketing sowie Marketing und Gesamtunternehmen) und auf der **horizontalen Ebene**, z.B. bezüglich F&E, Beschaffung oder Produktion (*Palloks* 1991).

Die Koordinationsfunktion des Marketingcontrolling bezieht sich dabei explizit auf die Informationsversorgung sowie auf den Planungs- und Kontrollprozess. Folglich werden im Marketingcontrolling Instrumente zur Koordination der Informationsversorgung, Planung und Kontrolle eingesetzt.

10.3 Instrumente zur Koordination der Informationsversorgung

Für die Entscheidungsfindung im Marketingmanagementprozess sind eine Vielzahl an unternehmensinternen und -externen Informationen notwendig. Bei der Informationsversorgungsfunktion geht es darum, alle im Rahmen der Planung und Kontrolle notwendigen Informationen in der erforderlichen Genauigkeit und Verdichtung am richtigen Ort und zum richtigen Zeitpunkt bereitzustellen (*Horváth* 1994). Die Informationsversorgung als Funktion des Marketingcontrolling baut auf verschiedenen **Phasen des Informationsprozesses** auf (*Palloks* 1991):

- Informationsbedarfsanalyse,

- Informationsbeschaffung,

- Informationsaufbereitung und -speicherung,

- Informationsübermittlung.

Bei der **Informationsbedarfsanalyse** ist durch das Marketingcontrolling festzustellen, welche Informationen für Marketingentscheidungen benötigt werden. Ein besonderes Problemfeld ist hierbei die Bestimmung des Bedarfs an strategisch relevanten Informationen, da vielfach die strategische Relevanz von Informationen nur schwer absehbar ist. Im Rahmen der **Informationsbeschaffung** werden die notwendigen Informationen erhoben. Hierbei ist nur ein Teil der Informationen aus unternehmensinternen Quellen zu beziehen (z.B. Rechnungswesen); für einen großen Teil der Informationen müssen jedoch unternehmensexterne Quellen genutzt werden. Im Rahmen der **Informationsaufbereitung und -speicherung** sind die Informationen ausgehend von der Aufgabenstellung zu selektieren, zu gewichten und zu aggregieren bzw. zu disaggregieren. Eine Speicherung ist notwendig, um die zeitliche Divergenz zwischen Informationsverfügbarkeit und -nutzung zu überwinden. Die **Informationsübermittlung** hat so zu erfolgen, dass die benötigten Informationen rechtzeitig in der geeigneten Form dem Entscheidungsträger bereitgestellt werden.

Schaubild 10-1 zeigt die wichtigsten Instrumente für die einzelnen Phasen des Informationsprozesses.

Instrumente zur Koordination der Informationsversorgung

Informationsbedarfs-ermittlung	▓ Aufgabenanalysen ▓ Dokumenteanalysen ▓ Informationskataloge ▓ Methode der kritischen Erfolgsfaktoren
Informationsbeschaffung und -aufbereitung	Systeme der Erhebung und Integration von Daten aus ▓ dem Rechnungswesen ▓ der Marktforschung ▓ dem Database Management ▓ Außendienstberichten
Informationsübermittlung	▓ Standardberichte ▓ Abweichungsberichte ▓ Bedarfsberichte

Schaubild 10-1: Instrumente des Marketingcontrolling zur Koordination der Informationsversorgung (in Anlehnung an Horváth 1994; Köhler 1998)

Die **Instrumente der Informationsbedarfsermittlung** dienen der Bestimmung von Art und Umfang der Informationen, die in den verschiedenen Marketingbereichen benötigt werden. Typische Instrumente in dieser Kategorie sind Aufgabenanalysen, Dokumente-analysen, Informationskataloge und die Methode der kritischen Erfolgsfaktoren (*Horváth* 1994). Letztere geht davon aus, dass für jedes Unternehmen zentrale Erfolgsfaktoren existieren, die den Ausgangspunkt der im Unternehmen benötigten Informationen dar-stellen.

Bei den **Instrumenten der Informationsbeschaffung und -aufbereitung** steht die Schaffung von Systemen der Erhebung und Integration von marketingrelevanten Daten im Vordergrund, die in verschiedenen Unternehmensbereichen (z.B. Rechnungswesen, Marktforschung, Database Management, Außendienstberichte) erhoben werden bzw. vorhanden sind.

Schließlich dienen **Instrumente der Informationsübermittlung** der Weitergabe der entsprechenden Informationen an die jeweiligen Stellen, die diese Informationen benöti-gen. Hierbei kommt das sog. Berichtswesen zum Tragen, in dessen Rahmen Standardbe-richte, Abweichungsberichte und Bedarfsberichte differenziert werden können (*Horváth* 1994).

10.4 Instrumente zur Koordination der Planung

Das Marketingcontrolling hat die Aufgabe, den Planungsprozess im Marketing aktiv zu unterstützen. Dies kann dadurch realisiert werden, dass etwa im Rahmen der **Situationsanalyse** eine systematische und permanente Beobachtung der Umwelt- und Unternehmensentwicklung im Sinne eines Frühwarnsystems sowie darauf aufbauende Abweichungsanalysen erfolgen oder Marketingprobleme strukturiert und differenziert dargelegt werden.

Im Rahmen der Festlegung des **Marketingplans** kommt dem Marketingcontrolling die Aufgabe zu, die einzelnen Marketingteilpläne zum einen untereinander und zum anderen mit dem Unternehmensplan abzustimmen.

Des Weiteren ist Marketingcontrolling für die Marketingplanung notwendig, um die Entscheidungsfindung hinsichtlich relevanter und nicht-relevanter Handlungsalternativen zu erleichtern, d.h., das Marketingcontrolling unterstützt die **Bewertung von Strategien und Maßnahmen**. Aufgabenschwerpunkte sind diesbezüglich (*Palloks* 1991, S. 144) z.B.:

- Bereitstellung geeigneter Bewertungsmethoden,
- Erarbeitung relevanter Bewertungskriterien zur Beurteilung von Handlungsalternativen,
- Ermittlung und Beurteilung der mit den jeweiligen Handlungsalternativen verbundenen Konsequenzen für die Erreichung der Marketingziele.

Auch die Festlegung des **Marketingbudgets** kann das Marketingcontrolling im Rahmen der Planung unterstützen. Hierbei kann es insbesondere koordinierend wirken, indem z.B. die Schnittstellenkoordination zwischen dem Marketing und dem Rechnungswesen gewährleistet oder die Abstimmung einzelner Marketingteilbudgets unterstützt wird.

Die **Instrumente zur Koordination der Planung** können in Instrumente zur Koordination der strategischen Marketingplanung und Instrumente zur Koordination der operativen Marketingplanung differenziert werden (*Köhler* 1998, S. 16; vgl. Schaubild 10-2). Daneben existiert eine Vielzahl weiterer Instrumente (z.B. Netzplantechnik, Scoring-Modelle), die je nach Fragestellung sowohl strategisch als auch operativ eingesetzt werden können (vgl. *Schierenbeck* 2000, S. 154).

Die **Instrumente zur Koordination der strategischen Marketingplanung** dienen der Koordination der Budgetierung sowie der Strukturierung und Verdichtung von qualitativen und quantitativen Daten. Zur Strukturierung qualitativer Daten werden z.B. die Szenario-Technik und Frühwarnsysteme eingesetzt. Beispiele für die Strukturierung quantitativer Daten sind mehrperiodige Wirtschaftlichkeitsrechnungen und langfristige Budgetierungen. Eine Kombination der durch das Marketingcontrolling zur Verfügung

Instrumente zur Koordination der Planung

gestellten quantitativen Daten mit qualitativen Informationen wird etwa bei der Erstellung von Geschäftsfeld- oder Kundenportfolios vorgenommen (*Köhler* 1998, S. 16f.). Neben diesen – eher klassischen – Instrumenten zur Unterstützung der strategischen Marketingplanung ist in diesem Zusammenhang das Benchmarking auf Basis der Ergebnisse Nationaler Kundenbarometer (*Bruhn/Murmann* 1998) zu nennen. Hierbei wird anhand der Kundenzufriedenheit und mit dieser in Zusammenhang stehender Größen (z.B. Kundenbindung) ein Benchmarking innerhalb und außerhalb der eigenen Branche ermöglicht.

Koordination der strategischen Marketingplanung	Koordination der operativen Marketingplanung

▓ Richtlinien für die Budgetierung
▓ Früherkennungssysteme
▓ Erfahrungkurvenanalysen
▓ Lebenszyklusanalysen
▓ Geschäftsfeldportfolios
▓ Kundenportfolios
▓ Customer Lifetime Value
▓ Stärken-Schwächen-Analysen
▓ Chancen-Risiken-Analysen
▓ Benchmarking
▓ Suchfeldanalysen
▓ Szenario-Technik
▓ Delphi-Technik
▓ Segmentierungsstudien
▓ Positionierungsstudien
▓ Wirtschaftlichkeitsrechnungen
	▓ Break-even-Analysen
	▓ Kapazitätsbelegungsplanung
	▓ Sortimentsplanung
	▓ Nutzwertanalysen
	▓ Veränderungsrechnung
	▓ Ressourcenzuweisung
	▓ Entscheidungskalküle zur Kurzfristplanung der
	  – Produktpolitik
	  – Preispolitik
	  – Kommunikationspolitik
	  – Distributionspolitik

Schaubild 10-2: Instrumente des Controlling zur Koordination der Marketingplanung (in Anlehnung an Ehrmann 1995; Köhler 1998; Link/Gerth/Voßbeck 2000)

Das Rechnungswesen repräsentiert die zentrale Informationsbasis von **Instrumenten zur Koordination der operativen Marketingplanung**. Die Daten aus dem Rechnungswesen sind zumeist durch Daten aus anderen Bereichen zu ergänzen. Beispielsweise sind bei einer Wirtschaftlichkeitsbetrachtung einzelner Maßnahmen im Marketingmix Kosteninformationen aus dem Rechnungswesen heranzuziehen. Zur umfassenden Wirtschaftlichkeitsbeurteilung der Maßnahmen sind weiterhin Daten aus der Marktforschung oder die Meinungen unabhängiger Experten zu berücksichtigen (*Köhler* 1998, S. 17; *Bruhn/Georgi* 1999).

10.5 Instrumente zur Koordination der Kontrolle

Die Kontrolle der Marketingaktivitäten stellt eine grundlegende Aufgabe des Marketingmanagements dar. Sie liefert Informationen darüber, inwieweit mit den verfolgten Strategien und Maßnahmen die Marketingziele erreicht wurden bzw. werden können. Damit ist die Marketingkontrolle zugleich auch der Ausgangspunkt für notwendige Veränderungen (z.B. Ziel-, Strategie- oder Maßnahmenanpassung). Dem Marketingcontrolling obliegt hier die Aufgabe, den Kontrollprozess durch eine koordinierte Informationsversorgung der Marketingentscheidungsträger überhaupt erst zu ermöglichen.

> **Die Marketingkontrolle umfasst eine kontinuierliche, systematische Überprüfung sämtlicher Marketingprozesse und deren jeweilige Informationsgrundlage.**

Es ist jedoch zu beachten, dass die Kontrollfunktionen aufgrund der **Interdependenzen** zwischen den einzelnen Funktionen des Controlling sinnvoll nur in ihrem integrierten Zusammenwirken zu betrachten sind. Beispielsweise ist eine Planung ohne Kontrolle nicht sinnvoll und eine Kontrolle ohne Planung nicht denkbar. Darüber hinaus verlangt die Planung strukturierte Informationen, die auf den Informationsbedarf abzustimmen sind. Dies führt auch zu einer teilweise mangelnden Abgrenzbarkeit der Instrumente des Marketingcontrolling. So können Frühwarnsysteme sowohl im Rahmen der Planungsfunktion zur Unterstützung der strategischen Planung als auch im Rahmen der Kontrollfunktion zum Auditing der Unternehmensposition Einsatz finden.

In einer erweiterten Auslegung wird die Kontrolle in zwei Bereiche, die klassische Kontrolle und das Marketing-Auditing, unterschieden.

10.5.1 Instrumente der klassischen Marketingkontrolle

Die (klassische) Marketingkontrolle akzeptiert die in den Marketingplänen fixierten Marketingziele sowie -maßnahmen und prüft die Ergebnisse von Marketingaktivitäten im Hinblick auf diese Ziele am Ende der Planungsperiode. Es handelt sich dabei um Soll-Ist-Vergleiche, die auch Ursachenanalysen beinhalten. Im Mittelpunkt stehen **Ergebnis-** und **Prozesskontrollen**.

(1) Ergebniskontrollen

Die vor allem taktisch-operativ ausgelegte Marketingkontrolle konzentriert sich auf kurz- und mittelfristige Kontrollen. Sie bezieht sich auf die Kontrolle von Marketingergebnissen bei dem Einsatz der Marketinginstrumente (**Ermittlung von Marktreaktionen**). Als

Instrumente zur Koordination der Kontrolle

Formen der Ergebniskontrolle können (a) Erfolgskontrollen, (b) Effizienzkontrollen und (c) Budgetkontrollen unterschieden werden.

(a) Erfolgskontrollen

Bei Erfolgskontrollen werden Marketingziele als Kontrollgrößen verwendet. Dementsprechend sind auf Basis unterschiedlicher Marketingziele folgende Erfolgskontrollen denkbar:

▓ **Ökonomische Erfolgskontrollen:** Umsatz-, Marktanteils-, Deckungsbeitragskontrollen u.a.

▓ **Psychologische Erfolgskontrollen:** Kontrolle des Bekanntheitsgrades, des Images, der Kundenzufriedenheit u.a.

In Form von **Soll-Ist-Vergleichen** werden den geplanten die tatsächlich erreichten Zielgrößen gegenübergestellt. Dies wird z.B. in Form von Wochen- und Monatsberichten (Umsätze, Absatzmengen, Marktanteile), Quartalsberichten (Deckungsbeiträge, Gewinne, Distributionsgrade) und Jahresberichten (psychologische Zielgrößen, Rentabilität) erfolgen. Die jeweiligen Ergebnisse sind dann einer Abweichungsanalyse zu unterziehen.

Von zentraler Bedeutung für die Durchführung von Erfolgskontrollen sind die in der Kostenrechnung bereits vorhandenen **Erfolgsanalysen.** Diese Erfolgsanalysen gilt es nach marketingspezifischen Merkmalen weiter aufzubereiten und im Hinblick auf marketingrelevante Fragestellungen auszuwerten. In diesem Zusammenhang können nach Marketinggesichtspunkten differenzierte **Deckungsbeitragsrechnungen** erstellt werden.

    Brutto-Umsatz
./. Mehrwertsteuer
./. Erlösschmälerungen (Rabatte, Skonti)
= Netto-Umsatz
./. variable Herstellkosten
= **Deckungsbeitrag I**
./. umsatzvariable Marketingkosten (z.B. Lieferkosten)
= **Deckungsbeitrag II**
./. nicht-umsatzvariable Marketingkosten (z.B. Marktforschung)
= **Deckungsbeitrag III**
./. fixe Marketing- und Vertriebskosten (z.B. Verwaltung)
= **Netto-Erfolg**

Je nach Stellung in der Marketing-Hierarchie werden den Verantwortlichen unterschiedliche Deckungsbeitragsgrößen vorgegeben. Während beispielsweise die Marketingleiter anhand des Deckungsbeitrages III gemessen werden, sind die Produktmanager für den Deckungsbeitrag II verantwortlich. Die Angabe der einzelnen Deckungsbeiträge kann in

Aufbau eines Marketingcontrolling

absoluten Werten, in Prozentwerten einer Maßgröße (z.B. in Prozent vom Brutto-Umsatz) oder auf der Grundlage einer Bezugsgröße erfolgen.

Interessant aus Marketingsicht ist insbesondere die Differenzierung der Umsatz- und Deckungsbeiträge nach folgenden **Bezugsgrößen**:

- Produkte und Produktgruppen,
- Kunden und Kundengruppen (konsumenten- und absatzmittlerbezogen),
- Verkaufsgebiete und Regionen,
- Aufträge und Auftragsvolumina.

Schaubild 10-3 zeigt eine Bezugsgrößenhierarchie für marketingrelevante Erfolgs- bzw. Absatzsegmentrechnungen.

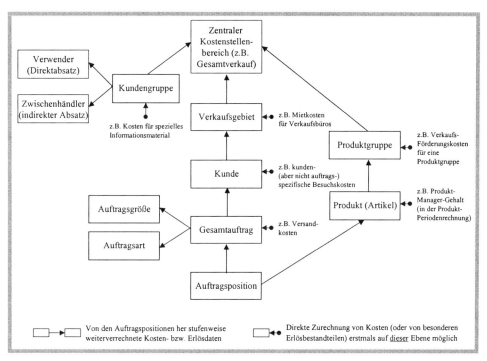

Schaubild 10-3: Marketingrelevante Bezugsgrößenhierarchie für Erfolgsrechnungen (Köhler 1993, S. 385)

Die nach einzelnen Bezugsgrößen aufbereiteten Daten können für eine oder mehrere Planungsperioden als absolute Werte, als Steigerungsraten oder in Relation zu anderen

Instrumente zur Koordination der Kontrolle

Größen aufbereitet werden. Schaubild 10-4 zeigt Beispiele für verschiedene Formen von Erfolgsrechnungen.

	Ergebnisgrößen	
Ergebnisrechnung (absolut)	Als Steigungsrate im Zeitablauf	Als Anteil der globalen Größe (%)
Umsatz (DM)		
Deckungsbeitrag (DM)		
Umsatz in t (DM) $t = 0 \dots T$	$\dfrac{\text{Umsatz in t}}{\text{Umsatz in 0}} 100 - 100$	
Deckungsbeitrag in t (DM) $t = 0 \dots T$	$\dfrac{\text{Deckungsbeitrag in t}}{\text{Deckungsbeitrag in 0}} 100 - 100$	
Umsatz in Bezirk a (DM) $a = 1 \dots A$		$\dfrac{\text{Umsatz in Bezirk a}}{\text{Umsatz in allen Bezirken}} 100$
Deckungsbeitrag in Bezirk a (DM) $a = 1 \dots A$		$\dfrac{\text{Deckungsbeitrag in Bezirk a}}{\text{Deckungsbeitrag in allen Bezirken}} 100$
Umsatz in Bezirk a in t (DM) $a = 1 \dots A; t = 1 \dots T$	$\dfrac{\text{Umsatz in Bezirk a in t}}{\text{Umsatz in Bezirk a in 0}} 100 - 100$	$\dfrac{\text{Umsatz in Bezirk a in t}}{\text{Umsatz in allen Bezirken in t}} 100$ oder $\dfrac{\text{Umsatz in Bezirk a in t}}{\text{Umsatz in allen Bezirken in 0}} 100$
Deckungsbeitrag in Bezirk a in t (DM) $a = 1 \dots A; t = 1 \dots T$	$\dfrac{\text{Deckungsbeitrag in Bezirk a in t}}{\text{Deckungsbeitrag in Bezirk a in 0}} 100 - 100$	$\dfrac{\text{Deckungsbeitrag in Bezirk a in t}}{\text{Deckungsbeitrag in allen Bezirken in t}}$ oder $\dfrac{\text{Deckungsbeitrag in Bezirk a in t}}{\text{Deckungsbeitrag in allen Bezirken in 0}}$

Schaubild 10-4: Beispiele für die Aufbereitung von Erfolgsrechnungen
(Böcker 1988, S. 101)

Neben den genannten Bezugsgrößen sind als Grundlage der Erfolgskontrolle weitere Aufbereitungen der Kostenrechnung möglich. Hierbei ist besonders an **Aktionserfolgsrechnungen** zu denken (*Böcker* 1988, S. 110ff.), die versuchen, die Wirkung von Marketingaktionen (z.B. Preisreduzierungen, Werbeaktionen) zu messen. Erwartungsgemäß treten dabei aber Ausstrahlungseffekte und somit Zurechnungsprobleme auf.

In letzter Zeit haben sich auch der Marken- und Kundenwert als Erfolgsgröße etabliert. Beim **Markenwert** handelt es sich um den Versuch, den immateriellen Vermögenswert einer Marke zu quantifizieren. Hierbei können verschiedene Verfahren zur Messung des Markenwertes unterschieden werden, insbesondere finanzorientierte (z.B. Berechnung des Ertragswertes) und marktorientierte Verfahren (z.B. Messung der Markenstärke) (*Aaker* 1992).

In Zusammenhang mit der Diskussion über das Relationship Marketing wird der **Kundenwert** zunehmend als Erfolgs- und Steuerungsgröße diskutiert. Dabei wird versucht, den jetzigen oder zukünftigen ökonomischen Wert von Kundenbeziehungen zu quantifizieren. Dabei können verschiedene Verfahren zur Messung des Kundenwerts (z.B. ABC-Analyse, Kundenportfolios, Kundendeckungsbeitragsrechnung Customer Lifetime Value) unterschieden werden (*Bruhn et al.* 2000; *Link/Gerth/Voßbeck* 2000).

(b) Effizienzkontrollen

Im Zusammenhang mit **Effizienzkontrollen** können verschiedene **Kennziffern** gebildet werden, um Maßstäbe für Effizienzvergleiche zu erhalten:

- sortimentsbezogene Kennziffern,

- vertriebsbezogene Kennziffern,

- werbeerfolgsbezogene Kennziffern,

- logistikbezogene Kennziffern.

Kennziffern setzen bestimmte Marketingzielgrößen (z.B. Umsatz oder Deckungsbeitrag) in Relation zu anderen Bezugsgrößen aus dem Marketingbereich. Diese Bezugsgrößen stellen meist knappe Kapazitäten der verschiedenen Abteilungen dar, z.B. Personal, Lagerraum, Verkaufsfläche, Kapital oder Zeit. Die so ermittelten Kennzahlen werden als **Indikatoren zur Effizienzbeurteilung** herangezogen. Ihre Aussagekraft ergibt sich insbesondere in Planvergleichen (Soll-Ist-Abweichungen von Kennzahlen), Zeitvergleichen (verschiedene Planungsperioden des Unternehmens) und Betriebsvergleichen (verschiedene Betriebe einer Branche). Die bekanntesten Kennzahlen wurden für Umsätze und Deckungsbeiträge entwickelt. Schaubild 10-5 zeigt Beispiele für Umsatz- und Deckungsbeitragskennzahlen.

Darüber hinaus können aber auch sehr spezifische Kennzahlen für einzelne Bereiche (z.B. Kundendienst oder Logistik) herangezogen werden, die sich auf konkrete Leistungskriterien der Abteilungen beziehen.

In jüngster Zeit ist ein Trend darin zu sehen, dass neben den monetären Kennzahlen verstärkt nicht-monetäre Kennzahlen Bedeutung erlangen. Hierzu zählen u.a. Kennzahlen zur Kundenzufriedenheit, zur Kundenbindung und zum Markenimage (*Link/Gerth/ Voßbeck* 2000, S. 36ff.). Ein über die finanzwirtschaftliche Perspektive hinausgehender Ansatz ist z.B. die **Balanced Scorecard**.

Instrumente zur Koordination der Kontrolle

Umsatzkennzahlen

Bezeichnung	Definition	Indikator für
Kapitalumschlag	$\dfrac{\text{Umsatz in Zeiteinheit}}{\text{Ø Kapitaleinsatz im Gesamtunternehmen}}$	Gesamtkapital-effizienz
Lagerumschlag	$\dfrac{\text{Umsatz in Zeiteinheit}}{\text{Ø Kapitaleinsatz im Lager}}$	Lagerkapital-effizienz
Umsatz je Beschäftigter	$\dfrac{\text{Umsatz in Zeiteinheit}}{\text{Ø Anzahl der im Unternehmen Beschäftigten}}$	Personaleffizienz
Umsatz je Vertriebsperson	$\dfrac{\text{Umsatz in Zeiteinheit}}{\text{Ø Anzahl der im Betrieb Beschäftigten}}$	Vertriebspersonal-effizienz
Umsatz je Flächeneinheit	$\dfrac{\text{Umsatz in Zeiteinheit}}{\text{Fläche des Gesamtunternehmens}}$	Raumeffizienz
Umsatz je Verkaufs-flächeneinheit	$\dfrac{\text{Umsatz in Zeiteinheit}}{\text{verkaufswirksame Flächen}}$	Verkaufsflächen-effizienz

Deckungsbeitragskennzahlen

Bezeichnung	Definition	Indikator für
Kapitalrentabilität	$\dfrac{\text{Deckungsbeitrag in Zeiteinheit}}{\text{Ø Kapitaleinsatz im Gesamtunternehmen}}$	Gesamtkapital-effizienz
Lagerkapital-rentabilität	$\dfrac{\text{Deckungsbeitrag in Zeiteinheit}}{\text{Ø Kapitaleinsatz im Lager}}$	Lagerkapital-effizienz
Deckungsbeitrag je Beschäftigter	$\dfrac{\text{Umsatz in Zeiteinheit}}{\text{Ø Anzahl der im Unternehmen Beschäftigten}}$	Personaleffizienz
Deckungsbeitrag je Flächeneinheit	$\dfrac{\text{Umsatz in Zeiteinheit}}{\text{Fläche des Gesamtunternehmens}}$	Raumeffizienz
Deckungsbeitrag je Verkaufs-flächeneinheit	$\dfrac{\text{Umsatz in Zeiteinheit}}{\text{verkaufswirksame Flächen}}$	Verkaufsflächen-effizienz

Schaubild 10-5: Beispiele für Umsatz- und Deckungsbeitragskennziffern (Böcker 1988, S. 123 und 125)

(c) Budgetkontrollen

Ergebniskontrollen sind nicht nur nach Erfolgs- oder Effizienzgrößen vorzunehmen, sondern können sich auch auf eingesetzte Budgets beziehen. Marketingbudgets sind Ausdruck der Schwerpunkte, die ein Unternehmen im Einsatz seiner Marketinginstrumente setzt. Sie werden durch Verhandlungen mit den jeweiligen Vorgesetzten im Einzelnen festgelegt und liegen der Marketingplanung zugrunde. Neben dem gesamten Marketingbudget kann es sich dabei auch um die Budgets für die Marketingbereiche handeln. Im Einzelnen müssen beispielsweise diverse **Teilbudgets,** wie z.B. Werbe-, Verkaufsförderungs-, Vertriebs-, Marktforschungsbudgets, einer Kontrolle unterzogen werden.

Marketingbudgets können formal oder inhaltlich kontrolliert werden (*Böcker* 1988, S. 152ff.). Bei einer **formalen Kontrolle der Marketingbudgets** werden lediglich die Planbudgets an ihrer tatsächlichen Einhaltung gemessen. Diese in der Praxis häufig vertretene Form der Budgetkontrolle ist jedoch auf eine reine **Kostenbetrachtung** reduziert und lässt kaum Aussagen über die Zweckmäßigkeit der Budgethöhe zu. Demgegenüber ist die **inhaltliche Kontrolle** darauf ausgerichtet, dem Budget auch marketingrelevante Erfolgs- und Effizienzgrößen gegenüberzustellen. Sie ist i.d.R. mit Abweichungs- und Wertanalysen verbunden. Während **Abweichungsanalysen** die Gründe für Abweichungen (z.B. Preis- oder Mengenabweichungen) näher analysieren, setzen **Wertanalysen** Verfahren wie die Gemeinkostenwertanalyse oder das Zero-Base-Budgeting ein, um die Angemessenheit der Höhe eines Marketingbudgets detailliert zu untersuchen. Die Zielsetzung der **Gemeinkostenwertanalyse (GWA)** liegt darin, Kostensenkungspotenziale aufzudecken. Sie sucht Ansatzpunkte einer Kostenreduktion in den Bereichen, die zur Erstellung der Unternehmensleistung nicht zwingend notwendig sind. Für die zur Disposition stehenden Leistungen werden alternative Einsparungsmöglichkeiten (z.B. ersatzloses Streichen der Maßnahme, schrittweiser Abbau, Reduzierung der Qualität oder Häufigkeit des Einsatzes) erschlossen. Die damit lokalisierten Kostensenkungspotenziale werden bewertet, damit eine Entscheidung über die Realisierung getroffen werden kann.

Beim Verfahren des **Zero Base Budgeting** muss der Planer eines Marketingbudgets dieses von Grund auf („vom Punkt Null an") neu begründen. Er muss im Einzelnen nachweisen, dass dessen Höhe auch wirklich gerechtfertigt ist.

Beide Verfahren der Budgetkontrolle setzen voraus, dass im Unternehmen eine Bereitschaft zur Reduktion von Kosten im Marketingbereich vorhanden ist und eine objektive Beurteilung der Leistungskriterien überhaupt erfolgen kann sowie auch tatsächlich durchgeführt wird. Während Verfahren wie die Gemeinkostenwertanalyse und das Zero Base Budgeting im Produktions- und Verwaltungsbereich von Unternehmen häufig Verwendung finden, werden **Wertanalysen im Marketingbereich** eher selten eingesetzt. Sie sind auf einige wenige Bereiche konzentriert (z.B. den Vertrieb) oder reduzieren sich auf ausgewählte Aspekte einer reinen Kostenkontrolle. Darin liegt gleichzeitig die Schwierigkeit eines Einsatzes dieser Verfahren im Marketing begründet. Sie lenken unter Umständen das Augenmerk auf diejenigen Bereiche im Marketingmix (z.B.

Instrumente zur Koordination der Kontrolle

die Kommunikationspolitik), deren Effizienz sich nur bedingt über quantitative Analysen erschließt.

(2) Prozesskontrollen

Neben reinen Ergebniskontrollen (Erfolg, Effizienz, Budgets) sind auch **Prozesskontrollen** Gegenstand der Marketingkontrolle. Hierbei handelt es sich um die Kontrolle der zeitlichen Abläufe, Verfahren und eingesetzten Maßnahmen in den einzelnen Planungsschritten. Grundsätzlich werden Prozesskontrollen in verschiedenen **Teilbereichen des Marketing** eingesetzt. So sind sie sehr häufig bei der Neuproduktplanung, der Planung und Durchführung von Werbe- und Promotionaktionen sowie der Durchführung von Marktforschungsstudien zu beobachten.

Als **Methoden** werden vor allem Verfahren der Netzplantechnik und EDV-gestützten Terminüberwachung eingesetzt. Diese Verfahren sind am ehesten in der Lage, Zeitpläne und kritische Aktivitäten in den Planungsprozessen kurzfristig zu kontrollieren. Zur Kontrolle von Marketingprozessen sind besonders auch **Zeitkontrollen** (Terminüberwachung) und **Methodenkontrollen** (Verfahrensüberwachung) geeignet.

10.5.2 Instrumente des Marketing-Auditing

Neben die Marketingkontrolle tritt das Auditing, das eine kritische Prüfung sämtlicher Verfahrensweisen und Entscheidungsprozesse im Marketing insbesondere vor dem Hintergrund der jeweils verarbeiteten Informationen beinhaltet. Es soll geklärt werden, ob Analyse, Planung, Organisation und Durchführung des Marketing auch mit dem in diesen Phasen relevanten Informationsmaterial versorgt wurden. Als **Gegenstand des Marketing-Auditing** sollen vor allem folgende Bereiche hervorgehoben werden (*Böcker* 1988; *Köhler* 1993):

(1) Beobachtung der strategischen Position,

(2) Überprüfung strategischer Marketingpläne,

(3) Überprüfung der Planungsprämissen,

(4) Überprüfung der Marketingorganisation.

(1) Beobachtung der strategischen Marktposition

Die Marketingleitung erarbeitet Strategien für die Marktbearbeitung. Die strategische Marketingkontrolle muss die Unternehmensposition bei den verschiedenen Marktteilnehmern permanent beobachten. Eine **Diagnose der Marktposition** bezieht sich auf

- die **Position bei Kunden**: Stellung des Unternehmens nach quantitativen (Marktanteil) und qualitativen Merkmalen (psychologische Wahrnehmung),

- die **Position bei Absatzmittlern**: Stellung des Unternehmens nach quantitativen (Distributionsgrad) und qualitativen Merkmalen (Kooperationsbereitschaft),

- die **Position gegenüber Wettbewerbern**: Stellung des Unternehmens im Vergleich zu seinen Hauptkonkurrenten, differenziert nach Produkten, Vertriebskanälen und dem Einsatz der Marketinginstrumente.

Mit der Überprüfung der strategischen Marktposition soll sichergestellt werden, dass das Unternehmen Chancen und Risiken im Markt rechtzeitig erkennt. Als Methoden werden Portfolioanalysen, Verfahren der Produkt- und Markenpositionierung, Konkurrenzanalysen u.a. eingesetzt.

(2) Überprüfung strategischer Marketingpläne

In der Marketingplanung werden Marketingstrategien schriftlich fixiert. Die Aufgabe der Marketingkontrolle besteht darin, diese Pläne einer Prüfung zu unterziehen, indem folgende Fragen beantwortet werden:

- Wurden die strategischen Zielgrößen (z.B. Marktanteil, Rendite, Cash Flow, Wettbewerbsposition) vom Unternehmen erreicht?

- Kann davon ausgegangen werden, dass die formulierten strategischen Ziele in den nächsten Planungsperioden realisierbar sind?

- Waren die Marketingstrategien mit der Marketingphilosophie (Leitbild) des Unternehmens vereinbar?

- Wie konsequent wurden die Marketingstrategien in ihrer Implementierung eingehalten?

Als **Methoden** zur Überprüfung strategischer Marketingpläne wird man die bereits bekannten strategischen Planungsmethoden (Portfolio- und Lückenanalysen) heranziehen und die formulierten Verhaltensrichtlinien (z.B. Leitbilder, Strategien) mit dem tatsächlichen Marktauftritt des Unternehmens vergleichen.

(3) Überprüfung der Planungsprämissen

Jede Marketingstrategie basiert auf Prämissen über die Situation und Entwicklung von Märkten und Marktteilnehmern sowie des Unternehmensumfeldes. Im Rahmen des Auditing sind auch diese Planungsprämissen kritisch zu analysieren. Im Einzelnen bezieht sich diese Überprüfung auf die folgenden Prämissen:

Instrumente zur Koordination der Kontrolle

- **Prämissen über die Entwicklung des Unternehmens** (z.B. hinsichtlich Finanzkraft, Gewinn- oder Marketingpotenzial, Erfolgsfaktoren und -potenziale),

- **Prämissen über die Entwicklung der Marktteilnehmer** (z.B. hinsichtlich Tendenzen im Käufer-, Absatzmittler- und Konkurrenzverhalten),

- **Prämissen über die Entwicklung des Unternehmensumfeldes** (z.B. hinsichtlich Tendenzen in Technologie, Wirtschaft, Ökologie, Rechtsprechung und im Wertewandel).

Die Überprüfung von Planungsprämissen setzt voraus, dass sie auch entsprechend formuliert wurden. Da dies jedoch nur selten der Fall ist, müssen die Planungsprämissen explizit gemacht werden.

Als wichtige Hilfsmittel zur Überprüfung von Planungsprämissen sind **Marketing-Frühwarnsysteme** anzusehen (*Raffée/Wiedmann* 1989). Die Installation von Frühwarnsystemen erfolgt nach folgenden **Ablaufschritten**:

- **Strukturierung der durch das Frühwarnsystem zu erfassenden Beobachtungsbereiche**, wie z.B. Unternehmensumfeld, allgemeine Markttendenzen, Präferenzverschiebungen der Käuferschaft, Entwicklungen im Handel und bei der Konkurrenz.

- **Ermittlung quantitativer und qualitativer Indikatoren zur Beobachtung der einzelnen Bereiche**, wie z.B. Marktanteile, Preisniveaus, Neueinführungen durch die Wettbewerber, neue Umweltschutzgesetze bzw. -rechtsprechung.

- **Beobachtung und Überwachung der Indikatoren** durch Sammlung aus internen (Kostenrechnung, Kundenanfragen) und externen Informationsquellen (Zeitungen, Verbandsnachrichten).

- **Bewertung der Auswirkungen der beobachteten Indikatoren auf die strategischen Marketingziele**, wie z.B. Analyse der Betroffenheit für einzelne Produktmärkte, Analyse der Reaktionsdringlichkeit.

- **Organisatorische Verankerung des Frühwarnsystems im Marketing**, z.B. Vereinbarungen über die Ergebnisse des Frühwarnsystems durch ein Berichtswesen oder durch regelmäßige Meetings.

Ein Marketing-Frühwarnsystem muss in der Lage sein, die Veränderungen von Planungsprämissen der Marketingstrategien rechtzeitig zu erkennen. Dazu dient das **Konzept der „schwachen Signale"**, indem bereits frühzeitig aus Frühwarnindikatoren potenzielle Auswirkungen auf die eigene Geschäftstätigkeit analysiert werden (*Ansoff* 1979).

(4) Überprüfung der Marketingorganisation

Im Rahmen des Auditing wird selbst die Marketingorganisation des Unternehmens kritisch in Frage gestellt. Im Vordergrund steht die **Prüfung** folgender organisatorischer Fragen:

- Entspricht die Aufbauorganisation des Marketing den innerbetrieblichen Anforderungen (hinsichtlich Integrations- und Anpassungsfähigkeit, Innovationsbereitschaft u.a.)?

- Kann die Aufbauorganisation sicherstellen, dass eine enge Zusammenarbeit mit den externen Stellen (z.B. Werbeagenturen, Marktforschungsinstituten) erfolgt?

- Bietet die Ablauforganisation die Voraussetzungen dafür, dass die Informations-, Koordinations- und Kontrollprozesse im Marketing reibungslos verlaufen?

- Welche Störungen können in den betrieblichen Planungs- und Ablaufprozessen auftreten?

In engem Zusammenhang mit der Überprüfung der Marketingorganisation stehen auch Fragen des **Marketingpersonals**. Hierbei sind Überlegungen im Hinblick auf die Einstellung neuen Personals, die Qualifikation der bestehenden Mitarbeiter, die Schulung des Personals usw. auf unterschiedlichen Hierarchiestufen des Marketing anzustellen.

10.6 Schnittstellenbeziehungen des Marketingcontrolling

Beim Marketingcontrolling handelt es sich um eine Querschnittsfunktion im Unternehmen, die **Schnittstellen** nicht nur zum Marketing, sondern auch zu anderen Unternehmensbereichen aufweist. Bei der Gestaltung des Marketingcontrolling sind daher diese Schnittstellenbeziehungen zu berücksichtigen. Insbesondere die Schnittstellen zum Rechnungswesen und zur Marktforschung sind von besonderer Bedeutung.

Diese betrieblichen Funktionsbereiche generieren eine Vielzahl von Informationen, die beim Einsatz der Marketinginstrumente zu berücksichtigen sind. Das **Rechnungswesen** liefert beispielsweise Informationen über

- Produktumsätze,

- Produktdeckungsbeiträge,

- Kundendeckungsbeiträge,

- Kosten von Marketingorganisationseinheiten,

- Kosten für den Einsatz von Werbemitteln.

Aus der **Marktforschung** werden vor allem eher qualitative Informationen bereitgestellt, die mit dem Erfolg der Marketingaktivitäten am Markt in engem Zusammenhang stehen. Hierzu zählen u.a. Informationen über

- das Image des Unternehmens,

- das Image der Produkte des Unternehmens,

- die Kundenzufriedenheit mit den Unternehmensleistungen,

- die Beurteilung der Produkte des Unternehmens im Vergleich zum Wettbewerb,

- die Marketingaktivitäten der Wettbewerber,

- generelle Trends im Konsumentenverhalten.

Die Informationen, die von Unternehmensbereichen mit Schnittstellen zum Marketingcontrolling bereitgestellt werden, sind nicht immer auf den **Bedarf der Entscheidungsträger im Marketing** zugeschnitten. So wird beispielsweise die Datenaufbereitung des Rechnungswesens häufig erst durch die Mitwirkung des (Marketing-)Controlling den marketingbezogenen Erfordernissen angepasst (*Köhler* 1998, S. 15).

Im Rahmen der Bereitstellung der Informationen ist dabei zudem darauf zu achten, dass die einzelnen mit Marketingaufgaben betrauten organisatorischen Einheiten für ihre jeweilige Aufgabe hinsichtlich Aggregationsgrad und Strukturierung unterschiedlich aufbereitete Informationen benötigen. Während z.B. ein Produktmanager produktbezogene Daten benötigt, sind für einen Key Account Manager auf bestimmte Kundenbeziehungen bezogene Daten relevant. Folglich hat das Marketingcontrolling auch die Aufgabe, die Informationsversorgung der Problemsicht der jeweiligen organisatorischen Einheit anzupassen (vgl. *Köhler* 2001).

In der Praxis zeigt sich, dass insbesondere die Abstimmung der Aktivitäten und Informationen marktgerichteter Organisationseinheiten (z.B. Marketingabteilung) einerseits und unternehmensgerichteter Organisationseinheiten (z.B. Rechnungswesen) andererseits eine Hauptaufgabe des Marketingcontrolling darstellt. Die Erfüllung dieser Koordinationsfunktion ist die Basis für die **Umsetzung einer ganzheitlichen Marketingorientierung** im Unternehmen.

Insgesamt sind sämtliche Instrumente des Marketingcontrolling darauf ausgelegt, Marketingprozesse in den Teilbereichen der Analyse, Planung, Organisation und Durchführung zu verbessern. Die **Ergebnisse des Marketingcontrolling** fließen deshalb als Feedback in den Planungsprozess des Marketing (vgl. Kapitel 2 und 3 dieses Buches), den Einsatz der Marketinginstrumente (vgl. Kapitel 5 bis 8) sowie die Gestaltung der Marketingorganisation (vgl. Kapitel 9) ein.

In jüngster Zeit wird zusätzlich diskutiert, die Ergebnisse des Marketingcontrolling auch als Instrument der **Mitarbeiterführung** zu nutzen (vgl. *Köhler* 2001). So kann z.B. eine Einbindung von unternehmensinternen und/oder -externen Kennzahlen in das Vergütungssystem von (Marketing-)Führungskräften vorgenommen werden, um ein Anreizsystem für ein markt- und kundenorientiertes Verhalten zu generieren.

Literaturverzeichnis

Grundlagenwerke zum Marketing

Becker, J. (2001): Marketing-Konzeption. Grundlagen des strategischen und operativen Marketing-Managements, 7. Aufl., München.

Bruhn, M./Homburg, C. (Hrsg.) (2001): Gabler Marketing Lexikon, Wiesbaden.

Diller, H. (Hrsg.) (1992): Vahlens Großes Marketinglexikon, München.

Kotler, P./Bliemel, F. (2001): Marketing-Management. Analyse, Planung, Umsetzung und Steuerung, 10. Aufl., Stuttgart.

Meffert, H. (2000): Marketing. Grundlagen marktorientierter Unternehmensführung. Konzepte – Instrumente – Praxisbeispiele, 9. Aufl., Wiesbaden.

Nieschlag, R./Dichtl, E./Hörschgen, H. (1997): Marketing, 18. Aufl., Berlin/München.

Steffenhagen, H. (2000): Marketing. Eine Einführung, 4. Aufl., Stuttgart u.a.

Tietz, B./Köhler, R./Zentes, J. (Hrsg.) (1995): Handwörterbuch des Marketing, 2. Aufl., Stuttgart.

Als vertiefende Literatur werden zu den einzelnen Kapiteln folgende Quellen empfohlen:

Literatur zu den Marketinggrundlagen (Kapitel 1)

Ahlert, D. (1996): Distributionspolitik, 3. Aufl., Stuttgart/Jena.

Ansoff, H.I. (1966): Management Strategie, München.

Backhaus, K. (1999): Industriegütermarketing, 6. Aufl., München.

Böcker, F. (1996): Marketing, 6. Aufl., Stuttgart.

Bruhn, M. (2002): Kommunikationspolitik. Bedeutung – Strategien – Instrumente, 2. Aufl., München.

Bruhn, M. (Hrsg.) (1999): Internes Marketing. Integration der Kunden- und Mitarbeiterorientierung, 2. Aufl., Wiesbaden.

Bruhn, M./Homburg, Ch. (Hrsg.) (2000): Handbuch Kundenbindungsmanagement. Grundlagen, Konzepte, Erfahrungen, 3. Aufl., Wiesbaden.

Bruhn, M./Meffert, H. (Hrsg.) (2001): Handbuch Dienstleistungsmanagement. Von der strategischen Konzeption zur praktischen Umsetzung, 2. Aufl., Wiesbaden.

Bruhn, M./Steffenhagen, H. (Hrsg.) (1998): Marktorientierte Unternehmensführung. Reflexionen, Denkanstöße, Perspektiven, 2. Aufl., Wiesbaden.

Bruhn, M./Tilmes, J. (1994): Social Marketing. Einsatz des Marketing für nichtkommerzielle Organisationen, 2. Aufl., Stuttgart.

Cahill, D.J. (1996): Internal Marketing. Your Company's Next Stage of Growth, New York/London.

Dholakia, N./Dholakia, R.R./Laub, M./Hwang, Y.-S. (1999): Electronic Commerce and the Transformation of Marketing, in: Fritz, W. (Hrsg.): Internet Marketing. Perspektiven und Erfahrungen aus Deutschland und den USA, Stuttgart, S. 55-77.

Fritz, W./Oelsnitz, D. v.d. (2001): Marketing. Elemente marktorientierter Unternehmensführung, 3. Aufl., Stuttgart u.a.

Literaturverzeichnis

Gordon, I. (1998): Relationship Marketing. New strategies, techniques and technologies to win the customers you want and keep them forever, Toronto.

Gummesson, E. (1997): Relationship-Marketing. Von 4 P zu 30 R, Landsberg am Lech.

Kühn, R. (1998): Marketing. Analyse und Strategie, 3. Aufl., Bern.

Meffert, H. (1994): Marketing-Management. Analyse, Strategie, Implementierung, Wiesbaden.

Meffert, H./Bruhn, M. (2000): Dienstleistungsmarketing. Grundlagen, Konzepte, Methoden, 3. Aufl., Wiesbaden.

Literatur zur Marketingplanung (Kapitel 2)

Cohen, W.A. (1995): The Marketing Plan, New York u.a.

Diller, H. (Hrsg.) (1998): Marketingplanung, 2. Aufl., München.

Homburg, Ch. (1991): Modellgestützte Unternehmensplanung, Wiesbaden.

Kotler, P. (1997): Marketing Management. Analysis, Planning, Implementation, and Control, 9. Aufl., New Jersey.

Kreikebaum, H. (1997): Strategische Unternehmensplanung, 6. Aufl., Stuttgart u.a.

Kuss, A./Tomczak, T. (2001): Marketingplanung. Einführung in die marktorientierte Unternehmens- und Geschäftsfeldplanung, 2. Aufl., Wiesbaden.

Literatur zum Strategischen Marketing (Kapitel 3)

Aaker, D.A. (1989): Strategisches Markt-Management. Wettbewerbsvorteile erkennen, Märkte erschließen, Strategien entwickeln, Wiesbaden.

Abell, D.F. (1980): Defining the Business. The Starting Point of Strategic Planning, Englewood Cliffs.

Ansoff, H.I./McDonell, E. (1990): Implanting Strategic Management, 2. Aufl., Englewood Cliffs.

Backhaus, K. (1999): Industriegütermarketing, 6. Aufl., München.

Benkenstein, M. (1997): Strategisches Marketing. Ein wettbewerbsorientierter Ansatz, Stuttgart u.a.

Bruhn, M. (1999): Internes Marketing als Forschungsgebiet der Marketingwissenschaft. Eine Einführung in die theoretischen und praktischen Probleme, in: Bruhn, M. (Hrsg.): Internes Marketing. Integration der Kunden- und Mitarbeiterorientierung. Grundlagen, Implementierung, Praxisbeispiele, 2. Aufl., Wiesbaden, S. 15-44.

Bruhn, M./Steffenhagen, H. (Hrsg.) (1998): Marktorientierte Unternehmensführung. Reflexionen, Denkanstöße, Perspektiven, 2. Aufl., Wiesbaden.

Cravens, D.W. (1999): Strategic Marketing, 6. Aufl., Chicago u.a.

Dunst, K. (1983): Portfolio-Management. Konzeption für die strategische Unternehmensplanung, 2. Aufl., Berlin u.a.

Freter, H. (1983): Marktsegmentierung, Stuttgart u.a.

Freter, H. (1992): Marktsegmentierungsmerkmale, in: Diller, H. (Hrsg.): Vahlens Großes Marketinglexikon, München, S. 737-740.

Gilbert, X./Strebel, P.J. (1987): Strategies to Outpace Competition, in: Journal of Business Strategy, 8. Jg., Nr. 1, S. 28-36.

Grönroos, C. (1981): Internal Marketing – an Integral Part of Marketing Theory, in: Donnelly, J.H./George, W.R. (Hrsg.): Marketing of Services, Chicago, S. 236-238.

Haedrich, G./Tomczak, T. (1996): Produktpolitik, Stuttgart u.a.

Heinen, E./Fank, M. (1997): Unternehmenskultur. Perspektiven für Wissenschaft und Praxis, München/Wien.

Henderson, B.D. (1986): Die Erfahrungskurve in der Unternehmensstrategie, 2. Aufl., Frankfurt a.M./New York.

Hinterhuber, H.H. (1996): Strategische Unternehmensführung, Band I: Strategisches Denken, 6. Aufl., Berlin/New York.

Hinterhuber, H.H. (1997): Strategische Unternehmensführung, Band II: Strategisches Handeln. Direktiven, Organisation, Umsetzung, Unternehmenskultur, Strategisches Controlling, Strategische Führungskompetenz, 6. Aufl., Berlin/New York.

Köhler, R. (1993): Beiträge zum Marketing-Management. Planung, Organisation, Controlling, 3. Aufl., Stuttgart.

Kolks, V. (1990): Strategieimplementierung. Ein anwenderorientiertes Konzept, Wiesbaden.

Kreikebaum, H. (1997): Strategische Unternehmensplanung, 6. Aufl., Stuttgart u.a.

Meffert, H. (1994): Marketing-Management. Analyse, Strategie, Implementierung, Wiesbaden.

Meffert, H./Bruhn, M. (2000): Dienstleistungsmarketing. Grundlagen, Konzepte, Methoden, 3. Aufl., Wiesbaden.

Meffert, H./Perrey, J. (2002): Mehrmarkenstrategien – Identitätsorientierte Führung von Markenportfolios, in: Meffert, H./Burmann, C./Koers, M. (Hrsg.): Markenmanagement. Grundfragen der identitätsorientierten Markenführung, Wiesbaden, S. 201-232.

Oelsnitz, D. v.d. (1999): Marktorientierter Unternehmenswandel. Managementtheoretische Perspektiven der Marketingimplementierung, Wiesbaden.

Porter, M.E. (2000): Wettbewerbsvorteile. Spitzenleistungen erreichen und behaupten, 6. Aufl., Frankfurt a.M.

Porter, M.E. (1995): Wettbewerbsstrategie. Methoden zur Analyse von Branchen und Konkurrenten, 8. Aufl., Frankfurt a.M.

Sabel, H./Weise, R.C. (2000): Dynamik im Marketing: Umfeld, Strategie, Struktur, Kultur, 3. Aufl., Wiesbaden.

Stauss, B. (1999): Internes Marketing als personalorientierte Qualitätspolitik, in: Bruhn, M./Stauss, B. (Hrsg.): Dienstleistungsqualität. Konzepte, Methoden, Erfahrungen, 3. Aufl., Wiesbaden 1999, S. 203-222.

Stauss, B./Schulze, H.S. (1990): Internes Marketing, in: Marketing ZFP, 12. Jg., Nr. 3, S. 149-158.

Literaturverzeichnis

Tomczak, T./Rudolph, T./Roosdorp, A. (Hrsg.) (1996): Positionierung. Kernentscheidung des Marketing, St. Gallen.

Wieselhuber, N./Töpfer, A. (Hrsg.) (1984): Handbuch Strategisches Marketing, Landsberg am Lech.

Wolfrum, B./Riedl, J. (2000): Wettbewerbsanalyse, in: Herrmann, A./Homburg, C. (2000): Marktforschung. Methoden, Anwendungen, Praxisbeispiele, 2. Aufl., Wiesbaden, S. 687-708.

Literatur zur Marktforschung (Kapitel 4)

ADM (Arbeitskreis Deutscher Markt- und Sozialforschungsinstitute) (2002): Jahresbericht 2001, http://www.adm-ev.de/pdf/Jahresbericht_01.pdf (Zugriff 27.07.2002).

Backhaus, K./Erichson, B./Plinke, W./Weiber, R. (2000): Multivariate Analysemethoden, 9. Aufl., Berlin u.a.

Bausch, T. (1990): Stichprobenverfahren in der Marktforschung, München.

Berekoven, L./Eckert, W./Ellenrieder, P. (2001): Marktforschung. Methodische Grundlagen und praktische Anwendung, 9. Aufl., Wiesbaden.

Böhler, H. (1992): Marktforschung, 2. Aufl., Stuttgart u.a.

Borg, I./Stauffenbiel, T. (1997): Theorien und Methoden der Skalierung, 3. Aufl., Bern u.a.

Erichson, B./Hildebrandt, L. (Hrsg.) (1998): Probleme und Trends in der Marketingforschung, Stuttgart.

Fahrmeir, L./Hamerle, A./Tutz, G. (Hrsg.) (1996): Multivariate statistische Verfahren, 2. Aufl., Berlin.

Fuchs, M. (1994): Umfrageforschung mit Telefon und Computer. Einführung in die computergestützte telefonische Befragung, München.

Gaul, W./Baier, D. (1994): Marktforschung und Marketing-Management. Computerbasierte Entscheidungsunterstützung, 2. Aufl., München.

Güldenberg, H.G./Milde, H. (1994): Bedeutung der Handelsforschung für die Markenpolitik, in: Bruhn, M. (Hrsg.): Handbuch Markenartikel, Stuttgart, S. 317–348.

Hammann, P./Erichson, B. (2000): Marktforschung, 4. Aufl., Stuttgart/New York.

Hüttner, M. (1986): Prognoseverfahren und ihre Anwendung, Berlin/New York.

Kepper, G. (1996): Qualitative Marktforschung. Methoden, Einsatzmöglichkeiten und Beurteilungskriterien, Wiesbaden.

Kreienbrock, L. (1993): Einführung in die Stichprobenverfahren, 2. Aufl., München.

Kühn, R./Fankhauser, K. (1996): Marktforschung: ein Arbeitsbuch für das Marketing-Management, Bern.

Meffert, H. (1992): Marketingforschung und Käuferverhalten, 2. Aufl., Wiesbaden.

Mertens, P. (Hrsg.) (1994): Prognoserechnung, 5. Aufl., Heidelberg.

Salcher, E.F. (1995): Psychologische Marktforschung, 2. Aufl., Berlin.

Scharnbacher, K. (1999): Statistik im Betrieb. Lehrbuch mit praktischen Beispielen, 12. Aufl., Wiesbaden.

Tomczak, T./Reinecke, S. (Hrsg.) (1994): Marktforschung, St. Gallen.

Trommsdorff, V. (1998): Strategische Marktforschung und Innovationsmanagement, München.

Weber, G. (1996): Strategische Marktforschung, München.

Weis, H.C./Steinmetz, P. (2000): Marktforschung, 4. Aufl., Ludwigshafen.

Wiedmann, K./Boecker, C. (1997): Multivariate Methoden der Imageanalyse, Hannover.

Zou, B. (1999): Multimedia in der Marktforschung, Wiesbaden.

Literatur zur Produktpolitik (Kapitel 5)

Backhaus, K. (1999): Industriegütermarketing, 6. Aufl., München.

Bierfelder, W.H. (1994): Innovationsmanagement. Prozeßorientierte Einführung, 3. Aufl., München.

Brockhoff, K. (1999): Produktpolitik, 4. Aufl., Stuttgart/New York.

Bruhn, M. (1994): Begriffsabgrenzungen und Erscheinungsformen von Marken, in: Bruhn, M. (Hrsg.): Handbuch Markenartikel. Anforderungen an die Markenpolitik aus Sicht von Wissenschaft und Praxis, Band 1, Stuttgart, S. 3-42.

Bruhn, M./GEM (2002): Was ist eine Marke? Aktualisierung der Markendefinitionen, Basel/Wiesbaden.

Bruhn, M./Stauss, B. (Hrsg.) (2000): Dienstleistungsqualität. Konzepte, Methoden, Erfahrungen, 3. Aufl., Wiesbaden.

Corsten, H. (2001): Dienstleistungsmanagement, 4. Aufl., München/Wien.

Domizlaff, H. (1992): Die Gewinnung des öffentlichen Vertrauens. Ein Lehrbuch der Markentechnik, Hamburg.

Engelhardt, W.H./Kleinaltenkamp, M./Reckenfelderbäumer, M. (1993): Leistungsbündel als Absatzobjekte; in: ZfbF, 45. Jg., Nr. 5, S. 395-426.

Geschka, H. (1982): Kreativitätstechniken in Produktplanung und -entwicklung, in: Der Innovationsberater, S. 183-215.

Griffin, A./Hauser, J.R. (1993): The Voice of the Customer, in: Marketing Science, Vol. 12, Nr. 1, S. 1-27.

Haedrich, G./Tomczak, T. (1990): Strategische Markenführung. Planung und Realisierung von Marketingstrategien für eingeführte Produkte, Bern/Stuttgart.

Haedrich, G./Tomczak, T. (1996): Produktpolitik, Stuttgart u.a.

Hammann, P. (1982): Das Optimierungsproblem im Kundendienst – Aussagewert und Stand der Diskussion, in: Meffert, H. (Hrsg.): Kundendienst-Management, Frankfurt a.M./Bern, S. 145–170.

Hansen, U./Hennig-Thurau, T./Schroder, U. (2001): Produktpolitik, 3. Aufl., Stuttgart.

Hauschildt, J. (1997): Innovationsmanagement, 2. Aufl., München.

Literaturverzeichnis

Herrmann, A. (1992): Produktwahlverhalten. Erläuterung und Weiterentwicklung von Modellen zur Analyse des Produktwahlverhaltens aus marketingtheoretischer Sicht, Stuttgart.

Herrmann, A. (1998): Produktmanagement, München.

Hüttel, K. (1998): Produktpolitik, 3. Aufl., Ludwigshafen.

Kapferer, J.N. (1997): Strategic Brand Management, 2. Aufl., New York.

Koppelmann, U. (2001): Produktmarketing. Entscheidungsgrundlage für Produktmanager, 6. Aufl., Berlin u.a.

Laakmann, K. (1995): Value-Added-Services als Profilierungsinstrument im Wettbewerb, in: Meffert, H. (Hrsg.): Schriften zu Marketing und Management, Band 27, Frankfurt a.M.

Lehmann, D.R./Winer, R.S. (1996): Product Management, 2. Aufl., Boston.

Mayer, R. (1993): Strategien erfolgreicher Produktgestaltung, Wiesbaden.

Meffert, H./Bruhn, M. (2000): Dienstleistungsmarketing. Grundlagen, Konzepte, Methoden, 3. Aufl., Wiesbaden.

Meffert, H./Kirchgeorg, M. (1998): Marktorientiertes Umweltmanagement, 3. Aufl., Stuttgart.

Schmelzer, H.J. (1992): Organisation und Controlling von Produktentwicklungen. Praxis des wettbewerbsorientierten Entwicklungsmanagement, Stuttgart.

Schmitz, C.A. (Hrsg.) (1994): Managementfaktor Design, München.

Töpfer, A./Mehdorn, H. (2000): Total Quality Management, 5. Aufl., Neuwied u.a.

Weber, R.M. (1989): Erfolgreiches Service-Management. Die gewinnbringende Vermarktung von Dienstleistungen, Landsberg am Lech.

Wind, Y.S. (1982): Product Policy: Concepts, Methods and Strategy, Menlo Park, Cal.

Zeithaml, V.A./Bitner, M.J. (2000): Services Marketing, 2. Aufl., New York.

Literatur zur Preispolitik (Kapitel 6)

Böcker, F. (Hrsg.) (1982): Preistheorie und Preisverhalten, München.

Böcker, F. (1996): Marketing, 6. Aufl., Stuttgart.

Diller, H. (2000): Preispolitik, 3. Aufl., Stuttgart u.a.

Ebisch, H./Gottschalk, J. (2000): Preise und Preisprüfungen bei öffentlichen Aufträgen, 7. Aufl., München.

Hayes, R./Abernathy, W. (1980): Managing Our Way To Economic Decline, in: Harvard Business Review, Vol. 58, No.4, S. 67-77.

Henderson, B.D. (1986): Die Erfahrungskurve in der Unternehmensstrategie, 2. Aufl., Frankfurt a.M./New York.

Kilger, W./Vikas, K. (1993): Flexible Plankostenrechnung und Deckungsbeitragsrechnung, 10. Aufl., Wiesbaden.

Kreikebaum, H. (1997): Strategische Unternehmensplanung, 6. Aufl., Stuttgart u.a.

Meffert, H./Bruhn, M. (2000): Dienstleistungsmarketing. Grundlagen, Konzepte, Methoden, 3. Aufl., Wiesbaden.

Riebel, P. (1994): Einzelkosten- und Deckungsbeitragsrechnung. Grundfragen einer markt- und entscheidungsorientierten Unternehmensrechnung, 7. Aufl., Wiesbaden.

Schmalen, H. (1995): Preispolitik. Grundwissen der Ökonomik: Betriebswirtschaftslehre, 2. Aufl., Stuttgart/New York.

Simon, H. (1992): Preismanagement. Analyse, Strategie, Umsetzung, 2. Aufl., Wiesbaden.

Simon, H. (1995): Preismanagement kompakt. Probleme und Methoden des modernen Pricing, Wiesbaden.

Steffenhagen, H. (1995): Konditionengestaltung zwischen Industrie und Handel, Wien.

Literatur zur Kommunikationspolitik (Kapitel 7)

Aaker, D.A./Batra, R./Myers, J.G. (1996): Advertising Management, 5. Aufl., Englewood Cliffs.

Avenarius, H. (2000): Public Relations. Die Grundform der gesellschaftlichen Kommunikation, 2. Aufl., Köln.

Behrens, G. (1996): Werbung. Entscheidung – Erklärung – Gestaltung, München.

Belch, G.E./Belch, M.A. (2001): Introduction to Advertising and Promotion: An Integrated Marketing Communications Perspective, 5. Aufl., Chicago u.a.

Berndt, R./Hermanns, A. (Hrsg.) (1993): Handbuch Marketing-Kommunikation. Strategien, Instrumente, Perspektiven, Wiesbaden.

Birkigt, K./Stadler, M. (Hrsg.) (2000): Corporate Identity. Grundlagen, Funktionen, Fallbeispiele, 10. Aufl., Landsberg am Lech.

Blattberg, R.C./Neslin, S.A. (1990): Sales Promotion, Englewood Cliffs.

Bruhn, M. (1990): Sozio- und Umweltsponsoring. Engagements von Unternehmen für soziale und ökologische Aufgaben, München.

Bruhn, M. (1995): Integrierte Unternehmenskommunikation. Ansatzpunkte für eine strategische und operative Umsetzung integrierter Kommunikationsarbeit, 2. Aufl., Stuttgart.

Bruhn, M. (1997): Multimedia-Kommunikation. Systematische Planung und Umsetzung eines interaktiven Marketinginstruments, München.

Bruhn, M. (2002a): Kommunikationspolitik. Systematischer Einsatz der Kommunikation durch Unternehmen, 2. Aufl., München.

Bruhn, M. (2002b): Sponsoring. Systematische Planung und integrativer Einsatz, 4. Aufl., Frankfurt a.M./Wiesbaden.

Bruhn, M./Dahlhoff, H.-D. (Hrsg.) (1993): Effizientes Kommunikationsmanagement. Konzepte, Beispiele und Erfahrungen aus der integrierten Unternehmenskommunikation, Stuttgart.

Literaturverzeichnis

Cristofolini, P.M. (1995): Verkaufsförderung, in: Tietz, B./Köhler, R./Zentes, J. (Hrsg.): Handwörterbuch des Marketing, 2. Aufl., Stuttgart, Sp. 2566-2574.

Dallmer, H. (Hrsg.) (1997): Handbuch Direct Marketing, 7. Aufl., Wiesbaden.

Donnelly, W.J. (1996): Planning Media. Strategy and Imagination, London u.a.

Duncan, T.E./Moriarty, S.E. (1997): Driving Brand Value, New York.

Freter, H./Barzen, D. (1988): Segmentierung im Automobilmarkt, in: Marktforschung & Management, 32. Jg., Nr. 3, S. 87-92.

Gaede, W. (1981): Vom Wort zum Bild. Kreativ-Methoden der Visualisierung, München.

Haslhofer, G. (1996): Database Marketing, Wien.

Hermanns, A. (1997): Sponsoring. Grundlagen, Wirkungen, Management, Perspektiven, 2. Aufl., München.

Holland, H. (1993): Direktmarketing, München.

Hruschka, H. (1996): Marketing-Entscheidungen, München.

Hünerberg, R./Heise, G. (Hrsg.) (1995): Multi-Media und Marketing, Wiesbaden.

Hünerberg, R./Mann, A. (2002): Das Dienstleistungspotenzial des Internet, in: Bruhn, M./Stauss, B. (Hrsg.): Dienstleistungsmanagement. Jahrbuch 2002. Electronic Services, Wiesbaden, S. 43-66.

Huth, R./Pflaum, D. (2001): Einführung in die Werbelehre, 7. Aufl., Stuttgart u.a.

Kabel, P. (1995): Multimedia am Point-of-Fun und Point-of-Sale, in: Hünerberg, R./ Heise, G. (Hrsg.): Multi-Media und Marketing, Wiesbaden, S. 229-237.

Kinnebrock, W. (1994): Marketing mit Multimedia, Landsberg am Lech.

Kroeber-Riel, W. (1993): Bildkommunikation. Imagerystrategien für die Werbung, München.

Kroeber-Riel, W./Esch, F.-R. (2000): Strategie und Technik der Werbung. Verhaltenswissenschaftliche Ansätze, 5. Aufl., Stuttgart u.a.

Link, J./Hildebrand, V.G. (1997): Grundlagen des Database Marketing, in: Link, J./ Brändli, D./Schleuning, C./Kehl, R.E. (Hrsg.): Handbuch Database Marketing, Ettlingen.

Mayer, H. (1993): Werbepsychologie, 2. Aufl., Stuttgart.

Meinert, M. (1997): Mikrogeographische Marktsegmentierung – Theorie und Praxis, in: Dallmer, H. (Hrsg.): Handbuch des Direct-Marketing, 7. Aufl., Wiesbaden, S. 451-466.

Möhlenbruch, D./Schmieder, U.-M. (2002): Mobile Marketing als Schüsselgröße für Multichannel-Commerce, in: Silberer, G./Wohlfahrt, J./Wilhelm, T. (Hrsg.): Mobile Commerce. Grundlagen, Geschäftsmodelle, Erfolgsfaktoren, Wiesbaden, S. 67-89.

Nickel, O. (Hrsg.) (1998): Eventmarketing, München.

Percy, L. (1997): Strategies for Implementing Integrated Marketing Communication, Chicago.

Pflaum, D./Eisenmann, H. (1993): Verkaufsförderung, Landsberg am Lech.

Polifke, A./Siems, F. (1996): Die Verfahren zur Planung des Werbebudgets und ihre Verwendung in der Praxis, in: Der Markt, 35. Jg., Nr. 139, Heft 4, S. 191-198.

Rogge, H.-J. (2000): Werbung, 5. Aufl., Ludwigshafen.

Rossiter, J.R./Percy, L. (1997): Advertising Communications and Promotion Management, 2. Aufl., New York u.a.

Russel, J.T./Lane, W.R. (1996): Advertising Procedure, 13. Aufl., London u.a.

Schmalen, H. (1992): Kommunikationspolitik. Werbeplanung, 2. Aufl., Stuttgart u.a.

Sirgy, M.J. (1998): Integrated Marketing Communications. A System Approach, London u.a.

Steffenhagen, H. (2000): Wirkungen der Werbung. Konzepte – Erklärungen – Befunde, 2. Aufl., Aachen.

Strothmann, K.-H./Busche, M. (Hrsg.) (1992): Handbuch Messemarketing, Wiesbaden.

Tietz, B./Zentes, J. (1980): Die Werbung der Unternehmung, Reinbek bei Hamburg.

Töpfer, A./Greff, G. (1993): Marketing – direkt zum Zielkunden: Eine fortschrittliche Rückbesinnung auf individuelle Kundenkontakte, in: Greff, G./Töpfer, A. (Hrsg.): Direktmarkting mit neuen Medien, 3. Aufl., Landsberg am Lech.

Weis, H.C. (1996): Marketing-Kommunikation, Ludwigshafen.

Wells, W./Burnett, J./Moriarty, S. (1999): Advertising. Principles and Practice, 5. Aufl., Englewood Cliffs.

ZAW Zentralverband der Werbewirtschaft (Hrsg.) (2002): Werbung in Deutschland 2002, Bonn.

Literatur zur Vertriebspolitik (Kapitel 8)

Ahlert, D. (1996): Distributionspolitik. Das Management des Absatzkanals, 3. Aufl., Stuttgart/New York.

Ahlert, D./Olbrich, R. (Hrsg.) (1997): Integrierte Warenwirtschaftssysteme und Handelscontrolling, 3. Aufl., Stuttgart.

Albers, S. (1989): Entscheidungshilfen für den Persönlichen Verkauf, Berlin.

Bänsch, A. (1996): Verkaufspsychologie und Verkaufstechnik, 6. Aufl., München.

Barth, K. (1999): Betriebswirtschaftslehre des Handels, 4. Aufl., Wiesbaden.

Belz, C. (1999): Verkaufskompetenz, 2. Aufl., St. Gallen.

Berekoven, L. (1995): Erfolgreiches Einzelhandelsmarketing. Grundlagen und Entscheidungshilfen, 2. Aufl., München.

Bowersox, D.J./Closs, D.J./Helferich, O.K. (1986): Logistical Management. A Systems Integration of Physical Distribution, Manufacturing Support, and Materials Procurement, 3. Aufl., New York/London.

Bruhn, M. (2001): Bedeutung der Handelsmarke im Markenwettbewerb, in: Bruhn, M. (Hrsg.): Handelsmarken. Entwicklungstendenzen und Zukunftsperspektiven der Handelsmarkenpolitik, 3. Aufl., Stuttgart, S. 3-48.

Falk, B./Wolf, J. (1992): Handelsbetriebslehre, 11. Aufl., Landsberg am Lech.

Fischer, M. (1993): Make-or-Buy-Entscheidungen im Marketing – Neue Institutionenlehre und Distributionspolitik, Wiesbaden.

Literaturverzeichnis

Frey, U.D. (1997): Sales Promotion Power für mehr Umsatz, Landsberg am Lech.

Ihde, G.B. (2001): Transport, Verkehr, Logistik, 3. Aufl., München.

Irrgang, W. (Hrsg.) (1993): Vertikales Marketing im Wandel. Aktuelle Strategien und Operationalisierungen zwischen Hersteller und Handel, München.

Jauschowetz, D. (1995): Marketing im Lebensmitteleinzelhandel – Industrie und Handel zwischen Kooperation und Konfrontation, Wien.

Müller-Hagedorn, L. (1998): Der Handel, Stuttgart u.a..

Oehme, W. (2001): Handels-Marketing. Entstehung, Aufgabe, Instrumente, 3. Aufl., München.

Pfohl, H.-C. (2000): Logistiksysteme. Betriebswirtschaftliche Grundlagen, 6. Aufl., Berlin u.a.

Rosenbloom, B. (1999): Marketing Channels. A Management View, 6. Aufl., Hinsdale.

Ruhleder, R.H. (1998): Verkaufstraining intensiv, 7. Aufl., Stuttgart.

Schoegel, M. (1997): Mehrkanalsysteme in der Distribution, Wiesbaden.

Schoegel, M./Tomczak, T. (1995): Management von Mehrkanalsystemen: Phänomen, Herausforderungen und Lösungsansätze, St. Gallen.

Shapiro, R.D./Heskett, J.L. (1985): Logistics Strategy. Cases and Concepts, St. Paul u.a.

Specht, G. (1998): Distributionsmanagement, 3. Aufl., Stuttgart u.a.

Steffenhagen, H. (1995): Konditionengestaltung zwischen Industrie und Handel, Wien.

Stern, L.W./El-Ansary, A.I. (2001): Marketing Channels, 6. Aufl., Englewood Cliffs.

Tietz, B. (1993a): Der Handelsbetrieb, 2. Aufl., München.

Tietz, B. (1993b): Binnenhandelspolitik, 2. Aufl., München.

Weis, H.C. (2001): Verkauf, 5. Aufl., Ludwigshafen.

Literatur zur Marketingorganisation (Kapitel 9)

Berndt, R./Fantapie Altobelli, C./Sander, M. (1999): Internationales Marketing-Management, Berlin u.a.

Bleicher, K. (1991): Organisation. Strategien, Strukturen, Kulturen, 2. Aufl., Wiesbaden.

Bleicher, K. (1999): Das Konzept Integriertes Management, 5. Aufl., Frankfurt a.M./New York.

Bliemel, F./Fassott, G. (1995): Produktmanagement, in: Tietz, B./Köhler, R./Zentes, J. (Hrsg.): Handwörterbuch des Marketing, 2. Aufl., Stuttgart, S. 2120-2135.

Bromann, P. (1990): Strategische Organisationsentwicklung in Marketing und Vertrieb, Landsberg am Lech.

Diller, H. (1992): Marketingorganisation, in: Diller, H. (Hrsg.): Vahlens Großes Marketinglexikon, München, Sp. 691–692.

Frese, E. (Hrsg.) (1992): Handwörterbuch der Organisation, 3. Aufl., Stuttgart.

Frese, E. (2000): Grundlagen der Organisation. Konzept, Prinzipien, Strukturen, 8. Aufl., Wiesbaden.

Hilker, J. (1993): Marketingimplementierung, Wiesbaden.

Homburg, C./Krohmer, H. (2001): Marketingmanagement: Strategie, Instrumente, Umsetzung, Unternehmensführung, Wiesbaden.

Kieser, A./Kubicek, H. (1992): Organisation, 3. Aufl., Berlin u.a.

Köhler, R. (1993): Beiträge zum Marketing-Management. Planung, Organisation, Controlling, 3. Aufl. Stuttgart.

Köhler, R. (1995): Marketing-Organisation, in: Tietz, B./Köhler, R./Zentes, J. (Hrsg.): Handwörterbuch des Marketing, 2. Aufl., Stuttgart, Sp. 1636-1653.

Meffert, H. (1994): Marketing-Management. Analyse, Strategie, Implementierung, Wiesbaden.

Meffert, H./Bolz, J. (1998): Internationales Marketing-Management, 3. Aufl., Stuttgart u.a.

Nielsen Marketing Research (Hrsg.) (1994): Category Management, Lincolnwood.

Piercy, N. (1985): Marketing Organisation. An Analysis of Information Processing, Power and Politics, London u.a..

Quack, H. (1995): Internationales Marketing. Entwicklung einer Konzeption mit Praxisbeispielen, München.

Reber, G./Strehl, F. (Hrsg.) (1988): Matrix-Organisation. Klassische Beiträge zu mehrdimensionalen Organisationsstrukturen, Stuttgart.

Reidegeld, H. (1989): Aufgaben und Anforderungen an Produktmanager und Key-Account-Manager, in: Bruhn, M. (Hrsg.): Handbuch des Marketing. Anforderungen an Marketingkonzeptionen aus Wissenschaft und Praxis, München, S. 605–628.

Staehle, W.H. (1999): Management. Eine verhaltenswissenschaftliche Perspektive, 8. Aufl., München.

Literatur zum Marketingcontrolling (Kapitel 10)

Aaker, D.A. (1992): Management des Markenwertes, Frankfurt a.M. u.a.

Ansoff, H.I. (1979): Strategic Management, London.

Böcker, F. (1988): Marketing-Kontrolle, Stuttgart.

Bruhn, M. (1998): Wirtschaftlichkeit des Qualitätsmanagements, Wiesbaden.

Bruhn, M./Georgi, D. (1999): Kosten und Nutzen des Qualitätsmanagements, München.

Bruhn, M./Georgi, D./Treyer, M./Leumann, S. (2000): Wertorientiertes Relationship Marketing: Vom Kundenwert zum Customer Lifetime Value, in: Die Unternehmung, 54. Jg., Nr. 3, S. 167-187.

Bruhn, M./Murmann, B. (1998): Nationale Kundenbarometer, in: Band 1 der Basler Schriften zum Marketing, hrsg. von M. Bruhn, Wiesbaden.

Ehrmann, H. (1995): Marketing-Controlling, 2. Aufl., Ludwigshafen.

Grögl, P. (1988): Marketing-Controlling, Wien.

Hahn, D./Hungenberg, H. (2001): PuK – Wertorientierte Controllingkonzepte, 6. Aufl., Wiesbaden.

Literaturverzeichnis

Haseborg, F. Ter (1995): Marketing-Controlling, in: Tietz, B./Köhler, R./Zentes, J. (Hrsg.): Handwörterbuch des Marketing, 2. Aufl., Stuttgart, S. 1542-1553.

Herrmann, A. (1993): Marketing-Controlling. Erläuterungen der konzeptionellen Grundlagen zur Planung, Steuerung und Kontrolle der marketingpolitischen Aktivitäten am Beispiel von Unternehmen der Automobilindustrie, in: Jahrbuch der Absatz- und Verbrauchsforschung, 39. Jg., Nr. 1, S. 4-22.

Horváth, P. (1994): Controlling, 5. Aufl., München.

Knebel, R. (1995): Marketing und Kontrolle, Pfungstadt.

Köhler, R. (1993): Beiträge zum Marketing-Management. Planung, Organisation, Controlling, 3. Aufl., Stuttgart.

Köhler, R. (1994): Durch Marketing-Controlling zur konsequenten Kunden- und Prozeßorientierung im Target Marketing, in: Horváth, P. (Hrsg.): Kunden und Prozesse im Fokus, Controlling und Reengineering, Stuttgart, S. 61-79.

Köhler, R. (1998): Marketing-Controlling. Konzepte und Methoden, in: Reinecke, S./ Tomczak, T./Dittrich, S. (Hrsg.): Marketingcontrolling, St. Gallen, S. 10-21.

Köhler, R. (2001): Marketing-Controlling: Konzepte und Methoden, in: Reinecke, S./ Tomczak, T./Geis, G. (Hrsg.): Handbuch Marketing Controlling. Marketing als Treiber von Wachstum und Erfolg, Frankfurt/Wien, S. 12-31.

Liebl, W.F. (1989): Marketing-Controlling. Theorie, Praxis, Möglichkeiten, Wiesbaden.

Link, J./Gerth, N./Voßbeck, E. (2000): Marketing-Controlling. Systeme und Methoden für mehr Markt- und Unternehmenserfolg, München.

Mann, R. (1989): Praxis des strategischen Controlling, 5. Aufl., Landsberg am Lech.

Mayer, E./Liessmann, K./Freidank, C. (Hrsg.) (2001): Controlling-Konzepte, 5. Aufl., Wiesbaden.

Palloks, M. (1991): Marketing-Controlling. Konzeption zur entscheidungsbezogenen Informationsversorgung des operativen und strategischen Marketing-Management, Frankfurt a.M.

Peemöller, V.H. (2002): Controlling. Grundlagen und Einsatzgebiete, 4. Aufl., Herne.

Preißler, P.R. (1995): Controlling, 7. Aufl., München/Wien.

Preißler, P.R./Ebert, G./Koinecke, J./Peemöller, V.H. (1996): Intensivkurs Controlling, 6. Aufl., Landsberg am Lech.

Preissner, A. (1999): Marketing-Controlling, 2. Aufl., München.

Raffée, H./Wiedmann, K.-P. (1989): Frühaufklärungssysteme im Marketing, in: Bruhn, M. (Hrsg.): Handbuch des Marketing. Anforderungen an Marketingkonzeptionen aus Wissenschaft und Praxis, München, S. 23-68.

Reinecke, S./Tomczak, T./Dittrich, S. (Hrsg.) (1998): Marketingcontrolling, St. Gallen.

Risak, J./Deyhle, A./Eschenbach, R. (1992): Controlling. State of the Art und Entwicklungstendenzen, 2. Aufl., Wiesbaden.

Schierenbeck, H. (2000): Grundzüge der Betriebswirtschaftslehre, 15. Aufl., München/ Wien.

Schröder, E.F. (2000): Modernes Unternehmenscontrolling, 7. Aufl., Ludwigshafen.

Stichwortverzeichnis

A

ABC-Analyse 130
Absatzkanal 253ff., 274
Absatzkanalstruktur 253
–, horizontale 258ff.
–, vertikale 253ff.
Absatzmarkt 18f.
Absatzmittler
– -selektion 81, 258ff.
– -strategien 65, 80f.
Abschöpfungsstrategien 71, 73
Adopterkategorien 146
Adoptionsforschung 145ff.
Adoptionsprozess 145
Advocacy Advertising 238
AIDA-Schema 208
Akquisitorisches Potenzial 170
Aktivierung 106
Amoroso-Robinson-Relation 186, 191, 200
Analyse
– der Marketingsituation 25ff.
– des Marktes 19
– des Marketingsystems 18ff.
– -instrumente 62ff.
Angebotsmonopol 189ff.
Angebotsoligopol 189, 193ff.
Anreizsysteme 268f.
Atomistische Konkurrenz 194
Auflage 221
Auftragsabwicklung 270
Außendienst 268ff.

B

Balanced-Scorecard 299
Befragung 91, 99ff.
–, Experten- 124
–, Omnibus- 100
–, Online- 102
–, persönliche 101
–, schriftliche 100
–, telefonische 101
–, Typen 100ff.
Bekanntheitsgrad 26, 207
Benchmarking 294
Beobachtung 91, 104ff.

–, apparative 104ff.
–, Feld- 104ff.
–, Laboratoriums- 104ff.
–, persönliche 104ff.
Bestimmtheitsmaß 114, 122
Beziehungsmarketing 32ff.
Bildkommunikation 227
Bivariate Verfahren 112f.
Blickaufzeichnung 104, 106
Blindtest 143
Boni 31, 167, 169, 261
Boston-Portfolio 70ff.
Botschaftsgestaltung 227
Bottom-up-Planung 52
Brainstorming 135
Brainwriting 135
Brand Identity 150
Break-even-Analyse 179f., 294
Briefing 227
Bruttoreichweite 222
Budget
– -aufteilung 50, 220ff.
– -kontrollen 301ff.
– -verteilung 50, 220ff.
Budgetierung
–, Heuristische Ansätze 217ff.
–, Methoden 48ff.
–, Optimierungsansätze 50f., 217f.
Business-to-Business 32
Buying-Center 35

C

Carryover-Effekte 228
Category Management 80, 275, 288
Chancen-Risiken-Analyse 42, 260
Chi-Quadrat-Test 113
Ceteris Paribus-Bedingung 188, 217
Clusteranalyse 115
Computer Aided Telefon Interviewing (CATI) 101
Consumer Promotions 230
Corporate Design 248
Costcenter 156
Cournot-Formeln 190f.
Customer Lifetime Value 176

319

Stichwortverzeichnis

D

Dachmarkenstrategie 149
Database Management 235f.
Datenanalyse
–, Methoden 112ff.
–, multivariate 114ff.
–, uni- und bivariate 112ff.
–, Verfahren 112ff.
Datengewinnung 99ff.
Datenmatrix 112
Deckungsbeitrag(s)
–, kennzahlen 300
– -rate 181f.
– -rechnung 164f., 296f.
Deckungsspanne 164f., 179
Deckungsspannenzuschlag 178
Degression
–, Größen- 199
–, Kosten- 71, 198
–, Technologie- 199
Delphi-Technik 124
Demoskopische Marktforschung 91
Dependenzanalyse 114ff.
Desinvestitionsstrategie 71, 73
Dienstleistungsqualität 36
Dienstleistungsmarken 148
Dienstleistungsmarketing 35
Differenzialrechnung 184
Diffusionsprozess 146
Direct Marketing 30, 254
–, Begriff 233
–, Erscheinungsformen 234f.
–, Ziele 233
Direkte-Produkt-Rentabilität 164
Diskriminanzanalyse 116
Distributionsgrad 275
Distributionspolitik 249ff.
Diversifikation 21, 161
Down-up-Planung 52
Duopol 193

E

EA-CA-Typ 107
E_1A- E_2BA-CBA-Typ 107
EBA-CBA-Typ 107

EBA-Typ 107
Efficient Consumer Response (ECR) 275f.
Einstellungen 208
Einzelexploration 103
Einzelhandel
–, Betriebstypen 256f.
–, Kooperationsformen 257f.
Einzelkosten 177
Einzelmarkenstrategie 149
Electronic Commerce 255
Electronic Data Interchange (EDI) 271
Electronic Data Interchange for Administration, Commerce and Transport (EDIFACT) 271
Entscheidungsorientierter Ansatz 23
Erfahrungskurve 70, 198
Erfolgsfaktor 16, 85
Erfolgskontrolle 296ff.
Erfolgsrechnungen 297f.
Erwartungswertmaximierung 182
Europäische Artikel-Nummer (EAN) 110, 151
Evaluierungsverfahren 225
Event Marketing 30, 245
Exklusivvertrieb 258
Experimente(n) 106ff.
–, Fragestellungen 106
–, Grundtypen 107f.
Experimentelles Design 106f.
Expertenbefragung 124

F

Faktorenanalyse 114
Feldbeobachtung 104f.
Felduntersuchung 92
Fernsehwerbung 213f.
Franchisesysteme 263
Frühwarnsysteme 295, 304
Full-Service-Agenturen 207
Funktion(en)
–, Gewinn- 185, 199
–, Preis-Absatz-, Lineare 184f.
–, Rentabilitäts- 185
Funktionsanalyse 136

G

Garantie
- -dauer 153
- -leistungen 127
- -leistungspolitik 153
- -umfang 153

Gemeinkosten 177
Gemeinkostenwertanalyse 301
Gesamtmarktabdeckung 62
Gestaltpsychologie 246
Gewinn 26
Gewinnfunktion 185, 199
Gewinnmaximierung
-, im Monopol 189f.
-, im Polypol 196
Gewinnplanung 142
Gewinnvergleichsrechnung 265
Gleichgewichtspreis 194
Grenzgewinnfunktion 185
Grenzkostenfunktion 185
Grenzrentabilitätsfunktion 185
Grenzumsatzfunktion 185
Größendegression 199
Großhandel 255f.
Gross-Rating-Points 224
Gruppeninterview 103

H

Häufigkeitsauszählungen 112f.
Handel 274ff.
Handelsforschung 108
Handelskonzentration 22
Handelsmarken 148
Handelspanel 109
Handelsspanne 261
Handelsvertreter 264
Hochpreisstrategie 173

I

Ideenproduktion 135f.
Ideensammlung 134f.
Image 26, 207
Implementierung(s)
- -kontrolle 85

- -organisation 86
- -prozess 82ff.
- -träger 85
- von Marketingstrategien 82ff.

Indikatorprognosen 122
Individualmarketing 35
Industriegütermarketing 35
Informationsbedarfsanalyse 291
Informationsquellen 111, 134
Informationsversorgung 291
Instrumentalstrategien 55, 64, 66, 81f.
Instrumente
-, Marketing- 28f.
-, strategische 62ff.
Integration
- der Marketingaktivitäten 15
- der Kommunikation 205, 246ff.
-, Rückwärts- 161
-, Vorwärts- 161
Integrierte Kommunikation
-, Aufgaben 246f.
-, Begriff 246f.
-, Formen 247f.
Interdependenzanalyse 114f.
Intermediaselektion 213
Internationales Marketing 282
Internes Marketing 18, 36, 86, 283
Internet 22, 79, 102, 278
Intervallskalierte Daten 112
Interview 101
Interviewer-Bias 101
Intramediaselektion 220
Investitionsrechnung 141, 260
Investitionsstrategie 71, 73

J

Just-in-Time 154, 250, 273

K

Kannibalisierungseffekte 149
Kapitalbedarfsfunktion 192
Kaufpräferenzen 26
Key Account Management 22, 34, 282
Klumpenauswahl 99

Stichwortverzeichnis

Kommissionär 263f
Kommunikation(s)
− -budget 205
−, Entwicklungsphasen 202f.
− -formen 201f.
− -instrumente 30, 205
−, Integrierte 245ff.
−, Mitarbeiter- 30, 201f., 245
−, Multimedia- 30, 241ff.
−, Persönliche 30, 36, 245
− -planung 203ff.
− -strategie 82, 205
− -wettbewerb 202f.
− -ziele 204
−, Zielgruppen 205
Kommunikationspolitik
−, Bedeutung 201ff.
−, Definition 201ff.
−, Instrumente 30, 205,
Komparativer Konkurrenzvorteil (KKV) 16
Konkurrenz
−, atomistische 194
−, polypolistische 195f.
Konkurrenzforschung 79, 89, 91
Konkurrenzstrategie 65, 67
−, Begriff 77
−, Typen 77f.
Konsumentenforschung 91
Konsumentenpanel 110f.
Konsumententypologien 211
Konsumgütermarketing 34
Kontaktbewertung 223
Kontaktgewichtungen 223ff.
Kontaktmaßzahl 221ff.
Kontaktmengenbewertungskurven 223
Kontaktmengengewichte 226
Kontaktwahrscheinlichkeiten 225
Kontingenzanalyse 116
Kontrahierungspolitik 168
Kontrolle 40, 295ff.
−, Budget- 301f.
−, Effizienz- 299f.
−, Erfolgs- 296ff.
−, Ergebnis- 295f.
−, Methoden- 302
−, Preis- 172f.

−, Prozess- 302
−, Zeit- 302
Konzentrationskurve 130
Konzentrationsverfahren 95
Konzept der schwachen Signale 304
Korrelationsanalyse 113
Korrelationskoeffizienten 113, 122
Kostendegression 71, 199
Kostenführerschaft 76, 82
Kostenfunktion 191
Kostenträgerrechnung 176
Kostenwettbewerb 17
Kostenvergleichsrechnung 264
Kreativitätstechniken 135ff.
Kreuzpreiselastizitäten 187, 193
Kreuztabellierung 113
Kultursponsoring 240
Kundenanforderungen 140
Kundenbarometer 294
Kundenbindung 22, 28
Kundendienst(politik) 154ff.
−, Formen 154
−, Instrumente 156f.
− -kosten 158
− -mix 156
−, Träger 156
−, Ziele 155f.
Kundengruppenmanagement (s.
  Key Account)
−, Aufgaben 286
−, organisatorische Verankerung 287f.
Kundenkontaktstudien 104
Kundenlaufstudien 104
Kundennutzen 14, 127, 139f.
Kundenorientierung 77, 86
Kundenreaktionsstudien 104
Kundenservice 152
Kundenstrukturanalyse 130f.
Kundenwert 176, 298
Kundenzufriedenheit 22, 28, 46

L
Laborbeobachtung 104, 105
Laboruntersuchungen 90
Lageparameter 113

Lager
–, Arten 272f.
– -haltung 272f.
Lagrange-Ansatz 165f.
Lambda 166
Lastenheft 139f.
Lebenszyklusanalyse 54, 63ff., 70
Leistungsprogramm 126ff.
–, Festlegung 126
–, Kontrolle 133
Leistungspolitik 125
Leitmedium 213
Leitpreis 194
Leser pro Ausgabe (LpA) 221
Leser pro Nummer (LpN) 222
Liefer
– -bedingungen 31
– -bereitschaft 153
– -leistungspolitik 154
– -zuverlässigkeit 153
Lineare Programmierung 166, 193, 225f.
LISREL 117
Logistikinformationssysteme 271
Logistiksysteme 31
–, Definition 269
–, Gestaltung 250, 269ff.
–, Paradigma 270
Lokaler Testmarkt 144
Lückenanalyse 131f.

M
Makler 264
Makrosegmentierung 61
Marginalanalyse 184ff.
–, Annahmen 188f.
–, Voraussetzungen 184ff.
–, zur Budgetfestlegung 216f.
Marke 147ff.
Marken
– -artikel 147
–, Handels- 148
– -politik 34, 147ff.
– -positionierung 67f., 208
– -strategien 133, 149f.
– -transfer 149

– -typen 148
– -wert 298
Markenpolitik 147ff.
Markenstrategien 149ff.
Marketing
– als Managementfunktion 37ff.
– als marktorientiertes Entscheidungsver-
  halten 23ff.
–, analytisches 15
– -Auditing 302ff.
–, Aufgaben 21ff.
–, Begriff 13ff.
– -budget 40, 48ff., 293
–, Budgetierungsmethoden 48ff.
–, Definition 14
–, Dienstleistungs- 35f.
–, Entwicklungsphasen 15ff.
– -erfolgsfaktoren 16f., 67
– -forschung 87ff.
–, Frühwarnsysteme im 304
–, Handels- 80
–, Individual- 35
–, Industriegüter- 35
–, Institutionelle Besonderheiten 34ff.
– -instrumente 28ff., 50
–, Integriertes 15
–, Internes 18, 36, 86
–, -jahrespläne 51
–, Konsumgüter 34
– -kontrolle 40, 51, 295ff.
–, kreatives 15
– -maßnahmen 40, 50
–, Merkmale 14f.
– -mix 29, 31
– -organisation 277ff.
–, Philosophie 15
– -plan 37ff., 293
– -planung 51f., 293f.
– -problemstellungen 44f.
– -situation(s)analyse 41ff.
– -strategie 40, 47, 53ff.
– -variablen 23
–, vertikales 230
– -ziele 26ff., 40, 45f.
Marketingbudget 48ff. (s. auch Budget)

Stichwortverzeichnis

Marketingbudgetierung 48ff. (s. auch Budgetierung)
Marketingcontrolling
_, Aufbau 289ff.
–, Aufgaben 290f.
–, Begriff 289
–, Instrumente 291f.
–, Schnittstellenbeziehungen 305f.
–, Ziele 289f.
Marketingforschung
–, Aufgaben 87ff.
–, Begriff 87
–, Funktionen 87f.
–, Methoden 90ff.
–, Untersuchungsbereiche 88f.
Marketing-Frühwarnsysteme 304
Marketinginstrumente
–, Einsatz 50
–, Überschneidungen 30
Marketing-Jahrespläne 51
Marketingkontrolle (s. auch Kontrolle)
–, Definition 295
–, Instrumente 295ff.
Marketingmanagement 21ff.
Marketingmaßnahmen 40, 50
Marketingmix 29, 31
Marketingorganisation
–, Anforderungen 277ff.
–, Begriff 277
–, Gestaltung 277ff.
–, Grundformen 280ff.
–, Überprüfung 304f.
Marketingpersonal 305
Marketingplan(s)
–, Anforderungen 38f.
–, Funktionen 39
–, Inhalte eines 39f.
–, Überprüfung 303
Marketingplanung 37ff.
–, Ebenen 51f.
–, Phasen 41ff.
–, Träger 52
–, Typen 51ff.
Marketingsituation 25, 40
–, Analyse 27, 41ff.
–, Bestimmungsfaktoren 25ff.

Marketingstrategie(n)
–, abnehmergerichtete 75ff.
–, Anforderungen 54
–, Ausprägungen 57f.
–, Bedeutung 53ff.
–, Begriff 53f.
–, Beispiele 47
–, Entwicklung 54
–, Formulierung 46f.
–, handelsgerichtete 80f.
–, Implementierung von 40, 47, 82ff.
–, Konkurrenzgerichtete 77ff.
–, konkurrenzorientierte 77ff.
–, Merkmale 53f.
–, Planung 57
–, Typen 53ff.
Marketingziel(e)
–, Anforderungen 45f.
–, Beispiele 28
–, -beziehungen 46
–, Festlegung 45ff.
–, ökonomische 26
–, Operationalisierung 28, 46
–, psychologische 26
–, strategische 54, 303
Markierung 29, 147
Markt
– -abdeckung 62,
– -abgrenzung 18ff.
– -anteil 26, 54, 70
–, begriff 18
–, bearbeitungsstrategien 47, 55, 61f., 75ff.
– -chancen 42, 44
– -durchdringung 21f.
– -einführung 144ff.
– -entwicklung 88
– -erschließung 21, 72
– -folger 79
– -formen 189
– -forschung 88, 90ff., 305
– -führer 79
–, heterogener 195
–, homogener 194
–, lebenszyklus 65ff.
– -nischenanbieter 79

324

Stichwortverzeichnis

- -nischenstrategie 79
- -prognose 88, 117ff.
- -prozesse 19
- -reaktionsfunktionen 24, 50f.
- –, reaktionsgebirge 24
- –, relevanter 18ff., 41
- -risiken 42
- -segmente 40, 45, 58ff.
- -segmentierung 21, 45, 55, 58ff.
- -segmentstrategien 61f.
- -spezialisierung 62
- -strukturen 19
- -teilnehmer 88
- -test 143f.
- –, unvollkommener 195
- –, vollkommener 194
- –, wahl 56
- -wahlstrategie 56
Marktabgrenzung 18ff., 58
Marktanteil 26, 54, 70
Marktanteils-Marktwachstums-Portfolio
    70ff.
Marktbearbeitungsstrategie 47, 61f., 75ff.
Marktforschung
–, Begriff 90
–, Formen 90ff.
–, Kosten 94
–, Methoden 90ff.
–, Nutzen 94
–, Prozess 93ff.
–, Träger 92
Marktlebenszyklusanalyse 65f.
Marktorientierte Unternehmensführung 14
Marktprognose(n)
–, Entwicklungs- 120ff.
–, Formen 117ff.
–, Gegenstand 117
–, Indikator- 122
–, Methoden 120ff.
–, Prozess 118ff.
–, qualitative 124
–, quantitative 120ff.
–, Trend- 120f.
–, Typen 117f.
–, Wirkungs- 122f.
Marktreaktionsfunktion 24, 123

Marktreaktionsgebirge 24f.
Marktsegmente
–, Abgrenzung 45, 58ff.
–, Auswahl 45, 58ff.
Marktsegmentierung(s)
–, Anforderungen 59f.
–, Begriff 21, 58
–, Ebenen 59
–, Kriterien 60ff.
–, mehrdimensionale 61
–, Methoden 58ff.
–, stufenweise 61
–, Vorgehen 45
Marktteilnehmerstrategien 55, 75
Markttest 143f.
Marktwahlentscheidungen 56ff.
Massenkommunikationsmittel 206
McKinsey-Portfolio 72f.
Mediagewichte 223
Mediakombination 222
Medianutzerschaften 221
Mediaplan 220
Mediaselektion
–, Inter- 213
–, Intra- 220
Mediaselektionsmodelle 226
Mediastrategie 213
Mediawerbung 30, 206ff., 238
    (s. Werbung)
Mehrfachtest 143
Mehrmarkenstrategie 149
Mengenanpasser 194
Merchandising 231
Messen und Ausstellungen 30, 245
Messmodell 117
Methode der kleinsten Quadrate 114
Methode 6-3-5 135f.
Me-too-Produkte 34, 150
Metrisch skalierte Daten 114
Mikrogeographischer Zielgruppenansatz
    235
Mikrosegmentierung 61
Mitarbeiterkommunikation 30, 245
Mitarbeiterorientierung 86
Mitarbeiterzufriedenheit 46
Mittelpreisstrategie 173

Monopol
- Gewinnmaximierung 189ff.
- Rentabilitätsmaximierung 191ff.
- Umsatzmaximierung 191
- Morphologische Analyse 136
Multimedia
- -Anwendungen 241
-, Defintion 241
Multimedia-Kommunikation 31
-, Begriff 241f.
-, Maßnahmen 242ff.
-, Ziele 241f.
Multivariate Analysen 114ff.
Mund-zu-Mund-Kommunikation 36, 46

N

Nachfrageelastizität 186f.
Namensgebung 29, 133
Nettoreichweite 224
Netzwerkorientierung 18
Neuprodukteinführung 144ff.
Neuproduktplanung 133ff.
Neuproduktplanungsprozess 134ff.
Niedrigpreisstrategie 173
Nischenstrategie 79
Non-profit-Marketing 36
Normstrategien 71f.

O

Öffentlichkeitsarbeit 236ff.
Ökoskopische Marktforschung 90
Oligopol 193f.
Omnibus-Befragung 100
Online
- -Abfragen 270
- -Anbieter 255
- -Banner 214
- -Befragung 91, 100, 102
- -Shopping 255, 260
- -Systeme 241
- -Werbung 214
Optimierungsverfahren
- zur Budgetierung 50f., 216f.
- zur Werbestreuplanung 225f.

Organisation 277ff.
  (s. Marketingorganisation)
Outpacingstrategien 77

P

Packung 150f.
Panel
- -effekte 111
-, Erscheinungsformen 108ff.
-, Merkmale 109
- -repräsentativität 111
Paradigmenwechsel 31ff.
Partialtest 143
Penetrationsstrategie 174
Persönliche Kommunikation 30, 36, 245
Phase der Netzwerkorientierung 18
Planung
-, Kommunikations- 204
-, Marketing- 37ff.
-, Neuprodukt- 133ff.
-, Preis- 170ff.
-, Produkt- 129ff.
-, Vertriebs- 251f.
Point of Sale 229
Polypol
- auf unvollkommenen Märkten 195f.
- auf vollkommenen Märkten 194f.
-, Gewinnmaximierung 196
-, Rentabilitätsmaximierung 197
-, Umsatzmaximierung 197
Polypolistische Konkurrenz 195f.
Portfolio
-, Ablaufschritte 69ff.
- -analyse 54, 69ff.
-, Boston- 70f.
-, Ist- 69
-, Kunden- 294
-, Marktanteils-Martktwachstums- 70ff.
-, McKinsey- 72ff.
-, Soll- 70
-, Wettbewerbsvorteile-Marktattrak-
  tivitäts- 72 ff.
Positionierung 67ff.
Positionierungsanalyse 67ff.
Prämiensysteme 269

Preis 29, 168
Preisabfolge 174
Preis-Absatz-Funktion
–, Definition 184
–, einfach geknickte 194
–, dynamische 200
–, im Oligopol 193f.
–, im Polypol 195f.
–, zweifach geknickte 195
Preisbarriere 197
Preisbestimmung
–, kostenorientierte 176ff.
–, marginalanalytische 184ff.
–, marktorientierte 179f.
–, Verfahren 176ff.
Preisbündelung 176
Preisdifferenzierung 174ff.
Preiselastizität(s)
– der Nachfrage 186ff.
– -koeffizient 186
–, Kreuz- 187f.
Preisfestlegung
– im Monopol 189ff.
– im Oligopol 193f.
– im Polypol 194ff.
–, konkurrenzorientierte 194
–, kostenorientierte 176ff.
– marginalanalytische 184ff.
– marktorientierte 179ff.
–, Methoden 176ff.
– nach der Break-even-Analyse 179f.
– nach der Deckungsbeitragsrate 181f.
– nach der Teilkostenrechnung 178
– nach der Vollkostenrechnung 177
–, Prozess 170ff.
– unter Risiko 182ff.
Preisfolgerschaft 174
Preisführerschaft 174, 194
Preiskampf 174, 194
Preiskontrollen 172f.
Preismanagement
–, dynamisches 198ff.
–, statisches 176ff.
Preisnachlässe 168f.
Preisoptimum 184, 193
Preispolitik

–, Anlässe für Entscheidungen 169f.
–, Begriff 167
–, Instrumente 30, 168f.
–, Konkurrenzgebundenheit 188
–, Ziele 167ff., 189, 191, 194
Preispositionierung 173
Preisstrategie 81, 133, 173ff.
Preisuntergrenzen
–, Definition 197
–, kurzfristige 198
–, langfristige 198
Preiswettbewerb 173f.
Preiszuschläge 169
Pressearbeit 237
Primärforschung 91, 99
Produkt
– -begriff 29, 125
– -beschreibung 139
– -design 126
– -differenzierung 21, 29, 133, 160
– -diversifikation 161
– -einführung 145ff.
– -eliminierung 162f.
– -gestaltung 126
– -ideen 134ff.
– -innovationen 21, 29, 145f.
– -konzepte 139ff.
– -lebenszyklusanalyse 63ff.
– -linien 160f.
– -management 128ff.
– -mix 126
– -neueinführung 145
– -spezialisierung 161
– -strategie 81
– -test 143
– -verbesserungen 21, 29, 134, 141, 161
– -ziele 131f.
Produktideen
–, Grobauswahl 137ff.
–, Suche 134ff.
Produktlebenszyklus 63ff.
Produktmanagement(s)
–, Aufgaben 128, 284f.
–, organisatorische Verankerung 285f.
–, Prozess 128ff.
Produktplanungsprozess 129ff.

327

Stichwortverzeichnis

Produktpolitik
–, Aufgaben 125ff.
–, Budgetierung 133
–, Definition 125
–, Entscheidungen 125ff.
–, Instrumente 29, 133
–, Neu- 133ff.
–, Planungsprozess 129
–, Ziele 127, 131f.
Produkt-Markt-Matrix 21f.
Produktpositionierungsanalyse 67ff.
Produktstrategien 64, 66
Produkttest 104, 143
Profitcenter 156
Prognose
(s. Marktprognose)
Programmanalysen 129ff.
Programmsponsoring 240
Prohibitivpreis 184
Provisionssysteme 269
Public Relations 236ff.
–, Definition 236
–, Erscheinungsformen 236f.
–, Maßnahmen 237f.
Pull-Strategie 80, 232, 261
Punktbewertungsverfahren 137ff., 260
Punktelastizitäten 186
Push-Strategie 80, 232, 261

Q

Qualität 18, 155
Qualitative
–, Marktforschung 92
–, Prognoseverfahren 123f.
–, Studie 103
Qualitätsführerschaft 75f., 81
Qualitätsstrategie 132
Qualitätswettbewerb 17
Quality Function Deployment (QFD)
139
Quantitative
–, Marktforschung 92
–, Prognoseverfahren 120ff.
–, Studie 103
Quotenauswahl 96

Quotientenregel 191

R

Rabatte 29, 169, 261
Rangreihenverfahren 224f.
Ratioskala 112f.
Reaktionselastizität 193
Recalltest 228
Recognitiontest 228
Recovery 33
Recruitment 32
Regressionsanalyse
–, einfache 114
–, multiple 115f., 123
Reichweite
–, Brutto- 222
–, Kennziffern 221f.
–, Netto- 222, 224
Reisender 264
Reizobjektermittlung 137
Reizwortanalyse 136
Relationship Marketing 32ff.
Relevanter Markt(es)
–, Abgrenzung 18ff., 41
–, Begriff 18ff.
Reliabilität 94
Rendite 26
Rentabilitätsfunktion 185
Rentabilitätsmaximierung 191f.
Repräsentativität 95
Retention 32
Rundfunkwerbung 214

S

Scoringmodell 139
Sedas-Daten-Service SDS 271
Sedas-Informationssatz SIN-FOS 271
Segmentierung (s. Marktsegmentierung)
Segmentierungskriterien 60f.
Sekundärforschung 91, 99, 111f.
Selektionsstrategien 73, 253ff.
Serviceleistungen 29, 127f., 152, 262
Serviceniveau 158f.
Servicepolitik 133, 152ff.

328

Simplex-Methode 166, 193
Single-Source-Ansatz 110
Situationsanalyse 41ff., 130f.
Skalenniveaus 112, 116
Skalierung 116
Skimmingstrategie 174
Skonti 29, 169
Sortiment(s)
– -bereinigung 163
– -breite 159
– -erweiterung 21, 159f.
– -planung 159ff.
– -politik 159ff.
– -tiefe 159
Sortimentsplanung
–, Aufgabenbereiche 159ff.
– bei mehreren Engpässen 166
–, Gegenstand 159
–, Methoden 163ff.
– mit einem Engpass 164ff.
– ohne Engpass 163f.
Sozio- und Umweltsponsoring 240
Spearman´scher Rangkorrelationskoeffizient
    113
Sponsoring 30
–, Begriff 239
–, Erscheinungsformen 239f.
– Ziele 239
Sportsponsoring 240
Standardfehler 97
Stärken-Schwächen-Analyse 43, 260, 294
Stärken-Schwächen/Chancen-Risiken-
    Analyse 43ff.
Statistische Verfahren
–, bivariate 113f.
–, Klassifikation 112
–, multivariate 114ff.
–, univariate 112f.
Stichprobe(n)
– -auswahlverfahren 95ff.
–, Begriff 95
– -planung 94ff.
– -umfang 98
Stimmfrequenzanalysen 104
Storetest 144
Strategie(n)

–, abnehmergerichtete 75ff.
–, Absatzmittler- 55, 80ff
–, Abschöpfungs- 71
– der Gesamtmarktabdeckung 62
– der Kostenführerschaft 75
– der Marktspezialisierung 62
– der Preispositionierung 173
– der Produktspezialisierung 61
– der Qualitätsführerschaft 75f.
– der selektiven Kostenführerschaft 76
– der selektiven Qualitätsführerschaft 76
– der selektiven Spezialisierung 62
–, Desinvestitions- 72, 74
– -implementierung 82ff.
–, Instrumental- 55, 64, 66, 81f.
–, Investitions- 71, 73
–, Konkurrenz- 77ff.
–, Marktbearbeitungs- 61f., 75ff.
–, Marktnischen- 79
–, Wachstums- 73
Strategieimplementierung 82ff.
Strategie-Potenzial-Fit-Analyse 83
Strategische Analyseinstrumente 62ff.
Strategische Erfolgsposition (SEP) 16
Strategische Geschäftseinheiten
–, Anforderungen 57f.
–, Begriff 56
–, Bildung 56f.
Strategische Geschäftsfelder 55
Strategisches Dreieck 77f.
Strategisches Marketing 53ff.
Streuparameter 113
Streuverluste 220f.
Strukturmodell 117
Stuck-in-the-middle-Phänomen 76
Supply Chain Management 275f.
SWOT-Analyse 43f., 203
SWOT-Matrix 43
Synektik 135
Szenario-Technik 124, 294

T
Tachistoskopische Tests 104, 228
Tausenderkontaktpreis (TKP) 224
Teilerhebung 95
Teilkostenrechnung 164, 178

Stichwortverzeichnis

Teilmarktabdeckung 76
Teil-Service-Agenturen 207
Teleshopping 254
Testkäufe 105
Testmarkt 144
Top-down-Planung 52
Trade Promotions 230
Trading down 160
Trading up 160
Transaktionsmarketing 32
Transport 273f.
Trendprognosen 120ff.
Triffinscher Koeffizient 188

U

Überschneidungen
–, externe 222
–, interne 222
Umsatz 26
– -funktion 185
– -kennzahlen 300
– -maximierung 191
– -prognose 142
– -strukturanalysen 130
Unelastische Nachfrage 186
Unique Advertising Proposition (UAP) 213
Unique Communication Proposition (UCP) 213
Unique Selling Proposition (USP) 16, 126, 213
Univariate Verfahren 112f.
Unternehmensführung
–, Duales Konzept 14
–, marktorientierte 14
Unternehmenskultur 84

V

Validität 94
Value added Service 127, 152, 157f.
Variable
–, abhängige 106
–, latente 116
–, manifeste 116
–, unabhängige 106

Varianzanalyse 116
Verkaufsbezirke 267
Verkaufsförderung
–, Begriff 229
–, Erscheinungsformen 230ff.
–, Ziele 229f.
Verkaufsorgane
–, Anreizsysteme 268f.
–, Auswahl 263ff.
–, Steuerung 267f.
Verkaufsquoten 267
Verkaufsrouten 267
Verkaufsstellen 254
Verpackung 29, 150f.
Verpackungsinnovationen 151
Verpackungspolitik 133
–, Anforderungen 150f.
–, Begriff 150
–, Funktionen 150f.
Verpackungstest 104
Vertikales Marketing 230
Vertragshändlersysteme 262f.
Vertrieb(s)
– -bindungssysteme 262
–, direkter 35, 253ff.
–, einstufiger, indirekter 254
–, Exklusiv- 258
–, indirekter 255ff.
–, mehrstufiger, indirekter 254
– -planung 251ff.
– -politik 249f.
–, Selektiv- 258
– -strategie 251
– -systeme 30, 249
–, Universal- 258
Vertriebsplanung 251f.
Vertriebspolitik
–, Begriff 249
–, Instrumente 30f.
–, Ziele 250
Vertriebsstrategie 82, 251
Vertriebssysteme 30
–, Allein- 262
–, Akquisition 261
–, Bewertung 259f.
–, Gestaltung 253ff.

Stichwortverzeichnis

–, Selektion 253ff.
–, Stimulierung 261f.
–, Typen 253f.
–, vertragliche 262f.
Vier Ps 29ff., 33
Vollkostenrechnung 163, 176f.
Volltest 143

W
Wachstumsstrategie 73
Warengruppenmanagement (s. auch
  Category Management) 288
Warenwirtschaftssysteme (WWS) 271
Werbeagenturen 207
Werbeanteils-Marktanteils-Methode 218
Werbebotschaft
–, Beurteilungskriterien 227
–, Gestaltung 227
Werbebudget
–, Festlegung 215ff.
–, Verteilung 220ff.
Werbebudgetierung"
–, Definition 215
–, heuristische Ansätze 217
–, Methoden 216ff.
–, Optimierungsansätze 217
Werbemittel 206
Werbeplanung 207ff.
Werbereaktionsfunktion 215f.
Werbestrategie
–, Beispiele 214
–, Definition 211
Werbestreuplanung
–, Definition 220
–, Verfahren 224ff.
Werbeträger 206, 213
Werbewirkung(s)
– -analyse 228
–, Kontrolle 228
– -stufen 228
Werbeziele
–, Kategorisierung 207f.
–, Formulierung 209
Werbezielgruppen 209ff.
Werbung

–, Begriff 206
–, Planung 206ff.
Wertanalysen 301
Wettbewerbsdimensionen 17
Wettbewerbskommunikation 203
Wettbewerbs-Paritäts-Methode 219
Wettbewerbsstrategien
–, Grundkonzeptionen von 75ff.
–, Typen 78f.
Wettbewerbsvorteil(e)
–, Anforderungen 16
–, Beispiele 17
–, relative 72f.
Wettbewerbsvorteils-Marktattraktivitäts-
  Portfolio 72ff.
Wirkungsmodelle 123
Wirkungsprognosen 122ff.
Wirtschaftlichkeitsanalyse 141, 294
World Wide Web (WWW) 241

Y
Yield Management 175

Z
Zapping 213
Zeitwettbewerb 17
Zero Base Budgeting 301
Ziel-Maßnahmen-Methode 219
Zielgruppe(n)
– -affinität 221
–, Anforderungen an die Beschreibung
  210
–, Begriff 209
– -beschreibung 210f.
– - -erreichbarkeit 210f., 220
– -identifikation 210
–, konsumentenbezogene 210
–, organisationsbezogene 210
–, -typologien 211
Zufallsauswahl 96ff.

331

Gabler Marketing Highlights

Manfred Bruhn
Marketing
Grundlagen für
Studium und Praxis
6., überarb. Aufl. 2002.
331 S. Br. € 26,00
ISBN 3-409-63646-3

Manfred Bruhn
Marketing interaktiv
Grundlagen für
Studium und Praxis
1999. CD-Rom € 34,90*
ISBN 3-409-19841-5

Mit der CD-ROM „Marketing Interaktiv" liegt zusätzlich ein multimediales Begleitmedium zum Grundlagenbuch vor. Mit Hilfe eines interaktiven Lehrbuchs und einem Aufgabenmodul wird ein computergestütztes Selbststudium ermöglicht.
Ziel der CD-Rom ist es, durch die beispielhafte Ergänzung, Vertiefung und Kontrolle gelesener Inhalte eine Qualitätssteigerung in der Marketingausbildung zu erreichen.

Studenten und Praktiker erhalten in kompakter Weise eine systematische Einführung in die zentralen Sichtweisen, Prinzipien, Entscheidungstatbestände, Instrumente und Verfahren des Marketing.
In der 5. Auflage wurde die bewährte Gliederung des Buches beibehalten. Alle Kapitel wurden grundlegend überarbeitet und auf den neuesten Stand gebracht. Dabei wurden die neuen Informations- und Kommunikationstechnologien, die den Instrumenteeinsatz im Marketing verändern, integriert.

Manfred Bruhn
Marketingübungen
Basiswissen, Aufgaben,
Lösungen.
Selbstständiges Lerntraining
für Studium und Beruf
2001. 339 S.
Br. € 24,00
ISBN 3-409-11640-0

In Ergänzung zum Lehrbuch und zum interaktiven Lernprogramm legt Manfred Bruhn jetzt sein Übungsbuch zum Marketing vor. Anhand repräsentativer und praxisnaher Marketing-Fragestellungen bietet es eine ideale Unterstützung bei der Prüfungsvorbereitung und bei der Vertiefung des Grundlagenwissens. Jede Aufgabe wird mit einer ausführlichen Musterlösung beantwortet, sodass das eigene Wissen jederzeit überprüfbar ist und leicht ergänzt werden kann.

*unverb. Preisempfehlung
Änderungen vorbehalten. Erhältlich im Buchhandel oder beim Verlag.   Abraham-Lincoln-Str. 46, 65189 Wiesbaden, Tel: 06 11.78 78-124, www.gable